V&R

Friedrich Rehkopf

# Septuaginta-Vokabular

Vandenhoeck & Ruprecht
in Göttingen

*CIP-Titelaufnahme der Deutschen Bibliothek*

*Rehkopf, Friedrich:*
Septuaginta-Vokabular / Friedrich Rehkopf. – Göttingen :
Vandenhoeck u. Ruprecht, 1989
ISBN 3-525-50172-2
NE: HST


Printed in Germany
Druck und Bindearbeiten: Hubert & Co., Göttingen

# V o r w o r t

Für die Bibelwissenschaft ist die Septuaginta von herausragender Bedeutung. Als griechische Übersetzung aus der Zeit des Hellenismus ist sie eine frühe Stütze der hebräischen Überlieferung und auch eine wichtige Interpretation des Alten Testamentes. Für die Autoren des Neuen Testamentes ist das Septuaginta-Griechisch die Sprache des Alten Testamentes. Von ihr werden sie in ihrem Stil geprägt. Zum Verständnis des neutestamentlichen Griechisch gehört daher die Lektüre der Septuaginta; diese darf im Theologiestudium nicht ausgespart werden.

So stellte Hans Hübner 1985 in dem "Wörterbuch zur Sapientia Salomonis" für e i n Buch der Septuaginta unbekannte und in ihrer Bedeutung umstrittene Vokabeln zusammen. Er wies auf die Notwendigkeit eines sprachlichen Hilfsmittels zur Lektüre a l l e r Bücher der Septuaginta hin.

Mit einer Zusammenstellung nahezu aller in der Septuaginta anzutreffenden Vokabeln soll das hier vorgelegte Vokabular sowohl die Arbeit mit der Septuaginta erleichtern, als auch einen schnellen Einblick verschaffen, in welchem Umfang das Septuaginta-Griechisch auf die Sprache des Neuen Testamentes eingewirkt hat.

Das Vokabular möchte ein Arbeitsinstrument vor allem für Studenten sein. Die Veröffentlichung unterstützte Frau Irene Butting-Sisserian mit einer großzügigen Spende. Ihr sei dafür herzlich gedankt.

Zu danken ist Herrn Prof.Hanhart und Herrn Prof.Hübner für hilfreiche Hinweise, Frau Uta Feddersen für ihre unermüdliche Mitarbeit.

Göttingen, den 6.Februar 1989 Friedrich Rehkopf

## Das Vokabular

Alleinige Textgrundlage ist die Ausgabe der Privilegierten Württembergischen Bibelanstalt von A.Rahlfs.

Die Vokabeln sind nach der LXX-Konkordanz von E.Hatch und H.Redpath (Oxford 1897, Nachdruck Graz 1975) aufgestellt. Für jede Vokabel stehen aus Gründen der Übersichtlichkeit jeweils nur 2 Zeilen zur Verfügung. So können nur Vokabeln mit 1 - 4maligem Vorkommen mit ihren Stellen ausgeschrieben werden. Für das 5 - 20malige Vorkommen wird nur die Häufigkeit mit erstem Vorkommen angegeben. Weiteres Vorkommen ist mit der Spaltenlänge oder -zahl der LXX-Konkordanz ausgedrückt: der Angabe '1/2 Sp' entspricht dann etwa ein 21-40maliges Vorkommen, '1 Sp' etwa ein 41 - 60maliges Vorkommen, 3 Sp machen 1 volle Seite der LXX-Konkordanz aus (zB. κύριος: 19 Seiten = 114 Spalten = über 6.000mal ). Sp

Die griechische Orthographie und die Stellenangaben sind nach der Ausgabe von Rahlfs überprüft und dieser angeglichen (zB. Esth 1,1b-1s, 3,13a-13g usw.; Neh = 2Es 11ff).
Die Abkürzungen der biblischen Bücher gehen auf Rahlfs zurück (zB. 1Par = 1Chr, 2Par = 2Chr; Ausnahme: Obadja u.Zephania), die Reihenfolge der biblischen Bücher dagegen ist die der LXX-Konkordanz (1-4Mac bilden daher bei Stellenangaben den Abschluß).

Bei parallel abgedruckten Textbezeugungen oder Übersetzungen ist notiert, welcher der Texte die Vokabel bringt, haben beide Texte die Vokabel, steht nur das Buch (Jud: Jud A oder Jud B; Tob: Tob BA oder Tob S; Dan: Dan LXX oder Dan Th).
Vokabeln, die *nur* als Varianten begegnen, sind in der Regel nicht im Vokabular aufgenommen, es sei denn, sie sind für das neutestamentliche Griechisch von Belang.

Das Vokabular ist zum einen an die LXX-Ausgabe von Rahlfs gebunden. Für alle von Rahlfs gebotenen Schriften soll das Vokabular benutzbar sein. So mußten auch die Vokabeln der in Band II, S.471 - 489 aufgenommenen Psalmen Salomos in diesem Vokabular mitbedacht werden. Sie wurden dem Index von O.v.Gebhardt entnommen (TU XIII, 1895, Heft 2 S.140-150; vgl.jetzt auch A.M.Denis, Concordance Grecque des Pseudepigraphes d' Ancien Testament, 1987, S.471-489 passim mit Text S.859-862).
Die Belegstelle wird aber nur dann angegeben, wenn die Vokabel selten oder gar nicht in der LXX vorkommt. Sie steht dann an 2., 3., 4. oder auch 5.Stelle oder als eine der 18 Sondervokabeln auf S. 318 (innerhalb des Vokabulars wird in der alphabetischen Reihenfolge darauf hingewiesen).
Bei der Stellenangabe heben sich diese PS-Vokabeln auch durch
*PS* das Schriftbild ab (zB. ἱλαρότης Prov 18,22 *PS 4,5 16,12* ).

Das Vokabular ist zum anderen an die LXX-Konkordanz gebunden. Es sind - von einigen Ausnahmen abgesehen - nur die dort gebotenen Vokabeln gebracht worden und nur in den dortigen Zusammenfassungen (zB. στρατιά/-εία). Folgende häufig vorkommende Wörter - von Hatch u.Redpath mit 'passim' bezeichnet - fehlen ebenfalls im Vokabular:

αὐτός, αὐτοῦ, γάρ, δέ, ἑαυτοῦ, ἐγώ, ἡμεῖς, κἀγώ, καί, ὁ,ἡ,τό, ὅς,ἥ,ὅ, οὐ,οὐκ, οὐδέ, οὗτος, οὐχί, σύ, ὑμεῖς.

Das Vorkommen der LXX-Vokabeln in der griechischen Literatur ist nach Liddell & Scott (1968) beobachtet. Vokabeln, die nur in der LXX oder erstmalig in der LXX belegt sind und für die
* spätere Literatur prägend geworden sind, werden mit * gekennzeichnet. Darunter fallen die häufigen - bei einer Übersetzung jedoch erklärlichen - Transkriptionen, ohnehin durch das hebräische Äquivalent erkennbar. Die hebräische Schreibweise ist der LXX-Konkordanz <u>und</u> dem hebräischen Urtext entnommen. Wörter, die bisher nicht im Liddell & Scott verzeichnet sind,
** sind mit ** versehen.

Die deutsche Bedeutung ist in der Regel nur die Grundbedeutung. Sie ist den Lexika von Pape, Liddell & Scott, W.Bauer, aber auch dem hebräischen Wörterbuch von Gesenius oder den Kommentaren entnommen. Für die Wortbedeutung dürfte es hilfreich sein, daß bei zusammengesetzten Wörtern die Kompositionsfuge angegeben wird und so der Wortsinn bisweilen deutlicher heraustreten kann als ein Übersetzungsversuch (zB. βού-τυρον: Kuh-Käse: Butter; προ-εξ-απο-στέλλω). Die Worttrennung geht auf Pape zurück.
Die spezielle Bedeutung ist in jedem Fall der Intention des Textzusammenhanges zu entnehmen.

Das Vorkommen der LXX-Vokabel im NT muß deutlich zu erkennen sein. So ist der Vokabel das Vorkommen im NT rechts zur Seite gestellt. Wie bei den LXX-Vokabeln werden bis zu 4 Stellen angeführt, sonst nur die Häufigkeit des Vorkommens nach der Computer-Konkordanz zum Novum Testamentum Graece (Nestle-Aland$^{26}$). Auch die "Statistik des neutestamentlichen Wortschatzes" von R.Morgenthaler (1958$^{1}$, 1982$^{2}$) wurde herangezogen. Die Verwendung der LXX-Vokabel in der übrigen urchristlichen Literatur wird durch den Hinweis auf das Wörterbuch von Walter Bauer mit 'WB' angegeben. WB

Nachdem dieses Vokabular nahezu fertiggestellt war, erschien Spätsommer 1988 die 6.Auflage zum Wörterbuch von W.Bauer, völlig neu bearbeitet von K.und B.Aland. Alle neutestamentlichen Hinweise (Belegstellen, Häufigkeitsangaben und der Hinweis 'WB') wurden anhand der Neuauflage überprüft und ihr angeglichen. Es wurde Wert auf eine einheitliche Notierung gelegt.

Die neuen Stichwörter, Vokabeln der frühchristlichen Literatur, wurden mit 'WBA' nachgetragen. WBA

Eine Auswertung des statistischen Materials soll demnächst gesondert erfolgen.

* ἆ = אהה aha!
Jud 6,22 11,35B
* ἀάρ = אחר ein anderer
2Es 17,33.34
* ἀβάκ (vl ἀββούς)= הבץ Byssos
1Par 4,21
* ἀβαμά = הבמה die Höhe
Ez 20,29.29
ἀ-βασίλευτος ohne König
Prov 30,27
ἄ-βατος unbetretbar
1/2 Sp (Lev 16,22 ...)
* ἀ-βατόω ungangbar machen
Jer 30,14
* ἀβεδηρίν = הדברים (!) Wörter
1Par 4,22
* ἀβιρά = הבירה die Burg
2Es 11,1
ἀ-βλαβής unversehrt
Sap 18,3 19,6
* ἀ-βοηθησία Hilflosigkeit
Sir 51,10
ἀ-βοήθητος hilflos
Ps 87,5 Sap 12,6 2Mac 3,28
* ἀ-βουλεύτως unüberlegt
1Mac 5,67
ἀ-βουλία Unüberlegtheit
Prov 14,17 Bar 3,28
ἅβρα Zofe
15mal (Gen 24,61 ...)
ἀ-βροχία Regenmangel
Sir 35,24 Jer 14,1 17,8 WB
ἄ-βρωτος ungenießbar
Prov 24,22e WB
ἄβυσσος Tiefe, Unterwelt
1/2 Sp (Gen 1,2 ...) NT 9mal
ἀγαθο-ποιέω wohl tun
6mal (Num 10,32 ...) NT 9mal
ἀγαθο-ποιός wohltätig
Sir 42,14 1Pt 2,14
ἀγαθός gut
7 Sp (Gen 24,10 ...) NT 102mal
ἀγαθότης Rechtschaffenheit
Sap 1,1 7,26 12,22 Sir 45,23 WB
ἀγαθόω wohl tun
1Reg 25,31 Sir 49,9 Jer 39,41 51,27
ἀγαθύνω wohl tun
1/2 Sp (Jud 16,25 ...)
ἀγαθῶς gut
1Reg 20,7 4Reg 11,18 Tob 13,11
* ἀγαθωσύνη Rechtschaffenheit 2Thess 1,11
16mal (Jud 8,35A ...) Röm 15,14 Gal 5,22 Eph 5,9
* ἀγαλλίαμα Freude
1/2 Sp (Tob 13,18S ...)
* ἀγαλλιάομαι sich freuen
1 Sp (2Reg 1,20 ...) NT 11mal
ἀγαλλίασις Jubel
1/2 Sp (Tob 13,1 ...) NT 5mal
ἄγαλμα Bild(säule)
Jes 19,3 21,9 Bar 4,34A 2Mac 2,2

ἄ-γαμος unverheiratet
4Mac 16,9 — 1Kor 7,8.11.32.34

ἄγαν sehr
3Mac 4,11

ἀγανακτέω unwillig sein
Sap 5,22 12,27 Dan Bel Th 28 4Mac 4,21 — NT 7mal

ἀγαπάω lieben
4 Sp (Gen 22,2 ...) — NT 143mal

ἀγάπη Liebe
19mal (2Reg 13,15 ...) — NT 116mal

ἀγάπησις d. Lieben
10mal (2Reg 1,26 ...)

ἀγαπητός geliebt
1/2 Sp (Gen 22,2 ...) — NT 61mal

* ἀγαυρίαμα Ruhm
Job 13,12 Jes 62,7 Jer 31,2 Bar 4,34

* ἀγαυριάομαι stolz sein
Job 3,14

ἀγγεῖον Gefäß *(für flüssige oder trockene Substanz)*
1/2 Sp (Gen 42,25 ...) — Mt 25,4

ἀγγελία Botschaft
14mal (1Reg 4,19 ...) — 1Jh 1,5 3,11

ἀγγέλλω melden
2Reg 15,13A 18,11A Sir 43,2S Jer 4,15B — Jh 20,18

ἄγγελος Bote, Engel
4 Sp (Gen 16,7 ...) — NT 176mal

ἄγγος Gefäß *(nur für flüssige Substanz)*
6mal (Dt 23,26 ...) — Mt 13,48

ἄγε wohlan!
Jud 16,6B 4Reg 4,24 — Jak 4,13 5,1

ἀγελαῖος zur Herde gehörig, gering
2Mac 14,23

ἀγέλη Herde
10mal (1Reg 17,34 ...) — NT 7mal

ἀγεληδόν herden-, haufenweise
2Mac 3,18 14,14

ἀγερωχία Stolz
Sap 2,9 2Mac 9,7 3Mac 2,3

ἀγέρωχος stolz
3Mac 1,25

* ἁγιάζω heiligen
2 1/2 Sp (Gen 2,3 ...) — NT 28mal

* ἁγίασμα Heiligtum
1 Sp (Ex 15,17 ...) — WB

* ἁγιασμός Heiligung
10mal (Jud 17,3A ...) — NT 10mal

* ἁγιαστήριον Heiligtum
Lev 12,4 Ps 72,17 73,7 82,13

* ἁγιαστία Heiligkeit
4Mac 7,9

ἅγιος heilig
10 Sp (Ex 3,5 ...) — NT 233mal

ἁγιότης Heiligkeit
2Mac 15,2 — Hb 12,10

ἁγιωσύνη Heiligkeit
5mal (Ps 29,5 ...) — Röm 1,4 2Kor 7,1 1Thess 3,13

ἀγκάλη Arm
3Reg 3,20 Esth $5,1^{e}$ Prov 5,20 — Lk 2,28

ἀγκαλίς Arm(voll), Haufe
Job 24,19

ἄγκιστρον Angel
5mal (4Reg 19,28 ...) Mt 17,27

ἀγκύλη Schleife *(Einrichtung des Zeltheiligtums)*
9mal Ex 26,4 - 38,28

ἀγκών Arm
6mal (2Par 9,18 ...)

ἀγκωνίσκος die kleine Ecke
Ex 26,17

ἁγνεία Reinheit
5mal (Num 6,2 ...) 1Tim 4,12 5,2

ἁγνίζω reinigen
1/2 Sp (Ex 19,10 ...) NT 7mal

ἅγνισμα Reinigungsmittel
Num 19,9

ἁγνισμός Reinigung
5mal Num 6,5 - 31,23 u.Jer 6,16 Act 21,26

ἀ-γνοέω nicht (er)kennen
1/2 Sp (Gen 20,4 ...) NT 22mal

ἀγνόημα Irrtum
6mal (Gen 43,12 ...) Hb 9,7

ἄγνοια Unwissenheit
1/2 Sp (Gen 26,10 ...) Act 3,17 17,30 Eph 4,18 1Pt 1,14

ἄγνος Strauch
Lev 23,40 Job 40,22

ἁγνός heilig
11mal (Ps 11,7 ...) NT 8mal

ἀ-γνωσία Unkenntnis
Job 35,16 Sap 13,1 3Mac 5,27 1Kor 15,34 1Pt 2,15

ἄ-γνωστος unbekannt
Sap 11,18 18,3 2Mac 1,19 2,7 Act 17,23

ἄ-γονος ungeboren
Ex 23,26 Dt 7,14 Job 30,3

ἀγορά (Markt-)Platz
11mal (1Es 2,14 ...) NT 11mal

ἀγοράζω kaufen
1/2 Sp (Gen 41,57 ...) NT 30mal

ἀγορα-νομία Amt des Marktmeisters
2Mac 3,4

ἀγορασμός d.Kaufen
7mal (Gen 42,19 ...)

ἀγοραστής Einkäufer
Tob 1,13BA

ἀγρεύω jagen
5mal (Job 10,16 ...) Mk 12,13

ἀγριαίνω wild werden
Dan Th 11,11

* ἀγριο-μυρίκη Wildtamariske
Jer 17,6

ἄγριος wild
1/2 Sp (Ex 23,11 ...) u.Adv. 2Mac 15,2 Mt 3,4 Mk 1,6 Jud 13

ἀγριότης Wildheit
2Mac 15,21 WB

ἀγριόω wild machen
3Mac 5,2 WB

ἄγρ-οικος ländlich, grob
Gen 16,12 25,27 2Mac 14,30

ἀγρός Feld, Acker
3 Sp (Gen 2,5 ...) NT 37mal

ἀγρ-υπνέω wachen
11mal (2Reg 12,21 ...) Mk 13,33 Lk 21,36 Eph 6,18 Hb 13,17

ἀγρ-υπνία d.Wachen
9mal Sir Prol 30-42,9 u.2Mac 2,26 2Kor 6,5 11,27

ἄγρωστις Futterkraut
5mal (Dt 32,2 ...)

ἀγυιά Straße
3Mac 1,20 4,3

ἀγχιστεία 1) Befleckung (= גאל) 2Es 23,29
2) Verwandtschaft (= גאלה) Ruth 4,6.7.7.8

ἀγχιστεύς nächstverwandter "Einlöser"
10mal (Ruth 3,9 ...)

ἀγχιστευτής nächstverwandter "Einlöser"
Ruth 4,1

ἀγχιστεύω "Einlöser" sein
1/2 Sp (Lev 25,25 ...)

ἄγχω ersticken
Ps 31,9 4Mac 10,7 11,11

ἄγω führen, bringen, gehen
4 Sp (Gen 2,19 ...) NT 67mal

ἀγωγή Führung
6mal (Esth 3,20 ...) 2Tim 3,10

ἀγών Wettkampf
15mal (Esth 4,17$^{k}$ ...) NT 6mal

ἀγωνία Angst
2Mac 3,14.16 15,19 Lk 22,44

ἀγωνιάω (sich) fürchten
Esth 5,1$^{e}$ Dan 1,10 2Mac 3,21

ἀγωνίζομαι kämpfen
8mal (Sir 4,28 ...) NT 8mal

ἀγωνιστής Kämpfer
4Mac 12,15

ἀδαμάντινος stählern, fest
Amos 7,7 4Mac 16,13

ἀ-δάμας Senkblei
Amos 7,7.8.8

ἀ-δάμαστος ungebändigt
Sir 30,8 4Mac 15,13

ἄ-δεια Straffreiheit
Sap 12,11 2Mac 11,30 3Mac 7,12

ἄ-δειπνος nüchtern
Dan Th 6,19

ἀ-δελφή Schwester
1 1/2 Sp (Gen 4,22 ...) NT 26mal

* ἀ-δελφιδός Geliebter
32mal Cant 1,13 - 8,14

ἀ-δελφικῶς brüderlich
4Mac 13,9

ἀδελφο-κτόνος Brudermörder
Sap 10,3

ἀδελφο-πρεπῶς der Brüder würdig
4Mac 10,12

ἀ-δελφός Bruder
11 Sp (Gen 4,2 ...) NT 343mal

ἀδελφότης Bruderschaft
1Mac 12,10.17 u.5mal 4Mac 1Pt 2,17 5,9

ἀ-δεῶς furchtlos
3Mac 2,32 WB

ἄ-δηλος undeutlich
Ps 50,8 2Mac 7,34 3Mac 1,17 4,4 Lk 11,44 1Kor 14,8

ᾅδης Hades, Totenwelt (= שאול)
1 1/2 Sp (Gen 37,35 ...) NT 10mal

ἀ-διά-κριτος ungetrennt
Prov 25,1 Jak 3,17
ἀ-δια-λείπτως unaufhörlich
6mal (1Mac 12,10 ...) Röm 1,9 1Thess 1,2 2,13 5,17
ἀ-διά-λυτος unauflöslich
Ex 36,30
ἀ-διά-πτωτος unfehlbar
Sap 3,15
ἀ-διά-στροφος nicht verkehrt
3Mac 3,3
ἀ-διά-τρεπτος unveränderlich
Sir 26,10 42,11
ἀ-διά-φορος gleichgültig
Sir 7,18BSA 27,1BAS 42,5B
* ἀ-δι-εξ-έταστος unerforschlich
Sir 21,18
ἀ-δικέω Unrecht tun
1 Sp (Gen 16,5 ...) NT 28mal
ἀ-δίκημα Unrecht
19mal (Gen 31,36 ...) Act 18,14 24,20 Apk 18,5
ἀ-δικία Ungerechtigkeit
4 Sp (Gen 6,11 ...) NT 25mal
ἄ-δικος ungerecht
2 Sp (Gen 19,8 ...) NT 12mal
ἀ-δίκως ungerechterweise
1/2 Sp (Lev 5,22 ...) 1Pt 2,19
ἀ-δόκητος unerwartet
Sap 18,17
ἀ-δόκιμος unbewährt
Prov 25,4 Jes 1,22 NT 8mal
ἀδο-λεσχέω nachsinnen
12mal (Gen 24,63 ...)
ἀδο-λεσχία Sorge
5mal (1Reg 1,16 ...)
ἀ-δόλως truglos
Sap 7,13
ἀ-δοξέω unberühmt sein
Jes 52,14
ἀ-δοξία Ruhmlosigkeit
Sir 3,11
ἄ-δοξος unberühmt
Sir 10,31 1Mac 2,8 WB
ἀ-δρανής untätig
Sap 13,19
ἁδρός stark
7mal (3Reg 1,9 ...)
ἁδρύνω zur Reife bringen
8mal (Ex 2,10 ...)
ἀ-δυναμέω nicht können
Sir Prol 20
ἀ-δυναμία Unvermögen
Amos 2,2 3Mac 2,13
ἀ-δυνατέω unvermögend sein
12mal (Gen 18,14 ...) Mt 17,20 Lk 1,37
ἀ-δύνατος unvermögend
1/2 Sp (Tob 2,10S ...) NT 10mal
ᾄδω singen
1 Sp (Ex 15,1 ...) NT 5mal
* ἀδωναί = אדני Herr
1/2 Sp außer 1Reg 1,11 nur Ez A

| | | |
|---|---|---|
| * ἀδωρηέμ | = אדיריהם ihre Vornehmen<br>2Es 13,5 | |
| ἀεί | immer<br>14mal (Jud 16,20A ...) | NT 7mal |
| ἀέ-ναος | unversieglich<br>7mal (Gen 49,26 ...) | WB |
| ἀ-εργός | faul<br>Prov 13,4 15,19 19,15 | |
| ἀετός | Adler<br>1/2 Sp (Ex 19,4 ...) | NT 5mal |
| ἄ-ζυμος | ungesäuertes Brot = מצה<br>1/2 Sp (Gen 19,3 ...) | NT 9mal |
| ἀ-ηδία | Widerwille<br>Prov 23,29 | |
| ἀήρ | Luft<br>11mal (2Reg 22,12 ...) | NT 7mal |
| ἀ-θανασία | Unsterblichkeit<br>7mal (Sap 3,4 ...) | 1Kor 15,53.54 1Tim 6,16 |
| ἀ-θάνατος | unsterblich<br>6mal (Sap 1,15 ...) | WB |
| ἀ-θέμιτος | ungesetzlich<br>2Mac 6,5 7,1 10,34 3Mac 5,20 | Act 10,28 1Pt 4,3 |
| ἀ-θεσία | Bundbrüchigkeit<br>Jer 20,8 Dan Th 9,7 1Mac 16,17 2Mac 15,10 | |
| ἄ-θεσμος | gesetzlos<br>3Mac 5,12 u.Adv. 3Mac 6,26 | 2Pt 2,7 3,17 |
| ἀ-θετέω | aufheben<br>1 Sp (Ex 21,8 ...) | NT 16mal |
| ἀ-θέτημα | Übertretung<br>3Reg 8,50 2Par 36,14 Jer 12,1 | |
| ἀ-θέτησις | d.Verwerfen<br>1Reg 24,12 Jer 12,1A Dan Th 9,7A 2Mac 14,28 | Hb 7,18 9,26 |
| ἀ-θεώρητος | unsichtbar<br>Sap 17,18 | |
| ἀθλητής | Athlet, Märtyrer<br>4Mac 6,10 17,15.16 | WB |
| ἄθλιος | unglücklich<br>3Mac 5,37.49 | |
| ἀθλο-θετέω | Kampfpreis aussetzen<br>4Mac 17,12 | |
| ἆθλον | Kampfpreis<br>Sap 4,2 4Mac 9,8 | |
| ἀθλο-φόρος | Kampfpreis erringend<br>4Mac 15,29 18,23.23vl | |
| ἀθροίζω | versammeln<br>16mal (Gen 49,2 ...) | Lk 24,33 |
| ἄθροισμα | Versammlung<br>1Mac 3,13 | |
| ἀθρόος | versammelt<br>3Mac 5,14 | |
| ἀ-θυμέω | mutlos sein<br>11mal (Dt 28,65 ...) | Kol 3,21 |
| ἀ-θυμία | Mutlosigkeit<br>1Reg 1,6.16vl Ps 118,53 | WB |
| ἄ-θυτος | unrein<br>Lev 19,7 | |
| ἀ-θῷος | schuldlos<br>1 Sp (Gen 24,41 ...) | Mt 27,4.24 |
| ἀ-θῳόω | ungestraft lassen<br>17mal (Jud 15,3B ...) | |

αἴγειος	zur Ziege gehörig
Ex 25,4 35,6.26 Num 31,20	Hb 11,37

αἰγιαλός	Strand
Jud 5,17A Sir 24,14BSA	NT 6mal

αἰγίδιον	Zicklein
1Reg 10,3

αἰδέομαι	sich scheuen
7mal (Jdth 9,3 ...)	WB

αἰδήμων	schamhaft
2Mac 15,12 4Mac 8,3

ἀΐδιος	ewig
Sap 7,26 4Mac 10,15	Röm 1,20 Jud 6

ἀϊδιότης	Ewigkeit
Sap 2,23

αἰδοῖος	ehrwürdig
Ez 23,20.20

αἰδώς	Scheu
3Mac 1,19 4,5	1Tim 2,9

αἰθάλη	Ruß
Ex 9,8.10

αἴθριος	1) heiter(er Himmel) 1Es 9,11 Job 2,9 WBA
2) = *atrium*: Vorraum, Schwelle 7mal Ez (9,3 ...)

αἰκία	Mißhandlung
2Mac 7,42 3Mac 4,14 6,26	WB

αἰκίζω	mißhandeln
8mal (2Mac 7,1 ...)

αἰκισμός	Mißhandlung
5mal (2Mac 8,17 ...)	WB

* αἴλ	= איל Türpfosten
Ez 40,48 41,3

* αἰλάμ	= אילם Tempelvorhalle
1/2 Sp (3Reg 6,3, vor allem Ez 40)

* αἰλαμμώ	= אילם Tempelvorhalle
15mal Ez 40,21-38

* αἰλεῦ	= איל Türpfosten
10mal Ez 40,9-37

αἴλουρος	Kater
Ep Jer 21	WB

αἷμα	Blut
5 Sp (Gen 4,10 ...)	NT 97mal

αἱμάσσω	blutig machen
Sir 42,5

αἱμο-βόρος	blutrünstig
4Mac 10,17

αἱμορ-ρέω	Blutfluß haben
Lev 15,33	Mt 9,20

αἱμ-ωδιάω	stumpf sein
Jer 38,29.30 = Ez 18,4A

αἴνεσις	Lob
1 Sp (Lev 7,12 ...)	Hb 13,15

αἰνετός	gelobt, lobenswert
13mal (Lev 19,24 ...)

αἰνέω	loben
2 Sp (Gen 49,8 ...)	NT 8mal

αἴνιγμα	Rätsel
9mal (Num 12,8 ...)	1Kor 13,12

* αἰνιγματιστής	in Rätseln sprechend
Num 21,27

αἶνος	Lobpreis
11mal (2Par 23,13 ...)	Mt 21,16 Lk 18,43

αἶξ Ziege
1 Sp (Gen 15,9 ...) WB

αἰ-πόλιον Ziegenherde
Prov 30,31

αἰ-πόλος Ziegenhirt
Amos 7,14

αἵρεσις Wahl
5mal (Gen 49,5 ...) NT 9mal

αἱρετίζω erwählen
1/2 Sp (Gen 30,20 ...) Mt 12,18

* αἱρετίς eine, die auswählt
Sap 8,4

αἱρετός wünschenswert
7mal (Prov 16,16 ...) WB

αἱρέω nehmen
12mal (Dt 26,17 ...) Phil 1,22 2Thess 2,13 Hb 11,25

αἶρω heben
3 1/2 Sp (Gen 35,2 ...) NT 101mal

αἰσθάνομαι merken
13mal (Job 23,5 ...) Lk 9,45

αἴσθησις Wahrnehmung
1/2 Sp (Ex 28,3 ...) Phil 1,9

αἰσθητήριον Sinn
Jer 4,19 4Mac 2,22 Hb 5,14

αἰσθητικός wahrnehmend
Prov 14,10.30

αἰσχρός schmutzig, schlimm 1Kor 11,6 14,35 Eph 5,12 Tit 1
11mal (Gen 41,3 ...) u.Adv. Prov 15,10 2Mac 11,2

αἰσχύνη Schande
1 Sp (1Reg 20,30 ...) NT 6mal

αἰσχύνομαι sich schämen
1 1/2 Sp (Gen 2,25 ...) NT 5mal

αἰσχυντηρός schamhaft
Sir 26,15 32,10 41,27 WB

αἰτέω bitten
1 Sp (Ex 3,22 ...) NT 70mal

αἴτημα Bitte
16mal (Jud 8,24B ...) Lk 23,24 Phil 4,6 1Jh 5,15

αἴτησις Bitte
Jud 8,24A 3Reg 2,16.20 Job 6,8 WB

αἰτία Grund
1/2 Sp (Gen 4,13 ...) NT 20mal

αἰτιάομαι beschuldigen
Prov 19,3 Sir 29,5 4Mac 2,19 WB

αἴτιος schuldig
7mal (1Reg 22,22 ...) NT 5mal

αἰφνίδιος plötzlich Lk 21,34 1Thess 5,3
Sap 17,14 2Mac 14,17 3Mac 3,24 u.Adv. 2Mac 5,5 14,22

αἰχμ-αλωσία Kriegsgefangenschaft
2 Sp (Num 21,1 ...) Eph 4,8 Apk 13,10.10

* αἰχμ-αλωτεύω führe i.d.Kriegsgefangenschaft
2/3 Sp (Gen 14,14 ...) Eph 4,8

αἰχμ-αλωτίζω zum Kriegsgefangenen machen 2Tim 3,6
1/2 Sp (Jud 5,12 ...) Lk 21,24 Röm 7,23 2Kor 10,5

αἰχμ-αλωτίς Kriegsgefangene
Gen 31,26 Ex 12,29

αἰχμ-άλωτος Kriegsgefangener
1/2 Sp (Ex 22,9 ...) Lk 4,18

αἴων Zeit, Ewigkeit
6 Sp (Gen 3,22 ...) NT 122mal

| | | |
|---|---|---|
| αἰώνιος | ewig | |
| | 2 Sp (Gen 9,12 ...) | NT 71mal |
| ἀ-καθαρσία | Unreinigkeit | |
| | 1 Sp (Lev 5,3 ...) | NT 10mal |
| ἀ-κάθαρτος | unrein | |
| | 2 Sp (Lev 5,2 ...) | NT 32mal |
| ἄ-καιρος | unzeitig | |
| | Sir 20,19 22,6 | WB |
| ἀ-καίρως | unzeitgemäß | |
| | Sir 32,4 | 2Tim 4,2 |
| ἀ-κακία | Unschuld | |
| | 11mal (Job 2,3 ...) | WB |
| ἄ-κακος | arglos | |
| | 15mal (Job 2,3 ...) | Röm 16,18 Hb 7,26 |
| ἀ-κάλυπτος | unverdeckt | |
| | Lev 13,45 Ep Jer 30 u.Adv.3Mac 4,6 | |
| * ἄκαν,ανος | Dorn | |
| | 4Reg 14,9.9 | |
| ἄκανθα | Dornenpflanze | |
| | 1/2 Sp (Gen 3,18 ...) | NT 14mal |
| ἀκάνθινος | dornig | |
| | Jes 34,13 | Mk 15,17 Jh 19,5 |
| ἀ-κάρδιος | herzlos | |
| | Prov 10,13 17,16 Sir 6,10 Jer 5,21 | |
| ἀ-καριαῖος | kurz | |
| | 2Mac 6,25 | |
| ἀ-καρπία | Unfruchtbarkeit | |
| | Prov 9,12$^{c}$ | |
| ἄ-καρπος | unfruchtbar | |
| | Sap 15,4 Jer 2,6 4Mac 16,7 | NT 7mal |
| ἀ-κατά-γνωστος | unanfechtbar | |
| | 2Mac 4,47 | Tit 2,8 |
| ἀ-κατα-κάλυπτος | unverhüllt | |
| | Lev 13,45 | 1Kor 11,5.13 |
| ἀ-κατά-λυτος | unzerstörbar | |
| | 4Mac 10,11 | Hb 7,16 |
| ἀ-κατα-μάχητος | unbekämpfbar | |
| | Sap 5,19 | |
| * ἀ-κατά-ποτος | nicht herunterzuschlucken | |
| | Job 20,18 | |
| ἀ-κατα-σκεύαστος | unbearbeitet | |
| | Gen 1,2 | |
| ἀ-κατα-στασία | Unordnung | |
| | Tob 4,13 Prov 26,28 | NT 5mal |
| ἀ-κατα-στατέω | unstet sein | |
| | Tob 1,15BA | WB |
| ἀ-κατά-στατος | unbeständig | |
| | Jes 54,11 | Jak 1,8 3,8 |
| ἀ-κατά-σχετος | unbändig | |
| | Job 31,11 3Mac 6,17 | WB |
| ἀ-κατ-έργαστος | unverarbeitet | |
| | Ps 138,16 | |
| ἄ-καυστος | unverbrennbar | |
| | Job 20,26 | |
| ἀ-κέραιος | unverdorben | |
| | Esth 8,12$^{f}$ | Mt 10,16 Röm 16,19 Phil 2,15 |
| ἀ-κηδία | Teilnahmslosigkeit | |
| | Ps 118,28 Sir 29,5 Jes 61,3 | WB |
| ἀ-κηδιάω | vernachlässigen | |
| | 6mal (Ps 60,3 ...) | |

ἀ-κηλίδωτος unbefleckt
Prov 25,18AS Sap 4,9 7,26

ἀκιδωτός zugespitzt
Prov 25,18

ἀκινάκης Krummsäbel
Jdth 13,6 16,9

ἀ-κίνητος unbeweglich
Ex 25,15 Job 39,26 3Mac 6,19 WB

ἀκίς Spitze, Schärfe
Job 16,10

ἀ-κλεής ruhmlos
3Mac 4,12 u.Adv. 6,34

ἀ-κληρέω arm sein
2Mac 14,8

ἄ-κλητος ungerufen
Esth 4,11

ἀ-κλινής unwandelbar
4Mac 6,7 17,3 Hb 10,23

ἀκμάζω reif sein
4Mac 2,3 Apk 14,18

ἀκμαῖος blühend
3Mac 4,8

ἀκμή Reife
6mal (Esth 5,1$^{b}$ ...)

ἄκμων Amboß
Job 41,16 Sir 38,28 WB

ἀκοή d.Hören
2/3 Sp (Ex 15,26 ...) NT 24mal

ἀ-κοίμητος rastlos
Sap 7,10 WB

ἀ-κοινώνητος nicht teilhabend
Sap 14,21

ἀ-κολασία Zügellosigkeit
4Mac 13,7

ἀ-κόλαστος ungezügelt
Prov 19,29 20,1 21,11

ἀ-κολουθέω folgen
14mal (Num 22,20 ...) NT 90mal

ἀ-κολουθία d.Gefolge
4Mac 1,21

ἀ-κόλουθος folgend
1Es 8,14 2Mac 4,17 WB

ἀ-κολούθως folgend
6mal (1Es 5,48 ...)

ἀκονάω wetzen
6mal (Ps 44,6 ...)

ἀκοντίζω Speer werfen
5mal (1Reg 20,20 ...) WBA

ἀκοντιστής Speerwerfer
1Reg 31,3

ἀ-κοπιάτως mühelos
Sap 16,20

ἄ-κοσμος ohne Ordnung
Prov 25,26 u.Adv.2Mac 9,1

* ἀκουσιάζομαι ungern tun
Num 15,28

ἀ-κούσιος unfreiwillig
5mal (Num 15,25...)

ἀ-κουσίως unfreiwillig
15mal (Lev 4,2 ...)

ἀκουστής — Zuhörer
Sap 1,6

ἀκουστός — hörbar
1/2 Sp (Gen 45,2 ...) — WB

* ἀκουτίζω — hören lassen
8mal (Jud 13,23B ...) — WB

ἀκούω — hören
14 Sp (Gen 3,8 ...) — NT 430mal

ἄκρα — Berg, Gipfel
1/2 Sp (Dt 3,11 ...)

ἀ-κρασία — Zügellosigkeit
1Mac 6,26S *PS 4,3* — Mt 23,25 1Kor 7,5

ἀ-κρατής — unbeherrscht
Prov 27,20[a] — 2Tim 3,3

ἄ-κρατος — ungemischt
Ps 74,9 Jer 32,15 3Mac 5,2 *PS 8,14* — Apk 14,10

ἀκριβάζω — genau prüfen
Sir 46,15

* ἀκριβασμός — genaue Prüfung
Jud 5,15A 3Reg 11,34A 4Reg 17,15vl Prov 8,29vl

ἀκρίβεια — Genauigkeit
6mal (Sap 12,21 ...) — Act 22,3

ἀκριβής — genau
8mal (Esth 4,5 ...) — Act 26,5

ἀκριβῶς — genau
5mal (Dt 19,18 ...) — NT 9mal

ἀκρίς — Heuschrecke
1/2 Sp (Ex 10,4 ...) — Mt 3,4 Mk 1,6 Apk 9,3.7

ἀ-κρίτως — ohne Recht
1Mac 2,37 15,33

ἀκρόαμα — d.Gehörte
Sir 32,4

ἀκροάομαι — aufmerksam hören
5mal (Sap 1,10 ...)

ἀκρόασις — d.Hören
6mal (3Reg 18,26 ...)

ἀκροατής — d.Hörer
Sir 3,29 Jes 3,3 — Röm 2,13 Jak 1,22.23.25

ἀκρο-βυστία — Vorhaut
16mal (Gen 17,11 ...) — NT 20mal

* ἀκρο-γωνιαῖος — Schlußstein
Jes 28,16 — Eph 2,20 1Pt 2,6

ἀκρό-δρυα, τά — Fruchtbäume
5mal (Tob 1,7S ...)

ἄκρον — Spitze
1 Sp (Gen 28,18 ...) — Mt 24,31 Mk 13,27 Lk 16,24 Hb 11,21

ἀκρό-πολις — Oberstadt
2Mac 4,12.28 5,5

ἀκρό-τομος — oben abgeschnitten
10mal (Dt 8,15 ...)

ἀκρο-φύλαξ — Burgwächter
4Mac 3,13

ἀκρω-τηριάζω — die äußersten Glieder abschneiden
2Mac 7,4 4Mac 10,20

ἀκρωτήριον — Spitze
Lev 4,11 1Reg 14,4 Job 37,9 Ez 25,9

ἀκτίς — Sonnenstrahl
Sap 2,4 16,27 Sir 43,4 — WB

ἀ-κύματος — nicht wogend
Esth 3,13[b]

ἄ-κυρος ungültig
Prov 1,25 5,7 WB

ἀ-κυρόω außer Geltung setzen
1Es 6,31 u.6mal 4Mac Mt 15,6 Mk 7,13 Gal 3,17

ἀ-κώλυτος ungehindert
Sap 7,23 *Adv.*Act 28,31

ἄκων unfreiwillig
Job 14,17 4Mac 11,12 1Kor 9,17

ἀλάβαστρος Alabaster
4Reg 21,13 Mt 26,7 Mk 14,3.3 Lk 7,37

ἀλαζονεία Prahlerei
7mal (Sap 5,8 ...) Jak 4,16 1Jh 2,16

ἀλαζονεύομαι prahlen
Pov 25,6 Sap 2,16 WB

ἀλαζών Prahler
Job 28,8 Prov 21,24 Hab 2,5 Röm 1,30 2Tim 3,2

* ἀλαιμώθ = עלמות nach Mädchenweise? Sopran?
1Par 15,20

ἀλαλαγμός Geschrei
10mal (Jos 6,20 ...)

ἀλαλάζω laut schreien
1/2 Sp (Jos 6,20 ...) Mk 5,38 1Kor 13,1

ἄ-λαλος stumm
Ps 30,19 37,14 Mk 7,37 9,17.25

ἀλάστωρ d.Verruchte
2Mac 7,9 4Mac 9,24 11,23 18,22

ἀλγέω Schmerz empfinden
8mal (2Reg 1,26 ...) WB

ἀλγηδών Schmerzgefühl
16mal (Ps 37,18 ...)

ἄλγημα Schmerz
Ps 38,3 Eccl 1,18 2,23

* ἀλγηρός schmerzhaft
Jer 10,19 37,12.13

ἄλγος Schmerz
6mal (Ps 68,27 ...)

ἄ-λειμμα Salbe
Ex 30,31 Jes 61,3 Dan Th 10,3

ἀ-λείφω salben
20mal (Gen 31,13 ...) NT 9mal

ἀλεκτρυών Hahn
3Mac 5,23 WB

ἀλέκτωρ Hahn
Prov 30,31 NT 12mal

ἄλευρον Weizenmehl
12mal (Num 5,15 ...) Mt 13,33 Lk 13,21

ἀλέω mahlen
Jes 47,2

ἀ-λήθεια Wahrhaftigkeit, Wahrheit
2 1/2 Sp (Gen 24,27 ...) NT 109mal

ἀ-ληθεύω die Wahrheit sagen
5mal (Gen 20,16 ...) Gal 4,16 Eph 4,15

ἀ-ληθής wahrhaftig
1/2 Sp (Gen 41,32 ...) NT 26mal

ἀ-ληθινός aufrichtig
1/2 Sp (Ex 34,6 ...) NT 28mal

ἀ-ληθινῶς wahr
6mal (Num 24,3 ...)

ἀλήθω mahlen
Num 11,8 Jud 16,21 Eccl 12,3.4 Mt 24,41 Lk 17,35

ἀ-ληθῶς — in Wahrheit, wirklich
1/2 Sp (Gen 18,13 ...) — NT 18mal

ἄ-ληκτος — unaufhörlich
3Mac 4,2

ἁλι-αίετος — Meeradler
Lev 11,14 = Dt 14,12

ἁλιεύς — Fischer
Job 40,31 Jes 19,8 Jer 16,16 Ez 47,10 — NT 5mal

ἁλιεύω — fischen
Jer 16,16 — Jh 21,3

ἁλίζω — salzen
Lev 2,13 Tob 6,5 Ez 16,4 — Mt 5,13 Mk 9,49

ἅλιμον — salzig
Job 30,4.4 Jer 17,6

* ἀλισγέω — verunreinigen
6mal (Sir 40,29 ...) — WBA

ἁλίσκομαι — gefangen werden
1/2 Sp (Ex 22,8 ...)

ἁλιτήριος — Frevler
2Mac 12,23 13,4 14,42 3Mac 3,16

ἀλκή — Stärke
Dan LXX 11,4 2Mac 12,28 3Mac 3,18 6,12

ἀλλά — aber, sondern
1 Sp Textstellen (Gen 15,4 ...) — NT 638mal

ἀλλαγή — Veränderung
Sap 7,18 — WB

ἄλλαγμα — Tausch
11mal (Lev 27,10 ...)

ἀλλάσσω — verändern
1/2 Sp (Gen 31,7 ...) — NT 6mal

ἀλλαχῆ — anderswo(hin)
Sap 18,18 2Mac 12,22

ἀλλαχόθεν — anderswoher
4Mac 1,7 — Jh 10,1

* ἀλληλούϊα — = הללו-יה Halleluja
17mal Ps u. Tob 13,18 3Mac 7,13 — Apk 19,1.3.4.6

ἀλλήλων — einander
1/2 Textstellen (Gen 15,10 ...) — NT 100mal

ἀλλο-γενής — fremd, ein Fremder
2/3 Sp (Gen 17,27 ...) — Lk 17,18

ἀλλό-γλωσσος — eine andere Sprache redend
Barn 4,15 Ez 3,6

ἀλλο-εθνής — von fremdem Volk
3Mac 4,6

ἄλλοθεν — anderswoher
Esth 4,14

ἀλλοιόω — verändern
2/3 Sp (1Reg 21,14 ...) — WB

ἀλλοίωσις — Veränderung
Ps 76,11 Sir 37,17 43,8

ἅλλομαι — springen
10mal (Jud 14,6B ...) — Jh 4,14 Act 3,8 14,10

ἄλλος — ein anderer
1 1/2 Sp (Gen 19,12 ...) — NT 155mal

ἄλλοτε — ein andermal
2Mac 13,10

ἀλλοτριόομαι — sich entfremden
5mal (Gen 42,7 ...)

ἀλλότριος — fremd
ἀλλοτριότης s.S.318 — 2 Sp (Gen 17,12 ...) u.Adv. Jes 28,21 — NT 14mal

ἀλλοτρίωσις Entfremdung
2Es 23,30 Jer 17,17
* ἀλλο-φυλέω fremde Sitten annehmen
4Mac 18,5
* ἀλλο-φυλισμός d.Annehmen fremder Sitten
2Mac 4,13 6,25
ἀλλό-φυλος stammesfremd
4 Sp (Ex 34,15 ...) Act 10,28
ἀλλό-φωνος eine fremde Sprache redend
Ez 3,6
ἄλλως auf andere Weise
7mal (Esth 1,19 ...) 1Tim 5,25
ἅλμα d.Springen = Lärm
Job 39,25
ἅλμη Salzmeer
Ps 106,34 Sir 39,23
ἁλμυρίς Salzwasser
Job 39,6
ἁλμυρός salzig
Jer 17,6
ἀλοάω dreschen
7mal (Dt 25,4 ...) 1Kor 9,9.10 1Tim 5,18
ἀ-λογέω keine Rücksicht nehmen auf etw.
2Mac 12,24
ἀ-λογιστία Unbedachtsamkeit
2Mac 14,8 3Mac 5,42
ἀ-λόγιστος unüberlegt
5mal (Sap 12,25 ...) u.Adv. 4Mac 6,14
ἄ-λογος unvernünftig 2Pt 2,12 Jud 10
8mal (Ex 6,12 ...) u.Adv. 3Mac 6,25 Act 25,27
ἀλοητός Dreschzeit
Lev 26,5 Am 9,13
ἀλοιφή Salbe
Ex 17,14 Job 33,24 Mi 7,11 Ez 13,12
ἅλς Salz
1/2 Sp (Gen 14,3 ...) NT 8mal
ἄλσος,τό Hain
1/2 Sp (Ex 34,13 ...)
ἀλσ-ώδης hainartig, buschig
7mal (4Reg 16,4 ...)
ἁλυκός salzig
8mal (Gen 14,3 ...) Jak 3,12
ἁλυσιδωτός kettenartig
Ex 28,22.29a 1Reg 17,5 1Mac 6,35
ἅλυσις Kette
Sap 17,16 NT 11mal
ἄλφιτον Gerstenmehl, -brot
Ruth 2,14 1Reg 25,18 2Reg 17,28 Jdth 10,5
ἀλφός weiß *(vgl.albus)*
Lev 13,39
* ἀλώθ = אהלות Aloeholz
Cant 4,14 *vgl.*ἀλόη Jh 19,39
ἅλων Tenne
1/2 Sp (Gen 50,10 ...) Mt 3,12 Lk 3,17
ἀλώπηξ Fuchs
8mal (Jud 1,35 ...) Mt 8,20 Lk 9,58 13,32
ἅλως Tenne
17mal (Num 15,20 ...)
ἅλωσις Einnahme
Jer 27,46 2Pt 2,12

| | Wort | Bedeutung | Stellen | NT |
|---|---|---|---|---|
| | ἅμα | gleichzeitig | 1/2 Textstellen (Gen 13,6 ...) | NT 10mal |
| * | ἀμαδαρώθ | *vgl.* דהרות Galopp | | |
| | ἀμαθία s.S.318 | | Jos 5,22A | |
| | ἅμαξα | Wagen | 1/2 Sp (Gen 45,19 ...) | WBA |
| | ἀ-μάραντος | unverwelklich | Sap 6,12 | 1Pt 1,4 |
| | ἁ-μαρτάνω | sündigen | 3 Sp (Gen 4,7 ...) | NT 43mal |
| | ἁμάρτημα | Verfehlung | 1/2 Sp (Gen 31,36 ...) | NT 5mal |
| | ἁμαρτία | Sünde | 7 1/2 Sp (Gen 15,16 ...) | NT 173mal |
| | ἁμαρτωλός | sündhaft, Sünder | 2 Sp (Gen 13,13 ...) | NT 47mal |
| * | ἀμασενίθ | = השמינית der achte (Ton ?) | 1Par 15,21 | |
| | ἀ-μάσητος | ungekäut | Job 20,18 | |
| * | ἀματταρί | = מטרה Ziel | 1Reg 20,20 | |
| | ἀ-μαυρός | dunkel | 6mal Lev 13,4-56 | |
| | ἀ-μαυρόω | trüben | Dt 34,7 Sap 4,12 Sir 43,4 Lam 4,1 | |
| * | ἀμαφέθ | = המפתן Unterschwelle | 1Reg 5,4 | |
| | ἀμάω | mähen | 5mal (Lev 25,11 ...) | Jak 5,4 |
| | ἀμβλύνομαι | schwach werden | Gen 27,1 | WBA |
| | ἀμβλυ-ωπέω | schwachsichtig sein | 3Reg 12,24[1] 14,4 | WB |
| | ἀ-μβρόσιος | unsterblich | Sap 19,21 | |
| | ἀ-μέθ-υστος | Amethyst | Ex 28,19 36,19 Ez 28,13 | Apk 21,20 |
| | ἀ-μείδητος | mit finsterer Miene | Sap 17,4 | |
| | ἀ-μέλγω | melken | Job 10,10 Prov 30,33 | |
| | ἀ-μελέω | sich nicht kümmern | Sap 3,10 Jer 4,17 38,32 2Mac 4,14 | Mt 22,5 1Tim 4,14 Hb 2,3 8,9 |
| | ἄ-μελξις | d.Melken | Job 20,17 | |
| | ἀ-μελῶς | nachlässig | Jer 31,10 | |
| | ἄ-μεμπτος | untadelig | 18mal (Gen 17,1 ...) u.Adv. Esth 3,13[d] | NT 5mal |
| | ἀ-μερής | ungeteilt | 3Mac 5,25 6,29 | |
| | ἀ-μέριμνος | sorgenfrei | Sap 6,15 7,23 | Mt 28,14 1Kor 7,32 |
| | ἀ-μετά-θετος | unabänderlich | 3Mac 5,1.12 | Hb 6,17.18 |
| | ἀ-μέτρητος | unermäßlich | 7mal (Sir 16,17 ...) | |
| * | ἀμήν | = אמן wahrlich | 8mal (1Par 16,36 ...) | NT 130mal |

| | | |
|---|---|---|
| ἀμητός | d.Abmähen<br>1/2 Sp (Gen 45,6 ...) | |
| ἀ-μήχανος | unmöglich<br>2Mac 3,12 | |
| ἀ-μίαντος | unbefleckt<br>5mal (Sap 3,13 ...) | 1Pt 1,4<br>Hb 7,26 13,4 Jak 1,27 |
| ἀ-μιξία | Uneinigkeit<br>2Mac 14,3.38 | |
| ἀ-μισθί | unentgeltlich<br>Job 24,6 | |
| * ἀμμασβή | = המזבח Altar<br>4Reg 12,10A | |
| ἄμμος | Sand<br>1/2 Sp (Gen 13,16 ...) | NT 5mal |
| ἀμμ-ώδης | sandig<br>Sir 25,20 | |
| * ἀμνάς, άδος | Lamm<br>1/2 Sp (Gen 21,28 ...) | WBA |
| ἀ-μνημονέω | sich nicht erinnern<br>Sir 37,6 | |
| ἀ-μνησία | d.Vergessen<br>Sir 11,25 | |
| ἀ-μνησι-κακία | d.Vergessen erlittenen Unrechts<br>3Mac 3,21 | |
| ἀ-μνήστευτος | (noch) nicht verlobt<br>Ex 22,15 | |
| ἀ-μνηστία | d.Vergessen<br>Sap 14,26 19,4 | |
| ἀμνός | Lamm<br>1 Sp (Gen 30,40 ...) | 1Pt 1,19<br>Jh 1,29.36 Act 8,32 |
| ἄ-μοιρος | ohne Anteil<br>Sap 2,9 | |
| ἀ-μόλυντος | unbefleckt<br>Sap 7,22 | |
| * ἀ-μορίτης | Honigbrot<br>1Par 16,3 | |
| ἄ-μορφος | mißgestaltet<br>Sap 11,17 | WB |
| ἄμπελος | Weinstock<br>1 Sp (Gen 40,9 ...) | NT 9mal |
| ἀμπελουργός | Weinbauer<br>4Reg 25,12 2Par 26,10 Jes 61,5 Jer 52,16 | Lk 13,7 |
| ἀμπελών | Weinberg<br>1 Sp (Gen 9,20 ...) | NT 23mal |
| ἀμπλάκημα | Vergehen<br>Dan Th 6,4 | |
| ἀμπλακία | Vergehen<br>3Mac 2,19 | |
| ἀμύγδαλον | Mandel<br>Eccl 12,5 | |
| ἀ-μύθητος | unsäglich<br>5mal (Job 8,7 ...) | |
| ἄμυνα | Rache<br>Sap 5,17 | |
| ἀμύνομαι | beistehen<br>8mal (Jos 10,13 ...) | Act 7,24 |
| ἀμφιάζω | umhüllen<br>4Reg 17,9 Job 29,14 31,19 40,10 | Lk 12,28 |
| ἀμφίασις | Kleid<br>Job 22,6 24,7 38,9 | |

| | | |
|---|---|---|
| ἀμφι-βάλλω | herumwerfen | |
| | Hab 1,17 | Mk 1,16 |
| ἀμφί-βληστρον | Wurfnetz | |
| | 5mal (Ps 140,10 ...) | Mt 4,18 |
| * ἀμφι-βολεύς | Netzfischer | |
| | Jes 19,8 | |
| ἀμφι-λαφής | umfassend | |
| | Sap 17,17 | |
| ἀμφί-ταπος | wollene Decke | |
| | 2Reg 17,28 Prov 7,16 | |
| ἄμφ-οδον | kleine Gasse | |
| | Jer 17,27 30,33 | Mk 11,4 Act 19,28D |
| ἀμφοτερο-δέξιος | linkshändig | |
| | Jud 3,15 20,16 | |
| ἀμφότεροι | beide | |
| | 1 1/2 Sp (Gen 21,27 ...) | NT 14mal |
| ἄ-μωμος | untadelig | |
| | 1 Sp (Ex 29,1 ...) | NT 8mal |
| ἄν | (*Moduspartikel*) | |
| | 2 Sp Textstellen (Gen 2,17 ...) | NT 167mal |
| ἀνά | auf - hin, je | |
| | 5mal (Gen 24,22 ...) | NT 9mal |
| ἀνὰ μέσον | zwischen | 1Kor 6,5 Apk 7,17 |
| | 1 Sp Textstellen (Gen 1,4 ...) | Mt 13,25 Mk 7,31 |
| * ἀνα-βαθμίς | Stufe | |
| | Ex 20,26 | |
| ἀνα-βαθμός | Stufe | |
| | 1/2 Sp (3Reg 10,19 ...) | Act 21,35.40 |
| ἀνα-βαίνω | hinaufgehen | |
| | 8 Sp (Gen 2,6 ...) | NT 82mal |
| ἀνα-βάλλω | aufschieben | |
| | 8mal (1Reg 28,14 ...) | Act 24,22 |
| ἀνά-βασις | Aufgang | |
| | 1/2 Sp (Num 34,4 ...) | |
| ἀνα-βαστάζω | aufheben | |
| | Jud 16,3 | |
| ἀνα-βάτης | Reiter | |
| | 1/2 Sp (Ex 14,23 ...) | WB |
| ἀνα-βιβάζω | hinaufgehen lassen | |
| | 1/2 Sp (Gen 37,28 ...) | Mt 13,48 |
| ἀνα-βίωσις | d.Wiederaufleben | |
| | 2Mac 7,9 | |
| ἀνα-βλαστάνω | hervorsprossen | |
| | Job 5,6 8,19 | |
| ἀνα-βλέπω | hinaufsehen | |
| | 1/2 Sp (Gen 13,14 ...) | NT 25mal |
| ἀνά-βλεψις | d.(Wieder-)Sehen | |
| | Jes 61,1 | Lk 4,18 |
| ἀνα-βοάω | (auf)schreien | |
| | 1/2 Sp (Gen 21,16 ...) | Mt 27,46 |
| ἀνα-βολή | Aufschub | |
| | 1Par 19,4 2Es 15,13 Ez 5,3 | Act 25,17 |
| ἀνα-βράσσω | aufsieden lassen | |
| | Sap 10,19 Nah 3,2 Ez 21,26 | |
| ἀν-αγγέλλω | berichten | |
| | 4 Sp (Gen 3,11 ...) | NT 14mal |
| ἀνα-γεννάω | wiedergeboren werden | |
| | Sir Prol 28S | 1Pt 1,3.23 |
| ἀνα-γινώσκω | lesen | |
| | 1 Sp (Ex 24,7 ...) | NT 32mal |

| | | |
|---|---|---|
| ἀναγκάζω | zwingen | |
| | 1/2 Sp (1Reg 7,1A ...) | NT 9mal |
| ἀναγκαῖος | notwendig | |
| | 6mal (Esth 8,12Ps ...) | NT 8mal |
| ἀνάγκη | Notwendigkeit | |
| | 1/2 Sp (Reg 22,2 ...) | NT 18mal |
| ἀνά-γλυφον | geschnitzt | |
| | 3Reg 6,18 | |
| * ἀν-αγνεία | Verunreinigung | |
| | 2Mac 4,13 | WB *vgl.* ἄν-αγνος |
| ἀνα-γνωρίζω | wieder erkennen | |
| | Gen 45,1 | Act 7,13 |
| ἀνά-γνωσις | d.Lesen | 1Tim 4,13 |
| | 1Es 9,48 2Es 18,8 Sir Prol 10.17 | Act 13,15 2Kor 3,14 |
| ἀνα-γνώστης | Vorleser | |
| | 6mal 1Es 8,8 - 9,49 | |
| ἀν-αγορεύω | öffentlich ausrufen | |
| | Esth 8,12[1] | |
| ἀνα-γραφή | Schrift | |
| | 2Mac 2,13 | WB |
| ἀνα-γράφω | aufschreiben | |
| | 6mal (1Es 1,22 ... ) | WB |
| ἀν-άγω | hinaufführen | |
| | 1 1/2 Sp (Gen 50,24 ...) | NT 23mal |
| ἀν-αγώγως | undiszipliniert | |
| | 2Mac 12,14 | |
| ἀνα-δείκνυμι | aufzeigen | |
| | 18mal (1Es 1,35 ...) | Lk 10,1 Act 1,24 |
| ἀνά-δειξις | Einsetzung | |
| | Sir 43,6 | Lk 1,80 |
| ἀνα-δενδράς | wilder Weinstock | |
| | Ps 78,11 Ez 17,6 | |
| ἀνα-δέχομαι | annehmen | |
| | 2Mac 6,19 8,36 | Act 28,7 Hb 11,17 |
| ἀνα-δίδωμι | (darauf)geben | |
| | Sir 1,23 2Mac 13,15 | Act 23,33 |
| ἀνά-δυσις | d.Auftauchen | |
| | Sap 19,7 | |
| ἀνα-ζεύγνυμι | *wiederanspannen:* aufbrechen | |
| | 1/2 Sp (Ex 14,15 ...) | |
| ἀνα-ζέω | aufsieden | |
| | Ex 9,9.10 Job 41,23 2Mac 9,9 | WB |
| ἀνα-ζητέω | aufsuchen | |
| | Job 3,4 10,6 2Mac 13,21 | Lk 2,44.45 Act 11,25 |
| ἀνα-ζυγή | Aufbruch | |
| | Ex 40,38 2Mac 9,2 13,26 | |
| ἀνα-ζώννυμι | umgürten | |
| | Jud 18,16B Prov 31,17 | 1Pt 1,13 |
| ἀνα-ζωπυρέω | anfeuern | |
| | Gen 45,27 1Mac 13,7 | 2Tim 1,6 |
| ἀνα-θάλλω | aufsprossen | |
| | 9mal (Ps 27,7 ...) | Phil 4,10 |
| ἀνά-θεμα | 1. Weihgeschenk Lev 27,28.28 2Mac 2,13 | |
| * | 2. Bann = verflucht (חרם) 20mal | NT 6mal |
| ἀνα-θεματίζω | verfluchen | |
| | 14mal (Num 18,14 ...) | Mk 14,71 Act 23,12.14.21 |
| ἀνά-θημα | Weihgeschenk | |
| | Jdth 16,19 2Mac 9,16 3Mac 3,17 | Lk 21,5 |
| ἀν-αίδεια | Schamlosigkeit | |
| | Sir 25,22 | Lk 11,8 |

ἀν-αιδής unverschämt
14mal (Dt 28,50 ...) u.Adv. Prov 21,29 WB
ἀν-αίρεσις d.Aufheben
Num 11,15 Jud 15,17 Jdth 15,4 2Mac 5,13 Act 8,1
ἀν-αιρέω aufnehmen
1 Sp (Gen 4,15 ...) NT 24mal
ἀν-αίτιος unschuldig
5mal (Dt 19,10 ...) u.Adv.4Mac 12,14 Mt 12,5.7
ἀνα-καινίζω erneuern
6mal (2Par 15,8B ...) Hb 6,6
ἀνα-καίω anzünden
7mal (Jdth 7,5 ...)
ἀνα-καλέω laut rufen
7mal (Ex 31,2 ...)
ἀνα-καλύπτω enthüllen
1/2 Sp (1Es 8,76 ...) 2Kor 3,14.18
ἀνα-κάμπτω *umbiegen:* zurückkehren
18mal (Ex 32,27 ...) Mt 2,12 Lk 10,6 Act 18,21 Hb 11,15
ἀνά-κειμαι zu Tische liegen
1Es 4,11 Tob 9,6S NT 14mal
ἀνα-κηρύσσω ausrufen
4Mac 17,23
ἀνα-κλάω zurückbiegen
4Mac 11,10
ἀνα-κλίνω anlehnen
3Mac 5,16 NT 6mal
ἀνά-κλισις d.Anlehnen
Cant 1,12
ἀνά-κλιτον Lehnstuhl
Cant 3,10
ἀνα-κοινόω mitteilen
2Mac 14,20 WB
ἀνα-κομίζω (hinauf)holen
2Mac 2,22 13,39 3Mac 1,1
ἀνα-κόπτω zurückschlagen
Sap 18,23 4Mac 1,35 13,6 WB
ἀνα-κράζω aufschreien
13mal (Jos 6,5 ...) NT 5mal
ἀνα-κρίνω ausforschen
6mal (1Reg 20,12 ...) NT 16mal
ἀνά-κρισις Untersuchung
3Mac 7,5 Act 25,26
ἀνα-κρούω zurückstoßen
Jud 5,11
ἀνα-κύπτω sich aufrichten
Job 10,15 Dan LXX Sus 35 Lk 13,11 21,28 Jh 8,7.10
ἀνα-λαμβάνω wiedernehmen
1 Sp (Gen 24,61 ...) NT 13mal
ἀνα-λάμπω auflodern
5mal (Job 11,15 ...)
ἀν-άλγητος schmerzlos
Prov 14,23
ἀνα-λέγω auflesen
1Reg 20,38 3Reg 21,33 3Mac 2,24
ἀνά-λημμα Erhebung
2Par 32,5 Sir 50,2
ἀνα-λημπτήρ Schöpfeimer
ἀνάλημψις s.S.318 2Par 4,16
ἀνα-λημπτέος anzunehmen
2Mac 3,13

ἀναλίσκω aufwenden

1/2 Sp (Gen 41,30 ...) Lk 9,54 Gal 5,15

ἀνα-λογίζομαι überlegen

2Mac 12,43 3Mac 7,7 *Ps 8,7* Hb 12,3

ἀνα-λόγως entsprechend

Sap 13,5

ἀνα-λύω auflösen

18mal (1Es 3,3 ...) Lk 12,36 Phil 1,23

ἀνά-λωσις 1. Bedrohung: Dt 28,20

2. Speise : Ez 15,4.6 16,20

ἀν-αμάρτητος fehlerlos

Dt 29,18 2Mac 8,4 12,42 Jh 8,7

ἀνα-μαρυκάομαι wiederkäuen

ἀνάμειξις s.S.318 Lev 11,26vl Dt 14,8vl WB

ἀνα-μένω abwarten

10mal (Jdth 7,12 ...) 1Thess 1,10

ἀνα-μίγνυμι vermischen

6mal (Esth 3,13$^{d}$ ...)

ἀνα-μιμνῄσκω erinnern

1/2 Sp (Gen 41,9 ...) NT 6mal

ἀνά-μνησις Erinnerung Hb 10,3

5mal (Lev 24,7 ...) Lk 22,19 1Kor 11,24.25

ἀνα-μοχλεύω mit dem Hebel aufbrechen

4Mac 10,5

ἀν-αμφισ-βητήτως unbestritten

1Es 6,29

ἄν-ανδρος unmännlich

4Mac 5,31 6,21 8,16

ἀνα-νεάζω jung werden

4Mac 7,13

ἀνα-νεόω erneuern

10mal (Esth 3,13$^{b}$ ...) Eph 4,23

ἀνά-νευσις Ruhe

Ps 72,4

ἀνα-νεύω den Kopf zurückwerfen

7mal (Ex 22,16 ...)

ἀνα-νέωσις Erneuerung

1Mac 12,17 WB

ἀν-αντλέω heraufschöpfen

Job 19,26 WB

ἀνα-ξηραίνω austrocknen

Sir 14,9 43,3 Hos 13,15 Jer 27,27

ἀν-άξιος unwürdig

ἄναξις s.S.318 Esth 8,12$^{g}$ Sir 25,8 Jer 15,19 1Kor 6,2

ἀν-αξίως unwürdig

2Mac 14,42 1Kor 11,27

ἀνά-παλιν umgekehrt

Sap 19,21

ἀνά-παυμα Ruhe

Job 3,23 Jes 28,2B.12

ἀνά-παυσις d.Ausruhen

1 Sp (Gen 29,2 ...) NT 5mal

ἀνα-παύω abbringen, *meistens Med.:* aufhören

1 Sp (Gen 29,2 ...) NT 12mal

ἀνα-πείθω überreden

Jer 36,8.8 1Mac 1,11 Act 18,13

ἀνα-πείρομαι durchbohrt werden

2Mac 12,22

ἀνά-πειρος verstümmelt

Tob 14,2S 2Mac 8,24 Lk 14,13.21

ἀνα-πετάννυμι auseinanderbreiten
Job 39,26
ἀνα-πηδάω aufspringen
7mal (1Reg 20,34 ...) Mk 10,50
** ἀνα-πηδύνω sprudeln
Prov 18,4
ἀνα-πίπτω zurückfallen
7mal (Gen 49,9 ...) NT 12mal
ἀνα-πλάσσω neuformen
Sap 15,7 WB
ἀνα-πληρόω ausfüllen
13mal (Gen 2,21 ...) NT 6mal
ἀνα-πλήρωσις d.Ausfüllen
1Es 1,57 Dan LXX 9,12 12,13 Dan Th 12,13
ἀνα-πνέω aufatmen
Job 9,18 WBA
ἀνα-ποδίζω zurückgehen
Sir 48,23 2Mac 14,44
ἀνα-ποδισμός Wiederholung
Sap 2,5
ἀνα-ποιέω zurichten
1/2 Sp (Lev 7,10 ...)
ἀνα-πτερόω beflügeln
ἀναπτέρωσις s.S.318 Prov 7,11 Cant 6,5 Sir 34,1
ἀνα-πτύσσω entfalten
5mal (Dt 22,17 ...) Lk 4,17
ἀν-άπτω anheften
1/2 Sp (Jud 6,21A ...) Lk 12,49 Jak 3,5
ἀν-αρίθμητος unzählbar
14mal (3Reg 8,5 ...) Hb 11,12
ἀν-αρπάζω in die Höhe reißen
Jud 9,25A WBA
ἀναρ-ρήγνυμι aufreißen
4Reg 2,24 8,12 15,16
ἀνα-σκάπτω ausgraben
Ps 7,16 79,17 WBA
ἀνα-σπάω heraufziehen Lk 14,5 Act 11,10
Am 9,2 Hab 1,15 Dan LXX 6,18 Th Bel 42
ἀνά-στασις d.Auferstehen
6mal (Ps 65,1 ...) NT 42mal
ἀνα-στατόω aufwiegeln
Dan LXX 7,23 Act 17,6 21,38 Gal 5,12
ἀνα-στέλλω zurückstellen
Nah 1,5 1Mac 7,24
* ἀνά-στεμα Höhe
Gen 7,4A Jdth 9,10
ἀνα-στενάζω aufseufzen
Sir 25,18 Lam 1,4 Sus Th 22 2Mac 6,30 Mk 8,12
ἀνά-στημα Höhe
Gen 7,23 1Reg 10,5 Jdth 12,8 Zeph 2,14 Sach 9,8
ἀνα-στρατοπεδεύω wieder das Lager beziehen
2Mac 3,35
ἀνα-στρέφω umkehren
2 Sp (Gen 8,11 ...) NT 9mal
ἀνα-στροφή d.Umkehren
Tob 4,14 2Mac 6,23 NT 13mal
ἀνα-σύρω in die Höhe ziehen
Jes 47,2
ἀνα-σχίζω aufspalten
Tob 6,4S.5S Am 1,13

| | | |
|---|---|---|
| ἀνα-σῴζω | retten | |
| | 1/2 Sp (Gen 14,13 ...) | WB |
| ἀνα-τείνω | emporhalten | |
| | 2Mac 15,21 4Mac 6,6.26 | |
| ἀνα-τέλλω | aufsprossen lassen | |
| | 1 Sp (Gen 2,5 ...) | NT 9mal |
| ἀνα-τέμνω | zerschneiden | |
| | Tob 6,4 | |
| ἀνα-τίθημι | aufstellen | |
| | 9mal (Lev 27,28 ...) | Act 25,14 Gal 2,2 |
| ἀνα-τίκτω | wiedergebären | |
| | 4Mac 16,13 | |
| * ἀνα-τιναγμός | Aufschleuderung | |
| | Nah 2,11 | |
| ἀνα-τολή | Aufgang | |
| | 3 Sp (Gen 2,8 ...) | NT 11mal |
| ἀνα-τρέπω | umkehren | |
| | 12mal (Tob 13,14S ...) | Jh 2,15 2Tim 2,18 Tit 1,11 |
| ἀνα-τρέφω | stärken | |
| | Sap 7,4 4Mac 10,2 11,15 | Act 7,20.21 22,3 |
| ἀνα-τρέχω | zurücklaufen | |
| | Tob 11,9S 2Mac 9,25 14,43 | WB |
| ἀνα-τροπή | Umsturz | |
| | Hab 2,15 3Mac 4,5 | |
| ἀνα-τροφή | Erziehung | |
| | 4Mac 16,8 | |
| ἀνα-τυπόω | umgestalten | |
| | Sap 14,17 | |
| ἀνα-φαίνω | aufleuchten | |
| | 6mal (Job 11,18 ...) | Lk 19,11 Act 21,3 |
| ἀνα-φάλαντος | mit Vorderglatze | |
| | Lev 13,41 | |
| * ἀνα-φαλάντωμα | Kahlköpfigkeit | |
| | Lev 13,42.43 | |
| ἀνα-φέρω | herauftragen | |
| | 2 Sp (Gen 8,20 ...) | NT 10mal |
| ἀνα-φορά | *Erhebung:* Last, Opfer | |
| | Num 4,19 Ps 50,21 | |
| ἀνα-φορεύς | Tragbügel | |
| | 1/2 Sp (Ex 25,13 ...) | |
| ἀνα-φράσσω | (Verschlossenes) öffnen | |
| | 2Es 14,1 | |
| ἀνα-φύω | hervorwachsen lassen | |
| | 7mal (Gen 41,6 ...) | |
| ἀνα-φωνέω | ausrufen | |
| | 5mal (1Par 15,28 ...) | Lk 1,42 |
| ἀνα-χαίνω | gähnend den Mund öffnen | |
| | 2Mac 6,18 | |
| ἀνα-χωρέω | zurückweichen | |
| | 14mal (Ex 2,15 ...) | NT 14mal |
| ἀνά-ψυξις | Abkühlung, Erfrischung | |
| | Ex 8,11 | Act 3,20 |
| ἀνα-ψυχή | Erholung | |
| | Ps 65,12 Hos 12,9 Jer 30,26 | |
| ἀνα-ψύχω | abkühlen, erfrischen | |
| | 7mal (Ex 23,12 ...) | 2Tim 1,16 |
| ἀνδρ-αγαθέω | ein guter Mann sein | |
| | 1Mac 5,61.67 16,23 2Mac 2,21 | |
| * ἀνδρ-αγάθησις | Mannestat | |
| | 1Mac 5,56 | |

ἀνδρ-αγαθία Mannestugend
8mal (Esth 10,2 ...)

ἀνδρά-ποδον Sklave
3Mac 7,5

ἀνδρεία Mannhaftigkeit
14mal (Ps 67,7 ...)

ἀνδρεῖος mannhaft
17mal (Tob 6,12S ...) u.Adv. 2Mac 6,27 WB

* ἀνδρειόω tapfer sein
4Mac 15,23

ἀνδρίζομαι sich mannhaft betragen
1/2 Sp (Dt 31,6 ...) 1Kor 16,13

** ἀνδρο-γύναιος Mannweib
Prov 18,8S 19,15

ἀνδρό-γυνος Mannweib
Prov 18,8

* ἀνδρο-λογία (Truppen-)Werbung
2Mac 12,43

ἀνδρο-φονέω Menschen morden
4Mac 9,15

ἀνδρο-φόνος Mörder
2Mac 9,28 1Tim 1,9

ἀνδρόω zu einem Mann machen
Job 27,14 33,25

ἀνδρ-ωδῶς mannhaft
1Mac 6,31 2Mac 14,43

ἀν-εγείρω aufwecken
Sir 49,13

ἀν-έγ-κλητος unbescholten
3Mac 5,31 NT 5mal

ἀν-είκαστος nicht bildlich darzustellen
3Mac 1,28

ἀν-ειλέω zurückdrängen
Ez 2,10

* ἀν-εκ-λιπής unablässig
Sap 7,14 8,18

ἀν-ελεημόνως unbarmherzig
Job 6,21 30,21

ἀν-ελεήμων unbarmherzig
12mal (Job 19,13 ...) Röm 1,31

ἀν-έλπιστος unerwartet
Jes 18,2 u.Adv. Sap 11,7

ἄνεμος Wind
1 Sp (Ex 10,13 ...) NT 31mal

ἀνεμο-φθορία Windschaden
Dt 28,22 2Par 6,28 Hag 2,17

* ἀνεμό-φθορος vom Winde zerstört
8mal (Gen 41,6 ...)

ἀν-εμ-πόδιστος ungehindert
Sap 17,19 19,7 WB

ἀν-εξ-έλεγκτος ohne Untersuchung
Prov 10,17 25,3

ἀν-εξι-κακία Langmut *(im Ertragen von Beleidigungen)*
Sap 2,19

* ἀν-εξ-ιχνίαστος unbegreiflich
Job 5,9 9,10 34,24 Röm 11,33 Eph 3,8

ἀν-επι-εικής unbillig
Prov 12,26

ἀν-επι-στρέπτως unbekümmert
3Mac 1,20

ἀν-ερευνάομαι nicht aufgespürt werden
4Mac 3,13

ἀν-έρχομαι hinaufgehen
3Reg 13,12 Jh 6,3 Gal 1,17.18

ἄν-εσις d.Nachlassen
6mal (2Par 23,15 ...) NT 5mal

* ἀν-ετάζω genau erforschen
Jud 6,29A Esth 2,23vl Sus Th 14 Act 22,24.29

ἄνευ ohne
1/2 Sp Textstellen (Gen 41,16 ...) Mt 10,29 1Pt 3,1 4,9

ἀν-ευρίσκω auffinden
4Mac 3,14 Lk 2,16 Act 21,4

ἀν-έφ-ικτος unerreichbar
3Mac 2,15

ἀν-έχω aushalten
16mal (Gen 45,1 ...) NT 15mal

ἀνεψιός Vetter
Num 36,11 Tob 7,2 9,6S Kol 4,10

ἄν-ηβος unerwachsen
2Mac 5,13

ἀν-ήκεστος unheilbar
Esth 8,12$^{e}$ 2Mac 9,5 3Mac 3,25

ἀν-ήκοος nicht hörend
5mal (Num 17,25 ...)

ἀν-ήκω sich beziehen auf
9mal (Jos 23,14 ...) Eph 5,4 Kol 3,18 Phm 8

ἀν-ήλατος angehämmert = verankert (ἀν- = an-)
Job 41,16

ἀν-ηλεής unbarmherzig
3Mac 5,10

ἀν-ήνυτος unvollendet
3Mac 4,15

ἀνήρ Mann
22 Sp (Gen 2,23 ...) NT 216mal

ἀνθέμιον Blüte
Eccl 12,6

ἀνθέω hervorwachsen
15mal (Job 14,2 ...) WB

ἄνθινος blumig
Ex 28,34

ἀνθ-ίστημι entgegenstellen
1 Sp (Lev 26,37 ...) NT 14mal

ἀνθ-ομο-λογέομαι gegenseitig übereinkommen
6mal (1Es 8,88 ...) Lk 2,38

ἀνθ-ομο-λόγησις gegenseitige Übereinkunft
2Es 3,11 Sir 17,27

ἄνθος Blüte
1/2 Sp (Ex 28,14 ...) Jak 1,10.11 1Pt 1,24.24

ἀνθρακιά Kohlenhaufe
Sir 11,32 4Mac 9,20 Jh 18,18 21,9

* ἀνθράκινος kohlenartig
Esth 1,7

ἄνθραξ Kohle
1/2 Sp (Gen 2,12 ...) Röm 12,20

* ἀνθρωπ-άρεσκος der Menschen zu gefallen sucht
Ps 52,6 *PS 4 tit.7.8.19* Eph 6,6 Kol 3,22

ἀνθρώπινος menschlich
13mal (Num 5,4 ...) NT 7mal

ἄνθρωπος Mensch
17 Sp (Gen 1,26 ...) NT 551mal

ἀνθ-υφ-αιρέω (dagegen) wegnehmen
Lev 27,18

ἀν-ίατος unheilbar
9mal (Dt 32,24 ...) WB

ἀν-ιέναι (ἄνειμι) losgehen
3Reg 21,22vl 4Mac 4,10

ἀν-ιέναι (ἀνίημι) loslassen Hb 13,5
1/2 Sp (Gen 18,24 ...) Act 16,26 27,40 Eph 6,9

ἀν-ιερόω einweihen
1Es 9,4 3Mac 7,20

ἀ-νίκητος unbesiegt
6mal (2Mac 11,13 ...)

ἀν-ίπταμαι auffliegen
Jes 16,2 WB

ἀν-ίστημι aufstellen, *intr.* aufstehen
6 1/2 Sp (Gen 4,8 ...) NT 108mal

* ἄν-ισχυς ohne Stärke
Jes 40,30

* ἀνναχίμ = אין נקי niemand war ausgenommen
3Reg 15,22A

ἀ-νόητος ungedacht
9mal (Dt 32,31 ...) NT 6mal

ἄ-νοια Gedankenlosigkeit
13mal (Job 33,23 ...) Lk 6,11 2Tim 3,9

ἄν-οιγμα Öffnung
3Reg 14,6

ἀν-οίγω öffnen
2 Sp (Gen 7,11 ...) NT 77mal

ἀν-οίκητος unbewohnt
1Mac 3,45

ἀν-οικοδομέω wieder aufbauen
1/2 Sp (Dt 13,17 ...) Act 15,16.16

ἄν-οικτος unbarmherzig
3Mac 4,4

ἀν-ομβρέω überreich hervorbringen
Sir 18,29 39,6 50,27

ἀ-νομέω gesetzlos handeln
1/2 Sp (Ex 32,7 ...) WB

ἀ-νόμημα Gesetzwidrigkeit
17mal (Lev 17,16 ...) WB

ἀ-νομία Gesetzlosigkeit
3 Sp (Gen 19,15 ...) NT 15mal

ἀν-όμοιος unähnlich
Sap 2,15 WB

ἄ-νομος gesetzlos NT 10mal / 2mal
1 1/2 Sp (1Reg 24,14 ...) u.Adv. 2Mac 8,17

ἀν-όνητος nutzlos
Sap 3,11 4Mac 16,7.9 WB

ἀν-ορθόω aufrichten Hb 12,12
17mal (2Reg 7,13 ...) Lk 13,13 Act 15,16

ἀν-ορύσσω ausgraben
Job 3,31 39,21

ἀν-όσιος gottlos
7mal (Sap 12,4 ...) 1Tim 1,9 2Tim 3,2

ἀν-οσίως gottlos
Esth 8,12g 3Mac 1,21

ἄ-νους unverständig
Ps 48,11 Prov 13,14 Hos 7,11 2Mac 11,13

ἀν-οχή d.Aufhalten
1Mac 12,25 Röm 2,4 3,26

ἀντ-αγωνίζομαι bin Gegner im Kampf
4Mac 17,14 Hb 12,4

ἀντ-αγωνιστής Bekämpfer
4Mac 3,5

ἀντ-αίρω rebellieren
2Reg 18,28A Micha 4,3

ἀντ-ακούω wiederhören
Job 11,2 WB

ἀντ-άλλαγμα Tauschmittel
10mal (Ruth 4,7 ...) Mt 16,26 Mk 8,37

ἀντ-αλλάσσω umtauschen
Job 37,4 Prov 6,35

* ἀντ-άμειψις Vergeltung
Ps 118,112

ἀντ-αν-αιρέω gegenseitig töten
10mal (Esth 8,12$^{d}$ ...) WB

ἀντ-ανα-κλάω reflektieren
Sap 17,18

ἀντ-αν-ίσταμαι dagegen auftreten
Barn 3,19

ἀντ-απο-δίδωμι vergelten
1 1/2 Sp (Gen 44,4 ...) NT 7mal

ἀντ-από-δομα Vergeltung
1/2 Sp (Gen 50,15 ...) Lk 14,12 Röm 11,9

ἀντ-από-δοσις Wiederherausgeben, Vergeltung
16mal (Jud 9,16B ...) Kol 3,24

ἀντ-απο-θνῄσκω zur Vergeltung sterben
Ex 22,2

* ἀντ-απο-κρίνομαι entgegnend antworten
Jud 5,29A Job 16,8 32,12 Lk 14,6 Röm 9,20

ἀντ-από-κρισις gegenseitiges Antworten
Job 13,22 34,36

ἀντ-απο-στέλλω dagegen abschicken
3Reg 21,10

ἀντ-απο-τίνω gegenseitig vergelten
1Reg 24,20

ἀντ-εῖπον *(Aor.)* widersprechen
10mal (Gen 24,50 ...) Lk 21,15 Act 4,14

ἀντ-ερείδω wetteifern
Sap 15,9

ἀντ-ερῶ *(Fut.)* widersprechen
Gen 44,16 Jdth 12,14 Job 20,2

ἀντ-έχομαι entgegenhalten Tit 1,9
1/2 Sp (Dt 32,41 ...) Mt 6,24 Lk 16,13 1Thess 5,1

ἀντ-ηχέω entgegenschallen
Sap 18,10

ἀντί anstatt, entgegen
1 Sp Textstellen (Gen 2,21 ...) NT 22mal

ἀντι-βάλλω entgegenwerfen
2Mac 11,13 Lk 24,17

ἀντί-γραφον Abschrift
1/2 Sp (1Es 6,7 ...) WB

ἀντι-γράφω gegenzeichnen
1Es 2,19 1Mac 8,22 12,23 WBA

ἀντι-δίδωμι vergelten
Ez 27,15 Dan LXX 1,16

ἀντι-δικέω dagegen prozessieren
Jud 6,31A 12,2A

ἀντί-δικος Gegner vor Gericht
8mal (1Reg 2,10 ...) NT 5mal

* ἀντι-δοκέω entgegengesetzter Meinung sein
2Mac 9,8A
ἀντι-δοξέω eine entgegengesetzte Meinung haben
Esth 4,17[b]
* ἀντί-ζηλος Neider
Lev 18,18 Sir 26,6 37,11 WB
ἀντί-θετος entgegengesetzt
Esth 3,13[d] Job 32,3
* ἀντι-καθ-ίζω gegenübersetzen
4Reg 17,26
ἀντι-καθ-ίσταμαι Widerstand leisten
Dt 31,21 Jos 5,7 Micha 2,8A Hb 12,4
ἀντι-κατ-αλλάσσω dagegen eintauschen
Sir 46,12 3Mac 2,32
ἀντί-κειμαι gegenüberliegen
14mal (Ex 23,22 ...) NT 8mal
* ἀντι-κρίνομαι vergleichen
Job 3,32 11,3
ἄντι-κρυς gerade durch
2Es 22,93 3Mac 5,16 Act 20,15
ἀντι-λαμβάνομαι ergreifen
1 Sp (Gen 48,17 ...) Lk 1,54 Act 20,35 1Tim 6,2
ἀντι-λάμπω zurückstrahlen
2Mac 1,32
ἀντι-λέγω widersprechen
8mal (Sir 4,25 ...) NT 11mal
ἀντι-λήμπτωρ Beistand
17mal (2Reg 22,3 ...) WB
ἀντί-λημψις d.Ergreifen
15mal (1Es 8,27 ...) 1Kor 12,28
ἀντι-λογία Gegenrede
19mal (Ex 18,16 ...) Hb 6,16 7,7 12,3 Jud 11
ἀντι-μαρτυρέω widersprechen
2Mac 7,6
* ἀντίον Weberbaum *(auf den fertiger Stoff gewickelt wird)*
2Reg 21,19 1Par 11,23 20,5
ἀντί-παλος gegenringend
2Mac 14,17 3Mac 1,5
ἀντι-παρ-άγω ein Heer führen
1Mac 13,20
ἀντι-παρ-αγωγή d.Ausrücken gegen ...
Esth 3,13[e]
ἀντι-παρα-τάσσω gegenüber aufstellen
1Es 2,21
ἀντι-παρ-έρχομαι helfend dazwischentreten
Sap 16,10 Lk 10,31.32
ἀντι-περι-βάλλω dagegen umarmen
Sir 23,12
ἀντι-πίπτω entgegenfallen
Ex 26,5.17 Num 27,14 Job 23,13 Act 7,51
ἀντι-ποιέω vergelten
Lev 24,19 Dan Th 4,35 1Mac 15,3
ἀντι-πολεμέω dagegen kämpfen
Jes 41,12
ἀντι-πολιτεύομαι bin politischer Gegener
4Mac 4,1
ἀντι-πράττω entgegenhandeln
2Mac 14,29
ἀντι-πρόσωπος mit entgegengekehrtem Gesicht
6mal (Gen 15,10 ...)

ἀντί-πτωμα Einsturz
Sir 31,29 32,20
ἀντί-ρρησις Widerspruch
Eccl 8,11
ἀντι-ρρητορεύω dagegenreden
4Mac 6,1
ἀντι-στήριγμα Stütze
Ps 17,19 Sir 34,15vl Ez 30,6
ἀντι-στηρίζω unterstützen
Ps 36,24 Jes 48,2 50,10
ἀντ-ισχύω kräftig widerstehen
Sap 7,30
ἀντι-τάσσομαι sich auflehnen
7mal (3Reg 11,34 ...) NT 5mal
ἀντι-τίθημι entgegensetzen
Lev 14,42 4Mac 3,16
ἀντί-τυπος Abbild
Esth 3,13[d]SA Hb 9,24 1Pt 3,21
ἀντι-φιλοσοφέω dagegen philosophiern
4Mac 8,15
ἀντι-φωνέω antworten
1Mac 12,18
ἀντί-ψυχον Lösegeld
4Mac 6,29 17,21 WB
ἀντλέω schöpfen
9mal (Gen 24,13 ...) Jh 2,8.9 4,7.15
ἀντ-οφθαλμέω ins Gesicht sehen
Sap 12,14 Act 27,15
ἄντρον Höhle
3Reg 16,18
ἀντρ-ώδης voll von Höhlen
2Mac 2,5
ἄν-υδρος wasserarm
1/2 Sp (Dt 32,10 ...) Mt 12,43 Lk 11,24 2Pt 2,17 Jud 12
ἀν-υπέρ-βλητος unübertrefflich
Jdth 16,13 WB
ἀν-υπερ-θέτως ohne Aufschub
3Mac 5,20.42
ἀν-υπό-δετος ohne Grundlage
5mal (2Reg 15,30 ...)
ἀν-υπό-κριτος ungeheuchelt
Sap 5,18 18,15 NT 6mal
ἀν-υπο-μόνητος unerträglich
Ex 18,18
ἀν-υπο-νόητος unverdächtig
Sir 11,5 25,7S
ἀν-υπό-στατος nicht aufzuhalten
Ps 123,5 2Mac 1,13 8,5
ἀν-υψόω erhöhen
1/2 Sp (1Reg 2,7 ...)
ἀνύω vollenden
4Mac 9,12
ἄνω oben
1/2 Sp Textstellen (Ex 20,4 ...) NT 9mal
ἄνωθεν von oben her
1/2 Sp Textstellen (Gen 6,16 ...) NT 13mal
ἀν-ώνυμος unaussprechbar
Sap 14,27
ἀνώτατος Höchster
Tob 8,3

ἀνώτερος Oberer
2Es 13,25 Ez 41,7 Lk 14,10 Hb 10,8
ἀν-ωφελής nutzlos
Prov 28,3 Sap 1,11 Jes 44,10 Jer 2,8 Tit 3,9 Hb 7,18
ἀξία Wert
Sir 10,28 38,17
ἀξίνη Axt
7mal (Dt 19,5 ...) Mt 3,10 Lk 3,9 13,7D
ἀξιό-πιστος vertrauenswürdig
Prov 27,6 28,20 2Mac 15,11 WB
ἄξιος wert
1/2 Sp (Gen 23,9 ...) NT 41mal
ἀξιόω für wert erachten
3/4 Sp (Gen 31,28 ...) NT 7mal
ἀξίωμα Würde
13mal (Ex 21,22 ...)
ἀξίως würdig
Sap 7,15 16,1 Sir 14,11 NT 6mal
ἄξων Wagenachse
6mal (Ex 14,25 ...)
ἀοίδιμος besungen
4Mac 10,1.15A
ἀ-οίκητος unbewohnt
11mal (Dt 13,17 ...) WBA
ἄ-οκνος unermüdlich
Prov 6,11a WB
ἀ-ορασία Unsichtbarkeit
6mal (Gen 19,11 ...)
ἀ-όρατος unsichtbar
Gen 1,2 Jes 45,3 2Mac 9,5 NT 5mal
ἀπ-αγγελία Bericht
Ruth 2,11
ἀπ-αγγέλλω berichten
4 Sp (Gen 12,18 ...) NT 45mal
ἀπ-αγορεύω verbieten
4Mac 1,34
ἀπ-άγχομαι sich erhängen
2Reg 17,23 Tob 3,10.10S.10S Mt 27,5
ἀπ-άγω wegführen
1 Sp (Gen 31,18 ...) NT 16mal
ἀπ-αγωγή d. Wegführen
1Es 8,24 Sir 38,19B Jes 10,4vl
* ἀπ-αδικέω übervorteilen
Dt 24,14
ἀ-παιδευσία ohne Erziehung
Sir 4,25 21,24 23,13 Hos 7,16
ἀ-παίδευτος ungebildet
16mal (Prov 5,23 ...) 2Tim 2,23
ἀπ-αίρω wegnehmen
1 1/2 Sp (Gen 12,9 ...) Mt 9,15 Mk 2,20 Lk 5,35
ἀπ-αιτέω zurückfordern
12mal (Dt 15,2 ...) Lk 6,30 12,20
ἀπ-αίτησις d. Zurückfordern
6mal (2Es 15,10 ...)
ἀπ-αλείφω abwischen
7mal (Gen 6,7 ...)
ἀπ-αλλάσσω befreien
16mal (Ex 19,22 ...) Lk 12,58 Act 19,12 Hb 2,15
ἀπ-αλλοτριόω entfremden
11mal (Jos 22,25 ...) Eph 2,12 4,18 Kol 1,21

ἀπ-αλλοτρίωσις Verbrechen
Job 31,5 Jer 13,27
ἁπαλός zart
11mal (Gen 18,7 ...) Mt 24,32 Mk 13,28
ἁπαλότης Zartheit
Dt 28,56 Ez 17,4.9
ἁπαλύνω abweichen
4Reg 22,19 Job 33,25 Ps 54,22
ἀπ-αμαυρόω das Dunkel wegnehmen
Jes 44,18
ἀπ-αμύνω abwehren
4Mac 14,19
ἀπ-αναίομαι verneinen
5mal (Jes 5,17 ...) WB
ἀπ-αν-αισχυντέω unverschämt, zu ...
Jer 3,3
ἀπ-αν-ίστημι aufbrechen
Sap 1,5
ἀπ-αντάω begegnen
1 Sp (Gen 28,11 ...) Mk 14,13 Lk 17,12
* ἀπ-αντή d.Begegnen
1/2 Sp (Jud 4,22A ...)
* ἀπ-άντημα Begegnung
3Reg 5,18 Eccl 9,11
ἀπ-άντησις Begegnung
1 Sp (Jud 4,18A ...) Mt 25,6 Act 28,15 1Thess 4,17
* ἀπ-άνωθεν von oben her
6mal (Jud 16,20B ...)
ἅ-παξ einmal
1/2 Sp (Gen 18,32 ...) NT 14mal
ἀ-παρ-αίτητος unabwendbar
Sap 16,4.16
ἀ-παρ-αλλάκτως unveränderlich
Esth 3,13c
ἀ-παρα-πόδιστος ungehindert
3Mac 6,28
ἀ-παρα-σήμαντος nicht bezeichnet
2Mac 15,36
ἀπ-αρέσκω mißfallen
Sir 21,15
ἀπ-αρνέομαι verleugnen
Jes 31,7 NT 11mal
ἄπ-αρσις Aufbruch
Num 33,2
ἀπ-αρτία Reisegepäck
10mal (Ex 40,36 ...)
ἀπ-αρτίζω fertigstellen
3Reg 9,25A WB
ἀπ-αρχή Erstling(sopfer)
1 Sp (Ex 22,28 ...) NT 9mal
ἀπ-άρχομαι (Erstlings-)Opfer darbringen
6mal (2Par 30,24 ...)
ἅ-πας ganz
1 1/2 Sp (Gen 19,4 ...) NT 34mal
* ἀπ-ασπάζομαι sich verabschieden
Tob 10,12S Act 21,6
ἀπατάω betrügen
1/2 Sp (Gen 3,13 ...) Eph 5,6 1Tim 2,14 Jak 1,26
ἀπάτη Betrug
5mal (Jdth 9,3 ...) NT 7mal

ἀπάτησις d.Betrügen
Jdth 10,4

ἀπ-αύγασμα Abglanz
Sap 7,26 Hb 1,3

ἀπ-αυτο-μολέω überlaufen
Prov 6,11a 4Mac 12,16

ἀ-πείθεια Ungehorsam
4Mac 8,9.18 12,3 *PS 17,20* NT 7mal

ἀ-πειθέω ungehorsam sein
1/2 Sp (Ex 23,21 ...) NT 14mal

ἀ-πειθής ungehorsam
8mal (Num 20,10 ...) NT 6mal

ἀπ-εικάζω abbilden
Sap 13,13

ἀπ-είκασμα Abbild
Sap 13,10

ἀπειλέω drohen
9mal (Gen 27,42 ...) Act 4,17 1Pt 2,23

ἀπειλή Drohung
1/2 Sp (Job 23,6 ...) Act 4,29 9,1 Eph 6,9

ἄπ-ειμι (-εἶναι) abwesend sein
7mal (Job 6,13 ...) NT 7mal

ἄπ-ειμι (-ιέναι) weggehen
Ex 33,8 2Mac 12,1 13,22 4Mac 4,8 Act 17,10

ἀπ-εῖπον *(Aor.)* verbieten
7mal (3Reg 11,2 ...) 2Kor 4,2

ἀπ-ειρ-άγαθος unerfahren im Guten
Esth 8,12[d]

ἀπ-είργω absondern
2Mac 12,40

ἄ-πειρος unendlich
5mal (Num 14,23 ...) Hb 5,13

ἀπ-εκδίδωμι herausgeben
Tob 3,8S

ἀπ-έκτασις Ausdehnung
Job 36,29

ἀπ-ελαύνω wegtreiben
1Reg 6,8B Sap 17,8 Ez 34,12 Act 18,16

ἀπ-ελέγχω zurechtweisen
2Mac 4,33 4Mac 2,11

ἀ-πελέκητος unbehauen
7mal (3Reg 6,1a ...)

ἀπ-ελευθερόω freilassen
Lev 19,20

ἀπ-ελπίζω verzweifeln
6mal (Jdth 9,11 ...) Lk 6,35

ἀπ-έναντι entgegen (stehend)
92 Textstellen (Gen 3,24 ...) NT 5mal

* ἀπ-ενεόομαι stumm machen
Dan Th 4,19

ἀ-πένθητος nicht betrauert
2Mac 5,10

ἀ-πέραντος unendlich
Job 36,26 3Mac 2,9 1Tim 1,4

ἀπ-ερείδομαι sich stützen
9mal (Jud 6,37A ...)

* ἀ-περι-κάθαρτος nicht ringsum gereinigt
Lev 19,23

ἀ-περί-σπαστος ungehindert
Sap 16,11 Sir 41,1 WB

ἀ-περί-τμητος unbeschnitten
1/2 Sp (Gen 17,14 ...) Act 7,51

ἀπ-έρχομαι weggehen
3 Sp (Gen 3,19 ...) NT 118mal

* ἀπ-ευ-θανατίζω selig sterben
2Mac 6,28

ἀπ-εχθάνομαι sich verhaßt machen
3Mac 2,30

ἀπ-έχθεια Haß
3Mac 4,1

ἀπ-εχθής verhaßt
2Mac 5,23 3Mac 3,4

ἀπ-εχθῶς verhaßt
Sap 19,15 3Mac 5,3

ἀπ-έχω fernhalten, entfernt sein
1/2 Sp (Gen 43,23 ...) NT 19mal

ἀπ-ηλιώτης Ostwind
6mal (Ex 27,11 ...)

ἀ-πήμαντος unversehrt
Sap 7,22 2Mac 12,25 3Mac 6,6.8

ἀπ-ηνής unfreundlich
Sap 17,17.18

ἄπιος Birnbaum
1Par 14,14.15

ἀ-πιστέω ungläubig sein
6mal (Sap 1,2 ...) NT 8mal

ἀ-πιστία Untreue
Sap 14,25 4Mac 12,3S NT 11mal

ἄ-πιστος ungläubig
Prov 17,6a 28,25BS Jes 17,10.10 NT 23mal

ἄ-πλαστος ungeformt
Gen 25,27

ἄ-πλατος unnahbar
3Mac 4,11

ἀ-πληστεύομαι unersättlich sein
Sir 31,17 37,29

ἀ-πληστία Unersättlichkeit
Sir 37,30.31

ἄ-πληστος unersättlich
5mal (Ps 100,5 ...)

* ἁπλοσύνη Einfachheit
Job 21,23

ἁπλότης Einfachheit
7mal (2Reg 15,11 ...) NT 8mal

ἁπλοῦς einfach
Prov 11,25 Mt 6,22 Lk 11,34

ἁπλόω einfach machen
Job 22,3 WB

ἁπλῶς schlicht
Prov 10,9 Sap 16,27 2Mac 6,6 Jak 1,5

ἄ-πνους atemlos
Sap 15,5

ἀπό von, von - weg
6 Sp Textstellen (Gen 2,2 ...) NT 646mal

ἀπο-βαίνω weggehen
1/2 Sp (Ex 2,4 ...) Phil 1,19 Lk 5,2 21,13 Jh 21,9

ἀπο-βάλλω abwerfen
5mal (Dt 26,5 ...) Mk 10,50 Hb 10,35

ἀπο-βάπτω untertauchen
2Mac 1,10

ἀπο-βιάζομαι mit Gewalt fortdrängen
Prov 22,22 28,24

ἀπο-βλέπω hinblicken
7mal (Jud 9,37A ...) Hb 11,26

ἀπό-βλημα Abfall
Sap 13,12.13

ἀπο-γαλακτίζω entwöhnen
9mal (Gen 21,8 ...)

ἀπο-γεύομαι (Speise) kosten
5mal 4Mac 4,26 - 10,1

ἀπο-γινώσκω verzweifeln
Dt 33,9 Jdth 9,11 2Mac 9,22 WB

ἀπό-γονος abstammend
6mal (2Reg 21,11 ...)

ἀπο-γραφή Aufzeichnung
6mal (Dan Th 10,21 ...) Lk 2,2 Act 5,37

ἀπο-γράφω aufzeichnen
7mal (Jud 8,14A ...) Lk 2,1.3.5 Hb 12,23

ἀπο-δείκνυμι bestellen zu
15mal (Tob 3,8S ...) Act 2,22 25,7 1Kor 4,9 2Thess 2,4

ἀπό-δειξις Beweis
3Mac 4,20 4Mac 3,19 1Kor 2,4

ἀπο-δειρο-τομέω den Hals abschneiden
4Mac 15,20

* ἀπο-δεκατίζω den Zehnten geben
Tob 1,7S

ἀπο-δεκατόω verzehnten
6mal (Gen 28,22 ...) Mt 23,23 Lk 11,42 18,12 Hb 7,5

ἀπο-δεσμεύω anbinden
Prov 26,8

ἀπό-δεσμος Gebinde
Cant 1,13

ἀπο-δέχομαι (freundlich) aufnehmen
12mal (Tob 7,16 ...) NT 7mal

ἀπο-δέω abbinden
Jos 9,4 Prov 6,27

ἀπο-δημέω verreisen
Ez 19,3 NT 6mal

ἀπο-δια-στέλλω austeilen
Jos 1,6 2Mac 6,5

ἀπο-διδράσκω davonlaufen
1/2 Sp (Gen 16,6 ...) WB

ἀπο-δίδωμι abgeben
3 Sp (Gen 20,7 ...) NT 48mal

ἀπο-διώκω fortjagen
Lam 3,43

ἀπο-δοκιμάζω verwerfen
8mal (Ps 117,22 ...) NT 9mal

* ἀπό-δομα Gabe
5mal Num 8,11-21

ἀπό-δοσις d.Wiedergeben
Dt 24,13 Ps 102,2S Sir 29,5

ἀπο-δοχεῖον Lagerhaus
Sir 1,17 39,17 50,3

ἀπ-ο-δύρομαι beweinen
3Mac 4,12

ἀπο-θαυμάζω sehr bewundern
Sir 11,13 40,7 47,17 Dan LXX 4,19 WBA

ἀπο-θερίζω abmähen
Hos 6,5

ἀπο-θήκη Speicher
13mal (Ex 16,23 ...) NT 6mal

ἀπο-θησαυρίζω aufspeichern
Sir 3,4 1Tim 6,19

ἀπο-θλίβω bedrängen
Num 22,25 Lk 8,45

ἀπο-θνήσκω sterben
8 1/2 Sp (Gen 2,17 ...) NT 111mal

* ἀπ-οικεσία Vertreibung
8mal (4Reg 19,25 ...)

ἀπ-οικία Verbannung
1/2 Sp (Jud 18,30B ...)

ἀπ-οικίζω umsiedeln
1/2 Sp (1Reg 4,2 ...)

ἀπ-οικισμός d.Auswandern
5mal (Jer 26,19 ...)

ἀπ-οίχομαι weggehen
6mal (Gen 14,12 ...)

ἀπο-καθαίρω reinigen
Tob 12,9S Job 7,9 9,30 Prov 15,27a

* ἀπο-καθαρίζω reinigen
Tob 12,9BA Job 25,4

ἀπο-κάθ-ημαι (abgesondert) dasitzen
8mal (Lev 15,33 ...)

ἀπο-καθ-ίστημι wiederherstellen
3/4 Sp (Gen 23,16 ...) NT 8mal

ἀπο-καίω verbrennen
4Mac 15,20

* ἀπο-κακέω im Unglück erliegen
Jer 15,9

* ἀπο-κάλυμμα Offenbarung
Jud 5,2B

ἀπο-καλύπτω offenbar machen
2 Sp (Gen 8,13 ...) NT 26mal

ἀπο-κάλυψις Offenbarung
1Reg 20,30 Sir 11,27 22,22 NT 18mal

ἀπό-κειμαι bereitliegen Lk 19,20 Kol 1,5 2Tim 4,8 Hb 9,27
Gen 49,10 Job 38,23 2Mac 12,45 4Mac 8,11

ἀπο-κενόω entleeren
Jud 3,24B Sir 13,5.7

ἀπο-κεντέω durchstechen
Num 25,8 1Reg 31,4 Zeph 1,10 Ez 21,16

* ἀπο-κέντησις d.Durchstechen
Hos 9,13

ἀπο-κεφαλίζω enthaupten
Ps 151,7 Mt 14,10 Mk 6,16.27 Lk 9,9

* ἀπο-κιδαρόω das Haupt entblößen
Lev 10,6 21,10

ἀπο-κλαίω beweinen
Prov 26,24 Jer 31,32 38,15

* ἀπό-κλεισμα Wachthaus
Jer 36,26

ἀπο-κλείω verschließen
1/2 Sp (Gen 19,10 ...) Lk 13,25

ἀπο-κλίνω ablenken
2Reg 6,10 1Mac 5,25

ἀπο-κλύζω wegspülen
2Par 4,6

ἀπο-κνίζω abschneiden
7mal (Lev 1,15 ...)

ἀπο-κομίζω überbringen
Prov 26,16 2Mac 2,15 WB

ἀπο-κόπτω abhauen
9mal (Dt 23,1 ...) NT 6mal

ἀπο-κοσμέω abschmücken = töten
2Mac 4,38

ἀπό-κρημνος abschüssig
2Mac 13,5

ἀπο-κρίνομαι antworten
3 1/2 Sp (Gen 18,9 ...) NT 232mal

ἀπό-κρισις Antwort
1/2 Sp (Dt 1,22 ...)Lk 2,47 20,26 Jh 1,22 19,9

* ἀπο-κρυβή Verborgenheit
Job 24,15

ἀπο-κρύπτω verbergen
1/2 Sp (4Reg 4,27 ...) Lk 10,21 1Kor 2,7 Eph 3,9 Kol 1,26

* ἀπο-κρυφή Versteck
2Reg 22,12 Job 22,14 Ps 17,12

ἀπό-κρυφος verborgen
1/2 Sp (Dt 27,15 ...) Mk 4,22 Lk 8,17 Kol 2,3

ἀπο-κτείνω töten
3 1/2 Sp (Gen 4,8 ...) NT 74mal

ἀπο-κυέω gebären
4Mac 15,17 Jak 1,15.18

ἀπο-κυλίω wegwälzen
Gen 29,3.8.10 Jdth 13,9 Mt 28,2 Mk 16,3 Lk 24,2

ἀπο-κωλύω verhindern
11mal (1Reg 6,10 ...)

ἀπο-κωφόω taub machen
Mich 7,16 Ez 3,26 24,27

ἀπο-λακτίζω *(mit dem Fuß)* ausschlagen
Dt 32,15 WB

ἀπο-λαμβάνω empfangen
7mal (Num 34,14 ...) NT 10mal

ἀπό-λαυσις Genuß
3Mac 7,16 1Tim 6,17 Hb 11,25

ἀπο-λαύω genießen
5mal (Prov 7,18 ...)

ἀπο-λέγω verweigern
Jona 4,8

ἀπο-λείπω zurücklassen
1/2 Sp (Ex 5,19 ...) NT 7mal

ἀπο-λεπίζω abschälen
Tob 11,8S.12S

ἀπο-λήγω aufhören
Dan LXX 5,27

ἀπο-λιθόω versteinern
Ex 15,16

ἀπ-όλλυμι verderben
5 1/2 Sp (Gen 18,24 ...) NT 91mal

* ἀπ-όλλω zugrunde richten
4Mac 6,14

ἀπο-λογέομαι sich verteidigen
Jer 12,1 38,6 2Mac 13,26 NT 10mal

ἀπο-λόγημα Verteidigungsgrund
Jer 20,12

ἀπο-λογία Verteidigung
Sap 6,10 NT 8mal

ἀπό-λοιπος übriggeblieben
9mal Ez 41,9 - 42,10

ἀπο-λούω abwaschen
Job 9,30 Act 22,16 1Kor 6,11

ἀπό-λυσις Entlassung
3Mac 6,37.40 7,16A WB

ἀπο-λυτρόω für Lösegeld freigeben
Ex 21,8 Zeph 3,1

ἀπο-λύτρωσις Loskauf
Dan LXX 4,34 NT 10mal

ἀπο-λύω loslassen
1/2 Sp (Gen 15,2 ...) NT 67mal

ἀπο-μαίνομαι zu rasen aufhören
Dan LXX 12,4

ἀπο-μαρτυρέω ein Zeugnis ablegen
2Mac 12,30

ἀπο-μάσσομαι abwischen
Tob 7,16S Lk 10,11

ἀπο-μάχομαι tapfer kämpfen
2Mac 12,27

ἀπο-μέμφομαι heftig tadeln
Job 33,27

ἀπο-μερίζω die Sorgen ablegen
Dan LXX 11,39 2Mac 15,2

ἀπό-μοιρα Abteilung
Ez 45,20

ἀπο-νέμω zuteilen
Dt 4,19 3Mac 1,7 3,16 1Pt 3,7

ἀπο-νίπτω abwaschen
3Reg 22,38 Prov 30,12.20 Mt 27,24

ἀπο-νοέομαι verzweifeln
1Es 4,26 2Mac 13,23

ἀπό-νοια Verzweiflung
Sir 22,13 2Mac 6,29 4Mac 12,3 WB

ἄ-πονος schmerzlos
4Mac 11,26

ἀπο-ξαίνω abreißen
4Mac 6,6

ἀπο-ξενόω entfremden
3Reg 14,5A.6A Prov 27,8 2Mac 5,9

ἀπο-ξηραίνω austrocknen
5mal (Jos 4,23 ...)

ἀπο-ξύω abschaben
Lev 14,41.42.43

* ἀπο-παρθενόω entjungfern
Sir 20,4

ἀπο-πειράομαι versuchen
Prov 16,29

* ἀπο-πεμπτόω den Fünften abgeben
Gen 41,34 47,26

ἀπο-πηδάω abspringen
1Reg 20,34 Prov 9,18a Hos 7,13 Ez 19,3

* ἀπο-πιάζω auspressen
Jud 6,38A

ἀπο-πίπτω abfallen
9mal (Lev 19,9 ...) Act 9,18

ἀπο-πλανάω irreführen
7mal (2Par 21,11 ...) Mk 13,22 1Tim 6,10

ἀπο-πλάνησις d.Abirren
Dt 29,18 Sir 34,11

ἀπο-πλύνω abwaschen
Jer 2,22 4,14 Ez 16,9 WB

ἀπο-πνέω aushauchen
4Mac 15,18

ἀπο-πνίγω erwürgen, ersticken
Tob 3,8 Nah 2,13 Lk 8,7.33

ἀπο-ποιέομαι abschaffen
6mal Job 8,20 - 40,8

ἀπο-πομπαῖος Unheil abwendend= Sündenbock *(euphem.)*
Lev 16,8.10

ἀπο-πομπή Sühne
Lev 16,10

* ἀπο-πρατίζομαι verkaufen
Tob 1,7

ἀπο-πτύω ausspeien
4Mac 3,18

ἀπό-πτωμα Unfall
Jud 20,6B.10B

ἀπ-οργίζομαι erzürnt werden
2Mac 5,17

ἀ-πορέω in Verlegenheit sein
14mal (Gen 32,8 ...) NT 6mal

ἀ-πορία Ratlosigkeit
9mal (Lev 26,16 ...) Lk 21,25

ἀπο-ρρέω herabfließen
5mal (Jud 6,38A ...) WB

ἀπο-ρρήσσω losreißen
Lev 13,56 Job 39,4 Eccl 4,12 4Mac 9,25

ἀπό-ρρητος untersagt
Sir 13,22

ἀπο-ρρίπτω wegwerfen
1 Sp (Ex 22,30 ...) Act 27,43

ἀπό-ρροια Ausfluß
Sap 7,25 WBA

ἀπο-ρρώξ abgerissen, schroff
2Mac 14,45 4Mac 14,16

* ἀπο-σάττω absatteln
Gen 24,32

ἀπο-σβέννυμι auslöschen, vertilgen
Prov 31,18 Sir 3,30 43,21 Jes 10,18

ἀπο-σείω abschütteln
Jes 33,15

ἀπο-σιωπάω verstummen
Jer 45,27

* ἀπο-σκαρίζω tief schlafen
Jud 4,21A

ἀπο-σκεδάννυμι zerstreuen
4Mac 5,11

ἀπο-σκευάζω abrüsten
Lev 14,36 WB

ἀπο-σκευή Gepäck
1/2 Sp (Gen 14,12 ...)

ἀπο-σκηνόω aufbrechen
Gen 13,18 *PS 7,1*

ἀπο-σκληρύνω abhärten
Job 39,16

ἀπο-σκοπεύω beobachten
Jdth 10,10 Hab 2,1 Lam 4,17.17 *PS 3,5*

ἀπο-σκοπέω beobachten
Jud 21,9Avl 1Par 12,30

ἀπο-σκορακίζω "zu den Raben schicken"
Ps 26,9 Jes 17,13 1Mac 11,55

* ἀπο-σκορακισμός d.Wegjagen
Jes 66,15
* ἀπο-σκυθίζω skalpieren *nach Art der Skythen*
4Mac 10,7
ἀπο-σοβέω verjagen
Dt 28,26 Sir 22,20 Jer 7,33
ἀπό-σπασμα d.abgerissene Stück
Jer 26,20 Lam 4,7
ἀπο-σπάω abreißen
10mal (Lev 22,24 ...) Mt 26,51 Lk 22,41 Act 20,30 21,1
ἀπο-στάζω herabträufeln lassen
Prov 5,3 10,31.32 Cant 4,11
ἀπο-σταλάζω herabträufeln lassen
Am 9,13 Joel 4,18
ἀπο-στασία Abfall
6mal (Jos 22,22 ...) Act 21,21 2Thess 2,3
ἀπο-στάσιον Scheidebrief
Dt 24,1.3 Jes 50,1 Jer 3,8 Mt 5,31 19,7 Mk 10,4
ἀπό-στασις Abfall
6mal (2Par 28,19 ...)
ἀπο-στατέω abfallen
6mal (2Es 12,19 ...)
ἀπο-στάτης Abtrünniger
9mal (Num 14,9 ...) WB
* ἀπο-στάτις Abtrünnige
1Es 2,14.17 2Es 4,12.15
ἀπο-στέλλω absenden
10 Sp (Gen 8,8 ...) NT 132mal
ἀπο-στενόω verengen
Esth 5,1b
ἀπο-στέργω verschmähen
Dt 15,7
ἀπο-στερέω berauben
8mal (Ex 21,10 ...) NT 6mal
ἀπο-στολή Entsendung
11mal (Dt 22,7 ...) Act 1,25 Röm 1,5 1Kor 9,2 Gal 2,8
ἀπό-στολος Bote
3Reg 14,6 NT 79mal
* ἀπο-στρεβλόομαι verrenkt werden
2Mac 9,7
ἀπο-στρέφω abwenden
9 Sp (Gen 3,19 ...) NT 9mal
ἀπο-στροφή Rückkehr
19mal (Gen 3,16 ...) WB
ἀπο-στύφω zusammenziehen (= wirken ?)
Tob 11,8S
* ἀπο-συν-άγω befreien von
4Reg 5,3.6.7.11
ἀπο-συρίζω ausschöpfen
Jes 30,14
ἀπο-σύρω abreißen
4Mac 9,28 WB
ἀπο-σφάζω abschlachten
4Mac 2,19
ἀπο-σφενδονάω schleudern
4Mac 16,21
ἀπο-σφράγισμα Siegelring
Jer 22,24 Ez 28,12
ἀπο-σχίζω abspalten
Num 16,21.26 2Par 26,21 Dan Th 2,34B

ἀπο-τάσσω Abschied nehmen
7mal (1Es 6,26 ...) NT 6mal
ἀπο-τείνω ausdehnen
Ex 8,24
ἀπο-τελέω vollenden
1Es 5,70B 2Mac 15,39 Lk 13,32 Jak 1,15
ἀπο-τέμνω abschneiden
5mal (Jud 5,26A ...)
ἀπο-τηγανίζω auf dem Rost braten
Jer 36,22
ἀπο-τίθημι ablegen
18mal (Ex 16,33 ...) NT 9mal
ἀπο-τίκτω gebären
4Mac 13,21 14,16 WB
* ἀπο-τίναγμα d.Abgeschüttelte
Jud 16,9A
ἀπο-τινάσσω abschütteln
Jud 16,20A 1Reg 10,2 Lam 2,7 Lk 9,5 Act 28,5
* ἀπο-τιννύω Buße zahlen
Gen 31,39 Ps 68,5 Sir 20,12
ἀπο-τίνω Buße zahlen
1/2 Sp (Ex 21,19 ...) Phm 19
ἀπο-τομή d.Abschneiden
Jud 5,26A
ἀπό-τομος abgeschnitten, jäh
5mal Sap 5,20 - 18,15 WB
ἀπο-τόμως unaufhaltsam
Sap 5,22 2Kor 13,10 Tit 1,13
ἀπο-τρέπω abwenden
5mal (Sir 20,29 ...) 2Tim 3,5
ἀπο-τρέχω davonlaufen
1/2 Sp (Gen 12,19 ...) WB
ἀπο-τρίβω abreiben
Jud 5,26A Hos 8,5 Micha 7,11
ἀπο-τροπιάζομαι abwenden
Ez 16,21
ἀπο-τρυγάω Trauben ablesen
Am 6,1
ἀπο-τυγχάνω keinen Erfolg haben
Job 31,16 WB
ἀπο-τυμπανίζω verprügeln
Dan LXX 7,11 3Mac 3,27
ἀπο-τυφλόω blenden
Dt 16,19B Tob 2,10S Sap 2,21 Sir 20,29 WB
* ἀπο-τύφλωσις Blendung
Sach 12,4
ἀπο-φαίνομαι zeigen
Job 27,5 32,2 2Mac 6,23 15,4 WB
ἀπο-φέρω wegtragen
1/2 Sp (Lev 20,19 ...) NT 6mal
ἀπο-φεύγω entfliehen
Sir 22,22 2Pt 1,4 2,18.20
ἀπο-φθέγγομαι seine Meinung sagen
6mal (1Par 25,1 ...) Act 2,4.14 26,25
ἀπό-φθεγμα Ausspruch
Dt 32,2 Ez 13,19
ἀπο-φράσσω absperren
Lam 3,8 1Mac 9,55
ἀπο-φυσάω wegblasen
Hos 13,3

ἀπο-χέω ausgießen
4Reg 4,4 Lam 4,21

* ἀπο-χύννω ausgießen
3Reg 22,35

ἀπο-χωρέω sich zurückziehen
Jer 26,5 2Mac 4,33 3Mac 2,33 Mt 7,23 Lk 9,39 Act 13,1

ἀπο-χώρησις Rückzug
Jud 3,24A

ἀπο-χωρίζω trennen
Ez 43,21 Act 15,39 Apk 6,14

ἀπο-ψύχω zu atmen aufhören
4Mac 15,18 Lk 21,26

ἄ-πρακτος erfolglos
Jdth 11,11 2Mac 12,18 3Mac 2,22

ἀ-πρεπής nicht passend
4Mac 6,17 WB

ἀ-προ-νοήτως unüberlegt
3Mac 1,14

ἀ-πρό-πτωτος vorsichtig
3Mac 3,14

ἀ-προσ-δεής nicht bedürfend
1Mac 12,9 2Mac 14,35 3Mac 2,9 WB

ἀ-προσ-δόκητος unerwartet
Sap 17,14 3Mac 3,8 4,2 5,33 WB

ἀ-προσ-δοκήτως unerwartet
2Mac 8,6 12,37

ἀ-πρόσ-κοπος unversehrt
Sir 32,21 3Mac 3,8 Act 24,16 1Kor 10,32 Phil 1,10

ἄ-πταιστος ohne Straucheln
3Mac 6,39 Jud 24

ἀ-πτόητος unerschrocken
Jer 27,2

ἅπτομαι anfassen, berühren
2 Sp (Gen 3,3 ...) NT 35mal

ἅπτω anzünden
Ex 30,8A Tob 8,13S Jdth 13,13 Lk 8,16 11,33 15,8 Act 28,2

ἄ-πυρος feuerlos
Jes 13,12

ἀπ-ωθέω zurückstoßen
1 Sp (Jud 6,13A ...) NT 6mal

ἀπ-ώλεια Verderben
2 Sp (Ex 22,8 ...) NT 18mal

ἀπ-ῶρυξ Kanal
Ez 17,6

* ἀπ-ωσμός d.Wegstoßen
Lam 1,7

ἀπωτέρω entfernter
Dan LXX 9,7

ἄρα denn, also
1/2 Sp Textstellen (Gen 18,3 ...) NT 49mal

ἆρα etwa?
Gen 18,13 26,9 37,10 Lk 18,8 Act 8,30 Gal 2,17

ἀρά Fluch
1/2 Sp (Gen 24,41 ...) Röm 3,14

* αραβώθ = עברת die Furt
2Reg 15,28 17,16

ἀράομαι verfluchen
10mal (Num 22,6 ...) WBA

ἀραρότως angefügt, fest
3Mac 5,4

* ἀραφώθ = הרפות Getreidekörner
2Reg 17,19

ἀράχνη Spinne
5mal (Job 8,14 ...)

ἀργέω müßig sein
6mal (1Es 2,26 ...) 2Pt 2,3

ἀργία Untätigkeit
5mal (Ex 21,19 ...)

ἀργός faul
5mal (3Reg 6,7 ...) NT 8mal

ἀργυρικός silber-
1Es 8,24

ἀργύριον Silbermünze
5 Sp (Gen 13,2 ...) NT 21mal

* ἀργυρο-κοπέω Silberarbeiter sein
Jer 6,29

ἀργυρο-κόπος Silberschmidt
Jud 17,4B Jer 6,29 Act 19,24

* ἀργυρο-λόγητος Anlaß, Geld zu erheben
2Mac 11,3

ἄργυρος Silber
15mal (Ex 27,11 ...) Mt 10,9 Act 17,29 Jak 5,3 Apk 18,12

ἀργυροῦς silbern
1 Sp (Gen 24,53 ...) Act 19,24 2Tim 2,20 Apk 9,20

* ἀργυρο-χόος Silberschmidt
Sap 15,9

ἀργύρωμα Silbergeschirr
Jdth 12,1 15,11 1Mac 15,32

ἀργυρ-ώνητος für Geld gekauft
6mal (Gen 17,12 ...)

ἀρδαλόω beflecken
Sir 22,1

ἄρδην in die Höhe gehoben
1Reg 7,31 Mal 3,23

ἀρεσκεία Gefallsucht
Prov 31,30 Kol 1,10

ἀρέσκω gefallen
1 Sp (Gen 3,6 ...) NT 17mal

ἀρεστός angenehm
1/2 Sp (Gen 3,6 ...) Jh 8,29 Act 6,2 12,3 1Jh 3,22

ἀρετα-λογία Possenreißerei
Sir 36,13

ἀρετή Tugend
1/2 Sp (Esth 4,17p ...) NT 5mal

ἀρήγω helfen
3Mac 4,16

ἀρήν, ἀρνός Lamm *(Nominativ ungebräuchlich)*
1/2 Sp (Gen 30,32 ...) Lk 10,3

ἀρθρ-έμ-βολος Gliederverrenk-
4Mac 8,13 10,5

ἄρθρον Gelenk
Job 17,11 4Mac 9,17

* ἀριήλ = אריאל Gottesherd
Ez 43,15.15.16

ἀριθμέω zählen
1 Sp (Gen 14,14 ...) Mt 10,30 Lk 12,7 Apk 7,9

ἀριθμητός gezählt
Job 14,5 15,20 16,22 36,27

ἀριθμός Zahl
2 1/2 Sp (Gen 34,30 ...) NT 18mal

ἀριστάω — frühstücken — Jh 21,12.15
Gen 43,25 1Reg 14,24 3Reg 13,7 Tob 2,1S — Lk 11,37

ἀριστεία — Siegestat
4Mac 12,16

ἀριστερός — linker — 2Kor 6,7
1 Sp (Gen 13,9 ...) — Mt 6,3 Mk 10,37 Lk 23,33

ἀριστεύω — sich auszeichnen
4Mac 2,18

ἄριστον — Frühstück
10mal (2Reg 24,15 ...) — Mt 22,4 Lk 11,38 14,12

ἄριστος — der beste
4Mac 7,1

* ἀριώθ — = ארות Kräuter
4Reg 4,39

* ἀρκεύθινος — hölzern
3Reg 6,31.33 2Par 2,7

ἄρκευθος — Wachholderbeerstrauch
Hos 14,9

ἀρκέω — genügen
10mal (Ex 12,4 ...) — NT 8mal

ἄρκος — Bär
16mal (Jud 1,35 ...) — Apk 13,2

ἅρμα — Wagen
2 1/2 Sp (Gen 41,43 ...) — Act 8,28.29.38 Apk 9,9

ἁρματ-ηλάτης — Wagenlenker
2Mac 9,4

* ἀρματταρί — = למטרה das Ziel
1Reg 20,20

ἁρμόζω — passen
10mal (2Reg 6,5 ...) — 2Kor 11,2

ἁρμονία — Fügung
Ez 23,42 37,7

ἁρμόνιος — passend
Sap 16,20

ἁρμός — Gelenk
Sir 27,2 4Mac 10,5 — Hb 4,12

ἀρνέομαι — verweigern
6mal (Gen 18,15 ...) — NT 33mal

ἀρνίον — Widder
Ps 113,4.6.Jer 11,19 27,45 — NT 30mal

ἀροτήρ — Pflüger
Jes 61,5

ἀροτρίασις — d.Pflügen
Gen 45,6

ἀροτριάω — pflügen
12mal (Dt 22,10 ...) — Lk 17,7 1Kor 9,10

* ἀροτριόω — pflügen
Jes 7,25

ἄροτρον — Pflug
5mal (1Par 21,23 ...) — Lk 9,62

* ἀροτρό-πους — Pflugschaar
Jud 3,31B

ἄρουρα — Ackerland
Gen 21,33 1Reg 22,6 31,13

ἁρπαγή — d.Rauben
9mal (Lev 5,21 ...) — Mt 23,25 Lk 11,39 Hb 10,34

ἅρπαγμα — Raub
17mal (Lev 5,23 ...)

ἁρπάζω — rauben
1/2 Sp (Gen 37,33 ...) — NT 14mal

ἅρπαξ Räuber
Gen 49,27 NT 5mal
ἀρραβών Pfand
Gen 38,17.18.20 2Kor 1,22 5,5 Eph 1,14
* ἀρρεν-ωδῶς mannhaft
2Mac 10,35
ἄ-ρρηκτος unzerreißbar
3Mac 4,9
ἄ-ρριζος wurzellos
Job 31,8
ἀ-ρρωστέω bin krank
15mal (2Reg 12,15 ...) WB
ἀ-ρρώστημα Kränklichkeit
Sir 10,10 30,17 31,2.22 38,9
ἀ-ρρωστία Krankheit
12mal (3Reg 12,48g ...)
ἄ-ρρωστος kraftlos
3Reg 14,5 Sir 7,35 Mal 1,8 NT 5mal
ἀρσενικός männlich
1/2 Sp (Gen 17,10 ...) WB
ἄρσην männlich
3/4 Sp (Gen 1,27 ...) NT 9mal
ἄρσις d.Heben
10mal (2Reg 11,8 ...)
ἀρτάβη persisches Maß
Jes 5,10 Dan Bel 3
* ἀρτήρ fahrbarer Untersatz
2Es 14,11
ἄρτι jetzt, eben
12mal (Jdth 9,1 ...) NT 36mal
ἀρτίως passend
2Reg 15,34
ἀρτο-κοπικός zur Bäckerei gehörig
1Par 16,3
ἀρτόν d.zu tragende
Num 4,27.27
ἄρτος Brot
4 Sp (Gen 3,19 ...) NT 97mal
ἀρχαῖος anfänglich
1/2 Sp (Jdth 5,21B ...) NT 11mal
ἀρχή Anfang, Herrschaft
3 1/2 Sp (Gen 1,1 ...) NT 55mal
ἀρχ-ηγέτης Anstifter
2Mac 2,30
ἀρχ-ηγός Herrscher
1/2 Sp (Ex 6,14 ...) Act 3,15 5,31 Hb 2,10 12,2
ἀρχῆθεν von Anfang an
4Reg 19,25vl 3Mac 3,21
* ἀρχι-δεσμο-φύλαξ Gefängnisoberaufseher
4mal Gen 39,21 - 41,10A
* ἀρχι-δεσμώτης Gefängnisoberaufseher
Gen 40,4
ἀρχ-ιεράομαι Hohepriester sein
4Mac 4,18
ἀρχ-ιερατεύω Hohepriester sein
1Mac 14,47
ἀρχ-ιερεύς Hohepriester
1/2 Sp (Lev 4,3 ...) NT 122mal
ἀρχ-ιερωσύνη Oberpriestertum
13mal (1Mac 7,21 ...)

* ἀρχι-ευνοῦχος Eunuchenoberster
2 x 7mal Dan 1,3-18 (LXX u.Th)

ἀρχι-μάγειρος Oberkoch
1/2 Sp (Gen 37,36 ...)

* ἀρχι-οινοχοΐα Mundschenkamt
Gen 40,13

ἀρχι-οινο-χόος Obermundschenk
7mal Gen 40,1-41,9 u.Tob 1,22S

* ἀρχι-πατριώτης Familienoberhaupt
Jos 21,1 Dan LXX 3,94

ἀρχι-σιτοποιός Oberbäcker
7mal Gen 40,1-41,10

ἀρχι-στρατηγός Oberfeldherr
1/2 Sp (Gen 21,22 ...)

ἀρχι-σωματο-φύλαξ Oberst der Leibwächter
1Reg 28,2 Esth 2,21

ἀρχι-τεκτονέω Baumeister sein
Ex 31,4 35,32 37,21

ἀρχι-τεκτονία Baukunst
Ex 35,32.35

ἀρχι-τέκτων Baumeister
Sir 38,27 Jes 3,3 2Mac 2,29 1Kor 3,10

* ἀρχί-φυλος Stammesältester
Dt 29,9 Jos 21,1 1Es 2,5

ἄρχω herrschen
2 1/2 Sp (Gen 1,18 ...) NT 86mal

ἄρχων Herrscher
9 Sp (Gen 12,15 ...) NT 37mal

ἄρωμα Gewürz
17mal (4Reg 20,13 ...) Mk 16,1 Lk 23,56 24,1 Jh 19,40

ἀ-σάλευτος unerschüttert
Ex 13,16 Dt 6,8 11,18 Act 27,41 Hb 12,28

* ἀσαρημώθ = השדמות Gefilde
Jer 38,40

ἄ-σβεστος unauslöschlich
Job 20,26 Mt 3,12 Mk 9,43 Lk 3,1

ἀσβόλη Ruß
Lam 4,8 WB

ἀ-σέβεια Gottlosigkeit
1 Sp (Dt 9,4 ...) NT 6mal

ἀ-σεβέω gottlos handeln
1/2 Sp (Lev 20,12 ...) 2Pt 2,6 Jud 15

ἀ-σέβημα gottlose Tat
Lev 18,17 Dt 9,27 Lam 1,14 4,22

ἀ-σεβής gottlos
3 Sp (Gen 18,23 ...) NT 9mal

ἀσέλγεια Zügellosigkeit
Sap 14,26 3Mac 2,26 NT 10mal

* ἀσελισί = השלישי der dritte
Jer 45,14

ἄ-σημος unklar
Gen 30,42 Job 42,11 3Mac 1,3 Act 21,39

ἄ-σηπτος nicht verfault
14mal Ex 25,5-37,4 u.Dt 10,3 Jes 40,20 WB

ἀ-σθένεια Krankheit
7mal (Job 37,7 ...) NT 24mal

ἀ-σθενέω krank sein
1 Sp (Jud 6,15E ...) NT 33mal

ἀ-σθενής krank
1/2 Sp (Gen 29,17 ...) NT 26mal

ἀσθενό-ψυχος schwachmütig
4Mac 15,5

ἆσθμα Beklemmung
Sap 11,18

ἀσθμαίνω schwer atmen
Sir 31,19

* ἀσίδα = חסידה Storch
Job 39,13 Jer 8,7

ἀ-σίδηρος ohne Eisen
Sap 17,15

ἀ-σινής unversehrt
3Mac 6,7 7,20

ἀ-σιτέω fasten
Esth 4,16 1Mac 3,17

* ἀ-σιτί ohne Nahrung
Job 24,6

ἀσκέω ausüben
2Mac 15,4 — Act 24,16

ἄσκησις Übung
4Mac 13,22 — WB

ἀσκητής Athlet
4Mac 12,11

ἀσκο-πυτίνη Trinkgeschirr *(mit Leder überzogen)*
Jdth 10,5

ἀσκός Schlauch
15mal (Gen 21,14 ...) — NT 12mal

ᾆσμα Gesang
13mal (Num 21,17 ...)

ἀσμενίζω zufrieden sein
1Reg 6,19

ἄσμενος gern
2Mac 10,33

ἀσμένως gern
2Mac 4,12 3Mac 3,15 5,21 — Act 21,17

ἄ-σοφος unweise
Prov 9,8AS — Eph 5,15

ἀσπάζομαι grüßen
13mal (Ex 18,7 ...) — NT 59mal

ἀσπάλαθος dorniger Strauch
Sir 24,15

ἀ-σπάλαξ Maulwurf
Lev 11,30

ἀσπιδίσκη der kleine Schild
5mal Ex 28,13-36,25 u.1Mac 4,57

ἀσπίς der Schild
18mal (1Reg 17,6 ...)

ἀσπίς Otter, Schlangengift
11mal (Dt 32,33 ...) — Röm 3,13

ἀ-σταθής unstet
3Mac 5,39

ἄ-στεγος obdachlos
Prov 10,8 26,28 Jes 58,7 — WB

ἀστεῖος städtisch, fein
6mal (Ex 2,2 ...) u.Adv. 2Mac 12,43 — Act 7,20 Hb 11,23

ἀστήρ Stern
1/2 Sp (Gen 1,16 ...) — NT 24mal

ἀ-στοχέω abirren
Sir 7,19 8,9 — 1Tim 1,6 6,21 2Tim 2,18

ἀστράγαλος Wirbelknochen
Sach 11,16 Dan Th 5,5.24

| | | |
|---|---|---|
| ἀστραπή | Blitz | |
| | 17mal (Ex 19,16 ...) | NT 9mal |
| ἀστράπτω | blitzen | |
| | 2Reg 22,15vl Ps 143,6 Sap 11,18 | Lk 17,24 24,4 |
| ἀστρο-λόγος | Astronom | |
| | Jes 47,13 | |
| ἄστρον | Gestirn | Hb 11,12 |
| | 1/2 Sp (Ex 32,13 ...) | Lk 21,25 Act 7,43 27,20 |
| ἀστυ-γείτων | der Stadt benachbart | |
| | 2Mac 6,8 | |
| ἀ-συλία | Unverletzlichkeit eines Ortes | |
| | 2Mac 3,12 | |
| ἄ-συλος | ausgeplündert | |
| | Prov 22,23 2Mac 4,33.34 | |
| ἀ-σύμφορος | nicht nützlich | |
| | Prov 25,20 | WB |
| ἀ-σύμ-φωνος | uneinig | |
| | Sap 18,10 Dan LXX Bel 15 | Act 28,25 |
| ἀ-συν-ετέω | nicht verstehen | |
| | Ps 118,158 | |
| ἀ-σύν-ετος | unverständig | |
| | 12mal (Dt 32,21 ...) | NT 5mal |
| ἀ-συνθεσία | Bundbrüchigkeit | |
| | 2Es 9,2.4 10,6 Jer 3,7 | |
| * ἀ-συν-θετέω | bundbrüchig sein | |
| | 7mal (2Es 10,2 ...) | |
| ἀ-σύν-θετος | bundbrüchig | |
| | Jer 3,7.8.10.11 | Röm 1,31 |
| ἀ-συρής | häßlich | |
| | Sir 23,13 | |
| ἀ-σφάλεια | Festigkeit | |
| | 18mal (Lev 26,5 ...) | Lk 1,4 Act 5,23 1Thess 5,3 |
| ἀ-σφαλής | fest | |
| | 7mal (Tob 5,17S ...) | NT 5mal |
| ἀ-σφαλίζω | sichern | |
| | 5mal (2Es 13,15vl ...) | Mt 27,64.65.66 Act 16,24 |
| * ἀσφαλτό-πισσα | Erdharzpech | |
| | Ex 2,3 | |
| ἄσφαλτος | Erdharz | |
| | Gen 6,14 11,3 14,10 | |
| * ἀσφαλτόω | mit Erdharz bestreichen | |
| | Gen 6,14 | |
| ἀσφαλῶς | fest | |
| | 6mal (Gen 34,25 ...) | Mk 14,44 Act 2,36 16,2 |
| ἀ-σχημονέω | unanständig handeln | |
| | 5mal (Dt 25,3 ...) | 1Kor 7,36 13,5 |
| ἀ-σχημοσύνη | schamlose Tat | |
| | 1 Sp (Ex 20,26 ...) | Röm 1,27 Apk 16,15 |
| ἀ-σχήμων | unschicklich | |
| | 5mal (Gen 34,7 ...) | 1Kor 12,23 |
| ἀ-σχολέω | beschäftigen | |
| | Sir 39,1 | |
| ἀ-σχολία | Mangel an Muße | |
| | Sir 40,1 3Mac 5,34 | |
| ἀ-σωτία | Verschwendung | |
| | Prov 28,7 2Mac 6,4 | Eph 5,18 Tit 1,6 1Pt 4,4 |
| ἄ-σωτος | heillos | |
| | Prov 7,11 | NT *Adv.* Lk 15,13 |
| ἄ-τακτος | ungeordnet | |
| | 3Mac 1,19 | 1Thess 5,14 |

ἀ-ταξία Unordnung
Sap 14,26

ἀ-ταραξία Leidenschaftslosigkeit
4Mac 8,26

ἀ-τάραχος unerschütterlich
Esth 3,13[g] 8,12[h] 2Mac 11,23

ἄ-ταφος unbeerdigt
2Mac 5,10

ἅτε weil *(objektiver Grund)*
3Mac 1,29

ἀ-τείχιστος unbefestigt
Num 13,20 Prov 25,28

ἀ-τεκνία Kinderlosigkeit
Ps 34,12 Sap 4,1 Jes 47,9 4Mac 18,9 WBA

ἄ-τεκνος kinderlos
5mal (Gen 15,2 ...) Lk 20,28.29

ἀ-τεκνόω kinderlos machen
7mal (Gen 27,45 ...)

ἀ-τέλεια Unvollkommenheit
1Mac 10,34

ἀ-τέλεστος unvollendet
Sap 3,16 4,5

ἀ-τελής nicht ausgeführt
Sap 4,5A 10,7 3Mac 5,42

ἀ-τενίζω gespannt hinsehen
1Es 6,27 3Mac 2,26 NT 14mal

ἄτερ ohne
2Mac 12,15 Lk 22,6.35

ἀ-τιμάζω verunehren
3/4 Sp (Gen 16,4 ...) NT 7mal

ἀ-τιμασμός Verachtung
1Mac 1,40A

ἀ-τίμητος verachtet
Sap 7,9 3Mac 3,23

ἀ-τιμία Unehre
1 Sp (Tob 14,10S ...) NT 7mal

ἄ-τιμος entehrt
10mal (Job 30,4 ...) Mt 13,57 Mk 6,4 1Kor 4,10 12,23

ἀ-τιμόω entehren
13mal (1Reg 2,30 ...) WB

ἀ-τιμ-ώρητος ungestraft
Prov 11,21 19,5.9 28,20

ἀτμίς Dampf
11mal (Gen 19,28 ...) Act 2,19 Jak 4,14

ἀτμός Dampf
Eccl 9,9B

ἀ-τονέω schwach sein
2Mac 2,28A

ἀ-τοπία d.Auffallende
Jdth 11,11

ἄ-τοπος nicht am Platze= auffallend
8mal (Job 4,8 ...) Lk 23,41 Act 25,5 28,6 2Thess 3,2

ἄ-τρακτος Spindel
Prov 31,19

ἀ-τράπελος nicht zu wenden: eigensinnig
Job 39,9A

ἀτραπός Fußsteig
7mal (Jud 5,6 ...)

ἀ-τρύγητος rein
Ex 27,20A

ἄ-τρυγος rein
Ex 27,20

ἄ-τρωτος unverwundet
2Mac 8,36 10,30 3Mac 5,47

* ἀττάκης Heuschrecke
Lev 11,22

ἀττέλεβος Heuschrecke
Nah 3,17

ἀ-τυχέω unglücklich sein
Prov 27,10

ἀ-τυχία das Mißlingen
2Mac 12,30 14,14

αὐγάζω einen Glanz verbreiten
7mal Lev 13,24-14,56 — 2Kor 4,4

* αὔγασμα Erleuchtung, Glanz
Lev 13,38.39 Sir 43,11

* αὐγέω glänzen, schimmern
Job 29,3

αὐγή Glanz, Schimmer
Jes 59,9 2Mac 12,9 — Act 20,11

αὐθ-άδεια Überheblichkeit
Jes 24,8 — WB

αὐθ-άδης selbstgefällig
Gen 49,3.7 Prov 21,24 — Tit 1,7 2Pt 2,10

αὐθ-αιρέτως freiwillig
2Mac 6,19 3Mac 6,6 7,10 — WB

αὐθ-έντης Gewalthaber, Mörder
Sap 12,6 — WB

αὐθ-εντία Beschränkung
3Mac 2,29

αὐθ-ημερινός schnell vergehend
Job 7,1

αὐθ-ημερόν am selben Tage, sofort
Dt 24,15 2Es 21,23S Prov 12,16

αὐθ-ωρί zur selben Stunde
Dan LXX 3,15 3Mac 3,25

αὐλαία der Vorhang
16mal Ex 26,1 - 40,19, Jdth 14,14 Jes 54,2

* αὐλαῖος zum Hof gehörig
2Mac 14,41

αὖλαξ die Furche
6mal (Num 22,24 ...)

* αὐλ-άρχης Oberster des Palastes
2Reg 8,18

* αὐλ-αρχία Hofmeisteramt
3Reg 2,46[h]

αὐλή Hof
3 Sp (Ex 27,9 ...) — NT 12mal

αὐλίζομαι übernachten
1 Sp (Jud 18,2B ...) — Mt 21,17 Lk 21,37

αὐλός Flöte
9mal (1Reg 10,5 ...) — 1Kor 14,7

αὐλών Schlucht, Graben
12mal (1Reg 17,3 ...)

αὐξάνω/αὔξω vermehren
1/2 Sp (Gen 1,22 ...) — NT 23mal

αὔξησις Wachstum
2Mac 5,16 — Eph 4,16 Kol 2,19

αὔρα Wind, Hauch
3Reg 19,12 Job 4,16 Ps 106,29 — WB

αὔριον morgen
1 Sp (Gen 30,33 ...) NT 14mal

αὐστηρία Unfreundlichkeit
2Mac 14,30

αὐστηρός unfreundlich
2Mac 14,30 Lk 19,21.22

αὐτάρκεια s.S.318

αὐτ-αρκέω sich selbst genügen
Dt 32,10

αὐτ-άρκης genügsam
5mal (Prov 30,8 ...) Phil 4,11

αὐτίκα sogleich
4Mac 1,12 2,8

αὐτο-δέσποτος Selbstherrscher
4Mac 1,1.30 13,1

αὐτόθεν von hier
Tob 8,21S

αὐτόθι hier
8mal (Jos 5,8 ...)

αὐτο-κράτωρ Selbstherrscher
4Mac 1,7.13.30 8,28 16,1

αὐτό-ματος von selbst
6mal (Lev 25,5 ...) Mk 4,28 Act 12,10

αὐτο-μολέω desertieren
10mal (Jos 10,1 ...) WB

αὐτο-σχεδίως durch Zufall
Sap 2,2

αὐτοῦ hier, dort
13mal (Gen 22,5 ...) Mt 26,36 Lk 9,27 Act 18,19 21,4

αὐτό-χθων eingeboren
14mal (Ex 12,19 ...)

αὐχήν Nacken
8mal (Jos 7,8 ...)

αὐχμός Trockenheit, Dürre
Jer 31,31

αὐχμ-ώδης trocken, dürr
5mal (1Reg 23,14 ...)

ἀφ-αγνίζω weihen
10mal (Lev 14,49 ...)

* ἀφ-αίρεμα das Geweihte
1/2 Sp (Ex 29,27 ...)

ἀφ-αίρεσις das Wegnehmen, das Geweihte
Num 36,4A Sir 41,23 3Mac 1,1

ἀφ-αιρέω wegnehmen
3 Sp (Gen 21,25 ...) NT 10mal

ἀφ-άλλομαι wegspringen
Sir 36,26 Nah 3,17 Ez 44,10

ἀ-φανής unsicher, dunkel
Job 24,20 Sir 20,30 41,14 2Mac 3,34 Hb 4,13

ἀ-φανίζω unsichtbar machen
1 1/2 Sp (Ex 8,5 ...) NT 5mal

ἀ-φανισμός das Unsichtbarwerden
1 Sp (Dt 7,2 ...) Hb 8,13

ἀφ-άπτω knüpfen
5mal (Dt 6,8 ...)

ἀ-φασία Sprachlosigkeit
2Mac 14,17

ἀ-φεγγής dunkel
Sap 17,3

* ἄφ-εδρος Unreinheit *(menses mulieribres)*
9mal Lev 12,2 - 15,33, Ez 18,6 36,17A WBA

| | | |
|---|---|---|
| ἀ-φειδῶς | reichlich | |
| | Prov 21,26 2Mac 5,6.12 3Mac 6,8vl | |
| * ἄφ-εμα | d.Abgeschickte, d.Erlaß | |
| | 1Mac 10,28 13,37 15,5 | |
| ἄφ-εσις | d.Entlassung, d.Erlaß | |
| | 1 Sp (Ex 18,2 ...) | NT 17mal |
| * ἀφ-έστιος | fremd | |
| | Sir 37,11B | |
| ἀ-φεύκτως | unentrinnbar | |
| | 3Mac 7,9 | |
| ἁφή | *für* נגע: Schlag, Plage | |
| | 1 Sp (*überwiegend* Lev 13,2-14,54) | Eph 4,16 Kol 2,19 |
| ἀφ-ηγέομαι | anführen, erzählen | |
| | 1/2 Sp (Ex 11,8 ...) | |
| ἀφ-ήγημα | Anführung, Anleitung | |
| | 4Mac 14,6 | |
| ἀ-φθαρσία | Unvergänglichkeit | |
| | Sap 2,23 6,19 4Mac 9,22 17,12 | NT 7mal |
| ἄ-φθαρτος | unvergänglich | |
| | Sap 12,1 18,4 | NT 8mal |
| ἄ-φθονος | unbeneidet, reichlich | |
| | 3Mac 5,2 4Mac 3,10 u.Adv.Sap 7,13 | |
| ἀ-φθορία | Unverdorbenheit | |
| | Hag 2,17 | Tit 2,7 |
| ἄ-φθορος | unverdorben | |
| | Esth 2,2 | |
| ἀφ-ιερόω | weihen | |
| | 4Mac 13,13 | WB |
| ἀφ-ίημι | fortlassen | |
| | 2 Sp (Gen 4,13 ...) | NT 146mal |
| ἀφ-ικνέομαι | hingelangen | |
| | 14mal (Gen 28,12 ...) | Röm 16,19 |
| ἄφ-ιξις | Ankunft | |
| | 3Mac 7,18 | Act 20,29 |
| ἀφ-ίστημι | abtrünnig machen, intr.s.entfernen | |
| | 3 1/2 Sp (Gen 12,8 ...) | NT 14mal |
| ἄφνω | plötzlich | |
| | 11mal (Jos 10,9 ...) | Act 2,2 16,26 28,6 |
| ἀ-φοβία | Furchtlosigkeit | |
| | Prov 15,16 | WB |
| ἄ-φοβος | furchtlos | |
| | Prov 3,24 19,23 Sap 17,4 Sir 5,5 | |
| ἀ-φόβως | furchtlos | |
| | Prov 1,33 Sap 17,4BS | Lk 1,74 1Kor 16,10 Phil 1,14 Jud 12 |
| ἀφ-όδευμα | Stuhlgang | |
| | Tob 2,10S | |
| ἀφ-οδεύω | bei Seite gehen | |
| | Tob 2,10BA | |
| ἄφ-οδος | Abmarsch | |
| | 2Mac 5,1A 3Mac 7,10 | |
| ἀφ-όμοιος | abgebildet | |
| | Sir Prol 29 | |
| ἀφ-ομοιόω | ähnlich machen, - werden | |
| | Ep Jer 4.62.70 | Hb 7,3 |
| ἀφ-οράω | auf jmdn.sehen | |
| | 4Mac 17,10 | Phil 2,23 Hb 12,2 |
| ἀφ-όρητος | unerträglich | |
| | 2Mac 9,10 | |
| ἀφ-ορία | Unfruchtbarkeit | |
| | Hag 2,17 | |

ἀφ-ορίζω trennen
1 Sp (Gen 2,10 ...) NT 10mal

* ἀφ-όρισμα d.Abgegrenzte
11mal (Ex 29,24 ...)

ἀφ-ορισμός Abgrenzung
Ez 20,31.40 48,8

ἀφ-ορμή Ausgangspunkt
Prov 9,9 Ez 5,7 3Mac 3,2 NT 7mal

ἀ-φορο-λόγητος frei von Tribut
1Es 4,50 1Mac 11,28

* ἀ-φρονεύομαι unklug sein
Jer 10,21

ἀ-φρόνως töricht
Gen 31,28 WB

ἀ-φροσύνη Unverstand
1/2 Sp (Dt 22,21 ...) Mk 7,22 2Kor 11,1.17.21

ἄ-φρων unverständig, töricht
2 Sp (2Reg 13,13 ...) NT 11mal

ἀ-φυλάκτως unbewacht, unbedacht
Ez 7,22 23,39A WB

* ἀφ-υστερέω zurückhalten
2Es 19,20 Sir 14,14 WB

* ἀφφουσώθ = חפשית mit ἐν οἴκῳ: in dem besonderen Haus (?)
4Reg 15,5 2Par 26,21

* ἀφφώ = אפוא nun, denn
4Reg 2,14 10,10

ἄ-φωνος stumm 2Pt 2,16
Sap 4,19 Jes 53,7 2Mac 3,29 Act 8,32 1Kor 12,2 14,10

ἀ-χανής gähnend: tief
Sap 19,17

ἄ-χαρις undankbar
Sir 20,19

ἀ-χάριστος undankbar Lk 6,35 2Tim 3,2
Sap 16,29 Sir 29,16.25 4Mac 9,10; Adv.Sir 18,18

ἀχάτης d.Achat
Ex 28,19 36,19 Ez 28,13

* ἄχι, τό Gras, Schilfrohr *(ägyptisch)*
Gen 41,2.18 Sir 40,16 Jes 19,7

* ἀχούχ = החוח Distel
2Par 25,18.18

ἀ-χρεῖος unnütz, armselig
2Reg 6,22 Ep Jer 15 Mt 25,30 Lk 17,10

ἀ-χρειότης Untauglichkeit
Tob 4,13.13

ἀ-χρειόω unbrauchbar machen
7mal (4Reg 3,19 ...) Röm 3,12

ἄ-χρηστος unbrauchbar
11mal (Sap 2,11 ...) Phm 11

ἄχρις bis
6mal (Jud 11,33B ...) NT 49mal

ἄχυρον die Spreu
21mal (Gen 24,25 ...) Mt 3,12 Lk 3,17

ἀ-ψευδής truglos, wahrhaftig
Sap 7,17 Tit 1,2

ἄ-ψυχος unbeseelt
Sap 13,17 14,29 1Kor 14,7

ἀ-ωρία Unzeit
1Es 1,14 Ps 118,147 Zeph 1,15 Jes 59,9

ἄ-ωρος unzeitig, unreif
8mal (Job 22,16 ...) WB

* βααλτάμ = בעל טעם. *(aram.)* Befehlshaber
2Es 4,8.9.17

* βαδδίν = בדים Leinenkleider
Dan Th 10,5 12,6.7

βαδίζω schreiten, gehen
1 Sp (Gen 42,19 ...) WB

βάδος Weg
2Es 7,22.22

βαθέως tief
Jes 29,15

βαθμός Stufe
7mal (1Reg 5,5 ...) 1Tim 3,13

βάθος Tiefe, Höhe
1/2 Sp (Jdth 8,14 ...) NT 8mal

* βαθύ-γλωσσος von unverständlicher Sprache
Ez 3,5B

βαθύνω tief machen
Ps 91,6 Jer 30,2 Lk 6,48

βαθύς tief Apk 2,24
19mal (Job 11,8 ...) Lk 24,1 Jh 4,11 Act 20,9

* βαθύ-φωνος von unverständlicher Sprache
Jes 33,19

* βαθύ-χειλος von mühseligem Sprechen
Ez 3,5

* βαΐνη Palme
1Mac 13,37

βαίνω gehen
Dt 28,56 Sap 4,4 18,16 3Mac 6,31

βάϊον Palmenzweig
1Mac 13,51 Jh 12,13

βακτηρία Stock, Stütze
10mal (Ex 12,11 ...)

* βακχούριοι = בכורים Erstlingsfrüchte
2Es 23,31

βάλανος Eichel
6mal (Gen 35,8 ...)

βαλλάντιον Geldbeutel
5mal (Tob 1,14S ...) Lk 10,4 12,33 22,35.36

βάλλω werfen
1 Sp (Jud 6,19B ...) NT 122mal

βάμμα d.in Farbe Eingetauchte: d.bunte Kleid
Jud 5,30.30.30

βαπτίζω eintauchen
4Reg 5,14 Jdth 12,7 Sir 34,25 Jes 21,4 NT 77mal

βαπτός eingetaucht
Ez 23,15

βάπτω eintauchen
16mal (Ex 12,22 ...) Lk 16,24 Jh 13,26 Apk 19,13

* βάρ = בד Kleid
1Reg 2,18

βάραθρον Abgrund
Jes 14,23

* βαρακηνίμ = ברקנים Dornen
Jud 8,16A

βαρβαρόομαι zum Barbaren werden
2Mac 13,9

βάρβαρος Fremder *(Nichtgrieche)*
6mal (Ps 113,1 ...) NT 6mal

βαρβάρως fremd, nichtgriechisch
2Mac 5,22 15,2

| | | |
|---|---|---|
| βαρέομαι | beschwert werden<br>Ex 7,14 2Mac 19,9A | NT 6mal |
| βαρέως | schwer<br>5mal (Gen 31,35 ...) | Mt 13,15 Act 28,27 |
| βάρις | Burg *(ägyptisch)*<br>11mal (2Par 36,19 ...) | |
| * βαρκοννίμ | = ברקנים Dornen (?)<br>Jud 8,7A | |
| βάρος | Last, Fülle<br>5mal (Jud 18,21B ...) | NT 6mal |
| * βαρύ-γλωσσος | mit schwerer Zunge<br>Ez 3,5 | |
| βαρυ-ηχής | laut tosend<br>3Mac 5,48 | |
| βαρυ-θυμέω | mißmutig sein<br>Num 16,15 3Reg 11,25 *PS 2,9* | |
| βαρύ-θυμος | mißmutig<br>3Mac 6,20 | |
| * βαρυ-κάρδιος | verstockten Herzens<br>Ps 4,2 | |
| βαρύνω | beschweren<br>1 Sp (Ex 5,9 ...) | WB |
| βαρύς | schwer<br>2/3 Sp (Gen 48,17 ...) | NT 6mal |
| βαρυτέρως | schwerer<br>3Mac 3,1 | |
| * βαρυ-ωπέω | nicht mehr sehen können<br>Gen 48,10 | |
| βασανίζω | foltern, quälen<br>1/2 Sp (1Reg 5,3 ...) | NT 12mal |
| βασανισμός | Folterung, Marter<br>4Mac 9,6 11,2 | 6mal Apk |
| βασανιστήριον | Folterkammer<br>4Mac 6,1 8,1.12.19.25 | |
| βάσανος | Untersuchung<br>1 Sp (1Reg 6,3 ...) | Mt 4,24 Lk 16,23.28 |
| βασιλεία | Königsherrschaft<br>7 Sp (Gen 10,10 ...) | NT 162mal |
| βασίλειον | Palast<br>1/2 Sp (2Reg 1,10 ...) | |
| βασίλειος | königlich<br>6mal (Ex 19,6 ...) | Lk 7,25 1Pt 2,9 |
| βασιλεύς | König<br>51 Sp (Gen 14,1 ...) | NT 115mal |
| βασιλεύω | König sein<br>6 1/2 Sp (Gen 36,31 ...) | NT 21mal |
| βασιλικός | königlich<br>1/2 Sp (Num 20,17 ...) | NT 5mal |
| βασιλίσκος | Schlangenart (Otter)<br>Ps 90,13 Jes 59,5 | WB: Kleinkönig |
| βασίλισσα | Königin<br>2/3 Sp (3Reg 10,1 ...) | Apk 18,7<br>Mt 12,42 Lk 11,31 Act 8,27 |
| βάσις | Tritt, Grund<br>1 Sp (Ex 26,19 ...) | Act 3,7 |
| βασκαίνω | behexen<br>Dt 28,54.56 Sir 14,6.8 | Gal 3,1 |
| βασκανία | Zauber<br>Sap 4,12 4Mac 1,26 2,15 | WB |
| βάσκανος | Verleumder<br>5mal (Prov 23,6 ...) | WB |

| | | | |
|---|---|---|---|
| | βάσταγμα | d.Getragene, d.Last | |
| | | 7mal (2Reg 15,33 ...) | |
| | βαστάζω | tragen | |
| | | 7mal (Jud 16,30B ...) | NT 27mal |
| | βάτος | Dornstrauch | |
| | | 6mal (Ex 3,2 ...) | NT 5mal |
| | βάτραχος | Frosch | |
| | | 14mal (Ex 7,27...) | Apk 16,13 |
| | βαφή | d.Eintauchen | |
| | | Jud 5,30A Sir 31,26 | |
| | βδέλλα | Blutegel | |
| | | Prov 30,15 | |
| | βδέλυγμα | Greuel | |
| | | 2 Sp (Gen 43,32 ...) | NT 6mal |
| * | βδελυγμός | Ekel, Abscheu | |
| | | 1Reg 25,31 Nah 3,6 | |
| * | βδελυκτός | abscheulich | |
| | | Prov 17,15 2Mac 1,27 | Tit 1,16 |
| | βδελυρός | scheußlich | |
| | | Sir 41,5 | |
| | βδελύσσομαι | verabscheuen | |
| | | 3/4 Sp (Gen 26,29 ...) | Röm 2,22 Apk 21,8 |
| | βέβαιος | fest, dauerhaft | |
| | | 5mal (Esth 3,13$^{c}$ ...) | NT 8mal |
| | βεβαιόω | festmachen | |
| | | Ps 40,12 118,28 | NT 8mal |
| | βεβαίως | sicher | |
| | | Lev 25,30 3Mac 5,42 | WB |
| | βεβαίωσις | Befestigung | |
| | | Lev 25,23 Sap 6,18 | Phil 1,7 Hb 6,16 |
| | βέβηλος | profan, unheilig | |
| | | 11mal (Lev 10,10 ...) | NT 5mal |
| | βεβηλόω | entweihen | |
| | | 1 1/3 Sp (Ex 31,14 ...) | Mt 12,5 Act 24,6 |
| * | βεβήλωσις | Entweihung | |
| | | 7mal (Lev 21,4 ...) | |
| * | βεδέκ | = בדק d.Baufällige, d.Schaden | |
| | | 6mal 4Reg 12,6-13 u.22,5.6 | |
| * | βεζέκ | = בזק d.Blitz | |
| | | (Ez 1,14A) | |
| * | βέθ | = בת 'Bath' *(hebr.Hohlmaß)* | |
| | | 3Reg 5,25 | |
| | βέλος | Pfeil | |
| | | 2/3 Sp (Dt 32,23 ...) | Eph 6,16 |
| | βελόστασις | d.Wurfmaschine | |
| | | 7mal (Jer 28,27 ...) | |
| | βέλτιστος | der beste | |
| | | 6mal (Gen 47,6 ...) | |
| | βελτίων | besser | |
| | | 19mal (Gen 29,19 ...) | 2Tim 1,18 |
| * | βερεσεχθάν | mit θέμα (s.d.): ein besonderes (?) Kästchen | |
| | | 1Reg 6,8 (vgl.ἀργόζ) | |
| | βῆμα | Tritt, Tribüne | |
| | | 6mal (Dt 2,5 ...) | NT 12mal |
| | βηρύλλιον | kleiner Beryll | |
| | | Ex 28,20 | |
| | βήρυλλος | Beryll | |
| | | Tob 13,17 | Apk 21,20 |
| | βία | Gewalt | |
| | | 1/2 Sp (Ex 1,13 ...) | Act 5,26 21,35 27,41 |

| | | |
|---|---|---|
| βιάζομαι | Gewalt gebrauchen | |
| | 18mal (Gen 33,11 ...) | Mt 11,12 Lk 16,16 |
| βίαιος | gewaltsam | |
| | 13mal (Ex 14,21 ...) | Act 2,2 |
| βιαίως | gewaltsam | |
| | Esth 3,13$^{g}$ Jes 30,30 Jer 18,14 | |
| βιβάζομαι | begattet werden | |
| | Lev 18,23 20,16 | |
| βιβλια-φόρος | Briefe tragend: Eilbote | |
| | Esth 3,13 8,10 | |
| βιβλιο-θήκη | Büchersammlung | |
| | 2Es 6,1 Esth 2,23 2Mac 2,13 | |
| βιβλίον | Büchlein, Buch, Schriftstück | |
| | 3 Sp (Ex 17,14 ...) | NT 34mal |
| βιβλιο-φυλάκιον | Archiv | |
| | 1Es 6,20.22 | |
| βίβλος | Buch | |
| | 1/2 Sp (Gen 2,4 ...) | NT 10mal |
| βιβρώσκω | essen | |
| | 2/3 Sp (Ex 12,46 ...) | Jh 6,13 |
| βῖκος | Tongefäß | |
| | Jer 19,1.10 | |
| βίος | d.Leben | |
| | 1 Sp (1Es 1,29 ...) | NT 10mal |
| βιοτεύω | leben | |
| | Sir Prol 35 | |
| βιότης | d.Leben | |
| | Prov 5,23 | |
| βιόω | leben | |
| | 8mal (Job 29,18 ...) | 1Pt 4,2 |
| * βιρά | = בירה Burg | |
| | 2Es 17,2 | |
| * βίωσις | Lebensweise | |
| | Sir Prol 14 | Act 26,4 |
| βλαβερός | schädlich | |
| | Prov 10,26 | 1Tim 6,9 |
| βλάβη | Schaden | |
| | Sap 11,19 | WB |
| βλάπτω | schädigen | |
| | 6mal (Tob 12,2 ...) | Mk 16,18 Lk 4,35 |
| βλαστά(ν)ω | sprossen | |
| | 12mal (Gen 1,11 ...) | Mt 13,26 Mk 4,27 Hb 9,4 Jak 5,18 |
| βλάστημα | Keim, Sproß | |
| | Sir 50,12 | |
| βλαστός | Sproß | |
| | 12mal (Gen 40,10 ...) | WB |
| βλασ-φημέω | verunglimpfen | |
| | 9mal (4Reg 19,4 ...) | NT 34mal |
| βλασ-φημία | Schmähsucht | |
| | 7mal (Tob 1,18S ...) | NT 18mal |
| βλάσ-φημος | lästerlich | |
| | 5mal (Sap 1,6 ...) | Act 6,11 1Tim 1,13 2Tim 3,2 2Pt 2,11 |
| βλέπω | sehen | |
| | 2 Sp (Gen 45,12 ...) | NT 133mal |
| βλέφαρον | d.Augenlied | |
| | 9mal (Job 16,16 ...) | WBA |
| βοάω | rufen, schreien | |
| | 2 Sp (Gen 4,10 ...) | NT 12mal |
| βοή | Ruf | |
| | 18mal (Ex 2,23 ...) | Jak 5,4 |

βοήθεια Hilfe
1 Sp (Jud 5,23 ...) Act 27,17 Hb 4,16

βοη-θέω helfen
1 1/2 Sp (Gen 49,25 ...) NT 8mal

βοήθημα Hilfe, Beistand
Sap 17,11 2Mac 15,8

βοηθός hilfreich, Gehilfe
1 Sp (Gen 2,18 ...) Hb 13,6

βόθρος Grube
21mal (Jos 8,29 ...) WB

βόθυνος Grube
10mal (2Reg 18,17 ...) Mt 12,11 15,14 Lk 6,39

βοΐδιον Kalb
Jer 27,11

βόλβιτον Kuhmist
Sir 22,2 Zeph 1,17 Ez 4,12.15

βολή Wurf
Gen 21,16 2Mac 5,3 3Mac 5,26 Lk 22,41

βολίς Wurfgeschoß
14mal (Ex 19,13 ...) WB

βομβέω dumpf tönen
1Par 16,32 Jer 31,36 38,36

βόμβησις das Summen, der Schwarm
Bar 2,29

βοο-ζύγιον d.Ochsenjoch
Sir 26,7

βορά d.Fraß
5mal (Job 4,11 ...) WB

βόρβορος Jauche
Jer 45,6 2Pt 2,22

βορρᾶς d.Norden
2 1/2 Sp (Gen 13,14 ...) Lk 13,29 Apk 21,13

βόσκημα Vieh(herde)
7mal (2Par 7,5 ...)

βόσκω weiden, hüten
1/2 Sp (Gen 29,7 ...) NT 9mal

βόστρυχος d.Haarlocke
Jud 16,14A.19A Cant 5,2.11

βοτάνη Gewächs
16mal (Gen 1,11 ...) Hb 6,7

βοτρύδιον kleine Traube
Jes 18,5

βότρυς Traube
12mal (Gen 40,10 ...) Apk 14,18

βούβαλος Büffel
Dt 14,5

βού-κεντρον Ochsenstachel
Eccl 12,11

βουκόλιον Rinderherde
25mal (Ex 13,12 ...)

βουλευτήριον Rathaus
1Mac 8,15.19 12,3 4Mac 15,25

βουλευτής Ratsherr
Job 3,14 12,17 Mk 15,43 Lk 23,50

βουλευτικός den Rat betreffend
Prov 24,6

βουλεύω raten
1 1/2 Sp (Gen 50,20 ...) NT 5mal

βουλή Rat(schluß)
2 1/2 Sp (Gen 49,6 ...) NT 12mal

βούλημα d.Absicht, d.Vorhaben 1Pt 4,3
Prov 9,10S 2Mac 15,5 4Mac 8,18 Act 27,43 Röm 9,19

βούλομαι wollen
2 Sp (Gen 24,5 ...) NT 37mal

* βουνίζω aufhäufen
Ruth 2,14.16

βουνός Hügel
1 Sp (Gen 31,46 ...) Lk 3,5 23,30

βοῦς Rind
2 Sp (Gen 13,5 ...) NT 8mal

βού-τομον Sumpfflanze
Job 8,11 40,21

βού-τυρον Kuh-käse: Butter
8mal (Gen 18,8 ...)

βραβεύω Kampfpreis erteilen
Sap 10,12 Kol 3,15

βραγχιάω heiser sein
Ps 68,4

βραδέως langsam
2Mac 14,17 WB

βραδύ-γλωσσος von langsamer Zunge
Ex 4,10 WB

βραδύνω zögern 2Pt 3,9
Gen 43,10 Dt 7,10 Sir 35,19 Jes 46,13 1Tim 3,15

βραχίων Arm
2 Sp (Gen 24,18 ...) Lk 1,51 Jh 12,38 Act 13,17

βραχύς kurz
19mal (Ex 18,22 ...) u.Adv.4mal 2Mac NT 7mal

* βραχυ-τελής kurz
Sap 15,9

βρέφος Säugling
5mal (Sir 19,11 ...) NT 8mal

βρέχω regnen(lassen)
12mal (Gen 2,5 ...) NT 7mal

βρίθω belasten
Sap 9,15

βρόμος Gestank
Job 6,7 17,11 Sap 11,18 Joel 2,20

βροντάω donnern
9mal (1Reg 2,10 ...)

βροντή d.Donner
10mal (Esth 1,1d ...) NT 12mal

βροτός sterblich
17mal Job 4,17 - 36,28 WB

βροῦχος (ungeflügelte) Heuschrecke
10mal (Lev 11,22 ...)

βροχή d.Regen
Ps 67,10 104,32 Mt 7,25.27

βρόχος d.Schlinge
5mal (Prov 6,5 ...) 1Kor 7,35

βρυγμός d.Knirschen
Prov 19,12 Sir 51,3 NT 7mal

βρύχω knirschen
5mal (Job 16,9 ...) Act 7,54

βρῶμα d.Speise
1 Sp (Gen 6,21 ...) NT 17mal

βρώσιμος eßbar
Lev 19,23 2Es 19,25 Ez 47,12 Lk 24,41

βρῶσις das Essen
2/3 Sp (Gen 1,29 ...) NT 11mal

βρωτός eßbar
Jud 14,14B 1Es 5,53 Job 33,20 WB
βύβλινος aus Byblos gemacht
Jes 18,2
βυθίζω in die Tiefe versenken
2Mac 12,4 Lk 5,7 1Tim 6,9
βυθός Tiefe des Meeres
6mal (Ex 15,5 ...) 2Kor 11,25
βυθο-τρεφής in der Meerestiefe lebend
3Mac 6,8
βύρσα abgezogene Haut
Lev 8,17 9,11 Job 16,16 40,31
βύσσινος aus Byssus (Leinwand)
17mal (Gen 41,42 ...) NT 5mal
βύσσος Byssus
1/2 Sp (Ex 25,4 ...) Lk 16,19
βύω verstopfen
Ps 57,4 WB
βῶλαξ Erdscholle
Job 7,5
βῶλος Erdscholle
Job 38,28 Sir 22,15 Ez 17,7.10
βωμός Altar
1/2 Sp (Ex 34,13 ...) Act 17,23
* γαβίν = גבים Ackerleute
4Reg 25,12
* γαβίς = גביש (Berg-)Kristall
Job 28,18
γάζα Schatz
6mal (2Es 5,17 ...) Act 8,27
* γαζαρηνός = גזר *(aram.)* Sterndeuter, Wahrsager
8mal Dan (LXX 2,27 ...)
γαζο-φυλάκιον Schatzkammer
1/2 Sp (4Reg 23,11 ...) NT 5mal
γαζο-φύλαξ Schatzmeister
1Par 28,1 1Es 2,8 8,19.45
* γαί = גי Tal
Ez 39,11.15
γαῖα Erde *(Poet.)*
9mal (4Reg 18,35 ...)
γαῖσος leichter Wurfspieß, Lanze
Jos 8,18.18 Jdth 9,7
γάλα Milch
1/2 Sp (Gen 18,8 ...) NT 5mal
γαλα-θηνός noch Milch saugend, jung
1Reg 7,9 Sir 46,16 Am 6,4
γαλακτο-ποτέω Milch trinken
4Mac 13,21
γαλακτο-τροφία Milch-Ernährung
4Mac 16,7
γαλε-άγρα Wiesel-/Marderfalle
Ez 19,9 WBA
γαλῆ Wiesel, Marder
Lev 11,29 WB
γαληνός windstille, ruhig
4Mac 13,6
* γαμβρεύω verschwägern
Gen 38,8 Dt 7,3 2Es 9,14B
γαμβρός Schwager
1/2 Sp (Gen 19,12 ...)

γαμετή Ehefrau
4Mac 2,11 WB

γαμέω heiraten
Esth 10,3c 2Mac 14,25 4Mac 16,9 NT 28mal

γαμικός hochzeitlich
3Mac 4,6

γάμος Hochzeit(sfeier)
1/2 Sp (Gen 29,22 ...) NT 16mal

* γαρέμ = גרם starker Esel oder starkes Pferd (?)
4Reg 9,13

* γασβαρηνός = גזבר Schatzmeister
2Es 1,8

γαστήρ Bauch
1 Sp (Gen 16,4 ...) NT 9mal

γαστρι-μαργία Freßsucht
4Mac 1,3

γαστρί-μαργος Fresser
4Mac 2,7

γαυρίαμα Prahlerei, Hoffart
8mal (Jdth 10,8 ...)

γαυριάω sich brüsten
Jdth 9,7 Job 3,14 39,21.23 WB

** γαυριόω sich brüsten
Num 23,24

γαυρόω sich brüsten
Sap 6,2 3Mac 3,11 6,5 WB

γε wenigstens
1Sp Textstellen (Gen 26,9 ...) NT 28mal

* γεδδούρ = גדוד Räuberbande
1Reg 30,8.15.15.23 1Par 12,22

γεῖσος, τό (Dach-)Vorsprung, Sockel
6mal (3Reg 7,46 ...)

γειτνιάω benachbart sein
Sus Th 4 2Mac 9,25

γείτων Nachbar
16mal (Ex 3,22 ...) Lk 14,12 15,6.9 Jh 9,8

γειώρας Fremdling (vgl. γιώρας)
Ex 12,19

γελάω lachen
18mal (Gen 17,17 ...) Lk 6,21.25

γελοιάζω Spaß machen
Gen 19,14

* γελοιασμός d.Spaßmachen
Jer 31,27

γελοιαστής d.Spaßmacher
Job 31,5

γελοῖος lächerlich
4Mac 1,5 3,1 6,35

γέλως d.Lachen
1/2 Sp (Gen 21,6 ...) Jak 4,9

γεμίζω füllen
Gen 45,17 3Mac 5,47 4Mac 3,14A NT 8mal

γέμω voll sein
8mal (Gen 37,25 ...) NT 11mal

γενεά Geschlecht, Sippschaft
3 Sp (Gen 6,9 ...) NT 43mal

γενεα-λογέομαι d.Geschlecht ableiten
1Par 5,1 Hb 7,6

γενέθλιος (ἡμέρα) Geburtstag
2Mac 6,7 Mk 6,21D

γένειον d.Kinn
4Mac 9,28 15,15

* γενεσι-άρχης Urheber
Sap 13,3

γενεσιο υργός Schöpfer
Sap 13,5

γένεσις Ursprung
1 Sp (Gen 2,4 ...) NT 5mal

γενετή Geburt
Lev 25,47 Esth 4,17m Jh 9,1

* γενέτις Schöpferin
Sap 7,12

γένημα Gewächs 2Kor 9,10
73mal (Gen 40,17A...) Mt 26,29 Mk 14,25 Lk 22,18

γενικός zum Geschlecht gehörig
1Es 5,39

γενναῖος echt, tüchtig
12mal 2-4Mac u.12mal Adv. 1-4Mac WB

γενναιότης Adel, Tapferkeit
2Mac 6,31 4Mac 17,2 WB

γεννάω zeugen, gebären
4 Sp (Gen 4,18 ...) NT 97mal

γέννημα Sprößling
Jud 1,10 4Mac 15,13S Mt 3,7 12,34 23,33 Lk 3,7

γέννησις d.Erzeugen
1Par 4,8 Eccl 7,1B Sir 22,3 WB

γεννητός gezeugt
5mal Job (11,2 ...) Mt 11,11 Lk 7,28

γένος Geschlecht
1 1/2 Sp (Gen 1,11 ...) NT 21mal

γεραιός ehrwürdig, alt
8mal (3Mac 1,23 ...)

γεραίρω ehren
3Mac 5,17 WB

γέρας Ehrengeschenk
Num 18,8 Esth 3,13c Sap 2,22 WB

γερουσία d.Rat der Alten
1/2 Sp (Ex 3,16 ...) Act 5,21

γέρων Greis
21mal (Job 32,9 ...) Jh 3,4

γεῦμα d.Gekostete
5mal (Ex 16,31 ...)

γεύομαι genießen (nur Gen 25,30 Aktiv: genießen lassen)
16mal (1Reg 14,24 ...) NT 15mal

γεῦσις Speise
5mal (Sap 16,2 ...) WB

γέφυρα Brücke
Jes 37,25 2Mac 12,13

γεφυρόω dämmen
2Mac 12,13A

γε-ώδης erdartig
Sap 9,15 15,13

γεω-μετρια d.Feldmessen
Jes 34,11

γεω-μετρικος zum Feldmessen gehörig
Zach 2,5

γε-ωργεω d.Land bestellen
1Par 27,26 1Es 4,6 1Mac 14,8 Hb 6,7

γε-ωργια d.Landbau
Sir 7,15 2Mac 12,1

γε-ώργιον Ackerfeld
9mal (Gen 26,14 ...) 1Kor 3,9
γε-ωργός Bauer
10mal (Gen 9,20 ...) NT 19mal
γῆ Erde
45 Sp (Gen 1,1 ...) NT 250mal
γη-γενής erdgeboren
5mal (Ps 48,3 ...) WB
γῆρας Greisenalter
1 Sp (Gen 15,15 ...) Lk 1,36
γηράσκω altern
20mal (Gen 18,13 ...) Jh 21,18 Hb 8,13
γηρο-βοσκέω im Alter ernähren
Tob 14,13S
γίγαρτον Weinbeerenkern
Num 6,4
γίγας Gigant
1/2 Sp (Gen 6,4 ...)
γίνομαι werden,entstehen
30 Sp (Gen 1,3 ...) NT 670mal
γινώσκω erkennen
10 1/2 Sp (Gen 2,17 ...) NT 222mal
γιώρας Fremdling (vgl. γειώρας)
Jes 14,1
γλαύξ Nachteule
Lev 11,16.19 Dt 14,15
γλεῦκος,τό d.Most
Job 32,19 Act 2,13
γλυκάζω süß sein
Ez 3,3
γλυκαίνω süß machen
13mal (Ex 15,25 ...)
γλύκασμα d.Süßigkeit
1Es 9,51 2Es 18,10 Prov 16,24 Sir 11,3
* γλυκασμός d.Versüßen
Cant 5,16 Am 9,13
γλυκερός süß
Prov 9,17
γλυκύς süß
14mal (Jud 14,14 ...) Jak 3,11.12 Apk 10,9.10
γλυκύτης d.Süße
Jud 9,11 Sap 16,21 WB
γλύμμα d.Geschnitzte
6mal (Ex 28,11 ...)
γλυπτός d.Schnitzbild
1 Sp (Ex 34,13 ...) WB
γλυφή d.Schnitzen
9mal (Ex 25,7 ...)
γλύφω schnitzen
13mal (Ex 28,9 ...)
γλῶσσα Zunge, Sprache
2 Sp (Gen 10,5 ...) NT 50mal
γλωσσό-κομον d.Behälter
2Reg 6,11vl 2Par 24,8.10.11.11 Jh 12,6 13,29
* γλωσσό-τμητος mit abgeschnittener Zunge
Lev 22,22
γλωσσο-τομέω die Zunge abschneiden
2Mac 7,4 4Mac 10,19 12,13
* γλωσσο-χαριτέω/όω nach dem Munde reden
Prov 28,23

| | | | |
|---|---|---|---|
| * γλωσσ-ώδης | geschwätzig | | |
| | 6mal (Ps 139,12 ...) | WB | |
| γνάθος, ἡ | Kinnbacken | | |
| | Jud 4,21A.22A 5,26A | | |
| γναφεύς | Walker | | |
| | 4Reg 18,17 Jes 7,3 36,2 | Mk 9,3 | |
| γνήσιος | echt, rechtmäßig | | |
| | Sir 7,18 3Mac 3,19 | 2Kor 8,8 Phil 4,3 1Tim 1,2 Tit 1,4 | |
| γνησίως | ohne Falsch | | |
| | 2Mac 14,8 3Mac 3,23 | Phil 2,20 | |
| γνοφερός | dunkel | | |
| | Job 10,21 | | |
| γνόφος | d.Dunkel | | |
| | 1/2 Sp (Ex 10,22 ...) | Hb 12,18 | |
| * γνοφόω | verfinstern | | |
| | Lam 2,1 | | |
| γνοφ-ώδης | dunkel | | |
| | Ex 19,16 Prov 7,9 | | |
| γνώμη | Sinn, Meinung | | |
| | 1/2 Sp (1Es 6,21 ...) | NT 9mal | |
| γνωρίζω | bekanntmachen, erkennen | | |
| | 1 Sp (Ex 21,36 ...) | NT 25mal | |
| γνώριμος | bekannt mit | | |
| | 7mal (Ruth 2,1 ...) | WB | |
| * γνωριστής | Wahrsager | | |
| | 4Reg 23,24 | | |
| γνῶσις | Erkenntnis | | |
| | 1 Sp (Jos 23,13A ...) | NT 29mal | |
| γνωστέος | erkennbar | | |
| | Ep Jer 51 | | |
| γνώστης | d.Kenner, Wahrsager | | |
| | 8mal (1Reg 28,3 ...) | Act 26,3 | |
| γνωστός | bekannt | | |
| | 1/2 Sp (Gen 2,9 ...) | NT 15mal | |
| γνωστῶς | bekannt | | |
| | Ex 33,13 Prov 27,23 | | |
| γογγύζω | murren | | |
| | 15mal (Ex 17,3 ...) | NT 8mal | |
| * γόγγυσις | d.Murren | | |
| | Num 14,27 | | |
| γογγυσμός | Unwille | | |
| | 11mal (Ex 16,7 ...) | Jh 7,12 Act 6,1 Phil 2,14 1Pt 4,9 | |
| γοερός | klagend | | |
| | 3Mac 5,25 | | |
| γοητεία | Zauberei | | |
| | 2Mac 12,24 | | |
| * γομορ | = עמר 'Gomor' *(ein Getreidemaß)* | | |
| | 13mal (Ex 16,16 ...) | | |
| γόμος | d.Ladung | | |
| | Ex 23,5 4Reg 5,17 | Act 21,3 Apk 18,11.12 | |
| * γομφιάζω | Zahnschmerzen haben | | |
| | Sir 30,10 Ez 18,2 | | |
| * γομφιασμός | Zahnschmerz | | |
| | Am 4,6 | | |
| γονεῖς | Eltern | | |
| | 17mal (Tob 10,12 ...) | NT 20mal | |
| γονή | d.Erzeugte | | |
| | 3Mac 5,31 | | |
| γονορρυής | an Gonorrhöe erkrankt | | |
| | 11mal Lev 15,4-33 u.22,4 Num 5,2 2Reg 3,29 | | |

γόνος Glied
Lev 15,3 3Mac 5,31
γόνυ Knie
1/2 Sp (Gen 30,3 ...) NT 12mal
γόος Klage
3Mac 1,18 4,3.6 5,49
γοῦν also, daher
2Mac 5,21 4Mac 2,2.5.8. 3,6 WB
γράμμα Buchstabe
1/2 Sp (Ex 36,37 ...) NT 14mal
γραμματεία Literatur
Ps 70,15 Sir 44,4
γραμματεύς Schriftgelehrter
1 Sp (Ex 5,6 ...) NT 64mal
γραμματεύω Schriftgelehrter sein
1Par 26,29 Jer 52,25
γραμματικός Schriftkenner
Jes 33,18 Dan LXX 1,4.17 Th 1,17
* γραμματο-εισ-αγωγεύς Amtmann
6mal (Ex 18,21A ...)
γραπτός geschrieben
2Par 36,22 1Es 2,2 2Es 1,1 2Mac 11,15 Röm 2,15
γραφεῖον Griffel
Job 19,24 WB
γραφή Schrift(stelle)
3/4 Sp (Ex 32,16 ...) NT 51mal
γραφικός zum Schreiben gehörig
3Mac 4,20
γραφίς Schrift, Form
Ex 32,4 3Reg 6,29 Jes 8,1 Ez 23,14
γράφω schreiben
5 Sp (Ex 24,4 ...) NT 191mal
γρηγορέω wachen
8mal (2Es 17,3 ...) NT 22mal
* γρηγόρησις Wachsamkeit
Dan Th 5,11.14
γρύζω mucksen
Ex 11,7 Jos 10,21 Jdth 11,19 WB
γρύψ d.Greif
Lev 11,14 = Dt 14,12
γυμνάζω üben
2Mac 10,15 1Tim 4,7 Hb 5,14 12,11 2Pt 2,14
γυμνασία Übung
4Mac 11,20 1Tim 4,8
γυμνάσιον Gymnasion
1Mac 1,14 2Mac 4,9.12 4Mac 4,20
γυμνός nackt
1/2 Sp (Gen 2,25 ...) NT 15mal
γυμνότης Nacktheit
Dt 28,48 Röm 8,35 2Kor 11,27 Apk 3,18
γυμνόω entblößen
Gen 9,21 Jdth 9,1.2 WB
γύμνωσις d.Entblößung
Gen 9,22.23.23
γυναικεῖος weiblich
8mal (Gen 18,11 ...) 1Pt 3,7
γυναικών Frauengemach
Esth 2,3.9.13.14
γύναιον Deminutiv von γυνή
Job 24,21

γυνή Frau
14 Sp (Gen 2,22 ...) NT 215mal

γῦρος Kreis
Job 22,14 Sir 24,5 Jes 40,22

γυρόω krümmen
Job 26,10 Sir 43,12

γύψ Geier
6mal (Lev 11,14 ...)

* γωλάθ = גלות *Teil des Säulenkapitäls* =Kugel
2Par 4,12.13

* γωληλά = גיא לילה "Nachttal" (ἐν πύλῃ τοῦ γωληλά = 'durch das
2Es 12,13 Tor des Nachttales' für hebr. 'durch das Taltor bei Nacht')

γωνία Ecke, Winkel
1/2 Sp (Ex 26,23 ...) NT 9mal

γωνιαῖος eckig
Job 38,6

* δαβίρ = דביר Hinterraum *(das Allerheiligste im Tempel)*
11mal 3Reg 6,5-8,8 u.4mal 2Par 3,16-5,9

δᾳδουχία d.Vortragen von Fackeln
2Mac 4,22

δαιμόνιον Dämon
19mal (Dt 32,17 ...) NT 63mal

δαίμων Dämon
Jes 65,11 Mt 8,31

δάκνω beißen
14mal (Gen 49,17 ...) Gal 5,15

δάκρυον Träne
1/2 Sp (4Reg 20,5 ...) NT 10mal

δακρύω weinen
10mal (Job 3,24 ...) Jh 11,35

δακτυλήθρα Handschuh
4Mac 8,13

δακτύλιος Ring
1/2 Sp (Gen 38,18 ...) Lk 15,22

δάκτυλος Finger
1/2 Sp (Ex 8,15 ...) NT 8mal

δαλός Fackel
5mal (Am 4,11 ...)

δαμάζω bändigen
Dan LXX 2,40 Th 2,40.40 Mk 5,4 Jak 3,7.7.8

δάμαλις junge Kuh
1/2 Sp (Gen 15,9 ...) Hb 9,13

δαν(ε)ίζω Geld ausleihen
18mal (Dt 15,6 ...) Mt 5,42 Lk 6,34.34.35

δάνειον Darlehen
Dt 15,8.10 24,11 4Mac 2,8 Mt 18,27

δανεισμός Darlehen
Sir 18,33

δαν(ε)ιστής Darlehensgeber
4Reg 4,1 Ps 108,11 Prov 29,13 Sir 29,28 Lk 7,41

δάνος ausgeliehenes Geld
Sir 29,4

δαπανάω aufwenden
12mal (Tob 1,7 ...) NT 5mal

δαπάνη Ausgabe
8mal (2Es 6,4 ...) Lk 14,28

δαπάνημα Aufwand
1Es 6,24 2Mac 3,3 11,31

δάσος Gebüsch
2Reg 18,9 Jes 9,18

δασύ-πους Hase
Lev 11,5 Dt 14,7 WB
δασύς dicht(behaart)
11mal (Gen 25,25 ...)
δαψιλεύομαι Überfluß haben, h. sich beunruhigen
1Reg 10,2
δαψιλής reichlich
Sap 11,7 1Mac 3,30 3Mac 5,2.31
* δεβραθά *für* כברת hebr.Längenmaß
4Reg 5,4
δέδοικα sich fürchten
8mal Job 3,19-41,1 u.Jes 60,14
δέησις Bitte
1 Sp (3Reg 8,28 ...) NT 18mal
δεῖ es ist nötig, man muß
1 Sp (Lev 5,17 ...) NT 101mal
δεικνύω/-νυμι zeigen
1 1/2 Sp (Gen 12,1 ...) NT 33mal
δειλαίνω verzagt handeln
1Mac 5,41 WB
δείλαιος unglücklich, elend
5mal (Hos 7,13 ...)
δειλ-ανδρέω feige sein
2Mac 8,13 4Mac 10,14 13,10
δείλη Nachmittag
14mal (Gen 24,63 ...)
δειλία Feigheit
10mal (Lev 26,36 ...) 2Tim 1,7
* δειλιαίνω furchtsam machen
Dt 20,8
δειλιάω feige sein
17mal (Dt 1,21 ...) Jh 14,27
δειλινός nachmittäglich
8mal (Gen 3,8 ...)
δειλόομαι furchtsam werden
1Mac 4,8.21 5,41v1 16,6 WBA
δειλός furchtsam, feige
11mal (Dt 20,8 ...) Mt 8,26 Mk 4,40 Apk 21,8
δειλό-ψυχος von furchtsamer Seele
4Mac 8,16 16,5
δειμα Furcht
Sap 17,8
* δεινάζω Schreckliches erdulden
2Mac 4,35 13,25
δεινός schrecklich
15mal (2Reg 1,9 ...) WB
δεινῶς schrecklich
5mal (Job 10,16 ...) Mt 8,6 Lk 11,53
δειπνέω speisen 1Kor 11,25 Apk 3,20
Tob 7,9S 8,1 Prov 23,1 Dan LXX 11,27 Lk 17,8 22,20
δειπνον (Gast-)Mahl
Dan LXX 4mal Th 2mal u.4Mac 3,9 NT 16mal
δέκα zehn
3/4 Sp Textstellen (Gen 5,10 ...) NT 24mal
δεκάδ-αρχος Anführer von 10 Mann
Ex 18,21.25 Dt 1,15 1Mac 3,55
δεκα-μηνιαῖος zehnmonatlich
Sap 7,2
δεκά-μηνος zehnmonatlich
4Mac 16,7

δεκά-πηχυς zehn Ellen lang
3Reg 7,47

δεκα-πλασιάζω verzehnfachen
Bar 4,28

δεκα-πλασίων/ως zehnfach
Dan Th / LXX 1,20

δέκατος d.Zehnte
1 1/2 Sp (Gen 8,5 ...) NT 7mal

δεκατόω verzehnten
2Es 20,38 Hb 7,6.9

δεκά-χορδος zehnsaitig
Ps 32,2 91,4 143,9

δεκτός angenehm
1/2 Sp (Ex 28,38 ...) NT 5mal

δέλτος, ἡ Schreibtafel *(dreieckig)*
1Mac 8,22 14,18.26.48

δένδρον Baum
1/2 Sp (Gen 18,4 ...) NT 25mal

δένδρος, τό Baum
Dt 22,6

δενδρο-τομέω Bäume fällen
4Mac 2,14

δεξαμενή Cisterne
Ex 2,16

* δεξιάζω die rechte Hand gebrauchen
2 Mac 4,34

δεξιός/δεξιά rechts/ Hand
3 Sp (Gen 13,9 ...) NT 54mal

δέομαι bitten
1 1/2 Sp (Gen 19,18 ...) NT 22mal

δέος Furcht
2Mac 3,17.30 12,22 13,16 15,23 Hb 12,28

δέρμα Haut, Fell
1 Sp (Gen 27,16 ...) Hb 11,37

δερμάτινος ledern
13mal (Gen 3,21 ...) Mt 3,4 Mk 1,6

δέρρις Lederdecke
1/2 Sp (Ex 26,7 ...) WB

δέρω prügeln
2Par 29,34 NT 15mal

δέσις d.Binden
Sir 45,11

δεσμεύω fesseln
10mal (Gen 37,7 ...) Mt 23,4 Lk 8,29 Act 22,4

δέσμη Bündel
Ex 12,22 Mt 13,30

δέσμιος Gefangener
10mal (Eccl 4,14 ...) NT 16mal

δεσμός Fessel
3/4 Sp (Gen 42,27 ...) NT 18mal

δεσμωτήριον Gefängnis
8mal (Gen 39,22 ...) Mt 11,2 Act 5,21.23 16,26

δεσμώτης Gefangener
Gen 39,20 Jer 24,1 36,2 Bar 1,9 Act 27,1.42

δεσπόζω gebieten
17mal (1Par 29,11 ...) WB

δεσποτεία uneingeschränkte Herrschaft
Ps 102,22 144,13

δεσποτεύω gebieten
3Mac 5,28

δεσπότης Herr
1 Sp (Gen 15,8 ...) NT 10mal

δεῦρο hierher
1 Sp (Gen 19,32 ...) NT 9mal

δεῦτε kommt her! wohlan!
1/2 Sp (Gen 11,3 ...) NT 12mal

δευτερεύω der zweite sein
1Par 16,5 2Par 35,24 Esth 4,8 Jer 52,24

δευτέριος zum zweiten gehörig
1Es 1,29

δευτερο-λογέω wiederholen
2Mac 13,22

δευτερο-νόμιον d.zweite Gesetz
Dt 17,18 Jos 9,2c WB

δεύτερος zweiter
3 Sp (Gen 1,8 ...) NT 43mal

δευτερόω wiederholen (zum 2.Mal tun)
13mal (Gen 41,32 ...) WBA

* δευτέρωσις d.zweite Rang
4Reg 23,4 25,18 Sir 41,26

δέχομαι annehmen
1 Sp (Gen 4,11 ...) NT 45mal

δέω binden
1 Sp (Gen 38,28 ...) NT 43mal

δή jetzt
1 Sp Textstellen (Gen 15,5 ...) NT 5mal

δῆγμα Biß
Sap 16,5.9 Micha 5,4

* δηλαϊστός mitleidswert
Ez 5,15

δῆλος offenbar
9mal (Num 27,21 ...) Mt 26,73 1Kor 15,27 Gal 3,11

δηλόω offenbar machen, kundtun
3/4 Sp (Ex 6,3 ...) NT 7mal

δήλωσις d.Erklären
5mal (Ex 28,30 ...)

δημ-αγωγία Leitung des Volkes
1Es 5,70

δημεύω als Staatseigentum erklären
Dan LXX 3,96

δημ-ηγορέω zum Volke reden
Prov 30,31 4Mac 5,15 Act 12,21

δήμιος öffentlich
2Mac 5,8 7,29

δημιο‿υργέω schaffen
Sap 15,13 2Mac 10,2 4Mac 7,8 WB

δημιο‿υργός (Handwerker =) Täter
2Mac 4,1 Hb 11,10

δῆμος Volksmenge
2 Sp (Num 1,20 ...) Act 12,22 17,5 19,30.33

δημόσιος öffentlich
2Mac 6,10 3Mac 2,27 4,7 Act 5,18 16,37 18,28 20,20

δημο-τελής auf Staatskosten
3Mac 4,1

δημότης einer aus dem Volke
Sap 18,11

διά *c.Gen.* durch, *c.Akk.* wegen
4 Sp Textstellen (Gen 4,1 / Gen 6,3 ...) NT 668mal

δια-βάθρα Leiter
2Reg 23,21

δια-βαίνω durchschreiten
2 Sp (Gen 31,21 ...) Lk 16,26 Act 16,9 Hb 11,29
δια-βάλλω verleumden
5mal (Dan LXX 3,8 ...) Lk 16,1
διά-βασις Überfahrt
11mal (Gen 32,22 ...)
* διά-βημα Schritt
16mal (2Reg 22,37 ...) WB
δια-βιάζομαι Gewalt gebrauchen
Num 14,44
δια-βιβάζω hinüberbringen
8mal (Gen 32,24 ...)
δια-βιόω durchleben
Ex 21,21
δια-βοάω ausschreien
Gen 45,16 Lev 25,10 Jdth 10,18
δια-βολή Verleumdung
10mal (Num 22,32 ...) WB
διά-βολος Verleumder
22mal (1Par 21,1 ...) NT 37mal
δια-βουλεύομαι überdenken
Gen 49,23
* δια-βουλία Gedanke
Ps 5,11 Sir 17,6S Hos 11,6
δια-βούλιον Beratschlagung
10mal (Ps 9,23 ...)
δι-αγγέλλω bekanntmachen
9mal (Ex 9,16 ...) Lk 9,60 Act 21,26 Röm 9,17
* δι-άγγελμα Botschaft
3Reg 5,1
δια-γίνομαι vergehen
2Mac 11,26 Mk 16,1 Act 25,13 27,9
δια-γινώσκω entscheiden
9mal (Num 33,56 ...) Act 23,15 24,22
δια-γλύφω ausschnitzen
Ex 28,11 2Par 4,5 Ez 41,19.20
διά-γνωσις Entscheidung
Sap 3,18 Act 25,21
* δια-γογγύζω laut murren
11mal (Ex 15,24 ...) Lk 15,2 19,7
δι-αγορεύω deutlich aussagen
1Es 5,48 Sus LXX 61
δια-γραφή d.Aufschreiben
Ez 43,12
δια-γράφω aufschreiben
8mal (Jos 18,4 ...)
δι-άγω durchführen, hinbringen
1/2 Sp (2Reg 12,31 ...) 1Tim 2,2 Tit 3,3
δι-αγωγή d.Durchführen
Esth 3,13e
δια-δέχομαι übernehmen
13mal (1Par 26,18 ...) Act 7,45
δια-δέω festbinden
4Mac 9,11
διά-δηλος sehr deutlich
Gen 41,21 3Mac 2,5
διά-δημα Diadem
17mal (1Es 4,30 ...) Apk 12,3 13,1 19,12
δια-διδράσκω entfliehen
Sir 11,10 2Mac 8,13

δια-δίδωμι verteilen Act 4,35
11mal (Gen 49,27 ...) Lk 11,22 18,22 Jh 6,11

διά-δοχος Nachfolger
7mal (1Par 18,17 ...) Act 24,27

δια-δύομαι durchdringen
1Reg 17,49

δια-ζάω durchleben
2Mac 5,27

διάζομαι zusammenweben
Jud 16,14A Jes 19,10

δια-ζώννυμι umgürten
Ez 23,15A Jh 13,4.5 21,7

δια-θερμαίνω durchwärmen
Ex 16,21 1Reg 11,9.11 4Reg 4,34

διά-θεσις d.Anordnen
10mal (Esth 8,12q ...)

δια-θήκη Vertrag
5 1/2 Sp (Gen 6,18 ...) NT 33mal

δια-θρύπτω zerbrechen
5mal (Lev 2,6 ...) WB

δι-αίρεσις Trennung
1/2 Sp (Jos 19,51 ...) 1Kor 12,4.5.6

δι-αιρέω verteilen
3/4 Sp (Gen 4,7 ...) Lk 15,12 1Kor 12,11

δίαιτα Leben(sweise), Wohnstätte
13mal (Jdth 12,15 ...) WB

δι-αιτάω ernähren
Job 30,7 4Mac 2,17

* δι-αιτέω erbitten
Jdth 8,16

δια-καθ-ιζάνω niedersetzen
Dt 23,13

δια-καθ-ίζω s.niedersetzen = belagern
2Reg 11,1

δια-καίω durchbrennen
4Mac 11,19

* δια-κάμπτω umbiegen
4Reg 4,34

δια-καρτερέω ausharren
Jdth 7,30 4Mac 6,9

δια-κατ-έχω innehaben
Jdth 4,7

διά-κειμαι gestimmt sein
3Mac 3,23 4,10

διά-κενος ganz hohl
Num 21,5

δια-κινδυνεύω s.in Gefahr stürzen
2Mac 11,7

δια-κινέω heftig bewegen
3Mac 5,23

δια-κλάω durchbrechen
Lam 4,4

δια-κλέπτω heimlich wegschaffen
2Reg 19,4.4

δια-κολυμβάω durchschwimmen
1Mac 9,48

δια-κομίζω hinüberschaffen
10mal (Jos 4,3 ...)

δια-κονία Dienstleistung
Esth 6,3A.5A 1Mac 11,58 NT 34mal

| | | |
|---|---|---|
| διά-κονος | Diener | |
| | 7mal (Esth 1,10 ...) | NT 29mal |
| δια-κοπή | Trennung | |
| | 12mal (Jud 5,17A ...) | |
| δια-κόπτω | zerschlagen | |
| | 20mal (Gen 38,29 ...) | |
| διακόσιοι | zweihundert | |
| | 1/2 Sp Textstellen (Gen 5,3 ...) | NT 5mal |
| δια-κοσμέω | (an)ordnen | |
| | 2Mac 3,25 4,5 | WB |
| δια-κόσμησις | Anordnung | |
| | 2Mac 2,29 | WBA |
| δι-ακούω | verhören | |
| | Dt 1,16 Job 9,33 | Act 23,35 |
| δια-κρατέω | festhalten | |
| | 1Es 4,50 Jdth 6,12 | |
| δι-ακριβάζομαι | genau untersuchen | |
| | Sir 51,19 | |
| * δι-ακρίβεια | genaue Beachtung (des Gesetzes) | |
| | 3Reg 11,33vl | |
| δι-ακριβόω | genau machen | |
| | 2Mac 2,28 | |
| δια-κρίνω | trennen | |
| | 1/2 Sp(Ex 18,16...) | NT 19mal |
| διά-κρισις | Unterscheidung | |
| | Job 37,16 | Röm 14,1 1Kor 12,10 Hb 5,14 |
| δια-κρύπτω | hervorgucken | |
| | 1Reg 3,17A | |
| δια-κυβερνάω | regieren | |
| | Sap 14,3 3Mac 6,2 | WB |
| δια-κύπτω | hervorgucken | |
| | 11mal (Jud 5,28A ...) | |
| δια-κωλύω | energisch verhindern | |
| | Jdth 4,7 12,7 | Mt 3,14 |
| δια-λαμβάνω | trennen | |
| | 6mal (Jdth 8,14 ...) | |
| δια-λανθάνω | ganz verborgen sein | |
| | 2Reg 4,6 | |
| δια-λέγομαι | sich unterreden | |
| | 7mal (Ex 6,27 ...) | NT 13mal |
| δια-λείπω | dazwischen lassen | |
| | 13mal (1Reg 10,8 ...) | Lk 7,45 |
| διά-λεκτος | Volkssprache | |
| | Esth 9,26 Dan LXX 1,4 | NT 6mal |
| διά-λευκος | weiß gesprenkelt | |
| | 8mal Gen 30,32 - 31,12 | |
| διά-ληψις | d.Trennen | |
| | 2Mac 3,32 | |
| δια-λιμπάνω | aufhören | |
| | Tob 10,7 | Act 8,24D 17,13D |
| δι-αλλαγή | Veränderung | |
| | Sir 22,22 27,21 | |
| δι-αλλάσσω | aussöhnen | |
| | 10mal (Jud 19,3A ...) | Mt 5,24 |
| δι-άλλομαι | durchspringen | |
| | Cant 2,8 | |
| δια-λογή | Auswahl | |
| | Ps 103,34 *PS 4,0* | |
| δια-λογίζομαι | erwägen | |
| | 15mal (2Reg 19,20 ...) | NT 16mal |

| | | |
|---|---|---|
| δια-λογισμός | Überlegung | |
| | 1/2 Sp (Ps 39,6 ...) | NT 14mal |
| διά-λογος | Unterredung | |
| | Job 7,13A | |
| * δια-λοιδόρησις | d.Schmähen | |
| | Sir 27,15 | |
| διά-λυσις | Auflösung | WB |
| | 2Es 11,7 | |
| διά-λυτος | aufgelöst | |
| | Ex 36,30A | |
| δια-λύω | auflösen | |
| | 12mal (Jud 15,14A ...) | Act 5,36 |
| δι-αμαρτάνω | Fehler machen | |
| | Num 15,22 Jud 20,16 | WB |
| δια-μαρτυρέω | Zeuge sein | |
| | 6mal (Gen 43,3 ...) | |
| δια-μαρτυρία | Zeugnis | |
| | Gen 43,3 4Mac 16,16 | |
| δια-μαρτύρομαι | dringend zureden | |
| | 1/2 Sp (Ex 18,20 ...) | NT 15mal |
| δια-μασάομαι | durchkneten | |
| | Sir 31,16 | |
| * δια-μαχίζομαι | ringen | |
| | Sir 51,19 | |
| δια-μάχομαι | heftig disputieren | |
| | Sir 8,1.3 38,28 Dan LXX 10,20 | Act 23,9 |
| δια-μελίζω | zergliedern | |
| | Dan LXX 3,96 | |
| δια-μένω | verweilen | |
| | 1/2 Sp (2Es 21,23S ...) | NT 5mal |
| δια-μερίζω | verteilen | |
| | 19mal (Gen 10,25 ...) | NT 11mal |
| δια-μερισμός | Trennung, Teil | |
| | Micha 7,12.12 Ez 48,29 | Lk 12,51 |
| δια-μετρέω | durchmessen | |
| | 1/2 Sp (Ez 40,5-47,5 u.5mal) | |
| δια-μέτρησις | Vermessen | |
| | 5mal (2Par 3,3 ...) | |
| δι-ανα-παύω | ausruhen lassen | |
| | Gen 5,29 | |
| * δι-ανα-φέρω | (völlig) hinauflegen | |
| | Lev 4,10BA | |
| δια-νέμω | verteilen | |
| | Dt 29,25 | Act 4,17 |
| δια-νεύω | zuwinken | |
| | Ps 34,19 Sir 27,22 | Lk 1,22 |
| * δια-νήθω | ausspinnen: gefärbt *mit Karmesin* | |
| | Ex 28,8.33 35,6 36,12.15 | |
| δι-ανθίζω | mit Blumen schmücken | |
| | Esth 1,6 | |
| δι-αν-ίστημι | aufstellen | |
| | Dt 6,7 11,19 Jdth 12,15 | |
| δια-νοέομαι | überlegen | |
| | 1 Sp (Gen 6,5 ...) | WB |
| δια-νόημα | Gedanke | |
| | 13mal (Prov 14,14 ...) | Lk 11,17 |
| δια-νόησις | d.Denken | |
| | 2Par 2,13 | |
| διά-νοια | Verstand | |
| | 1 Sp (Gen 8,21 ...) | NT 12mal |

δι-αν-οίγω öffnen
1/2 Sp (Gen 3,5 ...) NT 8mal

δια-νυκτερεύω d.ganze Nacht zubringen
Job 2,9[c] Lk 6,12

δι-ανύω vollenden
2Mac 12,17 Act 21,7

δια-ξαίνω flechten
Jdth 10,3

* δια-παρα-τηρέομαι lange auflauern
2Reg 3,30

δια-παρθενεύω entjungfern
Ez 23,3.8

δια-παύω dazwischen ausruhen lassen
Lev 2,13 Hos 5,13

δι-απειλέομαι heftig drohen
Ez 3,17 3Mac 6,23 7,6

δια-πειράζω versuchen
3Mac 5,40 WBA

δια-πείρω durchbohren
4Mac 11,19

δια-πέμπω hinüberschicken
6mal (1Es 1,24 ...) WBA

δια-περάω übersetzen
8mal (Dt 30,13 ...) NT 6mal

δια-πετάννυμι auseinanderbreiten
23mal (2Reg 17,19 ...)

δια-πίπτω durchfallen
18mal (Num 5,21 ...)

δια-πλατύνω ganz breit machen
Ez 41,7

δια-πληκτίζομαι s.streiten
Ex 2,13

δια-πνέω durchwehen
Cant 2,17 4,6.16

δια-πονέω durcharbeiten
Eccl 10,9 2Mac 2,28 Act 4,2 16,18

δια-πορεύομαι hindurchgehen
1 Sp (Num 11,8 ...) NT 5mal

διά-πρασις d.völlige Verkauf
Lev 25,33

δια-πράσσω vollbringen
2Mac 8,29 10,38

δια-πρεπής ausgezeichnet
2Mac 3,26 10,29

δια-πρίω jmdn.sägen lassen
1Par 20,3 Act 5,33 7,54

διά-πτωσις d.Fallen (*so der Ort* תפת *(Thopheth) verstanden*)
Jer 19,6.14

διά-πυρος glühend
Dan LXX 3,46 3Mac 6,6

δια-πυρόω verbrennen
4Mac 3,15

δι-αριθμέω herzählen
3Mac 3,6

δι-αρκέω gänzlich genügen
3Mac 2,26

δι-αρπαγή Plünderung
1/2 Sp (Num 14,3 ...)

δι-αρπάζω ausplündern
1/2 Sp (Gen 34,27 ...) Mk 3,27.27

δια-ρραίνω besprengen
Prov 7,17
δια-ρρέω durchfließen
2Mac 10,20
δια-ρρήσσω zerreißen
1 Sp (Gen 37,29 ...) NT 5mal
δια-ρριπτέω/τω durchwerfen
Job 41,11/Jes 62,10
δια-ρρυθμίζω anpassen, arrangieren
2Mac 7,22
δι-αρτάω aufhängen: hinhalten, *i.Pass.:* lügen
Num 23,19
* δι-αρτίζω gestalten
Job 33,6
δια-σαλεύω erschüttern
Hab 2,16
δια-σαφέω erklären
11mal (Dt 1,5 ...) Mt 13,36 18,31
δια-σαφηνίζω erklären
2Mac 3,9A
* δια-σάφησις Erklärung
Gen 40,8 2Es 5,6 7,11
* δια-σαφίζω erklären
2Mac 1,20A
δια-σείω erschüttern
Job 4,14B 3Mac 7,21 Lk 3,14
δια-σκεδάννυμι zerstreuen
1 Sp (Gen 17,14 ...)
δια-σκευάζω fertig zubereiten
Jos 4,12 1Mac 6,33
δια-σκευή Zubereitung
Ex 31,7 2Mac 11,10
δια-σκιρτάω umherspringen
Sap 19,9
δια-σκορπίζω zerstreuen
1 Sp (Num 10,34 ...) NT 9mal
* δια-σκορπισμός d.Zerstreuung
Jer 24,9 Ez 6,8 13,20 Dan Th 12,7
δίασμα Aufzug *(eines Gewebes)*
Jud 16,13.14
δια-σπασμός d.Zerreißen
Jer 15,3
δια-σπάω zerreißen
11mal (Jud 14,6A ...) Mk 5,4 Act 23,10
δια-σπείρω zerstreuen
1 Sp (Gen 9,19 ...) Act 8,1.4 11,19
δια-σπορά Zerstreuung
12mal (Dt 28,25 ...) Jh 7,35 Jak 1,1 1Pt 1,1
* διά-σταλσις Vertrag
2Mac 13,25
διά-στασις Spaltung
3Mac 3,7
δια-στέλλω anordnen, befehlen
1 Sp (Gen 25,23 ...) NT 8mal
διά-στημα Zwischenraum
15mal (Gen 32,17 ...) Act 5,7
δια-στολή Unterschied 1Kor 14,7
Ex 8,19 Num 19,2 30,7 1Mac 8,7 Röm 3,22 10,12
δι-αστράπτω durchblitzen
Sap 16,22

| | | |
|---|---|---|
| δια-στρέφω | verdrehen | |
| | 2/3 Sp (Ex 5,4 ...) | NT 7mal |
| δια-στροφή | Verdrehung | |
| | Prov 2,14 | |
| δια-στρώννυμι | ein Lager bereiten | |
| | 1Reg 9,25 | |
| δια-συρίζω | durcheinanderzischen | |
| | Dan 3,50 | |
| δια-σφαγή | Schlucht | |
| | 2Es 14,1 | |
| δια-σφάλλω | täuschen | |
| | 3Mac 5,12 | |
| δια-σχίζω | den Weg abschneiden | |
| | Ex 14,21A Ps 34,15 Sap 18,23 | |
| δια-σῴζω | (hindurch-)retten | |
| | 1 Sp (Gen 19,19 ...) | NT 8mal |
| δια-ταγή | Anordnung | |
| | 2Es 4,11 | Act 7,53 Röm 13,2 |
| διά-ταγμα | Anordnung | |
| | 2Es 7,11 Esth 3,13$^{d}$ Sap 11,7 | Hb 11,23 |
| διά-ταξις | Gebot | |
| | 10mal (3Reg 6,1$^{d}$ ...) | WB |
| δια-τάσσω | befehlen | |
| | 1/2 Sp (Jud 3,23B ...) | NT 16mal |
| δια-τείνω | ausstrecken | |
| | 5mal (Ps 84,6 ...) | |
| δια-τελέω | ausdauern | |
| | 5mal (Dt 9,7 ...) | Act 27,33 |
| δια-τήκω | zerschmelzen lassen | |
| | Hab 3,6 | |
| δια-τηρέω | bewahren | |
| | 1/2 Sp (Gen 17,9 ...) | Lk 2,51 Act 15,29 |
| δια-τήρησις | Erhaltung | |
| | 5mal (Ex 16,33 ...) | |
| δια-τίθημι | bestimmen | |
| | 1 Sp (Gen 9,17 ...) | NT 7mal |
| δια-τίλλω | zerrupfen | |
| | Job 16,13 | |
| * δια-τόνια, τά | Verspannung (?) *(für* קרש *Brett)* | |
| | Ex 35,11 | |
| δια-τρέπω | umwenden | |
| | 5mal (Jud 18,7B ...) | |
| δια-τρέφω | ernähren, erhalten | |
| | 17mal (Gen 7,3 ...) | |
| δια-τρέχω | durchlaufen | |
| | 5mal (Ex 9,23 ...) | |
| δια-τριβή | d.Zerreiben | |
| | 5mal (Lev 13,46 ...) | |
| δια-τρίβω | verweilen | |
| | 6mal (Lev 14,8 ...) | NT 9mal |
| δια-τροφή | Lebensunterhalt | |
| | 1Mac 6,49 | 1Tim 6,8 |
| δια-τυπόω | gestalten | |
| | Sap 19,6 | |
| δια-φαίνω | hindurchscheinen | |
| | Sap 17,6 | WBA |
| δια-φανής | durchscheinend | |
| | Ex 30,34 Esth 1,6 Jes 3,21 | WB |
| δια-φαύσκω | durchleuchten | |
| | 6mal (Gen 44,3 ...) | |

διά-φέρω hindurchtragen
16mal (1Es 5,53 ...) NT 13mal

δια-φεύγω entfliehen
15mal (Dt 2,36 ...) Act 27,42

δια-φθείρω zerstören
1 1/2 Sp (Jud 2,19 ...) NT 6mal

δια-φθορά Vernichtung
1/2 Sp (1Es 4,39A ...) NT 6mal

δια-φλέγω verbrennen
Ps 82,14

δια-φορά Verschiedenheit
1Es 4,39 Sap 7,20 Sir Prol 25 1Mac 3,18 WB

δια-φορέω auseinandertragen: plündern
Jer 37,16

δια-φόρημα Plünderung
Jer 37,16

διά-φορος verschieden, ausgezeichnet Röm 12,6 Hb 1,4 8,6 9,10
12mal (Lev 19,19 ...) u.Adv.Dan LXX 7,7

δια-φρύγω ganz dörren
4Mac 3,11S

δια-φυλάσσω bewahren
1/2 Sp (Gen 28,15 ...) Lk 4,10

δια-φωνέω nicht übereinstimmen
7mal (Ex 24,11 ...)

δια-φώσκω durchleuchten (= διαφαύσκω)
Jud 19,26 1Reg 14,36A

δια-φωτίζω erleuchten
2Es 18,3

δια-χέω ausgießen
1/2 Sp (Lev 13,22 ...)

δια-χρίω bestreichen
Lev 2,4 = 7,12

διά-χρυσος mit Gold durchwirkt
Ps 44,10 2Mac 5,2

διά-χυσις d.Zergießen, Umsichgreifen
Lev 13,22.27.35 14,48

δια-χωρίζω trennen
1/2 Sp (Gen 1,4 ...) Lk 9,33

διά-ψαλμα Zwischenspiel ? *(für 'Sela' סלה)*
1/2 Sp Textstellen Ps 2,2-142,6 u.Hab 3,3.9.13

δια-ψεύδομαι getäuscht werden
4Reg 4,16 1Mac 13,19 3Mac 5,12

δια-ψιθυρίζω flüstern
Sir 12,18

δί-γλωσσος doppelzüngig
Prov 11,13 Sir 5,9.14.15 28,13 WB

* δι-γομία Doppellast (?)
Jud 5,16B

διδακτός unterrichtet
Jes 54,13 1Mac 4,7 *Ps 17,32* Jh 6,45 1Kor 2,13.13

διδασκαλία Unterricht, Lehre
Prov 2,17 Sir 24,33 39,8 Jes 29,13 NT 21mal

διδάσκαλος Lehrer
Esth 6,1 2Mac 1,10 NT 59mal

διδάσκω lehren
2 Sp (Dt 4,1 ...) NT 97mal

διδαχή Unterweisung, Lehre
Ps 59,1 NT 30mal

δί-δραχμον Doppeldrachme
1/2 Sp (Gen 20,14 ...) Mt 17,24.24

* διδυμεύω — Zwillinge haben
Cant 4,2 = 6,6

δίδυμος — doppelt, Zwilling
6mal (Gen 25,24 ...)

δίδωμι — geben
31 Sp (Gen 1,29 ...) — NT 415mal

δι-εγ-γυάω — verpfänden
2Es 15,3

δι-εγείρω — aufwecken
5mal (Jdth 1,4 ...) — NT 5mal

δι-εκ-βάλλω — hindurchwerfen = verlaufen *(einer Grenze)*
9mal Jos 15,4-11 16,7

δι-εκ-βολή — Durchgang, Grenzverlauf
6mal (Obadja 14 ...)

* δι-εκ-κύπτω — hervorgucken
2Mac 3,19

δι-ελαύνω — durchtreiben
Jud 4,21A 5,26A — WBA

δι-ελέγχω — ganz widerlegen
Micha 6,2 Jes 1,18 — WB

* δι-εμ-βάλλω — hineinwerfen
5mal (Ex 40,18 ...)

* δι-εμ-πίπλημι — ganz anfüllen
2Mac 4,40

δι-εξ-άγω — durch- u. zu Ende führen
5mal (Esth 3,13[b] ...)

δι-έξ-ειμι — herumgehen
4Mac 3,13

δι-εξ-έρχομαι — herausgehen
Jud 4,21B 2Reg 2,23 Job 20,25 Ez 12,5 — WB

δι-εξ-οδεύω — hinausgehen
Dan LXX 3,48

δι-έξ-οδος — Ausgang
1/2 Sp (Num 34,4 ...) — Mt 22,9

δι-έπω — verwalten
Sap 9,3 12,15 — WB

δι-ερεθίζω — streiten
4Mac 9,19

δι-ερευνάω — durchspüren, -forschen
Sap 6,3 13,7

δι-ερμηνεύω — übersetzen
2Mac 1,36 — NT 6mal

δι-έρχομαι — hindurchgehen
2 Sp (Gen 4,8 ...) — NT 41mal

δί-εσις — Nachsicht
Sap 12,20

* δι-εστραμμένως — verdreht, verkehrt
Sir 4,17

* δι-ετηρίς — Zeit von 2 Jahren
2Reg 13,23

δι-ετής — zweijährig
2Mac 10,3 — Mt 2,16

δι-ευλαβέομαι — sich in Acht nehmen
Dt 28,60 Job 6,16 2Mac 9,29

δι-ηγέομαι — erzählen
1 Sp (Gen 24,66 ...) — NT 8mal

δι-ήγημα — Erzählung
6mal (Dt 28,37 ...)

δι-ήγησις — das Erzählen, die Erzählung
12mal (Jud 5,14B ...) — Lk 1,1

δι-ηθέω durchseihen, läutern
Job 28,1

δι-ήκω hindurchkommen
Sap 7,24

* δι-ηλόω annageln, hämmern
Jud 5,26.26

δι-ηνεκῶς beständig
Esth 3,13[d] 3Mac 3,11.22 4,16 WB

δι-ηχέω Schall durchlassen, ein Gerücht verbreiten
Dan Th 3,47A 2Mac 8,7

* δί-θυμος zwieträchtig
Prov 26,20

δι-ίημι auseinandergehen lassen, ausbreiten
Dt 32,11

δι-ικνέομαι durchdringen
Ex 26,28 Hb 4,12

δι-ιπτάομαι hindurchfliegen
Sap 5,11

δι-ίστημι trennen
10mal (Ex 15,8 ...) Lk 22,59 24,51 Act 27,28

δικάζω richten
1/2 Sp (Jud 6,31 ...) WB

* δικαιο-κρίτης gerechter Richter
2Mac 12,41

δικαιο-λογία Klage, Verteidigung
2Mac 4,44

δίκαιος gerecht
6 Sp (Gen 6,9 ...) NT 79mal

δικαιοσύνη Gerechtigkeit
5 Sp (Gen 15,6 ...) NT 92mal

δικαιόω rechtfertigen
1 Sp (Gen 38,26 ...) NT 39mal

δικαίωμα Gebot
2 Sp (Gen 26,5 ...) NT 10mal

δικαίως gerecht
13mal (Gen 27,36 ...) NT 5mal

δικαίωσις Rechtfertigung
Lev 24,22 PS 3,3 Röm 4,25 5,18

δικαστήριον Gericht(shof)
Jud 6,32A

δικαστής Richter
14mal (Ex 2,14 ...) Act 7,27.35

δίκη Gerechtigkeit
1/2 Sp (Ex 21,20 ...) Act 28,4 2Thess 1,9 Jud 7

δίκτυον Netz
22mal (3Reg 7,5 ...) NT 12mal

* δικτυόω netzförmig machen
3Reg 7,6

δικτυωτός vergittert
5mal (Ex 27,4 ...)

δι-μερής zweiteilig
Dan LXX 2,41

* δί-μετρον Doppelmaß
4Reg 7,1.16.18

δῖνα Wirbel
Job 28,10

διό deshalb, daher
33mal (Jos 5,6 ...) NT 53mal

δι-οδεύω durchreisen
1/2 Sp (Gen 12,6 ...) Lk 8,1 Act 17,1

δί-οδος Durchgang
11mal (Dt 13,17 ...)

δι-οικέω bewohnen, verwalten
5mal (Sap 8,1 ...)

δι-οίκησις Verwaltung
Tob 1,21 WB

δι-οικητής d.Verwalten
2Es 8,36 Tob 1,22 Dan LXX 3,2

δι-οικο-δομέω aufbauen
2Es 12,17

δι-όλλυμι völlig zugrunde richten
Sap 11,19 17,10

δι-όπερ ebendeshalb
Jdth 8,17 u.5mal 2Mac 5,20-14,19 1Kor 8,13 10,14

δι-οράω durchsehen, erwarten
Job 6,19

δι-οργίζομαι heftig zürnen
3Mac 3,1 4,13

δι-ορθόω auf den rechten Weg bringen
6mal (Prov 15,29b ...) WB

δι-ορθωτής der Lenker
Sap 7,15

δι-ορίζω abgrenzen
16mal (Ex 26,33 ...) WB

* δι-ορυγή der Graben
Jer 38,9

δι-όρυγμα die Durchgrabung
Ex 22,1 Zeph 2,14 Jer 2,34

δι-ορύσσω durchgraben, einbrechen
Job 24,16 Ez 12,5.7.12 Mt 6,19.20 24,43 Lk 12,39

δι-ότι deshalb, weil
1 Sp Textstellen (Gen 5,24A ...) NT 23mal

δί-πηχυς zwei Ellen groß
Num 11,31

δι-πλασιάζω verdoppeln
Ez 21,19 43,2

δι-πλασιασμός Verdoppelung
Job 42,10

δι-πλάσιος doppelt
Sir 12,5 26,1

* δι-πλοΐς Mantel, Tunica
8mal (1Reg 2,19 ...)

δι-πλοῦς doppelt
1/2 Sp (Gen 23,9 ...) Mt 23,15 1Tim 5,17 Apk 18,6.

δίς zweimal
20mal (Gen 41,32 ...) NT 6mal

δίσκος Diskus
2Mac 4,14

δισ-μύριοι zwanzigtausend
2Mac 5,24 8,9.30 10,17.23.31

δισσός doppelt
8mal (Gen 43,12 ...) WB

δισσῶς doppelt
Sir 23,11 WB

δί-στομος zweischneidig
Jud 3,16 Ps 149,6 Prov 5,4 Sir 21,3 Apk 1,16 2,12 Hb 4,12

δισ-χίλιοι zweitausend
1/2 Sp Textstellen (Num 4,36 ...) Mk 5,13

δισ-χίλιος zweitausend *(mit ἵππος als Kollektivum: 2000 Pferde)*
Jes 36,8 1Mac 9,4

* δι-τάλαντον Zweitalent
4Reg 5,23

δι-υλίζω durchseihen
Amos 6,6 Mt 23,24

δι-υφαίνω durchweben
Ex 36,30

διφθέρα Tierhaut, Leder
Ex 39,20

δί-φορος zwei Arten von Frucht bringend
Dt 22,9

δίφραξ Wagen
2Mac 14,21

διφρεύω auf dem Wagen sitzen
Ep Jer 30

δίφρος Wagen(sitz)
11mal (Jud 3,24A ...)

δίχα zweifach, geteilt
Sir 47,21 WB

δι-χηλέω gespaltene Hufe haben
7mal Lev 11,3-26 u.4mal Dt 14,6-8 WB

διχο-μηνία Vollmond
Sir 39,12

διχο-στασία Zwist
1Mac 3,29 Röm 16,17 Gal 5,20

διχο-τομέω zweiteilen
Ex 29,17 Mt 24,51 Lk 12,46

* διχο-τόμημα d.Halbierte
5mal (Gen 15,11 ...)

δίψα Durst
16mal (Dt 8,15 ...)

διψάω dürsten
1/2 Sp (Ex 17,3 ...) NT 16mal

δίψος Durst
14mal (Ex 17,3 ...) 2Kor 11,27

διψ-ώδης Durst
Prov 9,12c

διωγμός Verfolgung
Prov 11,19 Lam 3,19 2Mac 12,23 NT 10mal

δι-ωθέω durchstoßen
Ez 34,21 1Mac 4,8A

διώκω verfolgen
2 Sp (Gen 31,23 ...) NT 45mal

* δι-ώροφος mit doppeltem Dach
Gen 6,16

δι-ῶρυξ Graben
8mal (Ex 7,19 ...)

* δι-ωστήρ Querstange, *die durchgesteckt etwas tragen kann*
5mal Ex 38,4 - 40,20

δόγμα Verfügung, Erlaß
18mal, davon 12mal Dan Th 2,13-6,27 NT 5mal

δογματίζω anordnen
7mal (1Es 6,33 ...) Kol 2,20

δοκέω meinen, glauben
1Sp (Gen 19,14 ...) NT 63mal

δοκιμάζω prüfen
1/2 Sp (Job 34,3 ...) NT 22mal

δοκιμασία Prüfung
Sir 6,21 *Ps 16,14* Hb 3,9

δοκιμαστός erprobt
Jer 6,27

δοκίμιον bewährt, Prüfungsmittel
Ps 11,7 Prov 27,21 Zach 11,13 Jak 1,3 1Pt 1,7

δόκιμος bewährt
6mal (Gen 23,16 ...) NT 7mal

δοκός Balken
10mal (Gen 19,8 ...) NT 6mal

δόκωσις Gebälk
Eccl 10,18

δόλιος heimtückisch
1/2 Sp (Ps 5,7 ...) u.Adv.Jer 9,3 2Kor 11,13

δολιότης Heimtücke
6mal (Num 25,18 ...)

δολιόω betrügen
Num 25,18 Ps 5,10 13,3 104,25 Röm 3,13

δόλος Betrug
1 Sp (Gen 27,35 ...) NT 11mal

δολόω verfälschen
Ps 14,3 35,2 2Kor 4,2

δόμα Gabe
1 Sp (Gen 25,6 ...) Mt 7,11 Lk 11,13 Eph 4,8 Phil 4,17

δόμος Haus, Wohnung
1Es 6,24 2Es 6,4

δόξα Glanz, Schein
6 Sp (Gen 31,1 ...) NT 166mal

δοξάζω rühmen, preisen
2 Sp (Ex 15,1 ...) NT 61mal

δόξασμα d.Meinung
Jes 46,13 Lam 2,1

δοξαστός berühmt
Dt 26,19

δοξικός prächtig
2Mac 8,35

δορά abgezogene Haut
Gen 25,25 Micha 2,8 4Mac 9,28

δορατο-φόρος Speerträger
1Par 12,25

δορι-άλωτος mit dem Speer eingenommen: mit Gewalt
2Mac 5,11 10,24 3Mac 1,5

* δορκάδιον Gazelle, Reh
Jes 13,14

δορκάς Gazelle, Reh
13mal (Dt 12,15 ...)

δόρκων Reh
Cant 2,17

δόρυ Holz, Speer
1 Sp (1Reg 13,19 ...) WB

δορυ-φορία (Dienst der) Speerträger
2Mac 3,28

δορυ-φόρος speertragend
11mal (2Mac 3,24 ...)

δόσις d.Geben, Gabe
1/2 Sp (Gen 47,22 ...) Phil 4,15 Jak 1,17

* δότης d.Geber
Prov 22,8a 2Kor 9,7

* δοτός gegeben, geweiht
1Reg 1,11

δουλεία Sklaverei
1/2 Sp (Gen 30,26 ...) NT 5mal

δουλεύω dienen
2 Sp (Gen 14,4 ...) NT 25mal

δούλη Dienerin
1 Sp (Ex 21,7 ...) Lk 1,38.48 Act 2,18
δοῦλος *(Adj.)* dienstbar
Ps 118,91 Sap 15,7 Röm 6,19.19
δοῦλος *(Subst.)* Knecht
6 Sp (Lev 25,44 ...) NT 124mal
δουλόω knechten
8mal (Gen 15,13 ...) NT 8mal
δοχή Aufnahme, Gastmahl
10mal (Gen 21,8 ...) Lk 5,29 14,13
δράγμα Garbe
18mal (Gen 37,7 ...)
* δράκος, τό Garbe
3Mac 5,2
δράκων Drache
1/2 Sp (Ex 7,9 ...) NT 13mal
δρᾶμα Schauspiel
4Mac 6,17
δράξ Handvoll (die ausgespreizte Hand)
8mal (Lev 2,2 ...) WB
δραπέτης entlaufener Sklave
2Mac 8,35
δράσσομαι fassen, ergreifen
8mal (Lev 2,2 ...) 1Kor 3,19
δραχμή Drachme
10mal (Gen 24,22 ...) Lk 15,8.8.9
δράω verrichten, tun
Sap 14,10 15,6 4Mac 11,4 WB
δρεπανη-φόρος *mit* ἅρμα: Sichelwagen
2Mac 13,2
δρέπανον Sichel
12mal (Dt 16,9 ...) NT 8mal
δρομεύς Läufer
5mal (Job 9,25 ...)
δρόμος Lauf
10mal (2Reg 18,27 ...) Act 13,25 20,24 2Tim 4,7
δροσίζω betauen
3Mac 6,6 WB
δρόσος der Tau
1/2 Sp (Gen 27,28 ...)
δρυμός (Eichen-)Wald
1 Sp (Dt 19,5 ...)
δρῦς Eiche
1/2 Sp (Gen 12,6 ...)
δύναμαι können
5 Sp (Gen 13,6 ...) NT 210mal
δύναμις Kraft
8 Sp (Gen 21,22 ...) NT 119mal
δυναμόω stärken
5mal (Ps 51,9 ...) Kol 1,11 Hb 11,34
δυναστεία Macht, Herrschaft
1 Sp (Ex 6,6 ...)
* δυνάστευμα Reich, Provinz
3Reg 2,46c
δυναστεύω Macht haben
15mal (4Reg 10,13 ...)
δυνάστης Herrscher
1 Sp (Gen 49,24 ...) Lk 1,52 Act 8,27 1Tim 6,15
δυνατός stark, kräftig
3 Sp (Gen 26,16 ...) NT 32mal

δυνατῶς möglichst
1Par 26,8 Sap 6,6 WB

δύνω untergehen, immer von der Sonne *(nur Präs.u.Impf.)*
2Reg 2,24 3Reg 22,36 2Par 18,34 Eccl 1,5 Lk 4,40

δύο zwei
1 Sp Textstellen (Gen 1,16 ...) NT 136mal

δύομαι untergehen
19mal (Gen 28,11 ...) *Akt.* δύω Mk 1,32

δυσ-άθλιος sehr unglücklich
3Mac 4,4

* δυσ-αίακτος jammervoll
3Mac 6,31

δυσ-άλυκτος unausweichlich
Sap 17,16

δυσ-βάστακτος schwer zu tragen
Prov 27,3 Mt 23,4 Lk 11,46

* δυσ-δι-ήγητος schwer zu (erzählen) begreifen
Sap 17,1

δυσ-ημερία Unglückstag
2Mac 5,6

δύσις Untergang
Ps 103,19 WB

δυσ-κατά-παυστος schwer zu beruhigen
3Mac 5,7

δυσ-κλεής in schlechtem Ruf
3Mac 3,23.25

δυσ-κολία Unzufriedenheit
Job 34,30

δύσ-κολος unzufrieden
Jer 30,2 Mk 10,24

δύσ-κωφος völlig taub
Ex 4,11

δυσ-μένεια feindliche Gesinnung
5mal (2Mac 6,29 ...)

δυσ-μενής feindlich
5mal (Esth 3,13$^{d}$ ...) u.Adv. 2Mac 14,11

δυσμή Untergang, Westen
1 Sp (Gen 15,12 ...) NT 5mal

δυσ-νοέω feindlich gesinnt sein
Esth 3,13$^{e}$ 3Mac 3,24

* δυσ-πέτημα Unglücksfall
2Mac 5,20

δυσ-πολι-όρκητος schwer zu belagern
2Mac 12,21

δυσ-πρόσ-ιτος schwer zugänglich
2Mac 12,21

δυσ-σέβεια Gottlosigkeit
1Es 1,40 2Mac 8,33

δυσ-σεβέω gottlos sein
2Mac 6,13

δυσ-σέβημα gottlose Handlung
1Es 1,49 2Mac 12,3

δυσ-σεβής gottlos
7mal (2Mac 3,11 ...)

δυσ-τοκέω schwer gebären
Gen 35,16

δυσ-φημέω schmähen
1Mac 7,41 1Kor 4,13

δυσ-φημία Lästerung
1Mac 7,38 3Mac 2,26 2Kor 6,8

δύσ-φημος von böser Vorbedeutung
2Mac 13,11 15,32

δυσ-φορέω schwer ertragen
2Mac 4,35 13,25

δυσ-φόρως übel ertragend
2Mac 14,28 3Mac 3,8

δυσ-χέρεια Schwierigkeit
2Mac 2,24 9,21

δυσ-χερής schwierig, widrig
2Mac 6,3 9,7.24 14,45

δύσ-χρηστος unbequem
Sap 2,12 Jes 3,10 WB

δυσ-ώδης übelriechend
4Mac 6,25

δώ-δεκα zwölf
1/2 Sp Textstellen (Gen 5,8 ...) NT 75mal

δω-δεκα-ετής zwölfjährig
1Es 5,41

δω-δεκά-μηνον zwölfmonatig
Dan Th 4,29

δω-δέκατος der zwölfte
1/2 Sp (Num 7,78 ...) Apk 21,20

δῶμα Haus, Wohnung
1/2 Sp (Dt 22,8 ...) NT 7mal

δωρεά Gabe, Geschenk
7mal (1Es 3,5 ...) NT 11mal

δωρεάν umsonst
1/2 Sp (Gen 29,15 ...) NT 9mal

δωρέομαι schenken
8mal (Gen 30,20 ...) Mk 15,45 2Pt 1,3.4

δώρημα Geschenk
Sir 34,18 Röm 5,16 Jak 1,17

* δωρο-δέκτης einer, der gern Geschenke annimmt
Job 15,34

* δωρο-κοπέω bestechen
Sir 35,11 3Mac 4,19

* δωρο-λήπτης einer, der Geschenke annimmt
Prov 15,27

δῶρον Geschenk
2 1/2 Sp (Gen 4,4 ...) NT 19mal

ἔα "laß" *(Imp.v.ἐάω)*
Job 4,19A 15,16 19,5 25,6 Lk 4,34

ἐάν wenn
3 Sp Textstellen (Gen 2,19 ...) NT 351mal

ἔαρ Frühling
5mal (Gen 8,22 ...)

ἐάω (zu)lassen
1/2 Sp (Gen 38,16 ...) NT 11mal

ἑβδομάς Woche
1/2 Sp (Ex 34,22 ...) WB

ἑβδομήκοντα siebzig
1/2 Sp Textstellen (Gen 5,12 ...) NT 5mal

* ἑβδομηκοντάκις siebzigmal
Gen 4,24 Mt 18,22

ἑβδομηκοστός der siebzigste
7mal (Zach 1,12 ...)

ἕβδομος der siebente
1 1/2 Sp (Gen 2,2 ...) NT 9mal

ἐγ-γαστρί-μυθος Bauchredner (*für* אוב *Totenbeschwörer*)
15mal (Lev 19,31 ...)

ἐγ-γελάω verlachen
Ps 2,4 4Mac 5,27A

ἐγγίζω sich nähern
2 Sp (Gen 12,11 ...) NT 42mal

ἐγ-γλύφω einschneiden, -kerben
Ex 36,21A Job 19,24 1Mac 13,29

ἔγ-γονος abstammend von, *nur als vl für* ἔκγονος:
Prov 23,18 u.5mal Jes

ἔγ-γραπτος eingeschrieben
Ps 149,9

ἐγ-γράφω einschreiben
7mal (Ex 36,21 ...) Lk 10,20 2Kor 3,2.3

ἐγ-γυάω verpfänden
8mal (Tob 6,13S ...)

ἐγγύη Bürgschaft
Prov 17,18 22,26 Sir 29,17.19

ἐγγύθεν aus der Nähe
Jos 6,13 9,16 Ez 7,5

ἔγ-γυος Bürge
Sir 29,15.16 2Mac 10,28 Hb 7,22

ἐγγύς nahe bei
1 Sp (Gen 19,20 ...) NT 31mal

ἐγείρω aufwecken
1 Sp (Gen 41,4 ...) NT 144mal

ἔγερσις Auferweckung
Jud 7,19A 1Es 5,59 Ps 138,2 Mt 27,53

ἐγ-κάθ-ετος angestiftet, auflauernd
Job 19,12 31,9 Lk 20,20

ἐγ-κάθ-ημαι darin / darauf sitzen
23mal (Gen 49,17 ...) WB

ἐγ-καθ-ίζω darauf setzen
5mal (Jos 8,9 ...)

* ἐγ-καίνια Tempelweihfest
5mal (2Es 6,17 ...) Jh 10,22

ἐγ-καινίζω erneuern, einweihen
15mal (Dt 20,5 ...) Hb 9,18 10,20

* ἐγ-καίνισις Einweihung
Num 7,88A

* ἐγ-καινισμός Einweihung
14mal (Num 7,10 ...)

* ἐγ-καίνωσις Einweihung
Num 7,88

ἐγ-καίω (Malereien) einbrennen
2Mac 2,29

ἐγ-καλέω zurufen, anklagen
6mal (Ex 22,8 ...) NT 7mal

ἐγ-καλύπτω einhüllen
Prov 26,26B

ἔγ-καρπος fruchttragend
Jer 38,12 WB

ἐγ-καρτερέω etw.aushalten
4Mac 14,9

ἔγ-κατα, τά Eingeweide
6mal (Tob 6,4S ...) WB

ἐγ-κατά-λειμμα Überbleibsel
7mal (Dt 28,5 ...) WB

ἐγ-κατα-λείπω darin zurücklassen
3 Sp (Gen 24,27 ...) NT 10mal

ἐγ-κατα-λιμπάνω im Stich lassen
Ps 118,53

* ἐγ-κατα-παίζω verspotten
Job 40,19 41,25
ἐγ-καυχάομαι sich rühmen
Ps 51,3 73,4 96,7 105,47 2Thess 1,4
ἔγ-κειμαι anliegen
Gen 8,21 34,19 Esth 9,3 WB
ἐγ-κεντρίζω aufpfropfen
Sap 16,11 6mal Röm 11,17-24
* ἐγ-κηδεύω darin beerdigen
4Mac 17,9
ἐγ-κισσάω schwanger werden
Gen 30,39.41.41 31,10
ἐγ-κλείω einschließen
Ez 3,24 2Mac 5,8 WB
ἔγ-κληρος Anteil habend
Dt 4,20
* ἐγ-κλοιόω in ein Halseisen einschließen
Prov 6,21
ἐγ-κοίλια,τά Eingeweide
Lev 1,9.13
ἔγ-κοιλος ausgehöhlt
Lev 13,30.31
ἐγ-κολαπτός eingeschnitten
3Reg 6,29
ἐγ-κολάπτω einschneiden
3Reg 6,32.35
ἐγ-κολλάω daranleimen
Zach 14,5
ἔγ-κοπος ermüdend
Job 19,2 Eccl 1,8 Jes 43,23
ἐγ-κοσμέω sich schmücken
4Mac 6,2
ἐγ-κοτέω auf jmdn.zürnen
Gen 27,41 Jes 54,3
* ἐγ-κότημα Zorn
Jer 31,39
ἐγ-κράτεια Enthaltsamkeit 2Pt 1,6.6
Sir 18,15S.30BSA 4Mac 5,34 Act 24,25 Gal 5,23
ἐγ-κρατεύομαι enthaltsam sein
Gen 43,31 1Reg 13,12 Esth 5,10vl 1Kor 7,9 9,25
ἐγ-κρατέω in seiner Gewalt haben
Ex 9,2
ἐγ-κρατής enthaltsam
11mal (Tob 6,3S ...) Tit 1,8
ἐγ-κρίς Kuchen *mit Öl und Honig zubereitet*
Ex 16,31 Num 11,8 WB
ἐγ-κρούω anschlagen, befestigen
Jud 16,13
ἐγ-κρύπτω verbergen
7mal (Jos 7,21 ...) Mt 13,33 Lk 13,21
ἐγ-κρυφίας Kuchen *unter heißer Asche gebacken*
8mal (Gen 18,6 ...)
ἐγ-κτάομαι Besitzungen erwerben *in einem fremden Land*
Gen 34,10
ἔγ-κτημα Besitz *im Ausland*
Num 31,9A
ἔγ-κτησις das Recht, im fremden Land Besitz zu erwerben
Lev 25,13B.16.16B 4Reg 4,13B
* ἔγ-κτητος im Ausland Erworbenes
Lev 14,34 22,11 Num 31,9

| | | |
|---|---|---|
| ἐγ-κύκλιος | kreisförmig | |
| | Dan LXX 4,34 | |
| ἐγ-κυλίω | darin wälzen | |
| | Prov 7,18 Sir 23,12 37,3 | |
| ἔγ-κυος | schwanger | |
| | Sir 42,10 | Lk 2,5 |
| ἐγ-κύπτω | sich niederducken | |
| | 3Reg 6,29A Dan LXX Bel 40 | WB |
| ἐγ-κωμιάζω | lobpreisen | |
| | Prov 12,8 27,2.21 28,4 29,2 | |
| ἐγ-κώμιον | Lobgesang | |
| | Esth 2,23 Prov 10,7 | |
| ἐγρήγορος | wachsam | |
| | Lam 4,14 Dan Th 4,13A | |
| ἐγ-χάσκω | gierig nach etw.trachten | |
| | 1Es 4,19 | |
| ἐγ-χειρέω | Hand anlegen | |
| | 2Par 23,18 Jer 18,22 28,12 30,10 | |
| ἐγ-χείρημα | d.Unternehmen | |
| | Jer 23,20 37,24 | |
| ἐγ-χειρίδιον | Dolch | |
| | 6mal (Ex 20,25 ...) | |
| ἐγ-χειρίζω | einhändigen | |
| | 2Par 23,18B | |
| ἐγ-χέω | eingießen | |
| | 7mal (Ex 24,6 ...) | |
| ἐγ-χρίω | einschmieren | |
| | Tob 2,10S 6,9 11,8BA Jer 4,30 | Apk 3,18 |
| ἐγ-χρονίζω | die Zeit wobei zubringen | |
| | Prov 9,18a 10,28 23,30 | |
| ἐγ-χώριος | einheimisch, inländisch | |
| | 8mal (Gen 34,1 ...) | WB |
| ἐγώ εἰμι | betont 1.Ps.des Verb.fin. *(vor-oder nachgestellt)* | |
| | 18mal (Jud 5,3B ἐγώ εἰμι ψαλῶ) | |
| ἔγω-γε | ich wenigstens | |
| | 4Mac 8,10 16,6 | |
| ἐδαφίζω | zu Boden strecken | |
| | 6mal (Ps 136,9 ...) | Lk 19,44 |
| ἔδαφος | Boden | |
| | 1/2 Sp (Num 5,17 ...) | Act 22,7 |
| ἔδεσμα | Speise, Essen | |
| | 16mal (Gen 27,4 ...) | WB |
| ἕδρα | Sitz, Sessel | |
| | 10mal (Dt 28,27 ...) | |
| ἑδράζω | setzen | |
| | Prov 8,25 Sap 4,3 Sir 22,17 | WB |
| ἕδρασμα | Stütze | |
| | 3Reg 8,13A | |
| ἐθίζω | gewöhnen | |
| | Sir 23,9 2Mac 14,30 | Lk 2,27 |
| ἐθισμός | gewohnt | |
| | 6mal (Gen 31,35A ...) | |
| ἐθν-άρχης | Statthalter | |
| | 1Mac 14,47 15,1.2 | 2Kor 11,32 |
| ἐθνηδόν | völkerweise | |
| | 4Mac 2,19 | |
| ἐθνο-πάτωρ | Völkervater | |
| | 4Mac 16,20 | |
| ἐθνο-πλήθης | Volksmenge | |
| | 4Mac 7,11 15,31S | |

| | | |
|---|---|---|
| ἔθνος | Volk | |
| | 13 Sp (Gen 10,5 ...) | NT 162mal |
| ἔθος | Brauch, Sitte | |
| | 6mal (Sap 14,16 ...) | NT 12mal |
| εἰ | wenn | |
| | 4 Sp Textstellen (Gen 4,14 ...) | NT 507mal |
| εἰ μήν | wahrhaftig | |
| | Jdth 1,12 Job 1,11 2,5 u.5mal Ez | Hb 6,14 |
| * εἰδ-έχθεια | häßlicher Anblick | |
| | Sap 16,3 | |
| εἴδησις | Wissen, Einsicht | |
| | Sir 42,18 | |
| εἶδον | Aor.zu ὁράω sehen | |
| | 12 Sp (Gen 1,4 ...) | NT 336mal |
| εἶδος | Gestalt, Art | |
| | 1 Sp (Gen 29,17 ...) | NT 5mal |
| * εἰδώλιον | Götzentempel | |
| | 5mal (1Es 2,7 ...) | 1Kor 8,10 |
| * εἰδωλό-θυτος | Götzenopferfleisch | |
| | 4Mac 5,2 | NT 9mal |
| εἴδωλον | Götterbild, Götze | |
| | 1 1/2 Sp (Gen 31,19 ...) | NT 11mal |
| εἴθε | o daß doch! | |
| | Job 9,33 | |
| εἰκάζω | vermuten | |
| | Sap 8,8 9,16 19,18 Jer 26,23 | WB |
| εἰκάς,άδος | der zwanzigste Tag | |
| | 1/2 Sp (Gen 7,11 ...) | |
| εἰκῇ | ohne Grund | |
| | Prov 28,25 | NT 6mal |
| εἰκοσα-ετής | zwanzigjährig | |
| | 1/2 Sp (Ex 30,14 ...) | |
| εἴκοσι | zwanzig | |
| | 1/2 Sp Textstellen (Gen 6,3 ...) | NT 10mal |
| εἰκοστός | der Zwanzigste | |
| | 1/2 Sp (3Reg 15,8 ...) | |
| εἰκότως | mutmaßlich | |
| | 4Mac 9,2 | |
| εἴκω | nachgeben | |
| | 3Reg 12,7vl Sap 18,25 4Mac 1,6 | Gal 2,5 |
| εἰκών | Bild | |
| | 1 Sp (Gen 1,26 ...) | NT 23mal |
| εἱλέω | umwickeln | |
| | 4Reg 2,8 Job 40,26A Jes 11,5B | WB |
| εἰλικρινής | rein | |
| | Sap 7,25 | Phil 1,10 2Pt 3,1 |
| εἰμί (εἶναι) | sein | |
| | 18 Sp nur Textstellen | NT 2.450mal |
| εἶπον (εἶπα/ἐρῶ/ῥηθήσομαι/ἐρρήθην/εἴρηκα/εἴρημαι) | | |
| | zu: λέγω reden 50 Sp | NT 925mal |
| εἴργω | hindern | |
| | 1Es 5,69.71 3Mac 3,18 | |
| εἰρηνεύω | zum Frieden bringen | 1Thess 5,13 |
| | 20mal (3Reg 22,45 ...) | Mk 9,50 Röm 12,18 2Kor 13,11 |
| εἰρήνη | Friede | |
| | 4 Sp (Gen 15,15 ...) | NT 92mal |
| εἰρηνικός | friedfertig | |
| | 1 Sp (Gen 34,21 ...) | Hb 12,11 Jak 3,17 |
| εἰρηνικῶς | friedlich | |
| | 1Mac 5,25 7,29.33 2Mac 10,12 | |

| | | |
|---|---|---|
| * εἰρηνο-ποιέω | Frieden stiften | |
| | Prov 10,10 | Kol 1,20 |
| εἱρκτή | Gefängnis | |
| | Sap 17,15 | |
| εἰρωνεία | Verstellung | |
| | 2Mac 13,3 | WB |
| εἰς | in -hinein | |
| | 8 1/2 Sp Textstellen (Gen 1,9 ...) | NT 1.768mal |
| εἰς ἅπαξ | für einmal, auf einmal | |
| | 7mal (Num 16,21 ...) | |
| εἷς, μία, ἕν | einer,eine,eins | |
| | 2 Sp Textstellen (Gen 1,5 ...) | NT 346mal |
| εἰσ-άγω | (hin)einführen | |
| | 3 Sp (Gen 6,19 ...) | NT 11mal |
| εἰσ-αγωγή | Einführung | |
| | Sir 21,9A | |
| εἰσ-ακούω | hören auf | |
| | 4 Sp (Gen 21,17 ...) | NT 5mal |
| εἰσ-βάλλω | hineinwerfen | |
| | 2Mac 13,13 14,43 | |
| εἰσ-βλέπω | hineinsehen | |
| | Job 6,28 21,5 Jes 37,17 | |
| εἰσ-δέχομαι | darin aufnehmen | |
| | 18mal (Sap 19,16 ...) | 2Kor 6,17 |
| εἰσ-δύω | hin(ein)gehen | |
| | Jer 4,29 1Mac 6,46 | |
| εἰσ-εῖδον | hineinsehen *(Aor.v. εἰσοράω)* | |
| | Jdth 4,13 | |
| εἴσ-ειμι | hineingehen | |
| | 6mal (Ex 28,29 ...) | Act 3,3 21,18.26 Hb 9,6 |
| εἰσ-έρχομαι | hineingehen | |
| | 10 Sp (Gen 6,18 ...) | NT 194mal |
| εἰσ-ηγέομαι | hineinführen | |
| | 2Reg 5,2B | WBA |
| εἰσ-κυκλέω | hineindrehen | |
| | 2Mac 2,24 | |
| εἰσ-κύπτω | hineinneigen, überhängen *(von einer Straße)* | |
| | 1Reg 13,18 | |
| εἰσ-οδιάζω | sich Einkommen verschaffen | |
| | 4Reg 12,4 2Par 34,14 | |
| εἰσ-όδιον | Einzug | |
| | Dan Th 11,13 | |
| εἴσ-οδος | Eintreten | |
| | 1 Sp (Gen 30,27 ...) | NT 5mal |
| εἰσ-πέμπω | hineinschicken | |
| | 2Mac 13,20 | |
| εἰσ-πηδάω | hineinspringen | |
| | Am 5,19 Dan Th Sus 26 | Act 16,29 |
| εἰσ-πλέω | hineinsegeln | |
| | 2Mac 14,1 4Mac 13,6 | |
| εἰσ-πορεύομαι | hineingehen | |
| | 2 1/2 Sp (Gen 6,4 ...) | NT 18mal |
| * εἰσ-σπάω | hineinziehen | |
| | Gen 19,10 | |
| εἰσ-τρέχω | hineinlaufen | |
| | 2Mac 5,26 | Act 12,14 |
| εἰσ-φέρω | hineinbringen | |
| | 1 1/2 Sp (Gen 27,10 ...) | NT 8mal |
| εἰσ-φορά | d.Eintragen, Hebeopfer *(für תרומה)* | |
| | Ex 30,13.14.15.16 | |

εἶτα — dann
1/2 Sp (Tob 2,14S ...) — NT 15mal

εἴωθα — gewohnt sein — Mt 27,15 Mk 10,1 Lk 4,16 Act 17,2
Num 24,1 Sir 37,14 Dan LXX Sus 13 4Mac 1,12

ἐκ — aus
6 Sp Textstellen (Gen 2,6 ...) — NT 916mal

ἕκαστος — jeder
5 1/2 Sp (Gen 10,5 ...) — NT 82mal

ἑκάτερος — jeder von beiden
16mal (Gen 40,5 ...) — WB

ἑκατέρωθεν — von beiden Seiten
4Mac 6,3 9,11

ἑκατόν — hundert
1/2 Sp Textstellen (Gen 5,9 ...) — NT 17mal

ἑκατοντα-ετής — hundertjährig
Gen 17,17 — Röm 4,19

ἑκατοντα-πλασίων — hundertfach
2Reg 24,3; Adv.1Par 21,3 — Mt 19,29 Mk 10,30 Lk 8,8

ἑκατοντ-άρχης — Centurio
4Reg 11,10.15 — NT 15mal

ἑκατόντ-αρχος — Centurio
22mal (Ex 18,21 ...) — NT 5mal

ἑκατοντάς — d.Menge von hundert
1Reg 29,2 2Reg 18,4 1Par 28,1

* ἑκατοστεύω — verhundertfachen
Gen 26,12

ἑκατοστός — der hundertste
1/2 Sp (1Mac 1,10 ...)

ἐκ-βαίνω — herausgehen
10mal (Jos 4,16 ...) — Hb 11,15

ἐκ-βάλλω — hinauswerfen
1 1/2 Sp (Gen 3,24 ...) — NT 81mal

ἔκ-βασις — Ausgang
Sap 2,17 8,8 11,14 — 1Kor 10,13 Hb 13,7

ἐκ-βιάζω — verdrängen
6mal (Jud 14,15B ...)

ἐκ-βλαστάνω — auskeimen
Num 17,20 Job 38,27 Jes 55,10 — WB

ἐκ-βλύζω — ausquellen
Prov 3,10

ἐκ-βοάω — aufschreien
4Reg 4,36

ἐκ-βολή — Notauswurf
Ex 11,1 Jona 1,5 — Act 27,18

ἔκ-βολος — ausgestoßen
Jdth 11,11 — WB

ἐκ-βράζω — hervorkochen, -sprudeln
2Es 23,28 2Mac 1,12 5,8

ἐκ-βρασμός — d.Auswerfen
Nah 2,11

ἐκ-γελάω — laut auflachen
6mal (2Es 12,19 ...)

ἐκ-γεννάω — erzeugen
Ps 109,3

ἔκ-γονος — abstammend von
1/2 Sp (Gen 48,6 ...) — 1Tim 5,4

ἐκ-γράφω — aus-, abschreiben
Prov 25,1

ἐκ-δανείζω — auf Zinsen ausleihen
Ex 22,25 Dt 23,20

ἐκ-δειματόω in Schrecken setzen
Sap 17,6
ἐκ-δεκτέον aufzunehmen
Ep Jer 56.63A
ἐκ-δέρω enthäuten
5mal (Lev 1,6 ...)
ἐκ-δέχομαι aufnehmen, erwarten
17mal (Gen 43,9 ...) NT 6mal
ἐκ-δέω anbinden
Jos 2,18 2Mac 15,35
ἔκ-δηλος ganz offenbar
3Mac 3,19 6,5 2Tim 3,9
ἐκ-δημία Aufenthalt in der Fremde
3Mac 4,11
ἐκ-διαιτάω eine andere Lebensweise führen
4Mac 4,19 18,5
ἐκ-διδάσκω gründlich lehren
Sap 8,7 4Mac 5,23.24
* ἐκ-διδύσκω ausplündern
1Reg 31,8 2Reg 23,10 2Es 14,17 Hos 7,1
ἐκ-δίδωμι herausgeben
18mal (Ex 2,21 ...) Mt 21,33.41 Mk 12,1 Lk 20,
ἐκ-δι-ηγέομαι erzählen
15mal (Job 12,8 ...) Act 13,41 15,3
ἐκ-δικάζω rächen
5mal (Lev 19,18 ...)
ἐκ-δικέω rächen, bestrafen
1 1/2 Sp (Gen 4,15 ...) NT 6mal
ἐκ-δίκησις Rache
1 Sp (Ex 7,4 ...) NT 9mal
* ἐκ-δικητής Rächer
Ps 8,3
ἔκ-δικος rächend
Sap 12,12 Sir 30,6 4Mac 15,29 Röm 13,4 1Thess 4,6
ἐκ-διώκω vertreiben
18mal (Dt 6,19 ...) 1Thess 2,15
ἔκ-δοτος ausgeliefert
Dan Th Bel 22 Act 2,23
ἐκ-δύω ausziehen
1/2 Sp (Gen 37,23 ...) NT 6mal
ἐκεῖ dort
10 Sp (Gen 2,8 ...) NT 105mal
ἐκεῖθεν von dort
1 1/2 Sp (Gen 2,10 ...) NT 27mal
ἐκεῖνος jener
8 Sp (Gen 2,12 ...) NT 243mal
ἐκεῖσε dorthin
Job 39,29 Act 21,3 22,5
ἐκ-ζέω aufkochen, -brausen
7mal (Gen 49,4 ...)
ἐκ-ζητέω verfolgen, rächen
2 Sp (Gen 9,5 ...) NT 7mal
* ἐκ-ζητητής Verfolger
Bar 3,23
ἐκ-θαμβέω staunen
Sir 30,9 Mk 9,15 14,33 16,5.6
ἔκ-θαμβος schrecklich
Dan Th 7,7 Act 3,11
ἐκ-θαυμάζω sich sehr wundern
Sir 27,23 43,18 Mk 12,17

ἔκ-θεμα d.Ausgestellte
Esth 8,14A.17 Ez 16,24

ἐκ-θερίζω ganz abernten
Lev 19,9.9 25,5

ἔκ-θεσις d.Aussetzen
Sap 11,14 Dan LXX 1,5

ἔκ-θεσμος gesetzwidrig
4Mac 5,14

ἐκ-θηλάζω aussaugen
Jes 66,11

ἐκ-θλιβή d.Herausdrücken
Micha 7,2

ἐκ-θλίβω ausdrücken, -pressen
1/2 Sp (Gen 40,11 ...)

ἔκ-θλιψις d.Herausdrücken
2Es 13,21A Ez 12,18A

ἔκ-θυμος leidenschaftlich
2Mac 7,3.39 14,27

ἐκ-καθαίρω ganz reinigen
Dt 26,13 Jos 17,15 Jud 7,4B 1Kor 5,7 2Tim 2,21

ἐκ-καθαρίζω ausräumen
5mal (Dt 32,43 ...)

ἑκ-καί-δεκα sechszehn
14mal (Num 31,40 ...)

ἑκ-και-δέκατος der sechszehnte
1Par 24,14 25,23 2Par 29,17

ἐκ-καίω ausbrennen
1 Sp (Ex 22,5 ...) Röm 1,27

ἐκ-καλέω herausrufen
Gen 19,5 Dt 20,10

ἐκ-καλύπτω enthüllen
Prov 26,26

ἐκ-κενόω entleeren
14mal (Gen 24,20 ...)

ἐκ-κεντέω durchbohren
8mal (Num 22,29 ...) Jh 19,37 Apk 1,7

ἐκ-κήρυκτος öffentlich verbannt
Jer 22,30

ἐκ-κινέω herausbewegen
4Reg 6,11

ἐκ-κλάω abbrechen
Lev 1,17 Röm 11,17.19.20

ἐκ-κλησία Versammlung
1 1/2 Sp (Dt 4,10 ...) NT 114mal

ἐκ-κλησιάζω zur Versammlung rufen
7mal (Lev 8,3 ...) WBA

ἔκ-κλητος herausgerufen
Sir 42,11

ἐκ-κλίνω abwenden
2 1/2 Sp (Gen 18,5 ...) Röm 3,12 16,17 1Pt 3,11

ἐκ-κλύζω auswaschen
Lev 6,21

** ἐκ-κόλαμμα Skulptur
Ex 36,13

ἐκ-κολάπτω ausmeißeln
Ex 36,13 3Reg 6,35B Prov 30,17A WB

ἐκ-κομιδή Auslieferung
2Mac 3,7

ἐκ-κόπτω abhauen
1 Sp (Gen 32,9 ...) NT 10mal

| | | | |
|---|---|---|---|
| | ἐκ-κρέμαμαι | hängen an<br>Gen 44,30 | Lk 19,48 |
| | ἐκ-κρούω | herausschlagen<br>Dt 19,5 | |
| | ἐκ-κύπτω | hervorgucken<br>6mal (Ps 101,20 ...) | |
| | ἐκ-λαλέω | ausplaudern<br>Jdth 11,9 | Act 23,22 |
| | ἐκ-λαμβάνω | herausnehmen<br>Job 3,5 22,22 | |
| | ἔκ-λαμπρος | sehr hell<br>Sap 17,5 | |
| | ἐκ-λάμπω | aufleuchten<br>8mal (2Reg 22,29 ...) | Mt 13,43 |
| | ἔκ-λαμψις | Glanz<br>2Mac 5,3 | |
| | ἐκ-λατομέω | in Stein hauen<br>Num 21,18 Dt 6,11 | |
| | ἐκ-λέγω | auswählen<br>2 Sp (Gen 6,2 ...) | NT 22mal |
| | ἐκ-λείπω | verlassen<br>3 Sp (Gen 8,13 ...) | Lk 16,9 22,32 23,45 Hb 1,12 |
| | ἐκ-λείχω | auflecken<br>6mal (Num 22,4 ...) | |
| | ἔκ-λειψις | d.Verlassen<br>7mal (Dt 28,48 ...) | |
| | ἐκ-λεκτός | ausgewählt<br>1 1/2 Sp (Gen 23,6 ...) | NT 22mal |
| | ἐκ-λευκαίνω | ganz weiß machen<br>Dan Th 12,10 | |
| | ἔκ-λευκος | ganz weiß<br>Lev 13,24 | |
| * | ἐκ-λικμάω | ausworfeln<br>Jdth 2,27 Sap 5,23 | |
| * | ἐκ-λιμία | Heißhunger<br>Dt 28,20 | |
| | ἐκ-λιμπάνω<br>ἐκλογή s.S.318 | verlassen<br>Zach 11,16 | |
| | ἐκ-λογίζομαι | ausrechnen, berechnen<br>4Reg 12,16 22,7 | |
| | ἐκ-λογιστής | Berechner<br>Tob 1,22 | |
| | ἐκ-λογιστία | Auszahlung<br>Tob 1,21 | |
| * | ἐκ-λοχίζω | aus einer Cohorte auswählen<br>Cant 5,10 | |
| | ἔκ-λυσις | Schwäche, Ohnmacht<br>6mal (Esth 5,1d ...) | |
| * | ἐκ-λύτρωσις | Auslösung<br>Num 3,49 | |
| | ἐκ-λύω | kraftlos werden<br>1 Sp (Gen 27,40 ...) | NT 5mal |
| | ἐκ-μαρτυρέω | bezeugen<br>2Mac 3,36 | |
| | ἐκ-μάσσω | abwischen<br>Sir 12,11 Ep Jer 11.23 | NT 5mal |
| | ἐκ-μελετάω | sorgfältig üben<br>2Mac 15,12 | |
| * | ἐκ-μελίζω | zergliedern<br>4Mac 10,5.8 11,10 | |

ἐκ-μετρέω ausmessen
Dt 21,2 Ps 107,8S Hos 2,1

ἐκ-μιαίνομαι sich verunreinigen
Lev 18,20.23 19,31

* ἐκ-μυελίζω entmarken, zermalmen
Num 24,8

* ἐκ-μυκτηρίζω verspotten
1Es 1,49 Ps 2,4 21,8 34,16 Lk 16,14 23,35

ἐκ-νεύω abbiegen
7mal (Jud 4,18A ...) Jh 5,13

ἐκ-νήφω nüchtern werden
6mal (Gen 9,24 ...) 1Kor 15,34

* ἔκ-νηψις d.Nüchternwerden
Lam 2,18 3,49

* ἑκουσιάζομαι freiwillig etwas tun
9mal (Jud 5,2B ...)

* ἑκουσιασμός freiwillige Handlung
2Es 7,16

ἑκούσιος freiwillig
14mal (Lev 7,16 ...) Phm 14

ἑκουσίως freiwillig
6mal (Ex 36,2 ...) Hb 10,26 1Pt 5,2

ἐκ-παιδεύω auf-, großziehen
Dan LXX 1,5

ἐκ-παίζω verspotten
1Es 1,49

ἐκ-πειράζω versuchen
Dt 6,16 8,2.16 Ps 77,18 Mt 4,7 Lk 4,12 10,25 1Kor 10,9

ἐκ-πέμπω aussenden
9mal (Gen 24,54 ...) Act 13,4 17,10

ἐκ-περάω hinüberführen
Num 11,31

* ἐκ-περι-πορεύομαι ganz umreisen
Jos 15,3

* ἐκ-πετάζω ausbreiten
18mal (Ex 9,29 ...)

ἐκ-πέτομαι ausfliegen
Sir 43,14 Hos 11,11A Lam 4,19B WBA

ἐκ-πηδάω losspringen
8mal (Dt 33,22 ...) Act 14,14

ἐκ-πιέζω herausdrücken
6mal (Jud 6,38B ...)

ἐκ-πικραίνω bitter machen
Dt 32,16

ἐκ-πίνω austrinken
5mal (Job 6,4 ...)

ἐκ-πίπτω herausfallen
16mal (Dt 19,5 ...) NT 10mal

ἐκ-πληρόω erfüllen
2Mac 8,10 3Mac 1,2.22 Act 13,33

ἐκ-πλήρωσις Erfüllung
2Mac 6,14 Act 21,26

ἐκ-πλήσσω überwältigen, erschrecken
5mal (Eccl 7,16 ...) NT 13mal

ἐκ-πλύνω auswaschen
Jes 4,4

ἐκ-ποιέω losmachen
5mal (3Reg 21,10 ...)

ἐκ-πολεμέω bekriegen
15mal (Ex 1,10 ...)

ἐκ-πολιορκέω durch Belagerung einnehmen
Jos 7,3 10,5

* ἐκ-πολιτεύω entbürgern
4Mac 4,19

ἐκ-πορεύομαι aus-, fortgehen
3 Sp (Gen 2,10 ...) NT 34mal

ἐκ-πορθέω verwüsten
Job 12,5 4Mac 17,24 18,4

ἐκ-πορνεύω ausschweifend leben
3/4 Sp (Gen 38,24 ...) Jud 7

ἐκ-πρεπής hervorragend
3Reg 8,53a 2Mac 3,26vl 3Mac 3,17 WB

ἐκ-πρίαμαι loskaufen
Prov 24,11

ἐκ-πρίω heraussägen
Sap 13,11

ἐκ-πυρόω ausbrennen
2Mac 7,3.4 WB

ἐκ-ρέω ausfließen
Dt 28,40 Jes 64,5 1Mac 9,6

ἔκ-ρηγμα d.Ausgebrochene
Ez 30,16

ἐκ-ρήγνυμι herausbrechen
Job 18,14

ἐκ-ριζόω entwurzeln
12mal (Jud 5,14B ...) Mt 13,29 15,13 Lk 17,6 Jud 12

* ἐκ-ριζωτής Vertilger
4Mac 3,5

ἐκ-ρίπτω herauswerfen
15mal (Jud 6,13B ...) WB

ἔκ-ρυσις Ausfluß
Ez 40,38 WBA

* ἐκ-σαρκίζω entfleischen
Ez 24,4

* ἐκ-σιφωνίζω mit dem Siphon ("Heber") abzapfen
Job 5,5

ἐκ-σοβέω herausscheuchen
Sap 17,10

ἐκ-σπάω herausziehen
1/2 Sp (Jud 3,22 ...)

* ἐκ-σπερματίζω besamen
Num 5,28

* ἐκ-σπονδυλίζω Wirbel brechen
4Mac 11,18

ἔκ-στασις Verwirrung
1/2 Sp (Gen 2,21 ...) NT 7mal

ἐκ-στρατεύω ausrücken
Prov 30,27

ἐκ-στρέφω verdrehen
5mal (Dt 32,20 ...) Tit 3,11

ἐκ-συρίζω auszischen, auspfeifen
Sir 22,1

ἐκ-σύρω herausziehen
Jud 5,21B

ἐκ-ταράσσω in Erregung versetzen
5mal (Ps 17,5 ...) Act 16,20

ἔκ-τασις Ausdehnung
Jer 5,30A Ez 17,3

ἐκ-τάσσω herausführen
6mal (Num 32,27 ...)

ἐκ-τείνω ausstrecken
2 Sp (Gen 3,22 ...) NT 16mal

ἐκ-τελέω vollenden
5mal (Dt 32,45B ...) Lk 14,29.30

ἐκ-τέμνω ausschneiden
6mal (Tob 2,12S ...)

ἐκ-τένεια Beharrlichkeit
Jdth 4,9.9 Act 26,7

ἐκ-τενής angespannt
3Mac 3,10 5,29 1Pt 4,8

ἐκ-τενία Ausdauer
2Mac 14,38 3Mac 6,41

ἐκ-τενῶς eifrig
Jdth 4,12 Joel 1,14 Jona 3,8 3Mac 5,9 Lk 22,44 1Pt 1,22 Act 12,5

ἐκ-τήκω herausschmelzen
9mal (Lev 26,16 ...)

ἐκ-τίθημι aussetzen
15mal (Esth 3,14 ...) Act 7,21 11,4 18,26 28,23

ἐκ-τίκτω gebären
Jes 55,10

ἐκ-τίλλω ausreißen
12mal (3Reg 14,15 ...) WB

* ἐκ-τιναγμός herausstoßen
Nah 2,11

ἐκ-τινάσσω abschütteln
1/2 Sp (Ex 14,27 ...) Mt 10,14 Mk 6,11 Act 13,51 18,6

ἐκ-τίνω Strafe abzahlen
Job 2,4 *(Fut. ἐκτείσει)*

ἐκ-τοκίζω Zinsen nehmen
Dt 23,20.21

ἐκ-τομίας d.Verschnittene
Lev 22,24

ἐκ-τοπίζω entfernen
2Mac 8,13

ἕκτος der sechste
1/2 Sp (Gen 1,31 ...) NT 14mal

ἐκτός außerhalb
1/2 Sp (Ex 9,33 ...) NT 8mal

ἐκ-τρέπω abwenden
Am 5,8 NT 5mal

ἐκ-τρέφω erziehen
1/2 Sp (Gen 45,7 ...) Eph 5,29 6,4

ἐκ-τρέχω herauslaufen
Jud 13,10A 3Reg 18,16

* ἐκ-τριβή Zerstörung
Dt 4,26

ἐκ-τρίβω hinausdrängen
1 Sp (Gen 19,13 ...) WB

ἔκ-τριψις Zerstörung
Num 15,31

ἐκ-τρυγάω ganz abernten
Lev 25,5

ἐκ-τρώγω annagen
Micha 7,4

ἔκ-τρωμα Fehlgeburt
Num 12,12 Job 3,16 Eccl 6,3 1Kor 15,8

ἐκ-τυπόω ausprägen
Ex 25,33.34 28,36 36,37 WB

ἐκ-τύπωμα Abdruck
Ex 28,36 Sir 45,12

| | | |
|---|---|---|
| ἐκ-τύπωσις | d.Abbilden<br>3Reg 6,35 | |
| ἐκ-τυφλόω | blenden<br>8mal (Ex 21,26 ...) | |
| ἐκ-φαίνω | herauszeigen<br>14mal (Sir 8,19 ...) | |
| ἐκ-φαυλίζω | schlecht machen<br>Jdth 14,5 | |
| ἐκ-φέρω | heraustragen<br>1 1/2 Sp (Gen 1,12 ...) | NT 8mal |
| ἐκ-φεύγω | entfliehen<br>1/2 Sp (Jud 6,11 ...) | NT 8mal |
| ἐκ-φλέγω | entzünden<br>4Mac 16,3 | |
| ἐκ-φοβέω | sehr erschrecken<br>17mal (Lev 26,6 ...) | 2Kor 10,9 |
| ἔκ-φοβος | erschreckt<br>Dt 9,19 1Mac 13,2 | Mk 9,6 Hb 12,21 |
| ἐκ-φορά | d.Heraustragen<br>2Par 16,14 21,19 | |
| ἐκ-φόριον | d.Hervorgebrachte<br>5mal (Lev 25,19 ...) | |
| * ἐκ-φυγή | d.Entfliehen<br>3Mac 4,19 | |
| * ἐκ-φύρομαι | vermischen<br>Jer 3,2 | |
| ἐκ-φυσάω | aushauchen<br>6mal (Sir 43,4 ...) | |
| ἐκ-φωνέω | aufschreien<br>Dan LXX 2,20.27.47 | WB |
| ἐκ-χέω | ausgießen<br>2 Sp (Gen 9,6 ...) | NT 16mal |
| * ἐκ-χολάω | aus der Galle her sein: ärgerlich sein<br>3Mac 3,1 | |
| ἔκ-χυσις | d.Ausgießung<br>Lev 4,12 3Reg 18,28 Sir 27,15 | WB |
| ἐκ-χωρέω | ausziehen, -wandern<br>5mal (Num 17,10 ...) | Lk 21,21 |
| ἐκ-ψύχω | aushauchen<br>Jud 4,21A Ez 21,12 | Act 5,5.10 12,23 |
| ἑκών | freiwillig<br>Ex 21,13 Job 36,19 | Röm 8,20 1Kor 9,17 |
| ἐλαία | Ölbaum<br>1/2 Sp (Gen 8,11 ...) | NT 13mal |
| ἐλάϊνος | aus Oliven<br>Lev 24,2 | |
| * ἐλαιο-λογέω | Oliven lesen, ernten<br>Dt 24,20 | |
| ἔλαιον | Öl<br>3 Sp (Gen 28,18 ...) | NT 11mal |
| ἐλαιών | Olivenhain<br>9mal (Ex 23,11 ...) | Lk 19,29 21,37 Act 1,12 |
| ἔλασμα | getriebene Metallplatte<br>Hab 2,19 | |
| ἐλάτη | Fichte, Palme<br>Gen 21,15 Cant 5,11 Ez 31,8 | |
| ἐλάτινος | von der Tanne, Palme<br>Ez 27,5 | |
| ἐλατός | *(mit dem Hammer)* getrieben<br>8mal (Num 10,2 ...) | |

* ἐλαττονέω — entbehren
6mal (Ex 16,18 ...) — 2Kor 8,15

* ἐλαττονόω — verhindern
16mal (Gen 8,3 ...)

ἐλαττόω — vermindern
1/2 Sp (Num 26,54 ...) — Jh 3,30 Hb 2,7.9

ἐλάττωμα — Mangel
Sir 19,28 2Mac 11,13 — WB

ἐλάττων — weniger
1/2 Sp (Gen 1,16 ...) — Jh 2,10 Röm 9,12 1Tim 5,9 Hb 7,7

ἐλάττωσις — Verringerung
8mal (Tob 4,13BA....)

ἐλαύνω — treiben
9mal (Ex 25,12 ...) — NT 5mal

ἔλαφος — Hirsch
21mal (Dt 12,15 ...)

ἐλαφρός — leicht
5mal (Ex 18,26 ...) — Mt 11,30 2Kor 4,17

ἐλάχιστος — kleinster
13mal (Jos 6,26 ...) — NT 14mal

ἐλεάω — erbarmen *(immer mit vl* ἐλεέω*)*
10mal (Tob 13,2 ...) — Röm 9,16

* ἐλεγμός — Überführung, Tadel
20mal (Lev 19,17 ...) — 2Tim 3,16

ἔλεγξις — Überführung, Zurechtweisung
Job 21,4 23,2 — 2Pt 2,16

ἔλεγχος — Beweis
2/3 Sp (Job 6,26 ...) — Hb 11,1

ἐλέγχω — überführen
1 Sp (gen 21,25 ...) — NT 17mal

ἐλεεινός — bejammernswert
Dan LXX 9,23 10,11.19 — 1Kor 5,19 Apk 3,17

ἐλεέω — erbarmen
2 Sp (Gen 33,5 ...) — NT 32mal

* ἐλεημο-ποιός — Almosen gebend
Tob 9,6S

ἐλεημοσύνη — Wohltat, Almosen
1Sp (Gen 47,29 ...) — NT 13mal

ἐλεήμων — barmherzig
1/2 Sp (Ex 22,26 ...) — Mt 5,7 Hb 2,17

ἑλεό-πολις — *("Stadteinnehmer")* Sturmbock
1Mac 13,43.44

ἔλεος — Mitleid
4 Sp (Gen 19,19 ...) — NT 27mal

ἐλευθερία — Freiheit
7mal (Lev 19,20 ...) — NT 11mal

ἐλεύθερος — frei
1/2 Sp (Ex 21,2 ...) — NT 23mal

ἐλευθερόω — befreien
Prov 25,10 2Mac 1,27 2,22 — NT 7mal

* ἐλευστέον — nötig zu kommen
2Mac 6,17

ἐλεφαντ-άρχης — Elefantenkommandeur
2Mac 14,12 3Mac 5,4.45

ἐλεφάντινος — elfenbeinern
11mal (3Reg 10,18 ...) — Apk 18,12

ἐλέφας — Elefant
17mal außer Ez 27,6 nur 1-3Mac

ἑλικτός — gewunden, gedreht
Lev 6,14 3Reg 6,8

ἕλιξ gewunden
Gen 49,11

ἑλίσσω drehen, wälzen
Job 18,8 Jes 34,4 Hb 1,12 Apk 6,14

ἕλκος Wunde
14mal (Ex 9,9 ...) Lk 16,21 Apk 16,2.11

ἑλκύω ziehen
Job 39,10 Jh 12,32

ἕλκω ziehen
1/2 Sp (Dt 21,3 ...) NT 7mal

ἐλ-λείπω ablassen
Sir 42,24 WB

ἐλ-λιπής der etwas unterläßt
Sir 14,10 *PS 4,17*

* ἐλλουλίμ = הלולים Fest(jubel)
Jud 9,27B

* ἐλμωνί = אלמני irgendeiner *(immer zus.mit מקום פלני)*
4Reg 6,8

ἕλος Sumpf
11mal (Ex 2,3 ...)

ἐλπίζω hoffen
2 Sp (Gen 4,26 ...) NT 31mal

ἐλπίς Hoffnung
1 1/2 Sp (Dt 24,15 ...) NT 53mal

* ἐλωαί ᾿Αδωναὶ κύριε ἐλωαὶ σαβαώθ
1Reg 1,11A (ἐλωέ B)

ἐμαυτοῦ meiner
1/2 Sp Textstellen (Gen 12,19 ...) NT 37mal

ἐμ-βαίνω hineintreten
6mal (Jud 15,6A ...) NT 17mal

ἐμ-βάλλω hineinwerfen
1 1/2 Sp (Gen 31,34 ...) Lk 12,5

ἐμ-βατεύω hineintreten
7mal (Jos 19,49 ...) Kol 2,18

ἐμ-βιβάζω hineinbringen
4Reg 9,28A Prov 4,11 Act 27,6

ἐμ-βίωσις Gedeihen, Lebensweg
Sir 34,22 38,14 3Mac 3,23

ἐμ-βλέπω anblicken
1/2 Sp (Jud 16,27A ...) NT 12mal

ἐμβολή d.Hineinwerfen, -dringen
3Mac 4,7

ἐμ-βριμάομαι schnauben
Dan LXX 11,30 NT 5mal

* ἐμ-βρίμημα Empörung
Lam 2,6

ἔμετος d.Erbrechen
Prov 26,11

ἐμέω ausspeien
Jes 19,14 Apk 3,16

ἐμ-μανής rasend
Sap 14,23

ἐμ-μελέτημα Gegenstand von Kunstfertigkeit
Sap 13,10

ἐμ-μένω bleiben Hb 8,9
20mal (Num 23,19 ...) Act 14,22 28,30 Gal 3,10

* ἐμ-μολύνω beschmutzen
Prov 24,9

ἔμ-μονος ausdauernd
Lev 13,51.52 14,44 Sir 30,17

ἐμός mein
1/2 Sp Textstellen (Gen 22,18 ...) NT 76mal

* ἔμ-παιγμα Spott
Ps 37,8A Sap 17,7 Jes 66,4

* ἐμ-παιγμός Verspottung
6mal (Ps 37,8S ...) Hb 11,36

ἐμ-παίζω verspotten
1/2 Sp (Gen 39,14 ...) NT 13mal

ἐμ-παίκτης Spötter
Jes 3,4 2Pt 3,3 Jud 8

* ἐμ-παρα-γίνομαι hinkommen
Prov 6,11

ἐμ-πειρέω erfahren sein
Tob 5,4S.6

ἐμ-πειρία Erfahrung
Sap 13,13

ἔμ-πειρος erfahren
Tob 5,5BA *Ps 15,9*

ἐμ-περι-πατέω wandeln
9mal (Lev 26,12 ...) 2Kor 6,16

ἐμ-πήγνυμι hineinschlagen
9mal (Jud 3,21 ...)

ἐμ-πηδάω daraufspringen
1Mac 9,48

ἐμ-πίμπλημι füllen
2 1/2 Sp (Gen 42,25 ...) NT 5mal

ἐμ-πίμπρημι verbrennen
1 Sp (Num 31,10 ...) Mt 22,7

ἐμ-πίπτω hineinfallen
1 Sp (Gen 14,10 ...) NT 7mal

ἐμ-πιστεύω darauf vertrauen
1/2 Sp (Dt 1,32 ...)

ἐμ-πλάσσω daraufschmieren
Tob 11,7S

* ἐμ-πλατύνω darin ausbreiten
7mal (Ex 23,18 ...)

ἐμ-πλέκομαι sich verflechten
Prov 28,18 2Mac 15,17 2Tim 2,4 2Pt 2,20

* ἐμ-πληθύνομαι mit etw.angefüllt werden
3Mac 5,42

ἐμ-πλόκιον Haarschmuck *(der Frauen)*
7mal (Ex 35,22 ...)

* ἔμ-πνευσις d.Einhauchen
Ps 17,16

ἐμ-πνέω atmen
10mal (Dt 20,16 ...) Act 9,1

ἔμ-πνους atmend, lebendig
2Mac 7,5 14,45

ἐμ-ποδίζω hindern
7mal (Jud 5,22B ...) WB

ἐμ-ποδιστικός hinderlich
4Mac 1,4.4

* ἐμ-ποδοστατέω im Wege stehen
Jud 11,35

* ἐμ-ποδοστάτης im Wege stehend
1Par 2,7

ἐμ-ποιέω hineinmachen
5mal (Ex 9,17 ...)

ἐμ-πολάω einkaufen
Am 8,5

ἔμ-πονος mühselig
3Mac 1,28

ἐμ-πορεύομαι Handel treiben
11mal (Gen 34,10 ...) Jak 4,13 2Pt 2,3

ἐμ-πορία Handel
11mal (Nah 3,16 ...) Mt 22,5

ἐμ-πόριον Handelsplatz
Dt 33,19 Jes 23,17 Ez 27,3 Jh 2,16

ἔμ-πορος Kaufmann
1/2 Sp (Gen 23,16 ...) NT 5mal

ἐμ-πορπάω mit einer Spange befestigen
3Mac 7,5

* ἐμ-πορπόω mit einer Spange befestigen
1Mac 14,44

ἔμ-προσθεν vorne, vor
2 Sp (Gen 24,7 ...) NT 48mal

ἐμ-πρόσθιος der vordere
Ex 28,14 1Reg 5,4 2Mac 3,25

* ἔμ-πτυσμα Spucke
Jes 50,6

ἐμ-πτύω anspucken
Num 12,14 Dt 25,9 NT 6mal

ἐμ-πυρίζω anzünden
1 Sp (Lev 10,6 ...)

ἐμ-πυρισμός Anzündung
6mal (Lev 10,6 ...)

ἐμ-πυριστής Verbrenner
4Mac 7,11

ἔμ-πυρος im Feuer
Am 4,2 Ez 23,37

ἐμ-φαίνω zeigen
Ps 79,2 Sir 24,32A 2Mac 3,16

ἐμ-φανής sichtbar
7mal (Ex 2,14 ...) Act 10,40 Röm 10,20

ἐμ-φανίζω offenbaren
11mal (Ex 33,13 ...) NT 10mal

ἐμ-φανισμός d.Kundmachen
2Mac 3,9

ἐμ-φανῶς deutlich
Ps 49,2 Prov 9,14 Zeph 1,9

ἔμ-φασις Andeutung
2Mac 3,8

ἐμ-φέρομαι gegen jmdn.eilen
2Mac 15,17

ἔμ-φοβος in Furcht
Sir 19,24 NT 5mal

* ἐμ-φραγμός Verstopfung
Sir 27,14 Micha 4,14B

ἐμ-φράσσω verstopfen
1/2 Sp (Gen 26,15 ...) WB

ἐμ-φυσάω anhauchen
11mal (Gen 2,7 ...) Jh 20,22

* ἐμ-φυσιόω anhauchen
1Es 9,48.55

ἔμ-φυτος eingepflanzt
Sap 12,10 Jak 1,21

ἐν in
15 Sp Textstellen (Gen 1,6 ...) NT 2.757mal

ἐν-αγκαλίζομαι in die Arme schließen
Prov 6,10 24,33 Mk 9,36 10,16

* ἐν-αγκάλισμα das auf den Armen Getragene
4Mac 13,21
ἐν-αγωνίζομαι für etw.kämpfen
4Mac 16,16
ἐν-αθλέω dabei kämpfen
4Mac 17,13
ἐν-ακούω anhören
1Es 4,3.10 Nah 1,12
ἐν-αλλαγή Verwechselung
Sap 14,26
ἐν-αλλάξ kreuzweise
Gen 48,14 WB
ἐν-άλλομαι losspringen auf jmdn.
6mal (Job 6,27 ...) WB
ἔν-αντι gegenüber
1/2 Sp Textstellen (Ex 6,12 ...) Lk 1,8 Act 8,21
ἐν-αντίον vor
1 Sp Textstellen ( Gen 6,8 ...) NT 8mal
ἐν-αντιόομαι sich widersetzen
8mal (1Es 1,25 ...) WB
ἐν-αντίος vor
1 Sp (Ex 14,2 ...) NT 8mal
ἐν-απ-ερείδομαι sich worauf stützen
2Mac 9,4
ἐν-απο-θνῄσκω sterben in etw.
1Reg 25,37 4Mac 6,30 11,1
ἐν-απο-σφραγίζω darin abdrücken
4Mac 15,4
ἐν-άρετος tugendhaft
4Mac 11,5 WB
ἐν-αρίθμιος eine Zahl vollmachend, bestimmt
Sir 38,29
ἐν-αρμόζω einpassen
Jdth 16,1 4Mac 9,26
ἐν-άρχομαι beginnen
12mal (Ex 12,18 ...) Gal 3,3 Phil 1,6
ἐν-α-τενίζω unverwandt hinsehen auf etw.
3Mac 5,30
ἔνατος der neunte
1/2 Sp (Lev 23,32 ...) NT 10mal
ἐν-αφ-ίημι lassen
Ez 21,22 WB
ἐν-δεής bedürftig
1/2 Sp (Dt 15,4 ...) Act 4,34
ἔν-δεια Mangel, Bedürfnis
20mal (Dt 28,20 ...)
ἐν-δείκνυμι zeigen
14mal (Gen 50,15 ...) NT 11mal
ἐν-δείκτης Anzeiger, Verräter
2Mac 4,1
ἕν-δεκα elf
14mal (Gen 32,23 ...) NT 6mal
ἑν-δέκατος der elfte
20mal (Gen 8,5 ...) Mt 20,6.9 Apk 21,20
ἐν-δελεχέω fortdauern
Sir 30,1 41,6
ἐν-δελεχής fortdauernd
1Es 6,23 Sir 17,19
ἐν-δελεχίζω fortdauern, verharren
8mal (Sir 9,4 ...)

ἐν-δελεχισμός ununterbrochene Fortsetzung
12mal (Ex 29,38 ...) WB
ἐν-δελεχῶς fortdauernd
11mal (Ex 29,38 ...)
ἐν-δέομαι Mangel haben
Dt 8,9 15,8 Prov 28,17
ἔν-δεσμος Einband
5mal (3Reg 6,10 ...)
ἐν-δέχομαι annehmen
2Mac 11,18 Lk 13,33
ἐν-δεχομένως nach Möglichkeit
2Mac 13,26
ἐν-δέω ein-, anbinden
5mal (Ex 12,34 ...) WB
ἐν-δια-βάλλω verleumden
6mal (Num 22,22 ...)
ἐν-δια-τρίβω darin verweilen
Prov 23,16
ἐν-διδύσκω bekleiden
6mal (2Reg 1,24 ...) Mk 15,17 Lk 16,19
ἐν-δίδωμι hineingeben
5mal (Gen 8,3 ...)
ἐν-διηλλαγμένος dabei verändert: Hurensohn (für קדש: Geweihter)
3Reg 22,47
ἐνδο-γενής im Hause geboren
Lev 18,9
ἔνδοθεν von innen her, drinnen
Num 18,7 3Reg 6,21vl Sap 17,12 4Mac 18,2 WB
ἔνδον innen
10mal (Lev 11,33 ...)
* ἐν-δοξάζομαι verherrlicht werden
13mal (Ex 14,4 ...) 2Thess 1,10.12
ἔν-δοξος ruhmvoll
1 Sp (Gen 34,19 ...) Lk 7,25 13,17 1Kor 4,10 Eph 5,27
ἐν-δόξως herrlich
15mal (Ex 15,1 ...) WB
* ἐνδόσθια Eingeweide
6mal (Ex 12,9 ...)
ἔν-δυμα Gewand
15mal (2Reg 1,24 ...) NT 8mal
ἔν-δυσις d.Anziehen
Esth 5,1a Job 41,5 1Pt 3,3
ἐν-δύω/-δύνω hineinschlüpfen
2 Sp (Gen 3,21 ...) NT 27mal / 2Tim 3,6
ἐν-έδρα Hinterhalt
Jos 8,7.9 Ps 9,29 Act 23,16 25,3
ἐν-εδρεύω nachstellen
1/2 Sp (Dt 19,11 ...) Lk 11,54 Act 23,21
* ἔν-εδρον Betrug
1/2 Sp (Num 35,20 ...) WB
ἐν-ειλέω einpacken
1Reg 21,9 Mk 15,46
ἔν-ειμι darin sein *(vgl. ἔνι)*
6mal (3Reg 10,17 ...) Lk 11,41
ἐν-είργω anreihen
Job 10,11
ἕνεκα/ἕνεκεν/εἵνεκεν wegen
1/2 Sp Textstellen (Gen 2,24 ...) NT 23mal
ἐνενήκοντα neunzig
1/2 Sp (Gen 5,9 ...) Mt 18,12.13 Lk 15,4.7

| | | | |
|---|---|---|---|
| * | ἐνενηκοντα-ετής | neunzigjährig | |
| | | 2Mac 6,24 | |
| | ἐν-εξ-ουσιάζομαι | sich Freiheiten herausnehmen | |
| | | Sir 20,8 47,19 | |
| | ἐνεός | sprachlos, stumm | |
| | | Prov 17,28 Jes 56,10 Ep Jer 40 | Act 9,7 |
| | ἐν-εργάζομαι | arbeiten | |
| | | 2Mac 14,40 | |
| | ἐν-έργεια | Wirksamkeit | |
| | | 8mal (Sap 7,17 ...) | NT 8mal |
| | ἐν-εργέω | wirksam sein | |
| | | 7mal (Num 8,24 ...) | NT 21mal |
| | ἐν-εργός | wirksam | |
| | | Ez 46,1 | |
| * | ἐν-ευλογέομαι | segnen | |
| | | 9mal (Gen 12,3 ...) | Act 3,25 Gal 3,8 |
| * | ἐν-ευφραίνομαι | fröhlich sein | |
| | | Prov 8,31 | |
| | ἐν-εχυράζω | Pfand nehmen | |
| | | 10mal (Ex 22,25 ...) | |
| * | ἐν-εχύρασμα | Pfand | |
| | | Ex 22,25 Ez 33,15 | |
| | ἐν-εχυρασμός | Pfändung | |
| | | Ez 18,7.12.16 | |
| | ἐν-έχυρον | Pfand | |
| | | Dt 24,10.11.12.13 Ez 33,15A | |
| | ἐν-έχω | festhalten | |
| | | Gen 49,23 Ez 14,4.7 3Mac 6,10 | Gal 5,1 Mk 6,19 Lk 11,53 |
| | ἐν-ῆλιξ | erwachsen | |
| | | 4Mac 18,9 | |
| | ἔνθα | da, dort | |
| | | 7mal (4Reg 2,8 ...) | WB |
| | ἐνθάδε | hierher | |
| | | 3Mac 6,25 | NT 8mal |
| | ἔν-θεμα | d.Eingesetzte, Schmuckstück | |
| | | Cant 4,9 | |
| | ἐν-θέμιον | d.Hülse | |
| | | Ex 38,16.16 | |
| | ἔνθεν | von hier | |
| | | 1 Sp (Ex 26,13 ...) | Mt 17,20 Lk 16,26 |
| | ἔν-θεσμος | rechtmäßig | |
| | | 3Mac 2,21 | |
| | ἐν-θουσιάζω | gottbegeistert sein | |
| | | Sir 31,7 | |
| | ἐν-θρονίζομαι | auf dem Thron sitzen | |
| | | Esth 1,2vl 4Mac 2,22 | |
| | ἐν-θρύπτω | einbrocken | |
| | | Dan Bel 33 | |
| | ἐν-θυμέομαι | überlegen | |
| | | 1/2 Sp (Gen 6,6 ...) | Mt 1,20 9,4 |
| | ἐν-θύμημα | d.Beherzigte, d.Gedanke | |
| | | 1/2 Sp (1Par 28,9 ...) | |
| | ἐν-θύμιον | d.am Herzen Liegende | |
| | | Ps 75,11 | |
| | ἔνι | es gibt | |
| | | Sir 37,2 4Mac 4,22 | NT 6mal |
| | ἐνιαύσιος | jährig | |
| | | 1/2 Sp (Ex 12,5 ...) | |
| | ἐνιαυτός | Jahr | |
| | | 2 Sp (Gen 1,14 ...) | NT 14mal |

ἐν-ίημι hineinsenden, einflößen
Bar 2,20 4Mac 4,10

ἔνιοι einige
3Mac 2,31 3,4 WB

ἐνίοτε einigemale
Sir 37,14 WB

ἐν-ίστημι vorhanden sein
14mal (3Reg 12,24$^{x}$ ...) NT 7mal

ἐν-ισχύω erstarken
1 Sp (Gen 12,10 ...) Lk 22,43 Act 9,19

ἐννακισ-χίλιοι neuntausend
2Mac 8,24 10,18

ἐννακόσιοι neunhundert
17mal (Gen 5,5 ...)

ἐννέα neun
40mal (Gen 5,27 ...) NT 5mal

ἐννεα-και-δέκατος der neunzehnte
1Par 24,16 25,26 Jer 52,12S 4Reg 25,8

ἐν-νέμω darin leben
3Mac 3,25

* ἔν-νευμα d.Zunicken
Prov 6,13

ἐν-νεύω zunicken
Prov 6,13 10,10 Sir 27,22A Lk 1,62

ἐν-νοέω bedenken, erwägen
9mal (Jdth 9,5 ...) WB

ἐν-νόημα d.Gedanke
Sir 21,11

ἔν-νοια d.Gedanke
12mal Prov 1,4-24,7; weiter 2mal Hb 4,12 1Pt 4,1

ἔν-νομος gesetzmäßig
Sir Prol 14 Act 19,39 1Kor 9,21

ἐν-νόμως gesetzmäßig
Prov 31,25 Sir Prol 35 WB

ἐν-νοσσεύω darauf nisten, brüten
Ps 103,17 Jer 22,23

* ἐν-νοσσο-ποιέομαι sich darin ein Nest machen
4Mac 14,16

ἔν-νυχος nächtlich
3Mac 5,5 Mk 1,35

ἐν-οικειόομαι sich einschleichen
Esth 8,1

ἐν-οικέω wohnen in
1 Sp (Lev 26,32 ...) NT 5mal

ἐν-οικίζω hineinbringen
Sir 11,34

ἔν-οικος Einwohner
Jud 5,23A Jer 31,9 51,2

ἐν-οπλίζω ausrüsten
9mal (Num 31,5 ...)

ἔν-οπλος bewaffnet
5mal (3Reg 22,10 ...) WB

ἐν-οράω wahrnehmen
Gen 20,10 WB

* ἐν-όρκιον Schwur
Num 5,21

ἔν-ορκος durch Eid gebunden
2Es 16,18 u.Adv.Tob 8,20BA

ἐν-οχλέω belästigen
9mal (Gen 48,1 ...) Lk 6,18 Hb 12,15

ἔν-οχος verstrickt in, verfallen
1/2 Sp (Gen 26,11 ...) NT 10mal

ἐν-σείω hineinschleudern
5mal (4Reg 8,12 ...)

* ἐν-σιτέομαι darin speisen
Job 40,30

* ἐν-σκολιεύομαι sich darin krümmen
Job 40,24

ἔν-ταλμα Gebot
Job 23,11.12 Jes 29,13 55,11 Mt 15,9 Mk 7,7 Kol 2,22

ἐν-τάσσω einreihen
7mal (2Es 7,17 ...) WB

ἐν-ταῦθα hier
1/2 Sp (Gen 38,21 ...) WB

ἐν-ταφιάζω /στής einbalsamieren/Einbalsamierer
Gen 50,2.2 Mt 26,12 Jh 19,40

ἐν-τείνω hineinspannen
21mal (3Reg 22,34 ...)

ἐν-τέλλομαι befehlen
5 Sp (Gen 2,16 ...) NT 15mal

ἔντερον Darm
Gen 43,30 Sir 31,20 2Mac 14,46 WB

ἐντεῦθεν von hier
1/2 Sp (Gen 37,17 ...) NT 10mal

ἔν-τευξις Eingabe
2Mac 4,8 1Tim 2,1 4,5

ἐν-τήκω einschmelzen
Ez 24,23 4Mac 8,26

ἐν-τίθημι hineinsetzen
2Es 5,8 Prov 8,5 2Mac 3,27 3Mac 5,28 WB

ἔν-τιμος geehrt, angesehen
1/2 Sp (Num 22,15 ...) NT 5mal

* ἐν-τιμόω ehren
4Reg 1,13.14

ἐν-τίμως ehrenswert
5mal (Num 22,17 ...)

* ἐν-τιναγμός d.Daraufstoßen
Sir 22,13

ἐν-τινάσσω daraufstoßen
1Mac 2,36 2Mac 4,41 11,11

ἐν-τολή Auftrag, Gebot
3 1/2 Sp (Gen 26,5 ...) NT 67mal

* ἐν-τομίς Einschnitt
Lev 19,28 21,5 Jer 16,6

ἐντός innen
8mal (Ps 38,4 ...) Mt 23,26 Lk 17,21

ἐν-τρέπω beschämen
1 Sp (Ex 10,3 ...) NT 9mal

ἐν-τρεχής bewandert
Sir 31,22

* ἔν-τριτος dreifach
Eccl 4,12

ἔν-τρομος zitternd
5mal (Ps 17,8 ...) Act 7,32 16,29 Hb 12,21

ἐν-τροπή Scham
7mal (Job 20,3 ...) 1Kor 6,5 15,34

ἐν-τρυφάω schwelgen
7mal (2Es 19,25A ...) 2Pt 2,13

* ἐν-τρύφημα das, worin man schwelgt
Eccl 2,8

ἐν-τυγχάνω zusammentreffen mit jmdm.
13mal (Sap 8,21 ...) NT 5mal

ἐν-τυχία Gespräch
3Mac 6,40

ἔν-υδρος im Wasser
Sap 19,10.19 4Mac 1,34 WBA

ἐν-υπνιάζομαι träumen
19mal (Gen 28,12 ...) Act 2,17 Jud 8

* ἐν-υπνιαστής Träumer
Gen 37,19

ἐν-ύπνιον Traum
1 1/2 Sp (Gen 37,5 ...) Act 2,17

* ἐν-υπο-τάσσομαι s.unterwerfen
Tob 14,9S

* ἔν-υστρον Magen
Dt 18,3

ἐν-ώπιον vor jmdm.
1 Sp Textstellen (Gen 11,28 ...) NT 94mal

ἐν-ώπιος im Angesicht
5mal (Gen 16,13 ...)

ἐν-ωτίζομαι in die Ohren aufnehmen, aufmerken
1/2 Sp (Gen 4,23 ...) Act 2,14

ἐν-ώτιον d.Ohrgehänge
16mal (Gen 24,22 ...)

ἕξ sechs
1/2 Sp Textstellen (Gen 16,16 ...) NT 12mal

ἐξ-αγγέλλω verkünden
12mal (Ps 9,15 ...) 1Pt 2,9

ἐξ-αγοράζω loskaufen
Dan 2,8 Gal 3,13 4,5 Eph 5,16 Kol 4,5

ἐξ-αγορεύω verkündigen
ἐξαγορία s.S.318 13mal (Lev 5,5 ...)

ἐξ-αγριαίνω wild machen
Dan Th 8,7

ἐξ-άγω hinausführen
3 Sp (Gen 1,20 ...) NT 12mal

ἐξ-άδελφος Bruderkind, Neffe
Tob 1,22 11,19

ἔξ-αιμος verblutet
2Mac 14,46

ἐξ-αίρετος herausgenommen
Gen 48,22 Job 5,5 WB

ἐξ-αιρέω herausnehmen
2 1/2 Sp (Gen 32,12 ...) NT 8mal

ἐξ-αίρω wegnehmen
3 Sp (Gen 29,1 ...) 1Kor 5,13

ἐξ-αίσιος frevelhaft
9mal Job 4,12 - 37,16

ἐξ-αίφνης plötzlich
11mal (Job 1,19 ...) NT 5mal

ἑξάκις sechsmal
Jos 6,15 4Reg 13,19 Job 5,19 WB

ἑξακισχίλιοι sechstausend
10mal (Num 2,9 ...) WB

ἐξ-ακολουθέω nachfolgen
6mal (Job 31,9 ...) 2Pt 1,16 2,2.15

* ἐξ-ακονάω schärfen
Ez 21,16

ἑξακόσιοι sechshundert
1/2 Sp Textstellen (Gen 7,6 ...) Apk 13,18 14,20

* ἑξακοσιοστός der sechshundertste
Gen 7,11 8,13
* ἐξ-ακριβάζομαι genau erforschen
Num 23,10 Job 28,3 Dan LXX 7,19 WB
ἐξ-άλειπτρον Salbdose
Job 41,23
ἐξ-αλείφω abwischen
3/4 Sp (Gen 7,4 ...) NT 5mal
ἐξ-άλειψις d.Auslöschen
Micha 7,11 Ez 9,6
ἐξ-αλλάσσω vertauschen
Gen 45,22 Sap 2,15
ἐξ-αλλοιόω ganz verändern
3Mac 3,21
ἐξ-άλλομαι herausspringen
6mal (Micha 2,12 ...) Act 3,8
ἔξ-αλλος verschieden
5mal (2Reg 6,14 ...)
ἐξ-αλλοτριόω an Fremde verkaufen
1Mac 12,10
ἐξ-αμαρτάνω verfehlen
1/2 Sp (Jud 20,16B ...) WB
ἑξά-μηνον sechsmonatlich
4Reg 15,8 1Par 3,4
ἐξ-αναλίσκω ganz verbrauchen
1/2 Sp (Ex 32,12 ...)
ἐξ-ανα-τέλλω aufgehen
Gen 2,9 u.4mal Ps Mt 13,5 Mk 4,5
ἐξ-ανθέω aufblühen
1/2 Sp (Ex 28,33 ...)
ἐξ-αν-ίστημι aufrichten
1 Sp (Gen 4,25 ...) Mt 12,19 Lk 20,28 Act 15,5
ἐξ-αντλέω ausschöpfen
Prov 20,5 Hagg 2,16
ἐξ-απατάω betrügen
Ex 8,25 Dan Th Sus 56 NT 6mal
ἐξ-άπινα plötzlich
14mal (Lev 21,4 ...) Mk 9,8
ἐξ-απίνης plötzlich
Num 35,22 Prov 6,15 29,1 47,11
ἐξ-απ-όλλυμαι ganz vernichten
Sap 10,6
ἐξ-α-πορέομαι vollständig in Not geraten
Ps 87,16 2Kor 1,8 4,8
ἐξ-απο-στέλλω wegschicken
4 Sp (Gen 3,23 ...) NT 13mal
ἐξ-απο-στολή d.Ausschicken
3Mac 4,4
ἐξ-άπτω anzünden
10mal (Ex 30,8 ...) WB
ἔξ-αρθρος ausgerenkt
4Mac 9,13
* ἐξ-αρθρόω ausrenken
4Mac 10,5
ἐξ-αριθμέω auszählen
19mal (Gen 13,16 ...) WB
ἐξ-αρκέω ausreichen
Num 11,23
ἐξ-αρνέομαι leugnen
4Mac 5,35

ἐξ-αρπάζω wegrauben aus
Job 29,17BS 1Mac 7,29 WBA
ἔξ-αρσις d.Aufheben
Num 10,6 Jer 12,17
ἐξ-αρτάω aufhängen
Ex 28,7 WB
ἐξ-άρχω anfangen
14mal (Ex 15,21 ...)
ἐξ-ασθενέω ganz schwach werden
Ps 63,9 *PS 17,31* WB
ἐξ-ασκέω ausrüsten
4Mac 5,23 13,24
ἐξ-αστράπτω aufblitzen
Nah 3,3 Ez 1,4.7 Dan LXX 10,6 Lk 9,29
* ἐξ-ατιμόομαι völlig entehrt werden
Ez 16,61
ἐξ-αφ-ίημι herauslassen
2Mac 12,24 WBA
ἐξ-εγείρω aufwecken
ἐξέγερσις s.S.318 1 Sp (Gen 28,16 ...) Röm 9,17 1Kor 6,14
ἐξ-έδρα Zelle (des Tempels) - *für* לשכה
17mal Ez 40,44 - 46,23
ἐξ-εικονίζω genau abbilden
Ex 21,22.23
ἔξ-ειμι hinausgehen
Ex 28,35 3Mac 5,5.48 Act 13,42 17,15 20,7 27,43
ἐξ-εκκλησιάζω zur Versammelung rufen
1/2 Sp (Lev 8,4 ...)
ἐξ-ελαύνω heraustreiben
Zach 9,8
ἐξ-ελέγχω überführen
Sap 12,17 Micha 4,3 4Mac 2,12 WB
* ἐξ-έλευσις Ausgang
2Reg 15,20
ἐξ-ελίσσω entwickeln
3Reg 7,45 WB
ἐξ-έλκω fortreißen
6mal (Gen 37,28 ...) Jak 1,14
ἐξ-εμέω ausspeien
5mal (Job 20,15 ...)
ἐξ-εργάζομαι ausarbeiten
Esth 8,12r Ps 7,14 30,20
ἐξ-εργαστικός zum Ausarbeiten geschickt
2Mac 2,31
ἐξ-ερεύγομαι hervorsprudeln
6mal (Ex 7,28 ...)
ἐξ-ερευνάω nachforschen
1/2 Sp (Jud 5,14 ...) 1Pt 1,10
* ἐξ-ερεύνησις d.Ausforschen
Ps 63,7
ἐξ-ερημόω völlig verwüsten
18mal (Lev 26,31 ...)
ἐξ-έρπω hervorkriechen
Ps 104,30
ἐξ-έρχομαι ausgehen
10 Sp (Gen 4,16 ...) NT 218mal
ἔξ-εστιν es steht frei
3mal (2Es 4,14 ...) NT 32mal
ἐξ-ετάζω untersuchen
13mal (Dt 19,18 ...) Mt 2,8 10,11 Jh 21,12

ἐξ-έτασις Untersuchung
Sap 1,9 3Mac 7,5
ἐξ-ετασμός Untersuchung
Jud 5,16B Prov 1,32 Sap 4,6 WB
ἐξ-εταστέον zu prüfen
2Mac 2,29
ἐξ-ευ-μενίζομαι sich geneigt machen
4Mac 4,11
ἐξ-εύρεσις d.Finden
Jes 40,28 Bar 3,18
ἐξ-ευρίσκω ausfindig machen
Bar 3,32.37 2Mac 7,23
ἐξ-έχω hervorragen
9mal (Ex 38,15 ...) WB
ἐξ-ηγέομαι erzählen
9mal (Lev 14,57 ...) NT 6mal
ἐξ-ήγησις Beschreibung
Jud 7,15B Sir 21,16 WB
ἐξ-ηγητής d.Ausleger
Gen 41,8.24 Prov 29,18
* ἐξ-ηγορία Erzählen, Loben
Job 22,22 33,26
ἑξήκοντα sechzig
1/2 Sp Textstellen (Gen 5,15 ...) NT 9mal
ἑξηκοντα-ετής sechzigjährig
Lev 27,3.7
ἑξηκοστός der sechzigste
6mal (1Mac 10.1 ...)
* ἐξ-ηλιάζω der Sonne aussetzen
2Reg 21,6.9.13
ἐξ-ημερόω Land kultivieren
4Mac 1,29
ἑξῆς zunächst, weiterhin
5mal (Ex 10,1 ...) NT 5mal
ἐξ-ηχέω hinaustönen
Sir 40,13 Joel 4,14 3Mac 3,2 1Thess 1,8
ἐξ-ικνέομαι hingelangen
Jud 5,15B
ἐξ-ίλασις Versöhnung
Num 29,11 Hab 3,17vl
ἐξ-ιλάσκω versöhnen
1 1/2 Sp (Gen 32,21 ...)
* ἐξ-ίλασμα Sühnopfer
1Reg 12,3 Ps 48,8
ἐξ-ιλασμός d.Sühnen
17mal (Ex 30,10 ...)
ἐξ-ιππάζομαι ausreiten
Hab 1,8
ἐξ-ίπταμαι ausfliegen
Prov 7,10
ἕξις d.Haben, d.Zustand
9mal (Jud 14,9A ...) Hb 5,14
ἐξ-ισάζω gleich sein
Sir 32,9
ἐξ-ισόω ausgleichen
Ex 37,16 38,15
ἐξ-ιστάνω herausstellen
3Mac 1,25
ἐξ-ίστημι in einen anderen Zustand versetzen
1 Sp (Gen 27,33 ...) NT 17mal

| | | | |
|---|---|---|---|
| | ἐξ-ιχνεύω | ausspüren | |
| | | Sir 6,27 18,4 42,18 | |
| * | ἐξ-ιχνιάζω | ausspüren, -spähen | |
| | | 16mal (Jud 18,2 ...) | |
| * | ἐξ-ιχνιασμός | d.Ausspüren | |
| | | Jud 5,16A | |
| | ἐξ-οδεύω | herausgehen | |
| | | Jud 5,27B 1Es 4,23 1Mac 15,41 2Mac 12,19 | |
| | ἐξ-οδία | d.Ausgang | |
| | | 9mal (Dt 16,3 ...) | |
| | ἐξ-οδιάζω | ausgehen | |
| | | 4Reg 12,13 | |
| | ἐξ-όδιον | d.Ausgang, d.Auszugsfest | |
| | | 6mal (Lev 23,36 ...) | |
| | ἔξ-οδος | d.Herausgehen, d.Ausgang | |
| | | 1 Sp (Ex tit. ...) | Lk 9,31 Hb 11,22 2Pt 1,15 |
| * | ἔξ-οικος | heimatlos | |
| | | Job 6,18 | |
| | ἐξ-οκέλλω | heraustreiben | |
| | | Prov 7,21 | |
| * | ἐξ-ολέθρευμα | d.Zerstörte | |
| | | 1Reg 15,21 | |
| * | ἐξ-ολέθρευσις | d.Zerstörung | |
| | | Jud 1,17A Ps 108,13 Ez 9,1 1Mac 7,7 | |
| * | ἐξ-ολεθρεύω | ausrotten | |
| | | 3 1/2 Sp (Gen 17,14 ...) | Act 3,23 |
| | ἐξ-όλλυμι | gänzlich zugrunde richten | |
| | | Prov 10,31 11,17 15,27 Sir 5,7 | |
| * | ἐξ-ομβρέω | wie Regen ausgießen | |
| | | Sir 1,19 10,13 | |
| | ἐξ-όμνυμι | abschwören | |
| | | 4Mac 4,26 5,34 9,23 10,3 | |
| | ἐξ-ομοιόω | ganz ähnlich machen | |
| | | 2Mac 4,16 | WB |
| | ἐξ-ομο-λογέομαι | eingestehen, bekennen | |
| | | 2 Sp (Gen 29,35 ...) | NT 10mal |
| | ἐξ-ομο-λόγησις | Eingeständnis, Lobpreis | |
| | | 1/2 Sp (Jos 7,19 ...) | WB |
| | ἐξ-όπισθεν | im Rücken | |
| | | 7mal (3Reg 19,21 ...) | |
| | ἐξ-οπλησία | Bewaffnung | |
| | | 2Mac 5,25 | |
| | ἐξ-οπλίζω | bewaffnen | |
| | | Num 31,3 32,20 2Mac 5,2 | |
| | ἐξ-ορκίζω | beschwören | |
| | | Gen 24,3 Jud 17,2A 3Reg 22,16B | Mt 26,63 |
| | ἐξ-ορμάω | heraustreiben | |
| | | 5mal (Jud 7,3A ...) | |
| | ἐξ-ορύσσω | ausgraben | |
| | | Jud 16,21A 1Reg 11,2 Prov 29,22 | Mk 2,4 Gal 4,15 |
| | ἐξ-ουδενέω/όω | verächtlich behandeln | |
| | | 43mal (Jud 9,38 ...) | Mk 9,12 |
| * | ἐξ-ουδένημα | d.Geringgeschätzte | |
| | | Ps 21,7 Dan Th 4,17 | WB: ἐξουθένημα |
| * | ἐξ-ουδένωμα | Verachtung | |
| | | Ps 89,5 | |
| * | ἐξ-ουδένωσις | Verachtung | |
| | | 7mal (Ps 30,19 ...) | |
| | ἐξ-ουθενέω/όω | verachten | |
| | | 14mal (1Reg 2,30 ...) | NT 11mal |

ἐξ-ουσία Freiheit, Macht
1 Sp (4Reg 20,13 ...) NT 102mal

ἐξ-ουσιάζω Macht haben
17mal (2Es 7,24 ...) Lk 22,25 1Kor 6,12 7,4.4

ἐξ-οχή d.Hervorstehende
Job 39,28 Act 25,23

ἐξ-όχως hervorragend
3Mac 5,31

ἐξ-υβρίζω übermütig werden
Gen 49,4 Ez 47,5 2Mac 1,28 PS 1,6

ἐξυμνέω s.S.318

ἐξ-υπνίζω aufwecken
Jud 16,14B.20B 3Reg 3,15 Job 14,12 Jh 11,11

ἔξ-υπνος aufgeweckt
1Es 3,3 Act 16,27

ἐξ-υπνόω aufwachen
Ps 120,4S 4Mac 5,11

* ἐξ-υψόω erhöhen
Sir 1,30 Dan LXX 3,51

ἔξω draußen, außen
1 1/2 Sp (Gen 9,22 ...) NT 63mal

ἔξωθεν von außen her
1/2 Sp (Gen 6,14 ...) NT 13mal

ἐξ-ωθέω hinausstoßen
1/2 Sp (Dt 13,6 ...) Act 7,45 27,39

* ἔξ-ωσμα Verbannung
Lam 2,14

ἐξώτατος der äußerste
3Reg 6,30

ἐξώτερος außerhalb
1/2 Sp (Ex 26,4 ...) Mt 8,12 22,13 25,30

ἐξωτέρω darüber hinaus
Job 18,17

ἔοικα gleichen, scheinen
Job 6,3.25 Jak 1,6.23

ἑορτάζω ein Fest feiern
17mal (Ex 5,1 ...) 1Kor 5,8

* ἑόρτασμα Feierlichkeit
Sap 19,16

ἑορτή Fest
2 Sp (Ex 10,9 ...) NT 26mal

ἐπ-αγγελία Ankündigung
6mal (1Es 1,7 ...) NT 52mal

ἐπ-αγγέλλομαι versprechen
11mal (Esth 4,7 ...) NT 15mal

ἐπ-άγω herbeiführen
2 1/2 Sp (Gen 6,17 ...) Act 5,28 2Pt 2,1.5

ἐπ-αγωγή Herbeiführen
11mal (Dt 32,36 ...)

ἐπ-αγωγός herbeiführend
4Mac 8,15

ἐπ-ᾴδω dazusingen
Ps 57,6 Eccl 10,11 Jer 8,17

ἐπ-αείδω dazusingen
Dt 8,11

* ἐπ-αινεστός gepriesen
Ez 26,17

ἐπ-αινέω loben
1/2 Sp (Gen 12,15 ...) NT 6mal

ἔπ-αινος Lob
10mal (1Par 16,27 ...) NT 11mal

| Wort | Bedeutung / LXX | NT |
|---|---|---|
| ἐπ-αίρω | aufheben | |
| | 1 Sp (Gen 7,17 ...) | NT 19mal |
| ἐπ-αισχύνομαι | s.schämen | |
| | Job 34,19 Ps 118,6 Jes 1,29 | NT 11mal |
| ἐπ-αιτέω | betteln | |
| | Ps 108,10 Sir 40,28 | Lk 16,3 18,35 |
| ἐπ-αίτησις | Betteln | |
| | Sir 40,28.30 | |
| ἐπ-ακολουθέω | nachfolgen | |
| | 16mal (Lev 19,4 ...) | Mk 16,20 1Tim 5,10.24 1Pt 2,21 |
| ἐπ-ακουστός | gehorsam | |
| | 1Es 4,12 | |
| ἐπ-ακούω | erhören | |
| | 2 Sp (Gen 16,11 ...) | 2Kor 6,2 |
| * ἐπ-ακρόασις | d.Gehorchen | |
| | 1Reg 15,22 | |
| ἐπ-αλγής | schmerzhaft | |
| | 4Mac 14,10 | |
| ἔπ-αλξις | Schutzwehr | |
| | 7mal (3Reg 2,35^f ...) | |
| ἐπ-αμύνω | helfen | |
| | 3Mac 1,27 4Mac 14,19 | |
| ἐπάν | sobald | |
| | Dan LXX Bel 12 | Mt 2,8 Lk 11,22.34 |
| ἐπ-αν-άγω | heraufführen | |
| | 5mal (Sir 17,26 ...) | Mt 21,18 Lk 5,3.4 |
| ἐπ-αν-αιρέω | töten | |
| | 2Mac 14,2.13 | |
| ἐπ-ανα-καινίζω | erneuern | |
| | Job 10,17 | |
| ἐπ-ανα-καλέω | zurückrufen | |
| | Sir 48,20 | |
| ἐπ-ανα-παύομαι | ruhen | |
| | 10mal (Num 11,25 ...) | Lk 10,6 Röm 2,17 |
| ἐπ-ανά-στασις | Aufstand | |
| | 3Reg 6,18 4Reg 3,4 | |
| ἐπ-ανα-στρέφω | s.wieder entgegenwenden | |
| | 9mal (Gen 18,10 ...) | |
| * ἐπ-ανα-τρυγάω | Nachlese halten | |
| | Lev 19,10 Dt 24,21 | |
| * ἐπ-ανδρόω | zum Manne machen | |
| | 2Mac 15,17 | |
| ἐπ-αν-έρχομαι | zurückkehren | |
| | 6mal (Gen 50,5 ...) | Lk 10,35 19,15 |
| ἐπ-αν-ήκω | wieder zurückkommen | |
| | 5mal (Lev 14,39 ...) | WB |
| ἐπ-ανθέω | aufsprossen | |
| | Job 14,7 | |
| ἐπ-αν-ίστημι | aufstellen | |
| | 1 Sp (Dt 19,11 ...) | Mt 10,21 Mk 13,12 |
| ἐπ-αν-οδος | Aufgang | |
| | Sir 17,24 22,21 38,21 | |
| ἐπ-αν-ορθόω | wiederherstellen | |
| | 2Mac 2,22 5,20 | |
| ἐπ-αν-όρθωσις | Wiederherstellung | |
| | 1Es 8,52 1Mac 14,34 | 2Tim 3,16 |
| ἐπ-άνω | oben, oben drüber | |
| | 1 1/2 Sp (Gen 1,2 ...) | NT 19mal |
| ἐπ-άνωθεν | von oben her | |
| | 1/2 Sp (Ex 25,20 ...) | WBA |

* ἐπ-αξονέω  in Register eintragen
Num 1,18

ἐπ-αοιδή  der Zaubergesang
Ex 8,3A Dt 18,11 Jes 47,9.12

ἐπ-αοιδός  Beschwörer
22mal (Ex 7,11 ...)  WB

ἐπ-απο-στέλλω  hinterher schicken
12mal (Ex 8,17 ...)

ἐπ-άρδω  bewässern
4Mac 1,29

ἐπ-αρήγω  zu Hilfe kommen
2Mac 13,17

ἐπ-αρκέω  beistehen
1Mac 8,26 11,35  1Tim 5,1o.16.16

ἔπ-αρμα  Erhebung
2Es 6,3

ἔπ-αρσις  Erhöhen
6mal (Num 33,2A ...)

* ἐπ-αρυστήρ  Ölkännchen
Ex 25,38

* ἐπ-αρυστρίς  Ölgefäß
5mal (3Reg 7,35 ...)

ἐπ-αρχία  Provinz
Jdth 3,6vl Esth 4,11vl  Act 23,34 25,1

ἔπ-αρχος  Befehlshaber
16mal (1Es 6,3 ...)  WB

ἐπ-άρχω  Befehlshaber sein
Esth 3,13b

* ἐπ-ασθμαίνω  dabei keuchen
4Mac 6,11

ἔπ-αυλις  Landhaus
1/2 Sp (Gen 25,16 ...)  Act 1,20

ἐπ-αύξω  vermehren
3Mac 2,25

ἐπ-αύριον  morgen
1/2 Sp (Gen 19,34 ...)  NT 17mal

ἐπ-αφ-ίημι  loslassen auf jmdn.
5mal (Job 1O,1 ...)  WB

ἐπ-εγ-γελάω  verlachen
4Mac 5,27

ἐπ-εγείρω  aufwecken
2Omal (1Reg 3,12 ...)  Act 13,5O 14,2

ἐπεί  nachdem
1/3 Sp Textstellen (Gen 15,17 ...)  NT 26mal

ἐπείγω  drängen
Dan LXX 3,22 Th Bel 30 2Mac 10,19  WBA

ἐπειδή  nachdem, da ja
23mal (Gen 15,3 ...)  NT 1Omal

ἐπ-εῖδον *(Aor. zu ἐφ-οράω)* sehen auf
1/2 Sp (Gen 4,4 ...)  Lk 1,25 Act 4,29

ἔπ-ειμι  dasein
6mal (Ex 8,18 ...)

ἐπ-εισ-έρχομαι  gewaltsam eindringen
1Mac 16,16  Lk 21,35

ἐπ-εισ-φέρω  noch dazu hineintragen
Jud 3,22

ἔπ-ειτα  hierauf
Jes 16,2 4Mac 6,3  NT 16mal

ἐπ-έκεινα  jenseits
17mal (Gen 35,16 ...)  Act 7,43

ἐπ-εκ-χέω noch dazu ausgießen
Jdth 15,4

ἐπ-ελπίζω Hoffnungen machen
8mal (4Reg 18,30 ...)

ἐπ-εν-δύτης Oberkleid
Lev 8,7A 1Reg 18,4A 2Reg 13,18 Jh 21,7

ἐπ-εξ-έρχομαι hinzukommen
Jdth 13,20 Sap 14,31

ἐπ-ερείδω darauf stützen
Esth 5,1^a Prov 3,18

ἐπ-έρχομαι herbeikommen
2 Sp (Gen 42,21 ...) NT 9mal

ἐπ-ερωτάω fragen
1 Sp (Gen 24,23 ...) NT 56mal

ἐπ-ερώτημα Frage
Sir 33,3S Dan Th 4,17 1Pt 3,21

ἐπ-ερώτησις d.Befragen
Gen 43,7

ἐπ-ευ-θυμέω froh sein
Sap 18,6

ἐπ-ευκτός "ersehnt", verflucht
Jer 20,14 *PS 8,16*

ἐπ-εύχομαι beten
Dt 10,8 1Par 23,13

ἐπ-έχω festhalten
1/2 Sp (Gen 8,10 ...) NT 5mal

ἐπ-ήκοος erhörend
2Par 6,40 7,15

ἐπ-ήλυτος angekommen
Job 20,26 WB

ἐπί *c.Gen./c.Dat./c.Akk.* auf
12 Sp Textstellen (Gen 1,11/ 3,14/ 2,5 ...) NT 891mal

ἐπι-βάθρα Leiter
3Mac 2,31

ἐπι-βαίνω hinaufsteigen
1 Sp (Gen 24,61 ...) NT 6mal

ἐπι-βάλλω überwerfen
1 Sp (Gen 2,21 ...) NT 18mal

ἐπί-βασις d.Hinaufsteigen
Ps 103,3 Cant 3,10 Sap 5,11 15,15

ἐπι-βάτης Seesoldat
10mal (4Reg 7,14 ...)

ἐπι-βιβάζω besteigen lassen
11mal (2Reg 6,3 ...) Lk 10,34 19,35 Act 23,24

ἐπι-βιόω überleben
4Mac 6,20

ἐπι-βλέπω hinblicken
2 Sp (Gen 19,26 ...) Lk 1,48 9,38 Jak 2,3

ἐπί-βλημα Flicken
Jes 3,22 Mt 9,16 Mk 2,21 Lk 5,36.36

ἐπι-βοάω laut schreien
Sap 14,1 4Mac 6,4 WB

ἐπι-βοηθέω zu Hilfe herbeikommen
1Mac 7,7 2Mac 8,8 11,7 13,10

ἐπι-βόλαιον Überwurf, Gewand
Jud 4,18B Ez 13,18.21

ἐπι-βολή Unternehmen
2Mac 8,7

ἐπι-βουλεύω nachstellen
Esth 8,12^u Prov 17,26

ἐπι-βουλή    Anschlag
9mal (1Es 5,70 ...)    Act 9,24 20,3.19 23,30

ἐπί-βουλος    hinterlistig
14mal (1Reg 29,4 ...)

ἐπι-βρέχω    von oben beregnen
Ps 10,7

ἐπι-βρίθω    schwer darauf lasten
Job 29,4

ἐπι-γαμβρεύω    sich verschwägern
10mal (Gen 34,9 ...)    Mt 22,24

ἐπι-γαμία    Heiratsvertrag *zwischen zwei Staaten*
Jos 23,12 3Reg 2,46vl

ἐπι-γελάω    lachen
Tob 2,8 Prov 1,26    WB

* ἐπι-γεμίζω    noch dazufüllen
2Es 23,15

ἐπι-γίνομαι    aufkommen
Ep Jer 47 3Mac 2,5    Act 28,13

ἐπι-γινώσκω    erkennen
2 Sp (Gen 27,23 ...)    NT 44mal

* ἐπι-γνωμοσύνη    kluge Entscheidung
Prov 16,23

ἐπι-γνώμων    erkennend
Prov 12,26 13,10 17,27 29,7

ἐπί-γνωσις    Erkenntnis
8mal (3Reg 7,2 ...)    NT 20mal

ἐπί-γνωστος    bekannt
Job 18,19

ἐπι-γονή    Nachkommenschaft
2Par 31,16.18 Am 7,1

ἐπι-γράφω    daraufschreiben
7mal (Num 17,17 ...)    NT 5mal

ἐπι-δεής    bedürftig
Sir 4,1 31,4

ἐπι-δεικνύω    vorzeigen
18mal (Tob 11,15S ...)    NT 7mal

ἐπί-δειξις    zur Schau stellen
4Mac 13,10

* ἐπι-δέκατος    noch dazu ein Zehntel
17mal (Num 18,21 ...)

ἐπι-δέξιος    zur Rechten sein
2Es 5,8 Prov 27,16

ἐπι-δέχομαι    gastlich aufnehmen
1/2 Sp (1Es 9,14 ...)    3Jh 9.10

ἐπι-δέω    bedürfen
10mal (Dt 2,7 ...)    WB

ἐπι-δέω    daraufbinden
Jud 16,21B Tob 8,3S Jer 28,63

ἐπί-δηλος    offenbar
2Mac 15,35

ἐπι-δι-αιρέω    verteilen
Gen 33,1

ἐπι-δίδωμι    hingeben
16mal (Gen 49,21 ...)    NT 9mal

ἐπι-δι-πλόω    verdoppeln
Ex 26,9

ἐπι-διώκω    weiter verfolgen
Gen 44,4 3Mac 2,7

ἐπί-δοξος    berühmt
Prov 6,8b Sir 3,18S Dan LXX 2,11 u.Adv.1Es 9,45

ἐπι-δύνω darüber untergehen
Dt 24,15 Jos 8,29 Jer 15,9 Eph 4,26
ἐπι-είκεια Nachsicht, Milde
10mal (Sap 2,19 ...) Act 24,4 2Kor 10,1
ἐπι-εικέστερον geziemend *(Adv.)*
Esth 3,13[b] WB
* ἐπι-εικεύομαι mild sein
2Es 9,8
ἐπι-εικέως geziemend
1Reg 12,11 4Reg 6,3
ἐπι-εικής geziemend, mild
Esth 8,12[l] Ps 85,5 *PS 5,12* WB
ἐπι-εικῶς geziemend
2Mac 9,27
ἔπ-ειμι (-ιέναι) *nur Ptz.* ἐπιόντα, ἐπιοῦσα folgend
Dt 32,29 1Par 20,1 Prov 3,28 27,1 NT 5mal
ἐπι-ζάω während einer gewissen Zeit leben
Gen 47,28 4Mac 18,9
ἐπι-ζεύγνυμι anspannen
2Mac 2,32
ἐπι-ζήμιον Strafe
Ex 21,22
ἐπι-ζητέω (auf)suchen
1/2 Sp (Jud 6,29B ...) NT 13mal
ἐπι-θανάτιος dem Tode verfallen
Dan LXX Bel 31 1Kor 4,9
ἐπί-θεμα d.Daraufgestellte
1/2 Sp (Ex 25,16 ...)
ἐπί-θεσις Angriff Hb 6,2
5mal (2Par 25,27 ...) Act 8,18 1Tim 4,14 2Tim 1,6
ἐπι-θεωρέω dazu betrachten
Sir 42,22S 4Mac 1,30
ἐπι-θυμέω begehren
1 Sp (Gen 31,30 ...) NT 16mal
ἐπι-θύμημα d.Begehrte
1/2 Sp (Num 16,15 ...)
ἐπι-θυμητής d.Begehrende
Num 11,34 Prov 1,22 1Kor 10,6
ἐπι-θυμητός begehrt
20mal (2Par 20,25 ...)
ἐπι-θυμία Begierde
1 Sp (Gen 31,30 ...) NT 38mal
ἐπι-θύω opfern
7mal (3Reg 12,33 ...) WB
ἐπι-κάθημαι daraufsitzen
2Reg 16,2 Sir 33,6 Ep Jer 70 2Mac 3,25
ἐπι-καθίζω sitzen auf etw.
8mal (Gen 31,34 ...) Mt 21,7
* ἐπι-καινίζω erneuern
1Mac 10,44
ἐπί-καιρος am rechten Ort
2Mac 8,6.31 10,15 14,22
ἐπι-καλέω anrufen
3 Sp (Gen 4,26 ...) NT 30mal
ἐπι-κάλυμμα Deckmantel
Ex 26,14 39,20 2Reg 17,19 Job 19,29 1Pt 2,16
ἐπι-καλύπτω verhüllen
1/2 Sp (Gen 7,19 ...) Röm 4,7
* ἐπι-καρπο-λογέομαι Nachlese halten
4Mac 2,9

ἐπι-κατα-λαμβάνω ergreifen
Num 11,23
* ἐπι-κατ-αράομαι verfluchen
9mal Num 5,18-23,7, Ps 151,6 Mal 2,2
* ἐπι-κατ-άρατος verflucht
1/2 Sp (Gen 3,14 ...) Gal 3,10.13
ἐπί-κειμαι darauf liegen
7mal (Ex 36,38 ...) NT 7mal
ἐπι-κερδής gewinnbringend
Sap 15,12
ἐπι-κίνδυνος gefährlich
3Mac 5,33
ἐπί-κλησις Benennung, Anrufung
2Mac 8,15 15,26
ἐπί-κλητος herbeigerufen
10mal (Num 1,16 ...)
ἐπι-κλίνω anlehnen
Gen 24,14 3Reg 8,58
ἐπι-κλύζω überschwemmen
Dt 11,4 Jdth 2,8 Jes 66,12 3Mac 2,7
ἐπι-κοιμάομαι daraufschlafen
Dt 21,23 3Reg 3,19 1Es 5,69BA
ἐπι-κοινωνέω gemeinsam haben
Sir 26,6 4Mac 4,3
ἐπι-κοπή Schlag
Dt 28,25
ἐπι-κοσμέω ausschmücken
Eccl 1,15
ἐπι-κουρία Hilfe
Sap 13,18 Act 26,22
ἐπι-κουφίζομαι erleichtern
4Mac 9,31
* ἐπι-κραταιόω noch mehr stärken
Eccl 4,12
ἐπι-κράτεια Oberherrschaft
4Mac 1,31.34 3,18 6,32
ἐπι-κρατέω herrschen
1/2 Sp (Gen 7,18 ...)
ἐπι-κράτησις Sieg
Esth 8,12°
ἐπι-κρεμάννυμι aufhängen
Hos 11,7 Jes 22,24
ἐπι-κρίνω beschließen
2Mac 4,47 3Mac 4,2 Lk 23,24
ἐπι-κροτέω rasseln
6mal (Prov 17,18 ...)
ἐπι-κρούω daraufschlagen
Jer 31,26
ἐπί-κτητος dazu erwerben
2Mac 6,23
ἐπι-κυλίω daraufwälzen
Jos 10,27
* ἐπί-κυφος buckelig
3Mac 4,5
ἐπι-λαμβάνω anfassen, ergreifen
1 Sp (Gen 25,26 ...) NT 19mal
ἐπι-λάμπω erstrahlen
Sap 5,6 Jes 4,2 WB
ἐπι-λανθάνομαι vergessen
2 Sp (Gen 27,45 ...) NT 8mal

ἐπι-λέγω noch dazusagen, zubenennen
1/2 Sp (Ex 17,9 ...) Jh 5,2 Act 15,40

ἐπί-λεκτος auserlesen
16mal (Ex 15,4 ...)

* ἐπι-λημπτεύομαι epileptische Anfälle bekommen
1Reg 21,16

ἐπί-λημπτος von Epilepsie ergriffen
1Reg 21,15.16 4Reg 9,11

ἐπι-λησμονή d.Vergessen
Sir 11,27 Jak 1,25

ἐπι-λογίζομαι überdenken
2Mac 11,4 4Mac 3,6 16,5

ἐπί-λοιπος übrig
1/2 Sp (Lev 27,18 ...) 1Pt 4,2

ἐπι-λυπέω noch mehr betrüben
2Mac 4,37 8,32 3Mac 7,9

ἐπι-μαίνομαι rasen, toben
4Mac 7,5

ἐπι-μαρτύρομαι bezeugen
9mal (3Reg 2,42 ...) 1Pt 5,12

ἐπι-μέλεια Fürsorge
12mal (1Es 6,9 ...) Act 27,3

ἐπι-μελέομαι/μέλομαι sorgen
5mal (Gen 44,21 ...)/1Mac 11,37 Lk 10,34.35 1Tim 3,5

ἐπι-μελέστερον sorgfältiger *(Adv.)*
1Es 7,2

ἐπι-μελῶς sorgfältig
14mal (Gen 6,5 ...) Lk 15,8

ἐπι-μένω bleiben
Ex 12,39 NT 17mal

ἐπι-μήκης länglich
Bar 3,24

ἐπι-μίγνυμι dazu mischen
1Es 8,67.84 Prov 14,10 Ez 16,37

ἐπί-μικτος beigemischt
5mal (Ex 12,38 ...)

ἐπι-μιμνήσκομαι sich erinnern
1Mac 10,46

ἐπι-μίξ vermischt *(Adv.)*
Sap 14,25

ἐπι-μονή d.Verweilen
Sir 38,27

ἐπί-μοχθος mühsam
Sap 15,7

ἐπι-μύλιον zur Mühle gehörig
Dt 24,6 Jud 9,53B

ἐπι-νεύω zunicken
5mal (Prov 26,24 ...) Act 18,20

ἐπι-νεφής bewölkt
2Mac 1,22

ἐπι-νίκια,τά Siegesfeier
1Es 3,5 2Mac 8,33

ἐπι-νοέω wahrnehmen
Job 4,18 Sap 14,2.14 4Mac 10,16 WB

ἐπί-νοια Gedanke
8mal (Sap 6,16 ...) Act 8,22

ἐπι-νυστάζω darüber einschlafen
Prov 6,4

ἐπι-ξενόομαι bewirtet werden
Esth 8,12k Prov 21,7 Sir 29,27

ἐπι-ορκέω falsch schwören
1Es 1,46 Sap 14,28 Mt 5,33

ἐπι-ορκία Meineid
Sap 14,25

ἐπί-ορκος meineidig
Zach 5,3 1Tim 1,10

ἐπι-παρα-γίνομαι noch dazukommen
Jos 10,9

ἐπί-πεμπτος der fünfte Teil
8mal Lev 5,16-27,31; Num 5,7

ἐπι-πέμπω hinschicken
Prov 6,19 Sap 11,17 3Mac 6,6

ἐπι-πίπτω auf etw.fallen
1 Sp (Gen 14,15 ...) NT 11mal

* ἐπι-πληθύνω anfüllen
Gen 7,17

ἐπί-πληξις Strafe
2Mac 7,33

ἐπι-πληρόω anfüllen
2Mac 6,4

ἐπι-ποθέω Sehnsucht haben
11mal (Dt 13,9 ...) NT 9mal

ἐπι-πολάζω obenauf schwimmen
4Reg 6,6

ἐπι-πολαίως auf der Oberfläche
3Mac 2,31

ἐπί-πονος mühselig
Sir 7,15 3Mac 5,47

ἐπι-πορεύομαι hingehen
5mal (Lev 26,33 ...) Lk 8,4

ἐπι-προσ-τίθημι hinzufügen
Sir Prol 14

ἐπι-ρραίνω/-ρραντίζω darüber sprengen
2Mac 1,21/Lev 6,20

ἐπι-ρρέω überströmen
Job 22,16

ἐπι-ρρίπτω daraufwerfen
15mal (Num 35,20 ...) Lk 19,35 1Pt 5,7

* ἐπι-ρρωγο-λογέομαι Nachlese halten
4Mac 2,9

ἐπι-ρρωνύω ermutigen
2Mac 11,9 WB

* ἐπί-σαγμα Packsattel
Lev 15,9

ἐπι-σάσσω daraufpacken
14mal (Gen 22,3 ...)

ἐπι-σείω schwingen
5mal (Jud 1,14 ...) WB

ἐπι-σημαίνω bezeichnen
Job 14,17 2Mac 2,6

ἐπί-σημος ausgezeichnet
7mal (Gen 30,42 ...) Mt 27,16 Röm 16,7

ἐπι-σιτίζομαι sich mit Nahrungsmitteln versehen
Jos 9,4

ἐπι-σιτισμός Proviant
13mal (Gen 42,35 ...) Lk 9,12

ἐπι-σκάζω hinken auf
Gen 32,32

* ἐπι-σκεπάζω überdecken
Lam 3,43.44

ἐπι-σκέπτομαι besichtigen
2 Sp (Gen 21,1 ...) NT 11mal

ἐπι-σκευάζω rüsten
7mal (1Reg 3,3 ...) Act 21,15

ἐπί-σκεψις Betrachtung
1 Sp (Ex 30,13 ...)

ἐπι-σκιάζω überschatten
Ex 40,35 Ps 90,4 139,8 Prov 18,11 NT 5mal

ἐπι-σκοπέω achtgeben
5mal (Dt 11,12 ...) Hb 12,15 1Pt 5,2

ἐπι-σκοπή Heimsuchung
1 Sp (Gen 50,24 ...) Lk 19,44 Act 1,20 1Tim 3,1 1Pt 2,12

ἐπί-σκοπος Aufseher
14mal (Num 4,16 ...) NT 5mal

ἐπί-σπαστρον Vorhang
Ex 26,26

ἐπι-σπάω heranziehen
12mal (Gen 39,12 ...) 1Kor 7,18

ἐπι-σπεύδω beschleunigen
1Es 1,25 Esth 6,14 Prov 6,18

* ἐπι-σπλαγχνίζομαι sich erbarmen
Prov 17,5

ἐπι-σπουδάζω anfeuern
Gen 19,15 Prov 13,11 20,9b WB

* ἐπι-σπουδαστής Dränger
Jes 14,4

ἐπίσταμαι verstehen
1 Sp (Gen 47,5 ...) NT 14mal

ἐπί-στασις Andrang
2Mac 6,3AV Act 24,12 2Kor 11,28

ἐπι-στατέω beaufsichtigen
1Es 7,2

ἐπι-στάτης Beamter, Vorgesetzter
12mal (Ex 1,11 ...) NT 7mal

ἐπι-στέλλω auftragen *(nur als vl zu ἀποστέλλω)*
6mal vl (1Reg 5,12 ...) Act 15,20 21,25 Hb 13,22

ἐπι-στήμη d.Verstehen, d.Wissen
1 Sp (Ex 31,3 ...) WB

ἐπι-στήμων kundig
14mal (Dt 1,13 ...) Jak 3,13

* ἐπι-στήριγμα Stütze
2Reg 22,19

ἐπι-στηρίζω stärken
13mal (Gen 28,13 ...) Act 14,22 15,32.41

* ἐπι-στοιβάζω aufhäufen
Lev 1,7.8.12 Sir 8,3

ἐπι-στολή Brief
1 Sp (2Par 30,1 ...) NT 24mal

ἐπι-στρατεία Feldzug
3Mac 3,14

ἐπι-στρατεύω zu Felde ziehen
6mal (Zach 14,12 ...)

ἐπι-στράτηγος Unterfeldherr
1Mac 15,38

ἐπι-στρατοπεδεύω das Lager aufschlagen
Jdth 2,21

ἐπι-στρέφω hinwenden
9 Sp (Gen 8,12 ...) NT 36mal

ἐπι-στροφή d.Beachtung
7mal (Jud 8,9 ...) Act 15,3

ἐπι-συν-άγω sammeln
1 Sp (Gen 6,16 ...) NT 8mal

ἐπι-συν-αγωγή Versammlung
2Mac 2,7 2Thess 2,1 Hb 10,25

* ἐπι-συν-έχω *daran zusammenhalten:* heiraten
1Es 9,17

ἐπι-συν-ίστημι zusammenstellen
8mal (Lev 26,16 ...)

ἐπι-σύ-στασις Aufruhr
Num 17,5 26,9 1Es 5,70 WB

ἐπι-συ-στρέφω Versammelungen veranstalten
Num 17,7 1Mac 14,44

ἐπι-σφαλής unsicher
Sap 9,14 Act 27,9

ἐπι-σφαλῶς unsicher
Sap 4,4

ἐπι-σφραγίζω besiegeln
2Es 20,1 Dan LXX Bel 12 WB

ἐπι-σχύω stark werden
Sir 29,1 1Mac 6,6 Lk 23,5

ἐπι-ταγή Auftrag
6mal (1Es 1,16 ...) NT 7mal

ἐπί-ταγμα Befehl
4Mac 8,6

ἐπι-ταράσσω beunruhigen
2Mac 9,24

ἐπί-τασις Anspannung
Sap 14,18 2Mac 6,3

ἐπι-τάσσω befehlen
1/2 Sp (Gen 49,33 ...) NT 10mal

ἐπι-τάφιον Grabplatte
4Mac 17,8

ἐπι-τείνω noch mehr anspannen
8mal (3Reg 22,34B ...)

ἐπι-τελέω vollenden
1/2 Sp (Lev 6,15 ...) NT 10mal

ἐπι-τέμνω zusammenziehen
2Mac 2,23.32

ἐπι-τερπής erfreulich
2Mac 15,39

ἐπι-τήδειος erforderlich, nötig
10mal (1Par 28,2 ...) Jak 2,16

ἐπι-τήδευμα Beschäftigung
1 Sp (Lev 18,3 ...) WB

ἐπι-τηδεύω eifrig betreiben
5mal (Esth 8,12$^{m}$ ...) WB

ἐπι-τηρέω abwarten
Jdth 13,3 WB

ἐπι-τίθημι auflegen
4 Sp (Gen 9,23 ...) NT 39mal

ἐπι-τιμάω tadeln
10mal (Gen 37,10 ...) NT 29mal

ἐπι-τίμησις Teuerung, Verteuerung
9mal (2Reg 22,16 ...)

ἐπι-τιμία Strafe
Sap 3,10 2Kor 2,6

ἐπι-τίμιον Strafe
Sir 9,5

ἐπί-τιμος geehrt
Sir 8,5 2Mac 6,13

ἐπι-τομή d.Einschneiden
2Mac 2,26.28

ἐπι-τρέπω gestatten
8mal (Gen 39,6 ...) NT 18mal

ἐπι-τρέχω herbeilaufen
5mal (Gen 24,17 ...)

ἐπι-τροπή Erlaubnis
2Mac 13,14 Act 26,12

ἐπί-τροπος Verwalter
2Mac 11,1 13,2 14,2 Mt 20,8 Lk 8,3 Gal 4,2

ἐπι-τυγχάνω erlangen
Gen 39,2 Prov 12,27 Röm 11,7 Hb 6,15 11,33 Jak 4,2

ἐπι-τυχία Glück
Sap 13,19

ἐπι-φαίνω zeigen
1/2 Sp (Gen 35,7 ...) Lk 1,79 Act 27,20 Tit 2,11 3,4

ἐπι-φάνεια Erscheinen
12mal (2Reg 7,23 ...) NT 6mal

ἐπι-φανής hervorleuchtend
16mal (Jud 13,6 ...) Act 2,20

ἐπι-φαύσκω leuchten
Job 25,5 31,26 41,10 Eph 5,14

ἐπι-φέρω herbeitragen, -bringen
20mal (Gen 1,2 ...) Röm 3,5 Jud 9

ἐπι-φημίζω Worte zurufen
Dt 29,18 Sap 2,12

* ἐπι-φυλλίζω Nachlese halten: aufsuchen
Lam 1,22 2,20 3,51

ἐπι-φυλλίς kleine Traube
6mal (Jud 8,2 ...)

ἐπι-φύομαι daraufwachsen, zunehmen
2Mac 4,50

ἐπι-φυτεύω daraufpflanzen
4Mac 15,6

ἐπι-φωνέω ausrufen
1Es 9,47 2Mac 1,23 3Mac 7,13 Lk 23,21 Act 12,22 21,34 22,24

ἐπι-φώσκω erstrahlen
Job 41,10AV Mt 28,1 Lk 23,54

ἐπι-χαίρω sich worüber freuen
20mal (Ps 34,19 ...)

ἐπι-χαρής worüber erfreut
Job 31,29 Nah 3,4

ἐπί-χαρμα d.Freude über etw.
5mal (Ex 32,25 ...)

ἐπί-χαρτος erfreulich
Prov 11,3

ἐπι-χειρέω Hand anlegen
12mal (2Par 20,11 ...) Lk 1,1 Act 9,29 19,13

ἐπι-χείρημα Unternehmen
Sir 9,4

ἐπί-χειρον (Hand-)Waffe
Jer 31,25 34,5 2Mac 15,33

ἐπι-χέω übergießen
1/2 Sp (Gen 28,18 ...) Lk 10,34

ἐπι-χορηγέω unterstützen
Sir 25,22 2Mac 4,9AV NT 5mal

ἐπί-χυσις Aufguß
Job 37,18

ἐπι-χωρέω gestatten
2Mac 4,9 12,12

ἐπι-χώρησις Erlaubnis
2Es 3,7

ἐπι-ψάλλω dazusingen
2Mac 1,30

ἐπι-ψοφέω dabei Geräusche machen
Ez 25,6

* ἐπ-όζω faul werden
Ex 7,18.21 16,20.24

ἐπ-οίκιον Nebengebäude
1Par 27,25

ἕπομαι folgen
3Mac 2,26

ἐπ-ονείδιστος schimpflich
5mal (Prov 18,1 ...)

ἐπ-ονομάζω benennen
1/2 Sp (Gen 4,17 ...) Röm 2,17

ἐπ-οξύνω anfeuern, beschleunigen
2Mac 9,7

ἐπ-όπτης Beobachter
Esth 5,1a 2Mac 3,39 7,35 3Mac 2,21 2Pt 1,16

ἐπ-οπτικός beaufsichtigend
4Mac 5,13

* ἐπ-οργίζομαι darüber zürnen
Dan LXX 11,40 2Mac 7,33

ἔπος Wort
Sir 44,5 Hb 7,9

ἐπ-οτρύνω antreiben
4Mac 5,14 14,1

ἐπ-ουράνιος himmlisch
7mal (Ps 67,15 ...) NT 19mal

ἔποψ Wiedehopf
Lev 11,19 Dt 14,17 Zach 5,9

ἑπτά sieben
1 Sp Textstellen (Gen 4,15 ...) NT 88mal

ἑπτα-ετής siebenjährig
Jud 6,25

ἑπτα-και-δέκατος der siebzehnte
5mal (3Reg 22,52 ...)

ἑπτάκις siebenmal
1/2 Sp (Gen 4,24 ...) Mt 18,21.22 Lk 17,4.4

ἑπτακισ-χίλιοι siebentausend
16mal (Num 3,22 ...) Röm 11,4

* ἑπτακισ-χίλιος (-χιλίαν ἵππον) 7000 (Reiter)
1Mac 3,39

ἑπτα-κόσιοι siebenhundert
ca 50 Textstellen (Gen 5,4 ...)

ἑπτά-μηνος Siebenmonatskind
Ez 39,12.14

* ἑπτα-μήτωρ siebenfach Mutter
4Mac 16,24

ἑπτα-πλάσιος siebenfach
8mal (2Reg 12,6A ...)

ἑπτα-πλασίων siebenfach
2Reg 12,6 Ps 78,12; Adv.6mal (Ps 11,7 ...) WB

ἑπτά-πυργος siebentürmig
4Mac 13,7

ἐπ-ωμίς auf der Schulter, was darauf gelegt wird
1/2 Sp (Ex 25,7 ...)

ἐπ-ώνυμος benannt wonach
Esth 8,12u

| | | |
|---|---|---|
| ἐπ-ωρύομαι | anbellen<br>Jona 1,11.13AQW Zach 11,8 | |
| ἐραστής | Liebhaber<br>19mal (Sap 8,2 ...) | |
| ἐράω | lieben<br>1Es 4,24 Esth 2,17 Prov 4,6 | WB |
| * ἐργάβ | = ארגז Behälter, Kästchen<br>1Reg 6,11.15 | |
| ἐργάζομαι | arbeiten<br>2 Sp (Gen 2,5 ...) | NT 41mal |
| ἐργαλεῖον | Werkzeug<br>Ex 27,19 39,9.19.21 | |
| ἐργασία | Beschäftigung<br>1/2 Sp (Gen 29,27 ...) | NT 6mal |
| ἐργάσιμος | zu bearbeiten, arbeits-<br>Lev 13,48.49 1Reg 20,19 | |
| ἐργατεία | d.Arbeiten<br>Sap 7,16 | |
| ἐργατεύομαι | arbeiten<br>Tob 5,5S | |
| ἐργάτης | Arbeiter<br>Sap 17,16 Sir 19,1 40,18 1Mac 3,6 | NT 16mal |
| ἐργάτις | Arbeiterin<br>Prov 6,8 | |
| * ἐργο-διωκτέω | Aufseher sein<br>2Par 8,10 | |
| ἐργο-διώκτης | Aufseher<br>7mal (Ex 3,7 ...) | |
| ἐργο-λαβία | aus Gewinnsucht<br>Sir 29,19 | |
| ἔργον | Werk<br>8 Sp (Gen 2,2 ...) | NT 169mal |
| ἐρεθίζω | aufreizen<br>8mal (Num 14,8B ...) | 2Kor 9,2 Kol 3,21 |
| ἐρεθισμός | Aufsässigkeit<br>Dt 28,22 31,27 Sir 31,29 | |
| ἐρεθιστής | ein Aufsässiger<br>Dt 21,18 | |
| ἐρείδω | herandrängen<br>10mal (Job 17,10 ...) | Act 27,41 |
| ἔρεισμα | Stütze<br>Prov 14,26 | |
| ἐρεοῦς | aus Wolle<br>Lev 13,47.48.52.59 Ez 44,17 | |
| ἐρεύγομαι | heraussagen<br>7mal (Lev 11,10 ...) | Mt 13,35 |
| ἔρευνα | Nachspüren<br>Sap 6,8 | |
| ἐρευνάω | untersuchen *(klass.)*<br>16mal (Gen 31,33 ...) | NT 6mal ἐραυνάω *(hell.)* |
| ἐρημία | Einöde<br>7mal (Sap 17,16 ...) | Hb 11,38<br>Mt 15,33 Mk 8,4 2Kor 11,26 |
| * ἐρημικός | zur Einsamkeit gehörig<br>Ps 101,7 119,4 | |
| * ἐρημίτης | Einsiedler<br>Job 11,12 | |
| ἔρημος | öde, leer<br>5 Sp (Gen 12,9 ...) | NT 48mal |
| ἐρημόω | wüst machen<br>1 Sp (Gen 47,19 ...) | NT 5mal |

ἐρήμωσις Verwüstung
1/2 Sp (Lev 26,34 ...) Mt 24,15 Mk 13,14 Lk 21,20

ἐρίζω streiten
10mal (Gen 26,35 ...) Mt 12,19

ἐριθεύομαι tagelöhnern
Tob 2,11

ἔριθος Lohnarbeiter
Jes 38,12

ἐρικτός Gerstenbrot
Lev 2,14

ἔριον Wolle
11mal (Dt 22,11 ...) Hb 9,19 Apk 1,14

ἔρις Streit
Sir 28,11 40,4.9 NT 9mal

ἐρίφιον Böckchen
Tob 2,13 Mt 25,33

ἔριφος Bock
1/2 Sp (Gen 27,9 ...) Mt 25,32 Lk 15,29

ἑρμηνεία Übersetzung, Auslegung
Sir Prol 20 47,17 Dan LXX 5,0 1Kor 12,10 14,26

ἑρμηνευτής Ausleger
Gen 42,23 WB

ἑρμηνεύω auslegen
2Es 4,7 Esth 10,3[1] Job 42,17[b] Jh 1,42 9,7 Hb 7,2

ἑρπετός Kriechtier
1/2 Sp (Gen 1,20 ...) Act 10,12 11,6 Jak 3,7 Röm 1,23

ἕρπω kriechen
11mal (Gen 1,26 ...)

ἐρυθαίνω rot färben
Sap 13,14

ἐρύθημα Röte
Jes 63,1

ἐρυθριάω erröten
Tob 2,14BA Esth 5,1[b]

* ἐρυθρο-δανόω mit Färberröte rot färben
5mal (Ex 25,5 ...)

ἐρυθρός rot
1/2 Sp (Ex 10,19 ...) Act 7,36 Hb 11,29

ἐρυμνός geschützt
2Mac 11,5

ἐρυμνότης Befestigung
2Mac 10,34 12,14

ἐρυσίβη Mehltau
6mal (Dt 28,42 ...)

ἔρχομαι kommen, gehen
15 Sp (Gen 10,19 ...) NT 636mal

ἐρωδιός d.Reiher
Lev 11,19 Dt 14,16 Ps 103,17

ἔρως Liebe
Prov 7,18 30,16 WB

ἐρωτάω fragen, bitten
1 Sp (Gen 24,47 ...) NT 63mal

ἐρώτημα das Gefragte
Sir 33,3

ἔσει (= ἔσῃ) du wirst sein
2Reg 5,2 Ez 24,17B 38,9B

* ἐσεφίν = אספים Vorratshaus
1Par 26,15.17

ἐσθής (Dat.Pl. ἐσθήσεσιν) Kleidung
6mal (1Es 8,68 ...) NT 8mal

ἐσθίω — essen
9 Sp (Gen 2,16 ...) — NT 158mal

ἔσοπτρον — Spiegel
Sap 7,26 Sir 12,11 — 1Kor 13,12 Jak 1,23

ἑσπέρα — Abend
1 1/2 Sp (Gen 1,5 ...) Lk 24,29 Act 4,3 28,23

ἑσπερινός — abendlich
8mal (Lev 23,5 ...) — WB

ἑστία — Herd
Tob 2,12S

* ἑστιατορία — d.Bewirten
4Reg 25,30 Dan LXX 5,1.23

ἐσχάρα — Herd
14mal (Ex 27,4 ...)

ἐσχαρίτης — auf Rost gebackenes Brot
2Reg 6,19

* ἐσχατίζω — zu spät kommen
Jud 5,28A 1Mac 5,53

ἐσχατο-γήρως — im äußersten Greisenalter sein
Sir 41,2 42,8

ἔσχατος — der letzte
2 Sp (Gen 33,2 ...) — NT 52mal

ἔσω — hinein, inwendig
15mal (Gen 39,11 ...) — NT 9mal

ἔσωθεν — von innen heraus
1/2 Sp (Gen 6,14 ...) — NT 12mal

ἐσώτατος — der innerste
7mal (3Reg 6,27 ...)

ἐσώτερον *(Adv.)* — weiter nach innen
6mal (Ex 26,33 ...)

ἐσώτερος — der innere
1/2 Sp (3Reg 6,29 ...) — Act 16,24 Hb 6,19

ἐτάζω — prüfen
16mal (Gen 12,17 ...)

ἑταίρα — Freundin
Jud 11,2 Prov 19,13 Sir 41,22 2Mac 6,4

ἑταιρίζομαι — sich einem zugesellen
Sir 9,3

ἑταῖρος — Freund
1/2 Sp (Jud 4,17B ...) — Mt 20,13 22,12 26,50

* ἔτασις — Prüfung
Job 10,17 12,6 31,14

* ἐτασμός — Prüfung, Pein
Gen 12,17 Jdth 8,27 2Mac 7,37

ἑτερό-ζυγος — ungleichartig
Lev 19,19

ἕτερος — der andere
3 Sp (Gen 4,25 ...) — NT 99mal

ἑτέρωθεν — von der anderen Seite her
4Mac 6,4

ἔτι — noch
7 Sp (Gen 2,9 ...) — NT 93mal

ἑτοιμάζω — bereiten
2 1/2 Sp (Gen 24,14 ...) — NT 40mal

ἑτοιμασία — Bereitschaft
12mal (2Es 2,68 ...) — Eph 6,15

ἕτοιμος — bereit
1 Sp (Ex 15,17 ...) — NT 17mal

ἑτοίμως — bereit
5mal (2Es 7,17 ...) — Act 21,13 2Kor 12,14 1Pt 4,5

| | | |
|---|---|---|
| ἔτος | Jahr<br>9 Sp (Gen 5,3 ...) | NT 49mal |
| εὖ | gut, wohl<br>1 Sp (Gen 12,13 ...) | NT 6mal |
| εὐ-αγγελία | gute Botschaft<br>2Reg 18,20.22.25.27 4Reg 7,9 | |
| εὐ-αγγελίζω | verkündigen<br>20mal (1Reg 31,9 ...) | NT 54mal |
| εὐ-αγγέλιον | frohe Botschaft<br>2Reg 4,10 | NT 76mal |
| εὐ-άλωτος | leicht zu fangen<br>Prov 30,28 | |
| εὐ-ανδρία | Mannhaftigkeit<br>2Mac 8,7 15,17 | |
| εὐ-απ-άντητος | freundlich<br>2Mac 14,9 | |
| εὐ-αρεστέω | gefallen<br>14mal (Gen 5,22 ...) | Hb 11,5.6 13,16 |
| εὐ-άρεστος | wohlgefällig<br>Sap 4,10 9,10 | NT 9mal |
| εὐ-άρμοστος | gut gefügt<br>Ez 33,32 4Mac 14,3 | |
| εὖ-γε | wohl! bravo!<br>8mal (Job 31,29 ...) | Lk 19,17 |
| εὐ-γένεια | edle Herkunft<br>5mal (Eccl 7,7B ...) | |
| εὐ-γενής | von vornehmer Herkunft<br>8mal (Job 1,3 ...) | Lk 19,12 Act 17,11 1Kor 1,26 |
| εὐ-γενῶς | nobel<br>6mal (2Mac 14,42 ...) | |
| εὐ-γνωμοσύνη | gute Gesinnung<br>Esth 8,12f | |
| εὔ-γνωστος | wohlbekannt<br>Prov 3,15 5,6 26,26 Sap 6,6S | |
| εὐ-δία | heiteres Wetter<br>Sir 3,15 | Mt 16,2 |
| εὐ-δοκέω | Wohlgefallen haben<br>1 Sp (Gen 24,26 ...) | NT 21mal |
| εὐ-δοκία | guter Wille<br>1/2 Sp (1Par 16,10 ...) | NT 9mal |
| εὐ-δοκιμέω | in gutem Rufe stehen<br>Gen 43,23 Sir 39,34 40,25 41,16 | |
| εὐ-δόκιμος | in Ansehen stehend<br>3Mac 3,5 | |
| εὐ-δράνεια | Wohlbefinden<br>Sap 13,19 | |
| εὐ-ειδής | wohlgestaltet<br>Dan LXX 1,4 | WB |
| εὐ-εκτέω | sich wohl befinden<br>Prov 17,22 | |
| εὔ-ελπις | voll guter Hoffnung<br>Prov 19,18 Sap 12,19 3Mac 2,33 | |
| εὐ-εξία | Wohlbefinden<br>Sir 30,15 | |
| εὐ-εργεσία | Wohltun<br>6mal (Ps 77,11 ...) | Act 4,9 1Tim 6,2 |
| εὐ-εργετέω | wohltun<br>10mal (Esth 8,12c ...) | Act 10,38 |
| εὐ-εργέτημα | Wohltat<br>2Mac 5,20 | |

| | | |
|---|---|---|
| εὐ-εργέτης | Wohltäter | |
| | 6mal (Esth 8,12$^{c.n}$ ...) | Lk 22,25 |
| εὐ-εργετικός | wohltätig | |
| | Sap 7,22 | WB |
| εὔ-ζωνος | wohl gegürtet: bewaffnet | |
| | Jos 1,14 4,13 Sir 36,26 | |
| εὐ-ήθης | einfältig | |
| | 2Mac 2,32 | |
| εὐ-ήκοος | gut hörend | |
| | Prov 25,12 Ep Jer 59 *PS 18,4* | |
| εὐ-ημερέω | heiter sein *(vom Wetter)* | |
| | 2Mac 8,35 12,11 13,16 | |
| εὐ-ημερία | Erfolg | |
| | 5mal (2Mac 5,6 ...) | |
| εὔ-ηχος | schön klingend | |
| | Job 30,7 Ps 150,5 | |
| εὐ-θαλέω | blühen | |
| | Dan Th 4,4 | WB |
| εὐ-θαλής | blühend | |
| | Dan Th 4,21 | WB |
| εὐ-θαρσής | mutig | |
| | 1Es 8,27 2Mac 8,21 3Mac 1,7; Adv.2Mac 7,10 | |
| εὔ-θετος | passend | |
| | Ps 31,6 Dan Th Sus 15 | Lk 9,62 14,35 Hb 6,7 |
| εὐθέως | sofort | |
| | 15mal (Jos 6,11 ...) | NT 36mal |
| εὐ-θηνέω | in gutem Zustand sein | |
| | 14mal (Job 21,9 ...) | WB |
| εὐ-θηνία | guter Zustand | |
| | 12mal (Gen 41,29 ...) | WB |
| * εὐθής | rechtschaffen | |
| | 1 Sp (Jud 17,6B ...) | WB |
| εὐ-θίκτως | geschickt | |
| | 2Mac 15,38 | |
| εὔ-θραυστος | leicht zerbrechlich | |
| | Sap 15,13 | |
| εὔ-θυμος | guten Mutes | |
| | 2Mac 11,26 | Act 27,36 |
| εὔθυνα | Untersuchung, Strafe | |
| | 3Mac 2,23 3,28 | |
| εὐθύνω | geraderichten | |
| | 13mal (Num 22,23 ...) | Jh 1,23 Jak 3,4 |
| εὐθύς | gerade | |
| | 1 Sp (Gen 33,12 ...) | NT 8mal |
| εὐθύς *(Adv.)* | sofort | |
| | 6mal (Gen 15,4 ...) | NT 51mal |
| εὐθύτης | Geradheit, Gerechtigkeit | |
| | 1/2 Sp (Jos 24,14 ...) | Hb 1,8 |
| * εὐ-ιλατεύω | sehr gnädig sein | |
| | Dt 29,19 Jdth 16,15 Ps 102,3 | |
| εὐ-ίλατος | sehr gnädig | |
| | 1Es 8,53 Ps 98,8 | |
| εὐ-καιρία | zur rechten Zeit | |
| | 5mal (Ps 9,10 ...) | Mt 26,16 Lk 22,6 |
| εὔ-καιρος | zeitgemäß | |
| | 6mal (Ps 103,27 ...) | Mk 6,21 Hb 4,16 |
| εὐ-καίρως | bei passender Gelegenheit | |
| | Sir 18,22 | Mk 14,11 2Tim 4,2 |
| εὐ-κατ-άλλακτος | leicht zu versöhnen | |
| | 3Mac 5,13 | WB |

εὐ-κατα-φρόνητος verächtlich
Jer 30,9 Dan LXX 11,21

εὐ-κίνητος leicht bewegend, handlich
Sap 7,22 13,11

εὐ-κλεής ruhmvoll
Sap 3,15 Jer 31,17 WB

εὔ-κλεια Ruhm
Sap 8,18 2Mac 6,19 3Mac 2,31

* εὐ-κληματέω gute Ranken treibend *(vom Weinstock)*
Hos 10,1

εὔ-κολος leicht
2Reg 15,3

εὐ-κοπία leichte Arbeit
2Mac 2,25

εὔ-κοπος leicht
Sir 22,15 1Mac 3,18 NT 7mal

εὐ-κοσμέω gut verwalten
1Mac 8,15

εὐ-κοσμία Sittsamkeit
Sir 32,2 45,7

εὔ-κυκλος wohlgerundet
Sap 5,21

εὐ-λάβεια Gottesfurcht
Jos 22,24 Prov 28,14 Sap 17,8 Hb 5,7 12,28

εὐ-λαβέομαι sich in Acht nehmen
1/2 Sp (Ex 3,6 ...) Hb 11,7

εὐ-λαβής fromm
Lev 15,31 Micha 7,2, Adv. 2Mac 6,11 Lk 2,25 Act 2,5 8,2 22,12

εὔ-λαλος geschwätzig, Schwätzer
Job 11,2 Sir 6,5 WB

εὐ-λογέω rühmen, segnen
5 1/2 Sp (Gen 1,22 ...) NT 44mal

εὐ-λογητός gepriesen
1 Sp (Gen 9,26 ...) NT 8mal

εὐ-λογία Preis, Lob
1 1/2 Sp (Gen 27,12 ...) NT 16mal

* εὐ-λογίζω segnen
Tob 4,12BA

εὐ-λογιστία vernünftige Überlegung
4Mac 5,22 8,15 13,5.7

εὐ-μαθῶς willig
Sap 13,11

εὐ-μεγέθης von ansehnlicher Größe: groß
1Reg 9,2 Bar 3,26

εὐ-μελής wohlklingend
Sap 17,17

εὐ-μένεια Wohlwollen
2Mac 6,29

εὐ-μενής wohlwollend
2Mac 12,31 13,26

εὐ-μενῶς freundlich
Sap 6,16

εὐ-μετά-βολος leicht veränderlich
Prov 17,20

εὐ-μήκης von ansehnlicher Länge
Dt 9,2

εὐ-μορφία Schönheit
Sap 7,10 4Mac 8,10

εὔ-μορφος wohlgestaltet
Sir 9,8 WB

εὐ-νοέω wohlgesinnt sein
Esth 8,12[u] Dan LXX 2,43 3Mac 7,11 Mt 5,25

εὔ-νοια Wohlwollen
19mal (Esth 2,23 ...) Eph 6,7

εὐ-νομία Gesetzestreue
4Mac 3,20 4,24 7,9 18,4

εὔ-νους wohlwollend
4Mac 4,3

εὐν-οῦχος Betthalter: Eunuch
1/2 Sp (Gen 39,1 ...) NT 8mal

εὐ-οδία guter Weg
8mal (1Es 8,6 ...)

εὔ-οδος wegsam
Num 14,41 1Es 7,3 Prov 11,9 13,13[a]; Adv. Prov 30,29

εὐ-οδόω auf gutem Weg führen
1 Sp (Gen 24,12 ...) Röm 1,10 1Kor 16,2 3Jh 2.2

εὔ-οπτος deutlich
Ep Jer 60

εὐ-παθέω sich wohl sein lassen
Job 21,23 Ps 91,15

εὐ-πάρ-υφος mit angewebtem Pupursaum
Ez 23,12

εὐ-πείθεια Gehorsam
4Mac 5,16 9,2 12,6 15,9

εὐ-πειθέω willig gehorchen
4Mac 8,6

εὐ-πορέω vermögend sein
Lev 25,26.28.49 Sap 10,10 Act 11,29

εὐ-πραξία gute Handlung
3Mac 3,5.6

εὐ-πρέπεια gutes Aussehen
16mal (2Reg 15,25 ...) Jak 1,11

εὐ-πρεπής gut aussehend
8mal (2Reg 1,23 ...) WB

εὐ-πρεπῶς stattlich
1Es 1,10 Sap 13,11 WB

εὐ-προσ-ήγορος leicht anzureden: umgänglich
Sir 6,5

εὐ-πρόσ-ωπος mit schönem Angesicht
Gen 12,11

εὕρεμα Fund
7mal (Sir 20,9 ...) WB: εὕρημα

εὕρεσις Erfindung
Sap 14,12 Sir 13,26

εὑρετής Erfinder
Prov 16,20 2Mac 7,31

εὑρετός auffindbar
Jud 9,6B

εὑρίσκω finden
9 Sp (Gen 2,20 ...) NT 176mal

εὖρος Breite
1 Sp (Ex 25,23 ...)

εὔ-ρυθμος Takt und Rhythmus beachtend
Esth 4,17[s]

εὐρύς weit
Ex 38,4.10.24

εὐρυ-χωρία Geräumigkeit
Gen 26,22

εὐρύ-χωρος weit, geräumig
11mal (Jud 18,10 ...) Mt 7,13

εὔ-ρωστος wohl bei Kräften
Sir 30,15

εὐ-ρώστως gesund
Sap 8,1 2Mac 10,17 12,27.35

εὐρωτιάω modrig sein
Jos 9,5

εὐ-σέβεια Frömmigkeit
1 Sp (1Es 1,21 ...) NT 15mal

εὐ-σεβέω fromm sein
6mal (Dan LXX Sus 63 ...) Act 17,23 1Tim 5,4

εὐ-σεβής gottesfürchtig
1/2 Sp (Jdth 8,31 ...) Act 10,2.7 2Pt 2,9

εὐ-σεβῶς fromm
4Mac 7,21A 2Tim 3,12 Tit 2,12

εὔ-σημος deutlich
Ps 80,3; u.Adv. Dan LXX 2,19 1Kor 14,9

εὔ-σκιος schattenreich
Jer 11,16

εὐ-στάθεια Beständigkeit
5mal (Esth 3,13$^{e}$ ...) WB

εὐ-σταθέω beständig sein
Jer 30,26 2Mac 12,2 14,25 3Mac 7,4 WB

εὐ-σταθής ruhig, beständig
Esth 3,13$^{g}$ Sir 26,18 WB

εὔ-στοχος das Ziel gut treffend
Sap 5,21

εὐ-στόχως richtig
3Reg 22,34 2Par 18,33

εὐ-στροφία Lenksamkeit
Prov 14,35

* εὐ-συν-αλλάκτως umgänglich
Prov 25,10$^{a}$

εὐ-σχημοσύνη Wohlanständigkeit
4Mac 6,2 1Kor 12,23

εὐ-σχήμων anständig
Prov 11,25 NT 5mal

εὐ-τακτέω gute Ordnung halten
2Mac 4,27

εὐ-τάκτως in guter Ordnung
Prov 30,27 3Mac 2,1 WB

εὐ-ταξία gute Ordnung
2Mac 4,37 3Mac 1,10 WB

εὐ-τεκνία Glück mit Kindern
4Mac 18,9

εὐ-τελής einfach
Sap 10,4 11,15 13,14 15,10 ; Adv.2Mac 15,38

εὔ-τηκτος leicht zu schmelzen
Sap 19,21

εὐ-τολμία Mut
2Mac 13,18

εὐ-τονία Kraft, Stärke
Eccl 7,7

εὔ-τονος wohl angespannt, kräftig
2Mac 12,23 4Mac 7,10

εὐ-τόνως kräftig
Jos 6,8 Lk 23,10 Act 18,28

εὐ-τρεπίζω zubereiten
4Mac 5,32

εὐ-φημέω Worte guter Vorbedeutung brauchen
1Mac 5,64

εὔ-φθαρτος leicht zu verderben
Sap 19,21

εὐ-φραίνω erfreuen
4 Sp (Lev 23,40 ...) NT 14mal

εὐ-φροσύνη Frohsinn
3 Sp (Gen 31,27 ...) Act 2,28 14,17

εὐ-φρόσυνος froh
5mal (Jdth 14,9 ...)

εὐ-φυής von schönem Wuchs
1Es 8,3 Sap 8,19 2Mac 4,32

εὔ-χαρις anmutig
Sap 14,20

εὐ-χαριστέω dankbar sein
6mal (Jdth 8,25 ...) NT 38mal

εὐ-χαριστία dankbare Gesinnung
Esth 8,12[d] Sap 16,28 Sir 37,11 2Mac 2,27 NT 15mal

εὐ-χάριστος angenehm
Prov 11,16 Kol 3,15

εὐ-χερής mit Leichtigkeit
Jdth 7,10 Prov 14,6 2Mac 2,27

εὐ-χερῶς leicht
Jdth 4,7 Prov 12,24 Sap 6,12 3Mac 2,31

εὐχή Gebet, Gelübde
1 Sp (Gen 28,20 ...) Act 18,18 21,23 Jak 5,15

εὔχομαι beten, wünschen
2 1/2 Sp (Gen 28,20 ...) NT 7mal

εὐ-χρηστία Leichtigkeit
3Mac 2,33

εὔ-χρηστος nützlich, brauchbar
Prov 31,13 Sap 13,13 2Tim 2,21 4,11 Phm 11

εὐ-ψυχία guter Mut
2Mac 14,18 4Mac 6,11 9,23

εὔ-ψυχος tapfer
Prov 30,31 1Mac 9,14; u.Adv.2Mac 7,20 3Mac 7,18

εὐ-ώδης wohlriechend
Ex 30,23.23 3Mac 5,45 7,16

εὐ-ωδία Wohlgeruch
1 Sp (Gen 8,21 ...) 2Kor 2,15 Eph 5,2 Phil 4,

εὐ-ωδιάζω wohlriechend machen
Sir 39,14 Zach 9,17

εὐ-ώνυμος links
19mal (Ex 14,22 ...) NT 9mal

εὐωχέω gut bewirten, schmausen
Jdth 1,16 3Mac 6,40 WBA

εὐωχία Gastmahl
9mal (1Es 3,20 ...) WB

* ἐφαδανώ = אפדנו, mit σκηνή = אהלי: Prunkzelt
Dan Th 11,45

ἐφ-άλλομαι losspringen
1Reg 10,6 11,6 16,13 Act 19,16

* ἐφ-αμαρτάνω zur Sünde verführen
Jer 39,35

ἐφ-άπτω daranheften
Am 6,3 9,5 2Mac 7,1

ἐφ-αρμόζω daranfügen
4Mac 11,10

ἐφ-έλκω heranschleppen
5mal (Num 9,19 ...)

ἐφ-έτιος jährlich
Dt 15,18

ἐφ-ηβεῖον Jugendsportplatz
2Mac 4,9

ἔφ-ηβος Ephebe: Jüngling
2Mac 4,12

ἔφ-ηλος an schlimmer Krankheit leidend
Lev 21,20

* ἐφ-ημερία Tagesdienst
1/2 Sp (1Par 9,33 ...) Lk 1,5.8

ἑφθός gekocht
Num 6,19 1Reg 2,15

ἐφ-ικνέομαι hinkommen
Sir 43,27.30 2Kor 10,13.14

ἐφ-ικτός erreichbar
2Mac 15,38

ἔφ-ιππος beritten
2Mac 11,8 12,35 4Mac 4,10 WBA

ἐφ-ίπταμαι hineinfliegen
Ep Jer 22

ἔφ-ισος gleich
Sir 9,10 31,27

ἐφ-ίσταμαι herantreten
1 1/2 Sp (Gen 24,43 ...) NT 21mal

ἐφ-οδεύω auf dem Wege gehen
Dt 1,22 Jdth 7,7 1Mac 16,14 2Mac 3,8

ἐφ-οδιάζω zur Reise ausrüsten
Dt 15,14 Jos 9,12

ἐφ-όδιον Reisebedarf
Dt 15,14 WB

ἔφ-οδος zugänglich
9mal (1Mac 9,68 ...)

ἐφ-οράω daraufsehen
19mal (Job 21,16 ...) WB

* ἐφούδ = אפוד priesterliches Kleidungsstück
15mal (Jud 17,5 ...)

ἐφ-ύβριστος prahlerisch
Sap 17,7

ἐχθές gestern
3/4 Sp (Gen 19,34 ...) Jh 4,52 Act 7,28 Hb 13,8

ἔχθρα Feindschaft
1/2 Sp (Gen 3,15 ...) NT 6mal

ἐχθραίνω hassen
12mal (Num 25,17 ...)

ἐχθρεύω verfeindet sein
Ex 23,22 Num 33,55 1Reg 18,29A 2Mac 10,26

ἐχθρός verfeindet, Feind
7 Sp (Gen 14,20 ...) NT 32mal

ἐχῖνος Igel
5mal (Zeph 2,14 ...)

ἔχις Natter
Sir 39,30

ἐχομένως unmittelbar darauf
2Mac 7,15

ἔχω haben, halten
7 Sp (Gen 1,29 ...) NT 711mal

ἕψεμα das Gekochte
9mal (Gen 25,29 ...)

ἕψω kochen
1/2 Sp (Gen 25,29 ...)

ἑωθινός morgendlich
8mal (Ex 14,24 ...)

ἕωλον — von gestern
Ez 4,14

ἕως — Morgenröte
3Mac 5,46

ἕως — solange als, bis
4 Sp Textstellen (Gen 3,19 ...) — NT 146mal

ἑωσ-φόρος — den Morgen bringend
7mal (1Reg 30,17 ...) — WBA

* ζακχώ (vgl גנזך) — Schatzkammer
1Par 28,11

ζάω — leben
7 Sp (Gen 1,20 ...) — NT 140mal

ζέα — *Getreideart,* Spelt
Jes 28,25

ζέμα — d.Siedende = Schandtat
Jud 20,6

ζευγίζω — verbinden
1Mac 1,15

ζεύγνυμι (-νύω) — zusammenfügen
9mal (Gen 46,29 ...) — WB

ζεῦγος — Joch
12mal (Lev 5,11 ...) — Lk 2,24 14,19

ζέω — kochen
Job 32,19 Ez 24,5.5 4Mac 18,20 — Act 18,25 Röm 12,11

ζῆλος — Eifer
1/2 Sp (Num 25,11 ...) — NT 16mal

ζηλο-τυπία — Eifersucht
Num5,15.18.25.29 — WB

ζηλόω — eifrig streben
3/4 Sp (Gen 26,14 ...) — NT 11mal

ζήλωσις — Wetteifer
Num 5,14.14.30 Sap 1,10

ζηλωτής — d.Eiferer
9mal (Ex 20,5 ...) — NT 8mal

ζηλωτός — Nacheiferung
Gen 49,22 Ex 34,14

ζημία — Schaden, Verlust
5mal (4Reg 23,33 ...) — Act 27,10.21 Phil 3,7.8

ζημιόω — Schaden zufügen
7mal (Ex 21,22 ...) — NT 6mal

ζητέω — suchen
5 Sp (Gen 19,11 ...) — NT 117mal

ζήτημα — Streitfrage
Ez 36,37AC — NT 5mal

ζιβύνη (= σιβύνη) — (Jagd-)Spieß
Jdth 1,15vl Micha 4,3vl Jes 2,4 Jer 6,23

ζυγός — Joch
1 Sp (Gen 27,40 ...) — NT 6mal

ζυγόω — anjochen
3Reg 7,43 Ez 41,26

ζῦθος — = שכר Bier (=שֵׁכר) <u>statt</u>: Lohn (=שׂכר)
Jes 19,10

ζύμη — Sauerteig
10mal (Ex 12,15 ...) — NT 13mal

ζυμίτης — gesäuertes Brot
Lev 7,13

ζυμόω — säuern
5mal (Ex 12,34 ...) — Mt 13,33 Lk 13,21 1Kor 5,6 Gal 5,9

* ζυμωτός — gesäuert
Ex 12,19.20 13,7 Lev 2,11

ζω-γραφέω malen *(nach dem Leben)*
Jes 49,16 Ez 23,14 2Mac 2,29 4Mac 17,7
ζω-γραφία Malerei
Sir 38,27
ζωγρεία d.Gefangennehmen
Num 21,35 Dt 2,34
ζωγρέω lebendig fangen
8mal (Num 31,15 ...) Lk 5,10 2Tim 2,26
ζωγρία Gefangennahme
2Mac 12,35
ζωή Leben
4 Sp (Gen 1,30 ...) NT 135mal
ζωμός Brühe, Soße
Jud 6,19.20 Jes 65,4 Ez 24,10
ζώνη Gürtel
20mal (Ex 28,4 ...) NT 8mal
ζώννυμι gürten
20mal (Ex 29,9 ...) Jh 21,18.18 Act 12,8
ζῳο-γονέω lebendig machen
11mal (Ex 1,17 ...) Lk 17,33 Act 7,19 1Tim 6,13
ζῷον Lebewesen
3/4 Sp (Gen 1,21 ...) NT 23mal
ζῳο-ποιέω lebendig machen
6mal (Jud 21,14B ...) NT 11mal
ζῳο-ποίησις d.Beleben
2Es 9,8.9
ζωόω lebendig machen
Ps 79,19 84,7
ζω-πυρέω entflammen
4Reg 8,1.5.5.5
ζώ-πυρον glühende Kohle
4Mac 8,13
ζῶσις d.Gürten
Jes 22,12
ζωτικός zum Leben gehörig
Sap 15,11
ἤ oder, als
2 Sp Textstellen (Gen 19,9 ...) NT 344mal
ἦ wahrhaftig
16mal (Gen 22,17 ...) WB
ἡγεμονία Oberbefehl
7mal (Gen 36,30 ...) Lk 3,1
ἡγεμονικός leitend
Ps 50,14 4Mac 8,7 WB
ἡγεμών Fürst, Statthalter
1 Sp (Gen 36,15 ...) NT 20mal
ἡγέομαι führen, meinen
2 1/2 Sp (Gen 49,10 ...) NT 28mal
ἡγετέον führen müssen
Prov 26,23
ἥγημα Anführung
Ez 17,3
* ἥγησις Leitung
Jud 5,14A 1Mac 9,31
ἡδέως gerne
10mal (Tob 7,10 ...) NT 5mal
ἤδη schon, jetzt
1 Sp (Gen 27,36 ...) NT 61mal
ἥδομαι sich erfreuen
Sap 6,21 Sir 37,4 WB

| | | |
|---|---|---|
| ἡδονή | Lust, Vergnügen | |
| | 14mal (Num 11,8 ...) | NT 5mal |
| ἡδύνω | angenehm machen | |
| | 9mal (Job 24,5 ...) | |
| ἡδυ-πάθεια | Wohlbehagen | |
| | 4Mac 2,2.4 | WB |
| ἡδύς | angenehm | |
| | 17mal (Esth 1,7 ...) | WB |
| ἥδυσμα | Gewürz | |
| | 9mal (Ex 30,23 ...) | |
| * ἡδυσμός | Süßigkeit | |
| | Ex 30,34 | |
| ἡδύ-φωνος | von lieblicher Stimme | |
| | Ez 33,32 | |
| * ἠδώ | = אדו seine Flut, *für* אורו *: sein Licht* | |
| | Job 36,30 | |
| ἠθο-λογέω | Sitten darstellen | |
| | 4Mac 15,4 | |
| ἦθος | Sitte | |
| | 7mal (Sir Prol 39 ...) | 1Kor 15,33 |
| ἥκω | kommen, da sein | |
| | 3 1/2 Sp (Gen 6,13 ...) | NT 26mal |
| ἤλεκτρον | Elektron, Glanzerz | |
| | Ez 1,4.27 8,2 | |
| ἡλιάζομαι | von der Sonne verbrannt werden | |
| | 2Reg 21,14 | |
| ἡλικία | Lebensalter | |
| | 1/2 Sp (Job 29,18 ...) | NT 8mal |
| ἡλικιώτης | Altersgenosse | |
| | 4Mac 11,14 | |
| ἥλιος | Sonne | |
| | 2 1/2 Sp (Gen 15,12 ...) | NT 32mal |
| ἧλος | Nagel | |
| | 8mal (Jos 23,13 ...) | Jh 20,25.25 |
| ἡμέρα | Tag | |
| | 33 Sp (Gen 1,5 ...) | NT 389mal |
| ἥμερος | zahm | |
| | Esth 3,13b 2Mac 12,30 4Mac 2,14 14,15 | WB |
| ἡμερόω | zähmen | |
| | Sap 16,18 | WB |
| ἡμέτερος | unser | |
| | 1/2 Sp (Gen 1,26 ...) | NT 8mal |
| ἡμί-εφθος | halb gekocht | |
| | Jes 51,20 | |
| ἡμι-θανής | halbtot | |
| | 4Mac 4,11 | Lk 10,30 |
| ἡμί-θνητος | halbtot | |
| | Sap 18,18 | |
| ἡμί-ονος | Maulesel | |
| | 1/2 Sp (Gen 12,16 ...) | |
| ἡμίσευμα | d.Halbierte | |
| | Num 31,36.42.43.47 | |
| ἡμισεύω | halbieren | |
| | Ps 54,24 | |
| ἥμισυς | halb | |
| | 2 Sp (Ex 24,6 ...) | NT 5mal |
| ἡνία | Zügel | |
| | Nah 2,4 1Mac 6,28 | |
| ἡνίκα | wann, zu der Zeit, wo | |
| | 1/2 Sp Textstellen (Gen 6,1 ...) | 2Kor 3,15.16 |

ἡνί-οχος Zügelhalter: Wagenlenker
3Reg 22,34 2Par 18,33

ἦνυστρον Magen (vgl. ἔνυστρον)
Maleachi 2,3.3

ἧπαρ Leber
20mal (Gen 49,6 ...)

* ἡπατο-σκοπέω die Leber *als Wahrsager* beschauen
Ez 21,26

ἤπερ als
Tob 14,4S 2Mac 14,42 4Mac 15,16 Jh 12,43

ἠπιότης Milde
Esth 3,13b

* ἠρεμάζω still sein vor Trauer
2Es 9,3.4

ἥσσων geringer
13mal (Job 5,4 ...) 1Kor 11,17 2Kor 12,15

ἡσυχάζω sich ruhig verhalten
1/2 Sp (Gen 4,7 ...) NT 5mal

ἡσυχῇ ruhig, still
Jud 4,21A Sir 21,20 Jes 8,6

ἡσυχία Ruhe
12mal (Jos 5,8 ...) Act 22,2 2Thess 3,12 1Tim 2,11.12

ἡσύχιος ruhig
Jes 66,2 *PS 12,5* 1Tim 2,2 1Pt 3,4

ἥσυχος ruhig
Sap 18,14 Sir 25,20

ἡττάομαι unterliegen
15mal (3Reg 16,22A ...) 2Pt 2,19.20

* ἥττημα Niederlage
Jes 31,8 Röm 11,12 1Kor 6,7

ἠχέω tönen
1/2 Sp (Ex 19,16 ...) 1Kor 13,1

ἦχος, ἤχου, ὁ Klang
18mal (1Reg 14,19 ...) Lk 4,37 ? Act 2,2 ? Hb 12,19 ?

ἦχος, ἤχους, τό Klang
1Reg 4,16 Ps 9,7 64,8 76,17 Jer 28,16 Lk 4,37? 21,25 Act 2,2 ?

ἠχώ, ἠχοῦς, ἡ Klang
Job 4,13 Sap 17,18 Sir 47,9 WB

* θααλά = תעלה Graben
3Reg 18,32

* θαιληθά *für* תאים: Räume
Ez 40,7

θάλαμος Schlafzimmer
3Mac 1,18

θάλασσα Meer
5 Sp (Gen 1,10 ...) NT 91mal

θαλάσσιος zum Meer gehörig
1Mac 4,23

θαλλός Zweig
2Mac 14,4

θάλλω aufsprossen
5mal (Gen 40,10 ...) WB

* θαλπιώθ = תלפיוה Verschanzungen
Cant 4,4

θάλπω erwärmen
Dt 22,6 3Reg 1,2.4 Job 39,14 Eph 5,29 1Thess 2,7

θαμβέω erstaunen
8mal (Jud 9,4A ...) Mk 1,27 10,24.32

θάμβος Staunen
7mal (1Reg 26,12 ...) Lk 4,36 5,9 Act 3,10

θανατη-φόρος todbringend
5mal (Num 18,22 ...) Jak 3,8
θάνατος Tod
4 1/2 Sp (Gen 2,17 ...) NT 120mal
θανατόω töten
2 Sp (Gen 38,10 ...) NT 11mal
θανάτωσις d.Töten
1Reg 26,16
* θαννουρίμ = תנורים (Back-)Ofen
2Es 13,11
θάπτω begraben
2 Sp (Gen 23,4 ...) NT 11mal
θαρραλέος guten Mutes
4Mac 13,13
θαρραλέως getrost
3Mac 1,4.23 4Mac 3,14
θαρρέω mutig sein
Prov 1,21 Dan LXX 6,17 4Mac 13,11 17,4 NT 6mal
θαρσέω mutig sein
27mal (Gen 35,17 ...) NT 7mal
θαρσίς d.Mutfassen
Cant 5,14 Ez 1,16 Dan Th 10,6
θάρσος Mut
2Par 16,8 Job 4,4 17,9 1Mac 4,35 Act 28,15
θαρσύνω ermutigen
Esth 4,17r
θαῦμα Wunder
Job 17,8 18,20 20,8S 21,5S 2Kor 11,14 Apk 17,6
θαυμάζω sich wundern
1 Sp (Gen 19,21 ...) NT 43mal
θαυμάσιος wunderbar
1 Sp (Ex 3,20 ...) Mt 21,15
θαυμασμός Bewunderung
2Mac 7,18 4Mac 6,13
θαυμαστός wunderbar
2/3 Sp (Ex 15,11 ...) NT 6mal
θαυμαστόω wunderbar machen
8mal (2Reg 1,26 ...)
θαυμαστῶς wunderbar
Ps 44,5 75,5 Sir 43,8 Dan LXX 8,24 WB
θέα Göttin
Jes 2,16 27,11 Act 19,27
θεάομαι schauen
8mal (2Par 22,6 ...) NT 22mal
* θεέ = תא Raum, Wachstube
3Reg 14,28 u.11mal Ez 40,7-36
* θεεβουλαθώ = תחבולות Überlegungen
Job 37,12
* θεῖμ = תאים Räume, Wachstände
Ez 40,12.14.16
θεῖον Schwefel
9mal (Gen 19,24 ...) NT 7mal
θεῖος göttlich
1/2 Sp (Ex 31,3 ...) Act 17,29 2Pt 1,3.4
θειότης Göttlichkeit
Sap 18,9 Röm 1,20
θέλημα Wille
2/3 Sp (2Reg 23,5 ...) NT 62mal
θέλησις d.Wollen
10mal (2Par 15,15 ...) Hb 2,4

| | | |
|---|---|---|
| * θελητής | der Wollende<br>4Reg 21,6 23,24 Micha 7,18 1Mac 4,42 | |
| * θελητός | gewollt<br>1Reg 15,22 Mal 3,12 | |
| θέλω | wollen<br>2 Sp (Gen 24,8 ...) | NT 209mal |
| θέμα | Einsatz, Preis<br>8mal (Lev 24,6 ...) | WB |
| θεμέλιον/-ιος | Grundlage<br>3/4 Sp (Dt 32,22 ...) | NT 16mal |
| θεμελιόω | befestigen<br>1/2 Sp (Jos 6,26 ...) | NT 5mal |
| * θεμελίωσις | Grundlegung<br>2Es 3,11.12 | |
| θέμις | Satzung<br>2Mac 6,20 12,14 | |
| θεμιτός | gestattet<br>Tob 2,13 | WB |
| * θεννουρίμ | = תנורים (Back-)Ofen<br>2Es 22,38 | |
| θεό-κτιστος | von Gott erbaut<br>2Mac 6,23 | |
| θεο-μαχέω | mit Gott kämpfen<br>2Mac 7,19 | |
| θεός | Gott<br>52 Sp (Gen 1,1 ...) | NT 1318mal |
| θεο-σέβεια | Gottesfurcht<br>8mal (Gen 20,11 ...) | 1Tim 2,10 |
| θεο-σεβής | gottesfürchtig<br>7mal (Ex 18,21 ...) | Jh 9,31 |
| θεράπαινα | Dienerin<br>8mal (Ex 11,5 ...) | |
| θεραπεία | d.Dienen<br>6mal (Gen 45,16 ...) | Lk 9,11 12,42 Apk 22,2 |
| θεραπεύω | dienen<br>1/2 Sp (2Reg 19,24 ...) | NT 43mal |
| θεράπων | Diener<br>1 Sp (Gen 24,44 ...) | Hb 3,5 |
| * θεραφίν | = תרפים Hausgötter<br>8mal (Jud 17,5 ...) | |
| θερίζω | ernten<br>1/2 Sp (Lev 23,10 ...) | NT 21mal |
| θερινός | sommerlich<br>Jud 3,20.24B Am 3,15 Dan Th 2,35 | WB |
| θερισμός | Ernte<br>1/2 Sp (Gen 8,22 ...) | NT 13mal |
| θεριστής | Erntearbeiter<br>Dan Bel 33 | Mt 13,30.39 |
| θέριστρον | Sense, Sichel<br>6mal (Gen 24,65 ...) | |
| θερμαίνομαι | sich wärmen<br>12mal (3Reg 1,1 ...) | NT 6mal |
| θερμασία | Hitze<br>Jer 28,39 Dan LXX 3,46 | |
| θερμαστρίς | Feuerzange<br>3Reg 7,26.31 | |
| θέρμη | Hitze<br>Job 6,17 Ps 18,7 Eccl 4,11 Sir 38,28 | Act 28,3 |
| θερμός | warm<br>6mal (Jos 9,12 ...) | WB |

θερμότης Wärme
Sap 2,4

θέρος Sommer
8mal (Gen 8,22 ...) Mt 24,32 Mk 13,28 Lk 21,30

θέσις Stellung
3Reg 11,36 1Es 1,3 Sap 7,19 WB

θεσμός Satzung
6mal (Prov 1,8 ...)

θεωρέω anschauen
1 Sp (Jos 8,20 ...) NT 58mal

θεωρητός beschaut
Dan Th 8,5

θεωρία Schauspiel
Dan LXX 5,7 2Mac 5,26 15,12 3Mac 5,24 Lk 23,48

θεωρός Zuschauer, Festgesandter
2Mac 4,19

θήκη Aufbewahrungsstelle
Ex 25,27 Jes 3,26 6,13 Jh 18,11

θηλάζω säugen
1/2 Sp (Gen 21,7 ...) NT 5mal

θηλυκός weiblich
Num 5,3 Dt 4,16 WB

θηλυ-μανής weibstoll
Jer 5,8

θῆλυς weiblich
1/2 Sp (Gen 1,27 ...) NT 5mal

θήρ (wildes) Tier
7mal (Job 5,23 ...) WB

θήρα Jagd(beute)
1/2 Sp (Gen 25,28 ...) Röm 11,9

θήρευμα d.Erjagte
Lev 17,13 Eccl 7,26 Jer 37,17

θηρευτής Jäger
Ps 90,3 Sir 11,30 Jer 16,16

θηρεύω jagen
18mal (Gen 27,3 ...) Lk 11,54

* θηρι-άλωτος von wilden Tieren gepackt
9mal (Gen 31,39 ...)

θηριό-βρωτος von wilden Tieren gefressen
Gen 44,28

θηρίον Tier
2 Sp (Gen 1,24 ...) NT 46mal

θηριόομαι verwildern
2Mac 5,11

θηρι-ώδης voll von wilden Tieren
2Mac 10,35 4Mac 12,13 u.Adv.2Mac 12,15

θησαυρίζω aufspeichern
13mal (4Reg 20,17 ...) NT 8mal

θησαύρισμα Vorrat
Prov 21,6

θησαυρός Schatz
1 1/2 Sp (Gen 43,23 ...) NT 17mal

θησαυρο-φύλαξ Schatzmeister
2Es 5,14

θίασος Versammlung
Sap 12,5 Jer 16,5

* θίβις = תבה (geflochtener) Korb, Kästchen
Ex 2,3.5.6

θιγγάνω berühren
Ex 19,12 Kol 2,21 Hb 11,28 12,20

| | | |
|---|---|---|
| * θιμωνία | (Korn-)Haufen<br>7mal (Ex 8,14 ...) | |
| θίς | Haufe<br>Gen 49,26 Dt 12,2 Job 15,7 Bar 5,7 | |
| * θλαδίας | Eunuch<br>Lev 22,24 Dt 23,2 | |
| θλάσμα | Quetschung, Trümmer<br>Amos 6,11 | |
| θλάω | zerbrechen<br>11mal (Jud 10,8 ...) | WB |
| θλίβω | quälen<br>1 1/2 Sp (Ex 3,9 ...) | NT 10mal |
| * θλιμμός | Bedrängnis<br>Ex 3,9 Dt 26,7 | |
| θλῖψις | Bedrängnis<br>2 Sp (Gen 35,3 ...) | NT 45mal |
| θνησιμαῖος | Gestorbene betreffend<br>1/2 Sp (Lev 5,2 ...) | |
| θνήσκω | sterben<br>1 Sp (Gen 50,15 ...) | NT 9mal |
| θνητός | sterblich<br>9mal (Job 30,23 ...) | NT 6mal |
| θοῖνα | Schmaus<br>Sap 12,5 3Mac 5,31 | |
| θολερός | schmutzig<br>Hab 2,15 | |
| θορυβέω | in Unruhe versetzen<br>5mal (Jud 3,26 ...) | Mt 9,23 Mk 5,39 Act 17,5 20,10 |
| θόρυβος | Tumult<br>13mal (2Es 10,9 ...) | NT 7mal |
| * θραέλ | = תראל (?) *vermutlich ein Bauausdruck*<br>Ez 41,8 | |
| θράσος | Unverschämtheit<br>16mal (Jdth 16,10 ...) | WB |
| θρασυ-κάρδιος | kühnherzig<br>Prov 14,14 21,4 | |
| θρασύνω | ermutigen<br>3Mac 1,22.26 | |
| θρασύς | kühn<br>Num 13,28 | |
| θραῦσις | d.Zerbrechen<br>12mal (Num 17,12 ...) | |
| θραῦσμα | d.Zerbrochene: Ausschlag<br>17mal (14mal Lev 13,30-37) | |
| * θραυσμός | d.Brechen<br>Nahum 2,11 | |
| θραύω | zerbrechen<br>1/2 Sp (Ex 15,6 ...) | Lk 4,18 |
| θρεπτός | genährt, aufgezogen<br>Esth 2,7 | |
| θρηνέω | klagen<br>1/2 Sp (Jud 11,40 ...) | Mt 11,17 Lk 7,32 23,27 Jh 16,20 |
| θρήνημα | Wehklage<br>Ez 27,32 | |
| θρῆνος | Totenklage<br>1/2 Sp (2Reg 1,17 ...) | WB |
| θρησκεία | Gottesverehrung<br>5mal (Sap 14,18 ...) | Act 26,5 Kol 2,18 Jak 1,26.27 |
| θρησκεύω | Gott verehren<br>Sap 11,15 14,17 | WB |

| | | |
|---|---|---|
| θρίξ,τριχός | Haar<br>3/4 Sp (Ex 25,4 ...) | NT 15mal |
| θροέομαι | erregt werden<br>Cant 5,4 | Mt 24,6 Mk 13,7 2Thess 2,2 |
| θρονίζω | inthronisieren<br>Esth 1,2 | |
| θρόνος | Thron<br>2 Sp (Gen 41,40 ...) | NT 62mal |
| θροῦς | lautes Rufen<br>Sap 1,10 1Mac 9,39 | |
| θρυλέω | viel schwatzen<br>Job 31,30 3Mac 3,6.7 | |
| * θρύλημα | das gemeinsam Besprochene<br>Job 17,6 30,9 | |
| θυγάτηρ | Tochter<br>8 Sp (Gen 5,4 ...) | NT 28mal |
| θύελλα | Wirbelwind<br>Ex 10,22 Dt 4,11 5,22 | Hb 12,18 |
| θυΐα | Mörser *(zum Zerstampfen)*<br>Num 11,8 | |
| * θυΐσκη | Räuchergefäß<br>1/2 Sp (Ex 25,29 ...) | |
| θυλάκιον | Täschchen<br>Tob 9,5 | |
| θύλακος | Tasche<br>4Reg 5,23 | |
| θῦμα | Opfer<br>16mal (Gen 43,16 ...) | WB |
| θυμ-ήρης | dem Herzen lieb<br>Sap 3,14 | |
| θυμιάζω/-άω | räuchern<br>1 Sp (Ex 30,7 ...) | Lk 1,9 |
| θυμίαμα | Räucherwerk<br>1 Sp (Gen 37,25 ...) | NT 6mal |
| θυμιατήριον | Räucheraltar<br>2Par 26,19 Ez 8,11 4Mac 7,11 | Hb 9,4 |
| θυμός | Leidenschaft, Zorn<br>4 1/2 Sp (Gen 27,44 ...) | NT 18mal |
| θυμόω | zornig machen<br>1 Sp (Gen 6,7 ...) | Mt 2,16 |
| θυμ-ώδης | zornig<br>8mal (Prov 11,25 ...) | |
| θύρα | Tür<br>3 Sp (Gen 6,16 ...) | NT 39mal |
| θυρεός | *(viereckiger)* Langschild<br>1/2 Sp (Jud 5,8B ...) | Eph 6,16 |
| θυρεο-φόρος | Schildträger<br>1Par 12,25 | |
| θυρίς | Fenster<br>1/2 Sp (Gen 8,6 ...) | Act 20,9 2Kor 11,33 |
| θυρόω | mit einer Tür versehen<br>1Mac 4,57 | |
| θύρσος | Stab, *der mit Epheu und Weinlaub umwunden ist*<br>Jdth 15,12 2Mac 10,7 | |
| θύρωμα | Fenster<br>1/2 Sp (3Reg 6,31 ...) | |
| θυρωρός | Türhüter<br>10mal (2Reg 4,6 ...) | Mk 13,34 Jh 10,3 18,16.17 |
| θυσία | Opfer<br>5 Sp (Gen 4,3 ...) | NT 28mal |

θυσιάζω opfern
3/4 Sp (Ex 22,19 ...)

* θυσίασμα Opfer(tier)
12mal (Ex 23,18 ...)

θυσιαστήριον Altar
5 Sp (Gen 8,20 ...) NT 23mal

θύω opfern
2 Sp (Gen 31,54 ...) NT 13mal

* θωδαθά = תודות Lobsagungen
2Es 22,27

θωρακίζω mit einem Brustpanzer versehen
1Mac 4,7 6,35.43

θωρακισμός Ausrüstung mit einem Brustpanzer
2Mac 5,3

θώραξ Brustpanzer
16mal (1Reg 17,5 ...) NT 5mal

ἴαμα Heilung
10mal (2Par 36,16 ...) 1Kor 12,9.28.30

* ἰαμιβίν Malstein *(für* מזבח *oder* מצבה *?)*
4Reg 12,10

ἰάομαι heilen
1 Sp (Gen 20,17 ...) NT 26mal

ἴασις Heilung
1/2 Sp (Jdth 5,12 ...) Lk 13,32 Act 4,22.30

ἴασπις Jaspis
Ex 28,18 36,18 Jes 54,12 Ez 28,13 Apk 4,3 21,11.18.19

* ἰατής Arzt
Job 13,4

ἰατρεία Heilung
2Par 21,18 Jer 31,2

ἰατρεῖον Arzthonorar
Ex 21,19

ἰατρεύω Arzt sein
9mal (4Reg 8,29 ...)

ἰατρός Arzt
13mal (2Par 16,12 ...) NT 7mal

ἴβις Ibis
Lev 11,17 Dt 14,16 Jes 34,11

* ἰγλαάμ = הגלם er führte sie gefangen (! ? !)
1Par 8,7

ἰγνύα Kniekehle
3Reg 18,21

ἴδε siehe
ca 60mal (Gen 27,6 ...) NT 34mal

ἰδέα Aussehen
7mal (Gen 5,3 ...) WB

ἰδιό-γραφος eigenhändig geschrieben
Ps 151,1

ἰδιο-ποιέομαι sich zueigen machen
2Reg 15,6

ἴδιος eigen
1 Sp (Gen 14,14 ...) NT 113mal

ἰδιότης Eigentümlichkeit
Sap 2,23vl 3Mac 7,17

ἰδιώτης Laie
Prov 6,8[b] NT 5mal

ἰδιωτικός privat
4Mac 4,3.6 WB

ἰδού siehe
14 Sp (Gen 1,29 ...) NT 200mal

| | | |
|---|---|---|
| ἱδρόω | schwitzen<br>4Mac 3,8 6,11 | WB |
| ἱδρύω | errichten<br>Ps 143,12 4Mac 17,3 | WB |
| ἱδρώς | Schweiß<br>Gen 3,19 2Mac 2,26 4Mac 7,8 | Lk 22,44 |
| ἱέραξ | Habicht<br>5mal (Lev 11,16 ...) | |
| ἱερατεία | Priesteramt<br>16mal (Ex 29,9 ...) | Lk 1,9 Hb 7,5 |
| ἱεράτευμα | Priesterschaft<br>Ex 19,6 23,22 2Mac 2,17 | 1Pt 2,5.9 |
| ἱερατεύω | Priester sein<br>1/2 Sp (Ex 28,1 ...) | Lk 1,8 |
| ἱερατικός | priesterlich<br>1Es 4,54 5,44 2Mac 3,15 | |
| ἱερεία | heiliges Fest<br>4Reg 10,20 | |
| ἱερεύς | Priester<br>11 Sp (Gen 14,18 ...) | NT 31mal |
| ἱερό-δουλος | Tempelsklave<br>6mal (1Es 1,2 ...) | |
| ἱερόν | Heiligtum<br>77mal (1Par 9,27 ...) | NT 71mal |
| ἱερο-πρεπής | dem Heiligen angemessen<br>4Mac 9,25 11,20 | Tit 2,3 |
| ἱερός | heilig<br>36mal (Jos 6,8 ...) | 1Kor 9,13.13 2Tim 3,15 |
| * ἱερο-στάτης | Tempelvorsteher<br>1Es 7,2 | |
| ἱερο-συλέω | Tempelraub begehen<br>2Mac 9,2 | Röm 2,22 |
| * ἱερο-σύλημα | Tempelberaubung<br>2Mac 4,39 | |
| ἱερο-συλία | Tempelraub<br>2Mac 13,6 | |
| ἱερό-συλος | Tempelräuber<br>2Mac 4,42 | Act 19,37 |
| ἱερο‿υργία | heiliger Tempeldienst<br>4Mac 3,20 | |
| ἱερο-ψάλτης | heiliger Sänger<br>1Es 1,15 5,27.45 8,5.22 9,24 | |
| * ἱερό-ψυχος | mit heiliger Seele<br>4Mac 17,4 | |
| ἱέρωμα | d.Geweihte<br>2Mac 12,40 | |
| ἱερωσύνη | Priestertum<br>9mal (1Par 29,22 ...) | Hebr 7,11.12.24 |
| ἴθι | gehe (Imp.v. ἰέναι)<br>Prov 6,6 | |
| ἱκανόομαι | zufrieden sein<br>14mal (Gen 32,11 ...) | Aktiv: 2Kor 3,6 Kol 1,12 |
| ἱκανός | genügend, tüchtig<br>1/2 Sp (Gen 30,15 ...) | NT 39mal |
| ἱκανῶς | ausreichend<br>Job 9,31 3Mac 1,4 | WB |
| ικεσια | Bitte, Flehen<br>2Mac 10,35A 12,42A | WB |
| ἱκετεία | d.Schutzflehen<br>7mal (Sir 35,14 ...) | |

ἱκετεύω anflehen
10mal (Job 19,17 ...) WB

ἱκετήριος schutzflehentlich
Job 40,27 2Mac 9,18 Subst.Hb 5,7

ἱκέτης d.Schutzflehende
Ps 73,23 Sir 4,4 36,16 Mal 3,14 WB

ἰκμάς (Erd-)Feuchtigkeit
Job 26,14 Jer 17,8 Lk 8,6

ἴκτερος Gelbsucht
5mal (Lev 26,16 ...)

ἰκτίν Hühnergeier
Lev 11,14 Dt 14,13 WB: ἰκτῖνος

ἱλαρός munter,heiter
7mal (Esth 5,1[b] ...) u.Adv. Job 22,26 22Kor 9,7

ἱλαρότης Heiterkeit
Prov 18,22 *Ps 4,5 16,12* Röm 12,8

ἱλαρόω erfreuen
Sir 7,24 35,8 43,22

ἱλαρύνω erheitern
Ps 103,15 Sir 7,24S 36,22

ἱλάσκομαι versöhnen
12mal (Ex 32,14 ...) Lk 18,13 Hb 2,17

ἱλασμός Versöhnung
10mal (Lev 25,9 ...) 1Jh 2,2 4,10

* ἱλαστήριον Sühnemittel
1/2 Sp (Ex 25,17 ...) Röm 3,25 Hb 9,5

ἱλαστήριος versöhnend
4Mac 17,22

* ἱλατεύω gnädig sein
Dan LXX 9,19 WB

ἵλεως gnädig
1/2 Sp (Gen 43,23 ...) Mt 16,22 Hb 8,12

ἴλη Schar, Haufe
2Mac 5,3

ἰλύς Schlamm
Ps 39,3 68,3

ἱμάντωσις das Binden: hölzernes Quergebälk
Sir 22,16

ἱμάς Riemen
5mal (Job 39,10 ...) Mk 1,7 Lk 3,16 Jh 1,27 Act 22,25

ἱμάτιον Kleid, Mantel
2 1/2 Sp (Gen 9,23 ...) NT 60mal

* ἱματιο-φύλαξ Kleiderverwalter
4Reg 22,14

ἱματισμός Kleidung
1/2 Sp (Gen 24,53 ...) NT 5mal

ἱμείρομαι s.wonach sehnen
Job 3,21B

* ἵν = הין Hin *(Flüssigkeitsmaß)*
20mal (Ex 29,40 ...)

ἵνα damit
1 Sp Textstellen (Gen 3,3 ...) NT 663mal

ἵνα τί warum
1/2 Sp Textstellen (Gen 4,6 ...) NT 6mal

ἴνδαλμα Abbild
Sap 17,3 Jer 27,39

ἰξευτής Vogelsteller
Am 3,5 8,1.2

ἰο-βόλος Gift auslassend
Sap 16,10

| | | | |
|---|---|---|---|
| | ἰόομαι | rostig werden<br>Sir 12,10 29,10 | |
| | ἰός | Gift<br>10mal (Ps 13,3 ...) | Röm 3,13 Jak 3,8 5,3 |
| | ἰουδαΐζω | nach jüdischer Sitte leben<br>Esth 8,17 | Gal 2,14 |
| * | ἰουδαϊσμός | Judentum<br>5mal (2Mac 2,21 ...) | Gal 1,13.14 |
| * | ἰουδαϊστί | auf Hebräisch<br>6mal (4Reg 18,26 ...) | |
| | ἱππάζομαι | Pferde lenken<br>Jer 27,42 Ez 23,6.12 | |
| | ἱππ-άρχης | Anführer der Reiterei<br>2Reg 1,6 | |
| | ἱππασία | Reitermanöver<br>Hab 3,8 Jer 8,16 | |
| | ἱππεύς | Reiter<br>1 Sp (Gen 49,17 ...) | Act 23,23.32 |
| | ἱππεύω | reiten<br>4Reg 9,16 Micha 1,13 Ez 23,23 | |
| | ἱππικός | zum Reiter gehörig<br>1Mac 15,38 3Mac 1,1 | Apk 9,16 |
| | ἱππό-δρομος | Rennbahn<br>5mal (Gen 48,7 ...) | |
| | ἵππος | Pferd, Reiterei<br>3 Sp (Gen 14,11 ...) | NT 17mal |
| * | ἴρ | = עיר Stadt<br>Dan Th 4,13.17.23 | |
| | ἶρις | Iris *(Pflanze)*<br>Ex 30,24 | Apk 4,3 10,1 |
| * | ἰσ-άστερος | sternengleich<br>4Mac 17,5 | |
| * | ἰσ-ηγορέομαι | gleichberechtigt sprechen<br>Sir 13,11 | |
| | ἰσο-δυναμέω | von gleicher Stärke sein<br>Sir Prol 21 | |
| | ἰσο-δύναμος | gleich stark<br>4Mac 3,15 5,20 | |
| | ἰσό-θεος | gottgleich<br>2Mac 9,12 | |
| | ἰσό-μοιρος | gleichen Anteil habend<br>2Mac 8,30 | |
| | ἰσο-νομέω | Gleiches austeilen: gerecht sein<br>4Mac 5,24 | |
| | ἰσό-πεδος | von gleichem Boden<br>2Mac 8,3 9,14 3Mac 5,43 | |
| | ἰσο-πολίτης | Bürger von gleichem Recht<br>3Mac 2,30 | |
| | ἰσο-πολῖτις | Stadt gleicher Rechte<br>4Mac 13,9 | |
| | ἴσος | gleich<br>1/2 Sp (Ex 26,24 ...) | NT 8mal |
| | ἰσότης | Gleichheit<br>Job 36,29 Zach 4,7 *PS 17,41* | 2Kor 8,13.14 Kol 4,1 |
| | ἰσό-ψυχος | von gleicher Seelengröße<br>Ps 54,14 | Phil 2,20 |
| | ἰσόω | gleich machen<br>Job 28,17.19 Ps 88,7 | |
| | ἱστάνω | Bestand haben<br>Ez 17,14 | |

| | | |
|---|---|---|
| ἵστημι | stellen<br>10 Sp (Gen 6,18 ...) | NT 154mal |
| ἱστίον | Segel<br>12mal (Ex 27,9 ...) | WB |
| ἱστορέω | nachforschen<br>1Es 1,31.31.40 | Gal 1,18 |
| ἱστορία | Erkundigung<br>6mal (Esth 8,12g ...) | WBA |
| ἱστός | Mast- , Webebaum<br>7mal (Tob 2,12S ...) | WBA |
| ἰσχίον | Hüftgelenk<br>2Reg 10,4 | |
| ἰσχνό-φωνος | mit feiner Stimme<br>Ex 4,10 6,30 | WB |
| ἰσχυρός | stark<br>2 Sp (Gen 14,5 ...) | NT 29mal |
| * ἰσχυρόω | stärken, befestigen<br>Jes 41,7 | WBA |
| ἰσχυρῶς | sehr gewaltig<br>Dt 12,23 Jud 8,1B Prov 14,29 31,17 | WB |
| ἰσχύς | Stärke<br>4 Sp (Gen 4,12 ...) | NT 10mal |
| ἰσχύω | stark sein<br>1 1/2 Sp (Gen 31,29 ...) | NT 28mal |
| ἴσως | vielleicht<br>10mal (Gen 32,21 ...) | Lk 20,13 |
| * ἰταμία | Dreistigkeit<br>Jer 30,10.20 | |
| ἰταμός | dreist, verwegen<br>Jer 6,23 27,42 | WB |
| ἰτέα | Weidenbaum<br>Lev 23,40 Ps 136,2 Jes 44,4 | WB |
| ἴτω | er soll gehen (Imp.v. ἰέναι)<br>Ex 32,26 | |
| ἰχθυηρός | die Fische betreffend<br>2Es 13,3 22,39 | |
| ἰχθύς | Fisch<br>1/2 Sp (Gen 1,26 ...) | NT 20mal |
| ἰχνευτής | Aufspürer<br>Sir 14,22 | |
| ἰχνεύω | aufspüren<br>Prov 23,30 Sir 51,15 | |
| ἴχνος | Spur<br>1/2 Sp (Gen 42,9 ...) Röm 4,12 2Kor 12,18 | 1Pt 2,21 |
| ἰχώρ | Blutwasser, Serum<br>Job 2,8 7,5 4Mac 9,20 | WB |
| * κάβος | = קב Kab *(Hohlmaß für Trockenes)*<br>4Reg 6,25 | |
| * καδησίν | = קדשים Tempelsklaven<br>4Reg 23,7 | |
| κάδιον | kleiner Krug<br>1Reg 17,40.49 | |
| κάδος | Krug<br>2Par 2,9A Jes 40,15 | WB |
| καθά | gleichwie<br>1/2 Sp Textstellen (Gen 7,9 ...) | Mt 27,10 |
| καθ-αγιάζω | weihen, heiligen<br>6mal (Lev 8,9 ...) | |
| καθ-αίρεσις | d.Niederreißen<br>Ex 23,24 1Mac 3,43 | 2Kor 10,4.8 13,10 |

καθ-αιρέω herabnehmen
1 1/2 Sp (Gen 24,18 ...) NT 9mal

καθαίρω reinigen
2Reg 4,6 Jes 28,27 Jh 15,2

καθ-άπερ gleichwie
1/2 Sp Textstellen (Gen 12,4 ...) NT 13mal

καθαρίζω reinigen
1 1/2 Sp (Gen 35,2 ...) NT 31mal

καθαριότης Reinheit
7mal (Ex 24,10 ...)

* καθαριόω reinigen
Lam 4,7

* καθάρισις Reinigung
Lev 12,4.6

καθαρισμός Reinigung
19mal (Ex 29,36 ...) NT 7mal

καθαρός rein
2 Sp (Gen 7,2 ...) NT 27mal

καθαρότης Reinheit
Ex 24,10A Sap 7,24 Hb 9,13

καθάρσιος reinigend
4Mac 6,29

κάθαρσις Reinigung
Lev 12,4.6 Jer 32,29 Ez 15,4

καθ-έδρα Sitz
16mal (1Reg 20,18 ...) Mt 21,12 23,2 Mk 11,15

καθ-έζομαι sitzen
5mal (Lev 12,4B ...) NT 7mal

* κάθ-εμα d.Herabhängende, Halskette
Jes 3,19 Ez 16,11

καθ-εύδω schlafen
1/2 Sp (Gen 28,13 ...) NT 22mal

καθ-ηγεμών Wegweiser
2Mac 10,28

καθ-ήκω hinzukommen
1/2 Sp (Gen 19,31 ...) Act 22,22 Röm 1,28

καθ-ηλόω annageln
Ps 118,120 WB

* καθ-ήλωμα d.Angenagelte
3Reg 6,21vl

κάθ-ημαι sitzen
3 Sp (Gen 18,1 ...) NT 91mal

καθ-ημερινός täglich
Jdth 12,15 Act 6,1

** καθ-ίγω (?) streichen *(Wiedergabe für* נגע*)*
Ex 12,22

* κάθ-ιδρος voll Schweiß
Jer 8,6

καθ-ιδρύω sich niedersetzen lassen
Ep Jer 15 2Mac 4,12 3Mac 7,20

καθ-ιζάνω sich setzen
Job 12,18 Prov 18,16

καθ-ίζω (sich) setzen
3 Sp (Gen 8,4 ...) NT 46mal

καθ-ίημι herablassen
Ex 17,11 1Par 21,27A Zach 11,13 Lk 5,19 Act 9,25 11,5 10,11

* καθ-ίπταμαι herunterfliegen
Sir 43,18

κάθ-ισις d.Sitzen
Jer 30,2.25

καθ-ίστημι hinstellen
3 1/2 Sp (Gen 39,4 ...) NT 21mal

καθ-ό in dem Maße wie
6mal (Lev 9,5 ...) Röm 8,26 2Kor 8,12.12 1Pt 4,13

καθ-οδηγέω den Weg anführen
Job 12,23 Jer 2,6 Ez 39,2

κάθ-οδος Rückkehr
3Reg 9,25A 1Es 2,18 Eccl 6,6 7,22

καθ-όλου überhaupt
8mal (Ex 22,10B ...) Act 4,18

καθ-ομολογέω zugestehen
Ex 21,8.9

καθ-οπλίζω ausrüsten
10mal (Jer 26,9 ...) Lk 11,21

καθ-οράω bemerken
Num 24,2 Job 10,4 39,26 3Mac 3,11 Röm 1,20

καθ-όρμιον Halsband
Hos 2,15

καθ-ότι deshalb weil
1/2 Sp Textstellen (Gen 26,29 ...) NT 6mal

καθ-υβρίζω übermütig behandeln
Prov 19,28 Jer 28,2 3Mac 2,14

καθ-υμνέω besingen
2Par 30,21

καθ-ύπερθε von oben her
3Mac 4,10

καθ-υπνόω einschlafen
Prov 24,33

καθ-υστερέω zu spät kommen
Ex 22,28 1Par 26,27 Sir 16,13 37,20

* καθ-υφαίνω einweben
Ex 28,17 Jdth 10,21

καθ-ώς ebenso wie
3/4 Sp Textstellen (Gen 8,21 ...) NT 182mal

καινίζω erneuern, einweihen
6mal (Sap 7,27 ...)

καινός neu
1 Sp (Dt 20,5 ...) NT 42mal

καινότης Neuheit
3Reg 8,53a Ez 47,12 Röm 6,4 7,6

καινο‿υργός Erfinder neuer Dinge
4Mac 11,23

καί-περ obgleich
14mal (Prov 6,8c ...) NT 5mal

καίριον zur rechten Zeit
Prov 15,23

καιρός Zeit
6 Sp (Gen 1,14 ...) NT 86mal

καί-τοι und doch
4Mac 2,6 5,18 7,13 Act 14,17 Hb 4,3

καίω brennen
1 1/2 Sp (Ex 3,2 ...) NT 12mal

κακ-ηγορέω verleumden
4Mac 9,14

κακία Schlechtigkeit
2 Sp (Gen 6,5 ...) NT 11mal

κακίζομαι schlecht behandelt werden
4Mac 12,2

κακο-ήθεια Boshaftigkeit
6mal (Esth 8,12f ...) Röm 1,29

κακο-ήθης — von bösem Charakter
4Mac 1,25 2,16 — WB

κακο-λογέω — schmähen
6mal (Ex 21,16 ...) — Mt 15,4 Mk 7,10 9,39 Act 19,9

κακό-μοχθος — vergeblich sich abmühend
Sap 15,8

κακο-πάθεια — d.Leiden
Mal 1,3 2Mac 2,26.27 4Mac 9,8 — Jak 5,10

κακο-παθέω — Unglück erleiden
Jona 4,10 — 2Tim 2,9 4,5 Jak 5,13

κακο-ποιέω — übel handeln
1/2 Sp (Gen 31,7 ...) — Mk 3,4 Lk 6,9 1Pt 3,17 3Jh 11

κακο-ποίησις — d.Übeltun
2Es 4,22 3Mac 3,2

κακο-ποιός — schlecht handelnd
Prov 12,4 24,19 — 1Pt 2,12.14 4,15

κακο-πραγία — Schlechtigkeit
Sap 5,23

κακός — schlecht
6 Sp (Gen 19,19 ...) — NT 50mal

κακο-τεχνέω — arglistig handeln
3Mac 7,9

κακό-τεχνος — arglistig
Sap 1,4 15,4 4Mac 6,25

κακουργία — Schlechtigkeit
Ps 34,17 2Mac 3,32 14,22

κακο-ῦργος — Verbrecher
Esth 8,12p Prov 21,15 Sir 11,33 33,27 — Lk 23,32.33.39 2Tim 2,9

κακο-υχέω — quälen
3Reg 2,26 11,39vl — Hb 11,37 13,3

κακο-φροσύνη — Unbesonnenheit
Prov 16,18

κακό-φρων — unverständig
Prov 11,22 19,19

κακόω — schlecht behandeln
1 Sp (Gen 15,13 ...) — NT 6mal

κακῶς — schlecht
15mal (Ex 22,27 ...) — NT 16mal

κάκωσις — Mißhandlung
18mal (Ex 3,7 ...) — Act 7,34

καλαβώτης — Eidechse
Lev 11,30 Prov 30,28

κάλαθος — geflochtener Handkorb
Jer 24,1.2.2

καλαμάομαι — Nachlese halten
6mal (Dt 24,20 ...)

καλάμη — Rohr, Stroh
17mal (Ex 5,12 ...) — 1Kor 3,12

καλάμινος — vom Rohr
4Reg 18,21 Jes 36,6 Ez 29,6

καλαμίσκος — Schilfrohr
11mal Ex 25,31-35; 38,14.15

κάλαμος — Schilfrohr
1/2 Sp (Ex 30,23 ...) — NT 12mal

καλέω — rufen
6 1/2 Sp (Gen 1,5 ...) — NT 148mal

* καλλιόομαι — schöner gemacht werden
Cant 4,10.10

καλλί-παις — mit schönen Kindern
4Mac 16,10

καλλονή Verzierung
7mal (Ps 46,5 ...) WB

κάλλος Schönheit
1 Sp (Gen 49,21 ...) WB

κάλλυνθρον (Besen aus einem) Zweig
Lev 23,40

καλλ-ωπίζω schmücken, putzen
5mal (Gen 38,14 ...) WB

καλο-κἀγαθία Vortrefflichkeit
4Mac 1,8S.10 3,18 11,22 13,25 15,9 WB

καλός schön
3 Sp (Gen 1,4 ...) NT 101mal

κάλος, ὁ Strick
Num 3,37 4,32

κάλπη Krug
4Mac 3,12

κάλυμμα Decke, Schleier
19mal (Ex 27,16 ...) 2Kor 3,13.14.15.16

κάλυξ Hülle
Sap 2,8

καλυπτήρ Schleier
Ex 27,3 Num 4,13.14

καλύπτω zudecken
1 Sp (Ex 8,2 ...) NT 8mal

καλώδιον kleines Tau
Jud 15,13.14 16,11.12

καλῶς schön
1/2 Sp (Gen 26,29 ...) NT 37mal

κάμαξ Pfahl
2Mac 5,3

καμάρα Gewölbe
Jes 40,22 WB

καμηλο-πάρδαλις Giraffe
Dt 14,5

κάμηλος Kamel
1 Sp (Gen 12,16 ...) NT 6mal

* καμιναία Ofenruß
Ex 9,8.10

κάμινος Feuerofen
1 Sp (Gen 19,28 ...) Mt 13,42.50 Apk 1,15 9,2

καμμύω die Augen schließen
Jes 6,10 29,10 33,15 Lam 3,45 Mt 13,15 Act 28,27

κάμνω ermüden
6mal (Job 10,1 ...) Hb 12,3 Jak 5,15

καμπή Krümmung
2Es 13,24.31

κάμπη Spannenraupe
Am 4,9 Joel 1,4 2,25

κάμπτω beugen
20mal (Jud 5,27A ...) Röm 11,4 14,11 Eph 3,14 Phil 2,10

καμπύλος gekrümmt
Prov 2,15

κάνθαρος Becher: Sparren, Dachbalken
Hab 2,11

κανθός Augenwinkel
Tob 11,12

κανοῦν (κάνεον) Korb
15mal (Gen 40,16 ...)

κανών Maßstab
Jdth 13,6 Micha 7,4 4Mac 7,21 2Kor 10,3.15.16 Gal 6,16

κάπηλος (Kleinwaren-) Händler
Sir 26,29 Jes 1,22

καπνίζω rauchen
11mal (Gen 15,17 ...)

καπνός Rauch
1/2 Sp (Ex 19,18 ...) NT 13mal

κάππαρις Kapern(strauch)
Eccl 12,5

κάπτω (zu)schnappen
Dan LXX 1,12

* καρασίμ *nach* קדשים Kultprostituierte
2Par 35,19a

καρδία Herz
13 Sp (Gen 6,5...) NT 157mal

* καρδιόω bezaubern
Cant 4,9.9

καρόομαι betäubt werden
Jer 28,39

καρπάσινος von feinstem Flachs *(aus Karpasia/Cypern)*
Esth 1,6 WB

καρπίζομαι ernten
Jos 5,12 Prov 8,19

κάρπιμος fruchtbringend
Gen 1,11.12

* καρπό-βρωτος eßbare Frucht bringend
Dt 20,20

καρπός Frucht
2 Sp (Gen 1,11 ...) NT 66mal

καρπός Hand(gelenk)
1Reg 5,4 Ps 127,2 Prov 31,20

καρπο-φορέω Frucht bringen
Sap 10,7 Hab 3,17 NT 8mal

καρπο-φόρος fruchtbringend
Ps 106,34 148,9 Jer 2,21 Act 14,17

παρπόω Frucht tragen
Lev 2,11 Dt 26,14 1Es 4,52 Dan 3,38

κάρπωμα Frucht
1 Sp (Ex 21,25 ...)

κάρπωσις Darbringen von Früchten
6mal (Lev 4,10 ...)

* καρπωτός Ärmelkleid *(bis an das Handgelenk - καρπός -)*
2Reg 13,18.19

* κάρταλλος Korb *(unten spitz zulaufend)*
5mal (Dt 26,2 ...)

καρτερέω standhaft sein
11mal (Job 2,9 ...) Hb 11,27

καρτερία Standhaftigkeit
6mal 4Mac 6,13 - 16,14

καρτερός mutig
7mal (2Mac 10,29 ...) u.Adv.4Mac 15,31

καρτερο-ψυχία tapfere Haltung
4Mac 9,26

καρύα Nußbaum
Cant 6,11

καρύϊνος nußfarbig
Gen 30,37 Jer 1,11

* καρυΐσκος kleine Nuß
Ex 25,33.34

κάρυον Nuß
Gen 43,11 Num 17,23

καρυωτός nußförmig
Ex 38,16

κάρφος Splitter
Gen 8,11 NT 6mal

κασία Zimt
Ps 44,9 Ez 27,17

κασσιτέρινος zinnern
Zach 4,10

κασσίτερος Zinn
5mal (Num 31,22 ...)

κατά *b.Gen.* gegen /*b.Akk.* längs, gemäß
5 Sp Textstellen (Gen 22,16/Gen 1,11) NT 476mal

κατα-βαίνω herabgehen
4 Sp (Gen 11,5 ...) NT 82mal

κατα-βάλλω niederwerfen
1/2 Sp (2Reg 20,15 ...) 2Kor 4,9 Hb 6,1

κατα-βαρύνω belasten
2Reg 13,25 14,26 Sir 8,15B Joel 2,8 Mk 14,40

κατα-βάσιος herabkommend
Sap 10,6

κατά-βασις Abstieg
11mal (Jos 8,24 ...) Lk 19,37

κατα-βιάζομαι zwingen
Gen 19,3 Ex 12,33

κατα-βιβάζω hinuntertreiben
11mal (Dt 21,4 ...) WB

κατα-βιβρώσκω verzehren
7mal (2Es 12,3 ...)

κατα-βιόω das Leben hinbringen
Am 7,12

κατα-βλάπτω schädigen
3Mac 7,8

κατα-βλέπω herabsehen
Gen 18,16

κατα-βοάω schreien
6mal (Ex 5,15 ...) WB

κατα-βόησις Anklage
Sir 32,15

κατα-βολή Grundlegung
2Mac 2,29 NT 11mal

κατα-βόσκω abweiden
Ex 22,4.4.4

* κατά-βρωμα Speise
13mal (Num 14,9 ...)

* κατά-βρωσις d.Verzehren
Gen 31,15 Jdth 5,24

κατά-γαιος unterirdisch
Gen 6,16 *PS 8,9*

κατ-αγγέλλω verkündigen
2Mac 8,36 9,17 NT 18mal

κατα-γέλαστος lächerlich
Sap 17,8 WB

κατα-γελάω auslachen
1/2 Sp (Gen 38,23 ...) Mt 9,24 Mk 5,40 Lk 8,53

κατά-γελως d.Verspotten
Tob 8,10S Ps 43,14 1Mac 10,70 *PS 4,7*

κατα-γηράσκω altern
Jes 46,4

κατα-γίνομαι sich beschäftigen
Ex 10,23 Num 5,3 Dt 9,9 Dan LXX Bel 21 WB

κατα-γινώσκω verurteilen
Dt 25,1 Prov 28,11 Sir 14,2 19,5 Gal 2,11 1Jh 3,20.
κατ-άγνυμι zerbrechen
10mal (Dt 33,11 ...) Mt 12,20 Jh 19,31.32.33
κατά-γνωσις Verurteilung
Sir 5,14 WB
* κατα-γογγύζω gegen jmdn. murren
1Mac 11,39
κατα-γράφω (be)schreiben
11mal (Ex 17,14 ...) Jh 8,9
κατ-άγω hinabführen
1 Sp (Gen 37,25 ...) NT 9mal
κατα-δαμάζω völlig bewältigen, bezwingen
Jud 14,18A
κατα-δαπανάομαι verbrauchen
Sap 5,13
κατα-δείκνυμι zeigen
5mal (Gen 5,13 ...)
κατα-δέομαι sehr bitten
Gen 42,21 Jes 57,10 Ez 30,21
κατα-δεσμεύω festbinden
Sir 7,8 30,7
κατά-δεσμος Verband
Jes 1,6
κατα-δέχομαι aufnehmen
Ex 35,5 Dt 32,29 WB
κατα-δέω verbinden
7mal (Num 19,15 ...) Lk 10,34
κατα-δι-αιρέω verteilen
Ps 47,14 54,10 135,13 Joel 4,2 WB
κατα-δικάζω verurteilen
10mal (Job 34,29 ...) NT 5mal
κατα-δίκη Verurteilung
Sap 12,27 Act 25,15
κατα-διώκω verfolgen
1 Sp (Gen 14,14 ...) Mk 1,36
κατ-αδολεσχέω durch Schwatzen belästigen
Lam 3,20
κατα-δουλόω knechten
10mal (Gen 47,21 ...) 2Kor 11,20 Gal 2,4
κατα-δρομή d.Anrennen
2Mac 5,3
* κατα-δυναστεία Gewaltausübung, Unterdrückung
5mal (Ex 6,7 ...)
κατα-δυναστεύω tyrannisieren
1/2 Sp (Ex 1,13 ...) Act 10,38 Jak 2,6
κατά-δυσις d.Untertauchen *für* 'Schandbild' (?)
3Reg 15,13
κατα-δύω untertauchen
Ex 15,5 Am 9,3 Mi 7,19 Jer 28,64
κατα-θαρσέω mutig sein
2Par 32,8
* κατα-θλάω zerquetschen
Ps 41,11 Jes 63,3
κατα-θύμιος am Herzen liegend
Micha 7,3 Jes 44,9
κατ-αιγίς der plötzliche Windstoß
1/2 Sp (Ps 10,6 ...) WB
κατ-αιδέομαι Ehrfurcht haben
4Mac 3,12

κατ-αικίζω peinigen
6mal 4Mac 6,3-13,27
κατ-αισχύνω schänden, beschämen
1 1/2 Sp (Jud 18,7B ...) NT 13mal
κατα-καίω niederbrennen
1 1/2 Sp (Gen 38,24 ...) NT 12mal
* κατα-κάλυμμα Verhüllung, Decke
17mal (Ex 26,14 ...)
κατα-καλύπτω verhüllen
1/2 Sp (Gen 38,15 ...) 1Kor 11,6.6.7
κατα-κάμπτω niederbiegen
Ps 37,7 56,7 4Mac 11,10
κατά-καρπος sehr fruchtbar
Ps 51,10 Hos 14,7; Adv.Zach 2,8 WB
* κατα-κάρπωσις Asche *(der verbrannten Fruchtopfer)*
Lev 6,3.4
κατά-καυμα d.Verbrannte
9mal (Ex 21,25 ...)
κατα-καυχάομαι sich rühmen
Zach 10,12 Jer 27,11.38 Röm 11,18.18 Jak 2,13 3,14
κατά-κειμαι daliegen, darniederliegen
Jdth 13,15 Prov 6,9 23,34 Sap 17,7 NT 12mal
* κατα-κενόω ganz ausleeren
Gen 42,35 2Reg 13,9
κατα-κεντέω durchstechen
Jdth 16,12 Jer 28,4 Ez 23,47 WB
κατα-κλάω zerbrechen
Ez 19,12 Mk 6,41 Lk 9,16
κατά-κλειστος eingeschlossen
Sap 18,4 2Mac 3,19
κατα-κλείω einschließen
5mal (Sap 17,2 ...) Lk 3,20 Act 26,10
* κατα-κληρο-δοτέω verteilen, zum Erbe geben
Dt 1,38A 21,16 1Mac 3,36 WB
κατα-κληρο-νομέω als Erbteil übergeben
1 Sp (Num 13,30 ...) Act 13,19
κατα-κληρόομαι durchs Los erlangen
6mal 1Reg 10,20-14,47
κατα-κλίνω sich niederlegen
6mal (Ex 21,18 ...) NT 5mal
* κατά-κλιτος niederfallend
Jes 3,23
κατα-κλύζω überfluten
11mal (Job 14,19 ...) 2Pt 3,6
κατα-κλυσμός Überschwemmung
1/2 Sp (Gen 6,17 ...) Mt 24,38.39 Lk 17,27 2Pt 2,5
κατ-ακολουθέω nachfolgen
5mal (1Es 7,1 ...) Lk 23,55 Act 16,17
κατα-κονδυλίζω mit Fäusten schlagen
Am 5,11
κατ-ακοντίζω mit dem Wurfspieß töten
Jdth 1,15 Job 30,14
κατά-κοπος zerhauen
Jud 5,26A Job 3,17 16,7 2Mac 12,36
κατα-κόπτω (zer)schlagen
1/2 Sp (Gen 14,5 ...) Mk 5,5
κατα-κοσμέω in Ordnung bringen
Ex 39,5 Jes 61,10 1Mac 4,57
κατα-κρατέω überwältigen
1/2 Sp (1Reg 14,42 ...)

κατα-κρημνίζω den Abhang hinunterstürzen
2Par 25,12 2Mac 12,15 14,43 4Mac 4,25 Lk 4,29

κατα-κρίνω zum Tode verurteilen
7mal (Esth 2,1 ...) NT 18mal

κατα-κρούω festschlagen
Jud 16,14

κατα-κρύπτω verbergen
1/2 Sp (Gen 35,4 ...)

κατα-κτάομαι sicher erwerben
2Par 28,10 2Mac 6,25

κατα-κτείνω töten
4Mac 11,3 12,11

κατα-κυλίω herabwälzen
Jud 5,27B 1Reg 14,8 Jer 28,25

κατα-κύπτω sich niederbücken, heruntersehen
4Reg 9,32 Jh 8,8

κατα-κυριεύω unterjochen
18mal (Gen 1,28 ...) Mt 20,25 Mk 10,42 Act 19,16 1Pt 5,3

κατα-λαλέω schlecht machen
14mal (Num 12,8 ...) NT 5mal

* κατα-λαλιά Verleumdung
Sap 1,11 2Kor 12,20 1Pt 2,1

κατα-λαμβάνω ergreifen
2 Sp (Gen 31,23 ...) NT 15mal

κατα-λάμπω erleuchten
Sap 17,19 WB

κατα-λεαίνω zerreiben
Dan LXX 7,23

κατα-λέγω aufzählen
Dt 19,16 2Mac 7,30vl 1Tim 5,9

* κατά-λειμμα Rest
1/2 Sp (Gen 45,7 ...) WB

κατα-λείπω zurücklassen
5 Sp (Gen 2,24 ...) NT 24mal

κατά-λειψις Überbleibsel
Gen 45,7 Sir 23,26

κατ-αλέω zermahlen
Ex 32,20 Dt 9,21 Dan LXX 2,34

κατα-λήγω aufhören
2Mac 7,30 9,5 3Mac 6,32

κατά-ληψις d.Fassen
Dt 20,19

* κατα-λιθοβολέω steinigen
Ex 17,4 Num 14,10

* κατά-λιθος mit (Edel-)Steinen besetzt
Ex 28,17 36,17

κατα-λιμπάνω zurücklassen
Gen 39,16 2Reg 5,21 3Reg 18,18

κατ-αλλαγή Versöhnung
Jes 9,5 2Mac 5,20 Röm 5,11 11,15 2Kor 5,18.19

κατ-αλλάσσω versöhnen
Jer 31,39 2Mac 1,5 7,33 8,29 NT 6mal

κατα-λογίζομαι dazurechnen
Sap 5,5 Jes 14,10 Dan LXX 5,17

κατα-λογισμός Register
6mal (1Par 4,33 ...)

κατά-λοιπος übrig
1 Sp (Lev 5,9 ...) Act 15,17

* κατα-λοχία Register
2Par 31,18

κατά-λυμα Herberge
13mal (Ex 4,24 ...) Mk 14,14 Lk 2,7 22,11
κατά-λυσις Auflösung
Jer 30,14 Dan LXX 2,22 2Mac 8,17 4Mac 11,25 WB
κατα-λύτης Auflöser *(des Gepäcks)*, Gast
Sap 5,14
κατα-λύω auflösen
1 Sp (Gen 19,2 ...) NT 17mal
κατα-μανθάνω beobachten
9mal (Gen 24,21 ...) Mt 6,28
κατα-μαρτυρέω aussagen
8mal (3Reg 20,10 ...) Mt 26,62 27,13 Mk 14,60
κατα-μένω sich aufhalten
8mal (Gen 6,3 ...) Act 1,13
κατα-μερίζω zerteilen
6mal (Lev 25,46 ...)
* κατα-μερισμός Verteilung
Jos 13,14
κατα-μεστόω ganz auffüllen
3Mac 5,46
κατα-μετρέω vermessen
8mal (Num 34,7 ...)
κατα-μήνιος monatlich
Esth 4,17[w]
κατα-μηνύω anzeigen
4Mac 4,4
κατα-μίγνυμι vermischen
Ex 28,14
* κατα-μιμνήσκομαι s.erinnern
4Mac 13,12
κατα-μωκάομαι verspotten
2Par 30,10 Sir 13,7 Jer 45,19
κατ-αναγκάζω zwingen
1Mac 2,15
κατ-αναλίσκω verzehren
19mal (Lev 6,3 ...) Hb 12,29
κατα-νέμομαι abweiden
Ps 79,14
κατ-αν-ίσταμαι sich erheben
Num 16,3
κατα-νοέω bemerken
1/2 Sp (Gen 3,6 ...) NT 14mal
κατα-νόησις d.Wahrnehmen
Sir 41,23
κατ-αντάω hingelangen
5mal (2Reg 3,29 ...) NT 13mal
κατ-άντημα Ausgang
Ps 18,7
κατ-αντλέω überfluten
4Mac 7,2
κατά-νυξις Betäubung
Ps 59,5 Jes 29,10 Röm 11,8
κατα-νύσσομαι durchbohrt werden
19mal (Gen 27,38 ...) Act 2,37
κατ-ανύω vollenden
2Mac 9,4
κατα-νωτίζομαι auf den Rücken nehmen
Jdth 5,4
κατα-ξαίνω blutig schlagen
Jud 8,7A.16A.16A WB

κατα-ξηραίνω austrocknen
Jos 2,10 Jdth 5,13 Hos 13,15

κατά-ξηρος dürr
Num 11,6

κατ-άξιος sehr würdig
Esth 8,12r

κατ-αξιόω würdigen
2Mac 13,12 3Mac 3,21 4,11 4Mac 18,3 Lk 20,35 Act 5,41 2Thess 1,5

κατα-ξύω zerschaben
Ep Jer 7

κατα-παίζω spotten
4Reg 2,23 Jer 2,16 9,4

κατα-παλαίω niederringen
4Mac 3,18 WB

κατα-πανουργεύομαι überlisten
Ps 82,4

κατα-πάσσω bestreuen
7mal (Esth 4,1 ...)

κατα-πατέω zertreten
1 Sp (Jud 5,21 ...) NT 5mal

* κατα-πάτημα d.Zertretene
10mal (Micha 7,10 ...)

* κατα-πάτησις d.Niedertreten
4Reg 13,7 *PS 2,19*

κατά-παυμα Ruhe, Rast
Sir 36,12

κατά-παυσις Ruhe
15mal (Ex 34,21 ...) NT 9mal

κατα-παύω beendigen
1 Sp (Gen 2,2 ...) Act 14,18 Hb 4,4.8.10

κατα-πειράζω versuchen
2Mac 13,18

* κατα-πελματόω besohlen
Jos 9,5

κατα-πέλτης Katapult, Wurfmaschine
4Mac 8,13 9,26 11,9.26 18,20

κατα-πενθέω betrauern
Ex 33,4

κατα-πετάννυμι darüber ausbreiten
Prov 27,8

κατα-πέτασμα Vorhang
1/2 Sp (Ex 26,31 ...) NT 6mal

κατα-πήγνυμι einheften
1Reg 31,10 Job 39,17S Hos 5,2 9,8

κατα-πηδάω herabspringen
Gen 24,64 1Reg 25,23

* κατά-πρικρος sehr bitter
2Reg 17,8

κατα-πίνω hinunterschlucken
1/2 Sp (Gen 41,7 ...) NT 7mal

κατα-πίπτω hinfallen
9mal (2Es 18,11 ...) Lk 8,6 Act 26,14 28,6

κατα-πιστεύω trauen
Micha 7,5 WB

κατα-πλάσσω bestreichen
Job 37,11 Jes 38,21

* κατα-πληγμός Gewalttat
Sir 21,4

κατά-πληξις d.Entsetzen
2Es 3,3 WB

κατα-πλήσσω niederschlagen
11mal (Jos 5,1 ...) WB
κατά-πλους Landung
3Mac 4,10
κατα-πολεμέω besiegen
Jos 10,25
κατα-πονέω plagen
2Mac 8,2vl 3Mac 2,2.13 Act 7,24 2Pt 2,7
κατά-πονος ermüdet
3Mac 4,14
κατα-ποντίζω ins Meer versenken
10mal (Ex 15,4 ...) Mt 14,30 18,6
κατα-ποντισμός Versenkung
Ps 51,6
κατα-πορεύομαι herabkommen
2Mac 11,30 3Mac 4,11
κατα-πραΰνω besänftigen
Ps 82,2 88,10 Prov 15,18 2Mac 13,26
κατα-πρίω zersägen
Dan LXX Sus 59
κατα-προ-δίδωμι verraten
4Mac 2,10
* κατα-προ-νομεύω als Beute wegführen
Num 21,1 Jud 2,14B
κατα-πτήσσω s.verbergen
5mal (Jos 2,24 ...)
κατά-πτωμα Einsturz
Ps 143,14
κατά-πτωσις d.Einstürzen
Sir 32,12vl 3Mac 2,14
κατ-άρα Fluch
1/2 Sp (Gen 27,12 ...) NT 6mal
κατ-αράομαι verfluchen
1 Sp (Gen 5,29 ...) NT 5mal
* κατ-άρασις Verwünschung
Num 23,11 Jud 5,23A Jer 30,7
κατ-αράσσω herunterreißen
9mal (Ps 36,24 ...)
κατ-άρατος verwünscht
2Mac 12,35 4Mac 4,5
κατ-αργέω entkräften
2Es 4,21.23 5,5 6,8 NT 27mal
κατ-αργυρόω versilbern
Ex 27,17
κατ-αριθμέω (ab)zählen
Gen 50,3 Num 14,29 2Par 31,19 Act 1,17
* κατα-ρομβεύω hin- u. herziehen lassen *(für* נוע *Hi.)*
Num 32,13
κατα-ρράκτης Wasserfall
11mal (Gen 7,11 ...)
κατα-ρρέω herabfließen
5mal (1Reg 2,33 ...) WB
κατα-ρρήγνυμι herunterreißen
Jos 9,4 Job 32,19vl Prov 27,9
κατα-ρρίπτω herunterwerfen
Sap 17,17 Lam 2,1
κατά-ρρυτος bewässert
2Mac 12,16
κατ-αρτίζω in Ordnung bringen
19mal (Ex 15,17B ...) NT 13mal

κατ-άρχω anfangen
11mal (Num 16,13 ...)
κατα-σβέννυμι auslöschen
Prov 15,18 28,2 4Mac 16,4 WB
κατα-σείω schütteln
1Mac 6,38 Act 12,17 13,16 19,33 21,40
κατα-σήθω durchsieben
Dan Th Bel 14
κατα-σιωπάω verschweigen
Num 13,30 2Es 18,11 Job 37,20 39,17
κατα-σκάπτω zerstören
1/2 Sp (Dt 12,3 ...) Act 15,16 Röm 11,3
κατα-σκεδάννυμι ausschütten
Ex 24,8
κατα-σκέπτομαι genau betrachten
1/2 Sp (Num 10,33 ...)
κατα-σκευάζω (zu)bereiten
1/2 Sp (Num 21,27 ...) NT 11mal
κατα-σκεύασμα d.Zubereitete
Jdth 15,11 Sir 32,6 2Mac 12,43vl
κατα-σκευή Zubereitung
10mal (Ex 27,19 ...)
κατα-σκηνόω wohnen lassen
1 Sp (Num 14,30 ...) Mt 13,32 Mk 4,32 Lk 13,19 Act 2,26
κατα-σκήνωσις d. Wohnungsnehmen
5mal (1Par 28,2 ...) Mt 8,20 Lk 9,58
κατά-σκιος schattig
Hab 3,3 Zach 1,8 Jer 2,20 Ez 20,28 WB
κατα-σκοπεύω auskundschaften
11mal (Gen 42,30 ...) WB
κατα-σκοπέω auskundschaften
2Reg 10,3 1Par 19,3 1Mac 5,38A Gal 2,4
κατά-σκοπος Kundschafter
10mal (Gen 42,9 ...) Hb 11,31
κατα-σμικρύνω verkleinern
2Reg 7,19
κατα-σοφίζομαι überlisten
Ex 1,10 Jdth 5,11 10,19 Act 7,19
κατα-σπαταλάω verschwenden
Prov 29,21 Am 6,4
κατα-σπάω herunterziehen
1/2 Sp (2Reg 11,25 ...)
κατα-σπείρω auf etw.säen
Lev 19,19 Dt 22,9 Job 18,15 3Mac 5,26 WB
κατα-σπεύδω beschleunigen
1/2 Sp (Ex 5,10 ...)
κατα-σπουδάζω eifrig betreiben
Job 23,15a
κατα-στασιάζω einen Aufruhr machen
Ex 38,22
κατά-στασις Zustand
Sap 12,12 WB
κατα-στέλλω zurückhalten
2Mac 4,31 3Mac 6,1 Act 19,35.36
κατά-στεμα Zustand
3Mac 5,45 -στημα Tit 2,3
κατα-στενάζω seufzen
6mal (Ex 2,23 ...)
κατα-στέφω umkränzen
3Mac 7,16

κατα-στηρίζω befestigen
Job 20,7
κατα-στολή Haltung
Jes 61,3 1Tim 2,9
* κατα-στραγγίζω herabträufeln lassen
Lev 5,9
κατα-στρατοπεδεύω gegen jmdn.ins Feld ziehen
Jos 4,19 Jdth 3,10 7,18 2Mac 4,22
κατα-στρέφω umkehren, umwenden
3/4 Sp (Gen 13,10 ...) Mt 21,12 Mk 11,15
κατα-στροφή Zerstörung
17mal (Gen 19,29 ...) 2Tim 2,14 2Pt 2,6
κατα-στρώννυμι niederstrecken, töten
10mal (Num 14,16 ...) 1Kor 10,5
κατα-σύρω hinschleifen
Jer 30,4 Dan LXX 11,10.26 Lk 12,58
κατα-σφάζω abschlachten, morden
11mal (Zach 11,5 ...) Lk 19,27
κατ-ασφαλίζομαι sicher machen
2Mac 1,19 3Mac 4,9
κατα-σφραγίζω versiegeln
Job 9,7 37,7 Sap 2,5 Apk 5,1
κατά-σχεσις Besitz(ergreifung)
1 Sp (Gen 17,8 ...) Act 7,5.45
κατα-σχίζω zerspalten
1Mac 1,56
κατα-τάσσω aufstellen, ordnen
Job 7,12 15,23 35,10
κατα-τείνω anspannen
6mal (Lev 25,43 ...)
κατα-τέμνω zerschneiden
Lev 21,5 3Reg 18,28 Hos 7,14 Jes 15,2
* κατ-ατενίζω erblicken
Lev 25,53A
* κατα-τέρπω erfreuen
Zeph 3,14
κατα-τήκω zerschmelzen
Jos 5,1A Micha 4,13
κατα-τίθημι niederlegen
9mal (1Par 21,27 ...) Act 24,27 25,9
κατα-τίλλω zerrupfen
1Es 8,68
κατα-τιτρώσκω stark verwunden
4Mac 6,6
κατα-τολμάω sehr kühn sein
2Mac 3,24 5,15
κατα-τοξεύω niederschießen
5mal (Ex 19,13 ...) WB
κατα-τρέχω hinunterlaufen
6mal (Lev 26,37 ...) Act 21,32
κατα-τρίβω zerreiben
5mal (Dt 8,4 ...) WBA
κατα-τρυφάω schwelgen
Ps 36,4.11
κατα-τρώγω zernagen
Prov 24,22[e]
κατα-τυγχάνω erlangen
Job 3,22
κατ-αυγάζω beleuchten
Sap 17,5 1Mac 6,39 WB

| | | |
|---|---|---|
| κατα-φαίνομαι | erscheinen | |
| | Gen 48,17 | |
| κατα-φερής | sich abwärts neigend | |
| | Jos 7,5 | |
| κατα-φέρω | herabbringen | |
| | 15mal (Gen 37,2 ...) | Act 20,9.9 25,7 26,10 |
| κατα-φεύγω | fliehen, flüchten | |
| | Gen 19,20 | Act 14,6 Hb 6,18 |
| κατα-φθάνω | zuvorkommen | |
| | Jud 20,42 | |
| κατα-φθείρω | vernichten | |
| | 1/2 Sp (Gen 6,12 ...) | 2Tim 3,8 |
| κατα-φθορά | d.Verderben | |
| | 8mal (2Par 12,12 ...) | WB |
| κατα-φιλέω | küssen | |
| | 20mal (Gen 31,28 ...) | NT 6mal |
| κατα-φλέγω | niederbrennen | |
| | 9mal (Job 11,6S ...) | |
| * κατα-φλογίζω | niederbrennen | |
| | Ps 17,9 | |
| κατά-φοβος | voll Furcht | |
| καταφορά s.S.318 | Prov 29,16 | |
| κατα-φράσσω | befestigen | |
| | 1Mac 6,38 | |
| κατα-φρονέω | verachten | |
| | 1/2 Sp (Gen 27,12 ...) | NT 9mal |
| κατα-φρόνησις | d.Verachten | |
| | 2Mac 3,18 | |
| κατα-φρονητής | Verächter | |
| | Hab 1,5 2,5 Zeph 3,4 | Act 13,41 |
| κατα-φυγή | Zuflucht | |
| | 1/2 Sp (Ex 17,15 ...) | |
| * κατα-φύτευσις | d.Beflanzen | |
| | Jer 38,22 | |
| κατα-φυτεύω | beflanzen | |
| | 1/2 Sp (Ex 15,17 ...) | |
| κατα-χαίρω | Schadenfreude empfinden | |
| | Prov 1,26 | WB |
| * κατα-χαλάω | herablassen | |
| | Jos 2,15 | |
| κατα-χαλκόω | vererzen | |
| | 2Par 2,15 | |
| κατα-χέω | über etw.gießen | |
| | 5mal (Gen 39,21 ...) | Mt 26,7 Mk 14,3 |
| κατα-χράομαι | mißbrauchen | |
| | Ep Jer 27 3Mac 4,5 5,22 | 1Kor 7,31 9,18 |
| κατά-χρεως | verschuldet | |
| | Sap 1,4 | |
| κατα-χρίω | bestreichen | |
| | Ex 2,3 Sap 13,14.14 | |
| κατα-χρυσόω | vergolden | |
| | 17mal (Ex 25,11 ...) | |
| κατά-χυσις | Aufguß | |
| | Job 36,16 | |
| κατα-χώννυμι | zuschütten | |
| | Zach 9,15 | |
| κατα-χωρίζω | einstellen | |
| | 1Par 27,24 Esth 2,23 3Mac 2,29 | |
| κατα-ψευδόμαι | lügen | |
| | Sap 1,11 | WB |

* κατα-ψευσμός d.Belügen
Sir 26,5
κατα-ψύχω erfrischen
Gen 18,4 Lk 16,24
κατ-εγχειρέω angreifen
3Mac 1,21
κατ-εῖδον (Aor. zu κατοράω) herabblicken
Ex 10,5 Dt 26,15 Jdth 6,19 Bar 2,16
κατ-ειλέω zusammendrängen
2Par 9,20
κατ-εῖπον (Aor. zu καταλέγω) gegen jmdn.sprechen
Num 14,37
κατ-ελεέω Mitleid haben
4Mac 8,10
κατ-εμ-βλέπω anblicken
Ex 3,6
κατ-έναντι gegenüber
1/2 Sp Textstellen (Gen 2,14 ...) NT 8mal
* κατ-εν-τευκτής Ankläger
Job 7,20
* κατ-εν-ώπιον vor
8mal (Lev 4,17 ...) Eph 1,4 Kol 1,22 Jud 24
κατ-επείγω antreiben
Ex 22,25
* κατ-επί-θυμος sehr begierig
Jdth 12,16 WB
* κατ-επι-κύπτω sich niederlegen
Esth 5,1$^{d}$
κατ-εργάζομαι ausführen
11mal (Ex 15,17 ...) NT 22mal
κατ-εργασία d.Verfertigen
1Par 28,19
κατ-έρχομαι herabkommen
5mal (Tob 1,22S ...) NT 16mal
κάτ-εργος bearbeitet
Ex 30,16 35,21
κατ-εσθίω aufessen
2 Sp (Gen 31,15 ...) NT 15mal
* κατ-ευ-θικτέω genau berühren
2Mac 14,43
κατ-ευθύνω geraderichten
1 Sp (Jud 12,6 ...) Lk 1,79 1Thess 3,11 2Thess 3,5
κατ-ευ-λογέω segnen
Tob 11,17BA Mk 10,16
* κατ-ευ-οδόω guten Fortgang haben
9mal (Jud 18,5A ...) WB
κατ-ευ-φημέω Glückwünsche zurufen
3Mac 7,13
κατ-εύχομαι anwünschen
2Mac 15,12 4Mac 12,19
κατ-έχω aufhalten
1 Sp (Gen 22,13 ...) NT 18mal
κατ-ηγορέω anklagen
7mal (Dan LXX 6,5 ...) NT 23mal
κατ-ήγορος Ankläger
Prov 18,17 2Mac 4,5 Act 23,30.35 25,16.18
κατ-ηφής niedergeschlagen
Sap 17,4 WB
κατ-ιόω verrosten
Sir 12,11 Jak 5,3

| | | |
|---|---|---|
| κατ-ισχύω | stark sein | |
| | 1 1/2 Sp (Gen 49,24 ...) | Mt 16,18 Lk 21,36 23,2 |
| * κατ-οδυνάω | sehr schmerzen | |
| | Ex 1,14 Tob 8,20S Ez 9,4 | |
| κατ-οικεσία | Siedlungsfest | |
| | Ps 106,36 Lam 1,7BS Ez 6,14B | |
| κατ-οικέω | wohnen | |
| | 10 Sp (Gen 9,27 ...) | NT 44mal |
| κατ-οίκησις | d.Wohnen | |
| | 9mal (Gen 10,30 ...) | Mk 5,3 |
| κατ-οικητήριον | Wohnung | |
| | 15mal (Ex 12,20 ...) | Eph 2,22 Apk 18,2 |
| κατ-οικία | Wohnung | |
| | 1/2 Sp (Ex 35,3 ...) | Act 17,26 |
| κατ-οικίζω | ansiedeln | |
| | 1 Sp (Gen 3,24 ...) | Jak 4,5 |
| κατ-οικοδομέω | bebauen | |
| | Gen 36,43 | |
| κάτ-οικος | bewohnend | |
| | 6mal (Gen 50,11 ...) | |
| κατ-οικτίρω | bemitleiden | |
| | 4Mac 8,20 12,2 | WB |
| κατ-οινόομαι | von Wein betrunken sein | |
| | Hab 2,5 | |
| κατ-όπισθεν | hinterher | |
| | 1/2 Sp (Gen 37,17 ...) | |
| * κατ-οπίσω | hinterher | |
| | Jud 18,22A | |
| κατ-οπτεύω | ausspähen | |
| | Esth 8,12$^{d}$ | |
| κάτ-οπτρον | Spiegel | |
| | Ex 38,26 | |
| κατ-ορθόω | gut ausführen | |
| | 1/2 Sp (3Reg 2,35 ...) | WB |
| κατ-όρθωσις | glückliches Vollbringen | |
| | 2Par 3,17 Jdth 11,7 Ps 96,2 | |
| κατ-ορύσσω | vergraben | |
| | 10mal (Gen 48,7 ...) | |
| κατ-ορχέομαι | durch Tanz erfreuen | |
| | Zach 12,10 | |
| κατ-οχεύω | decken lassen *(weibliche Tiere)* | |
| | Lev 19,19 | |
| κατ-όχιμος | in Besitz genommen | |
| | Lev 25,46 | |
| κάτ-οχος | festgehalten | |
| | Jona 2,7 | |
| κάτω | unten | |
| | 1/2 Sp (Gen 35,8 ...) | NT 9mal |
| κατ-ώδυνος | mit großen Schmerzen | |
| | 1Reg 1,10 22,2 30,6 4Reg 4,27 | |
| κάτωθεν | von unten her | |
| | 9mal (Ex 26,24 ...) | |
| κατώτερος | der untere, spätere | |
| | 8mal (3Reg 9,17 ...) | Eph 4,9 |
| καυλός | Stengel, Schaft | |
| | Ex 25,31 38,13 Num 8,4 | |
| καυμα | Brand, Glut | |
| | 1/2 Sp (Gen 8,22 ...) | Apk 7,16 16,9 |
| καυσις | d.Verbrennen | |
| | 7mal (Ex 39,16 ...) | Hb 6,8 |

καυστικός brennend
4Mac 6,27 10,14

καύσων Hitze
15mal (Gen 31,40A ...) Mt 20,12 Lk 12,55 Jak 1,11

καυτήριον Brenneisen
4Mac 15,22

καυχάομαι sich rühmen
1/2 Sp (Jud 7,2 ...) NT 37mal

καύχημα Ruhm
1/2 Sp (Dt 10,21 ...) NT 11mal

καύχησις d.Rühmen
9mal (1Par 29,13 ...) NT 11mal

* καφουρῆ = כפורי Becher
2Es 8,27

καψάκης Kapsel (= κάψα)
5mal (3Reg 17,12 ...)

κέγχρος Hirse
Jes 28,25vl Ez 4,9

κέρδινος von Cedernholz
1/2 Sp (Lev 14,4 ...)

κέρδος Zeder
1 Sp (Num 24,6 ...) WB

κεῖμαι liegen
1/2 Sp (Jos 4,6 ...) NT 24mal

κειρία Binde
Prov 7,16 Jh 11,44

κείρω scheren
1/2 Sp (Gen 31,19 ...) Act 8,32 18,18 1Kor 11,6.6

κεκρυμμένως heimlich
Jer 13,17

κέλευσμα Befehl
Prov 30,27 1Thess 4,16

κελεύω befehlen
1/2 Sp (1Es 9,53 ...) NT 25mal

κενεών freier Raum = Bauchhöhle
2Mac 14,44 4Mac 6,8

κενο-δοξέω eine nichtige Meinung haben WB
4Mac 5,10 8,24

κενο-δοξία Prahlerei
Sap 14,14 4Mac 2,15 8,19 Phil 2,3

κενο-λογέω eitles Geschwätz vorbringen
Jes 8,19

κενός leer
1 Sp (Gen 31,42 ...) NT 18mal

κενο-τάφιον leeres Grab
1Reg 19,13.16

κενόω leer machen
Jer 14,2 15,9 NT 5mal

κεντέω (an)stacheln
Job 6,4

κέντρον Stachel Apk 9,10
5mal (Prov 26,3 ...) Act 26,14 1Kor 15,55.56

κενῶς leer
Jes 49,4 Jak 4,5

κεπφόομαι wie der κέπφος (Seevogel) sich locken lassen
Prov 7,22

κεραμεύς Töpfer
13mal (1Par 4,23 ...) Mt 27,7.10 Röm 9,21

κεραμικός keramisch
Dan LXX 2,41 Apk 2,27

κεράμιον aus Ton
Jes 5,10 30,14 Jer 42,5 Dan Th 2,41A Mk 14,13 Lk 22,10

κέραμος Ton
2Reg 17,28 Lk 5,19

κεράννυμι mischen
9mal (Dt 28,66 ...) Apk 14,10 18,6.6

κέρας Horn
1 1/2 Sp (Gen 22,13 ...) NT 11mal

κέρασμα d.Gemischte
Ps 74,9 Jes 65,11

κεράστης gehörnt
Prov 23,32

* κερατίζω mit den Hörnern stoßen
12mal (Ex 21,28 ...)

* κερατίνη Schofar (שופר)
1/2 Sp (Jud 3,27B ...)

κεράτινος aus Horn gemacht
Ps 97,6

* κερατιστής der mit Hörnern Stoßende
Ex 21,29.30

κεραυνός Donner(keil)
Job 38,35 Sap 19,13 2Mac 10,30

κεραυνόω mit dem Donner(keil) erschlagen
Jes 30,30

κέρκος Schwanz
5mal (Ex 4,4 ...)

κέρκωψ langschwänziger Affe = Betrüger
Prov 26,22

κεφάλαιον Hauptsache
7mal (Lev 5,24 ...) Act 2,28 Hb 8,1

κεφαλαιόω die Hauptsache anführen
Sir 32,8 WB

κεφαλή Kopf
6 Sp (Gen 3,15 ...) NT 75mal

κεφαλίς Kopfende, Anfang
19mal (Ex 26,24 ...) Hb 10,7

* κεφφουρέ = כפורי Becher
1Par 28,17

* κεφφουρῆ = כפורי Becher *(auch καφουρῆ 2Es 8,27)*
2Es 1,10

κηδεία Leichenbestattung
2Mac 4,49 5,10

κηδεμονία Besorgung, Pflege
4Mac 4,4.20

κηδεμών Pfleger
2Mac 4,2

κηλιδόομαι beflecken
Jer 2,22 Dan Lxx 11,33

κηλίς Fleck
Sap 13,14 2Mac 6,25

κημός Maulkorb
Ps 31,9 Ez 19,4.9

κῆπος Garten
1/2 Sp (Dt 11,10 ...) NT 5mal

κηρίον Wachs, Wabe
11mal (1Reg 14,27 ...) WB

* κηρο-γονία Bildung des Wachses, Wabenbau
4Mac 14,19

κηρός Wachs
8mal (Jdth 16,15 ...)

κήρυγμα Bekanntmachung
2Par 30,5 1Es 9,3 Prov 9,3 Jona 3,2 NT 9mal

κῆρυξ Herold
5mal (Gen 41,43 ...) 1Tim 2,7 2Tim 1,11 2Pt 2,5

κηρύσσω bekanntmachen
1/2 Sp (Gen 41,43 ...) NT 61mal

κῆτος Seeungetüm
11mal (Gen 1,21 ...) Mt 12,40

κίβδηλος metallschlackig = vermischt, unecht
Lev 19,19 Dt 22,11 Sap 2,16 15,9

κιβωτός Kasten, Arche
3 Sp (Gen 6,14 ...) NT 6mal

κίδαρις Zither
14mal (Ex 28,4 ...)

κιθάρα Zither
1/2 Sp (Gen 4,21 ...) 1Kor 14,7 Apk 5,8 14,2 15,2

κιθαρίζω Zither spielen
Jes 23,16 1Kor 14,7 Apk 14,2

κινδυνεύω in Gefahr sein 1Kor 15,30
7mal (Eccl 10,9 ...) Lk 8,23 Act 19,27.40

κίνδυνος Gefahr
13mal (Tob 4,4 ...) NT 9mal

κινέω bewegen
3/4 Sp (Gen 7,14 ...) NT 8mal

κίνημα d.Bewegte
1Mac 13,44 4Mac 1,35

κίνησις Bewegung
5mal (Job 16,5 ...) WB

κινητικός zum Bewegen gehörig
Sap 7,24

κιννάμωμον Zimt
5mal (Ex 30,23 ...) Apk 18,13

κινύρα Zither
1/2 Sp (1Reg 10,5 ...)

κιρνάω *(Wein mit Wasser)* mischen
Ps 101,10

κισσάω heiß begehren
Ps 50,7 WB

κισσός Epheu
2Mac 6,7

* κισσό-φυλλον Epheublatt
3Mac 2,29

* κιχράω leihen
1Reg 1,28 Ps 111,5 Prov 13,11 Lk 11,5: κίχρημι

κίων Säule
Jud 16,25B.26B.29B 3Reg 15,15

κλάδος Zweig
1/2 Sp (Lev 23,40 ...) NT 11mal

κλαίω weinen
2 Sp (Gen 21,16 ...) NT 40mal

κλάσμα Brocken
8mal (Lev 2,6 ...) NT 9mal

κλαυθμός d.Weinen
1/2 Sp (Gen 45,2 ...) NT 9mal

* κλαυθμών Ort des Weinens
5mal (Jud 2,1 ...)

κλάω brechen
5mal (Jud 9,53B ...) NT 14mal

κλεῖθρον Schloß, Riegel
7mal (2Es 13,3 ...) WB

κλείς Schlüssel
5mal (Jud 3,25 ...) NT 6mal

κλείω schließen
1/2 Sp (Gen 7,16 ...) NT 16mal

κλέμμα gestohlenes Gut
Gen 31,39 Ex 22,3.4 Apk 9,21

κλέος Ruhm
Job 28,22 30,8 1Pt 2,20

κλέπτης Dieb
17mal (Ex 22,1 ...) NT 16mal

κλέπτω stehlen
1/2 Sp (Gen 30,33 ...) NT 13mal

* κλεψιμαῖος gestohlen
Tob 2,13.13

* κληδονίζομαι Wahrsager sein
Dt 18,10 4Reg 21,6 2Par 33,6

* κληδονισμός Wahrnehmen eines Vorzeichens
Dt 18,14A Jes 2,6

κληδών Vorbedeutung
Dt 18,14

κλῆμα Ranke
12mal (Num 13,23 ...) Jh 15,2.4.5.6

κληματίς Rankengewächs
Dt 32,32 Jes 18,5 Dan 3,46

κληρο-δοσία Verteilung durch Los
5mal (Ps 77,55 ...)

κληρο-δοτέω durchs Los verteilen
2Es 9,12 Ps 77,55 Sir 17,11

κληρο-νομέω beerben
2 1/2 Sp (Gen 15,3 ...) NT 18mal

κληρο-νομία das Erbe
3 Sp (Gen 31,14 ...) NT 14mal

κληρο-νόμος der Erbe
6mal (Jud 18,7B ...) NT 15mal

κλῆρος Los
2 Sp (Gen 48,6 ...) NT 11mal

κληρόω durchs Los bestimmen
1Reg 14,41 Esth 4,11A Jes 17,11.11 Eph 1,11

* κληρωστί durchs Los
Num 33,54A Jos 21,4.5.7.8

κλῆσις Berufung, Einladung
Jdth 12,10 Jer 38,6 3Mac 5,14 NT 11mal

κλητέος einzuberufen
Ep Jer 39.44.63

κλητός berufen, geladen
19mal (Ex 12,16 ...) NT 10mal

κλίβανος Backofen
12mal (Gen 15,17 ...) Mt 6,30 Lk 12,28

κλίμα Landstrich
Jud 20,2A Röm 15,23 2Kor 11,10 Gal 1,21

κλιμακτήρ Stufe *(einer Leiter oder Treppe)*
Ez 40,22.26.31.34.37 43,17

κλίμαξ Leiter, Treppe
5mal (Gen 28,12 ...) WB

κλίνη Bett
1/2 Sp (Gen 48,2 ...) NT 9mal

κλίνω neigen
1 Sp (Jud 7,5B ...) NT 7mal

κλισία Tischgesellschaft
3Mac 6,31 Lk 9,14

κλίτος Abhang
3/4 Sp (Ex 25,12 ...)

κλοιός Halsband
1/2 Sp (Gen 41,42 ...)

κλοπή Diebstahl
6mal (Gen 40,15 ...) Mt 15,19 Mk 7,21

* κλοπο-φορέω bestehlen
Gen 31,26

κλύδων Woge, Wellenschlag
9mal (Prov 23,24 ...) Lk 8,24 Jak 1,6

κλυδωνίζομαι hin und her geworfen werden
Jes 57,20 Eph 4,14

κλώθω spinnen
1/2 Sp (Ex 25,4 ...) WBA

κλών Zweig
Job 18,13 40,22 Sap 4,5

κλῶσμα Gespinnst
Num 15,38 Jud 16,9A Sir 6,30

κλωστός Spinner
Lev 14,6

κνήμη Unterschenkel
6mal (Dt 28,35 ...)

κνημίς Beinschiene
1Reg 17,6

* κνήφη Krätze
Dt 28,27

κνίδη Brennessel
Job 31,40

κνίζω kratzen
Amos 7,14

κνώδαλον wildes und giftiges Tier, Biest
Sap 11,15 16,1 17,9

* κοθωνός Rock (*Teil einer Priesteramtskleidung*) = כתנת
2Es 2,69

κοιλάς Tal
1 Sp (Gen 14,8 ...)

κοίλασμα Höhlung
Jes 8,14

κοιλία Bauch
1 1/2 Sp (Gen 3,14 ...) NT 22mal

κοῖλος hohl
1/2 Sp (Ex 27,8 ...)

* κοιλο-σταθμέω mit gewölbter Decke versehen
3Reg 6,9.15

κοιλό-σταθμος mit gewölbter Decke
Hagg 1,4

κοιλότης Höhle
Sap 17,18

κοίλωμα Ausgehöltes, Vertiefung
6mal (Gen 23,2 ...)

κοιμάω schlafen
3 Sp (Gen 19,4 ...) NT 18mal

κοίμησις d.Schlafen
Sir 46,19 48,13 Jh 11,13

κοιμίζω zur Ruhe bringen
14mal (Gen 24,11 ...)

κοινῇ gemeinsam
5mal (Sir 18,1 ...) WB

κοινο-λογέομαι sich gemeinsam besprechen
1Mac 14,9 15,28

| | | |
|---|---|---|
| κοινο-λογία | gemeinsame Besprechung | |
| | 2Mac 14,22 | |
| κοινός | gemeinsam, gemein | |
| | 20mal (Esth 5,1f ...) | NT 14mal |
| κοινόω | mache gemein, entweihe | |
| | 4Mac 7,6 | NT 14mal |
| κοινωνέω | Anteil haben | |
| | 14mal (2Par 20,35 ...) | NT 8mal |
| κοινωνία | Gemeinschaft | |
| | Lev 5,21 Sap 8,18 3Mac 4,6 | NT 19mal |
| κοινωνός | Genosse, Teilhaber | |
| | 8mal (4Reg 17,11 ...) | NT 10mal |
| κοινῶς | gesamt | |
| | 7mal Tob 2,2S - 11,4S | |
| κοιτάζομαι | sich schlafen legen | |
| | 9mal (Lev 15,20 ...) | |
| * κοιτασία | Beischlaf | |
| | Lev 20,15 | |
| κοίτη | Lager, Beischlaf | |
| | 1 Sp (Gen 49,4 ...) | Lk 11,7 Röm 9,10 13,13 Hb 13,4 |
| κοιτών | Schlafkammer | |
| | 15mal (Ex 7,28 ...) | Act 12,20 |
| κόκκινος | scharlachrot | |
| | 1/2 Sp (Gen 38,28 ...) | NT 6mal |
| κόκκος | Scharlachbeere, -farbe, Korn | |
| | Sir 45,10 Lam 4,5 | NT 7mal |
| * κολαβρίζω | d.Waffentanz tanzen, verspotten | |
| | Job 5,4 | WB |
| κολάζω | strafen | |
| | 1/2 Sp (1Es 8,24 ...) | Act 4,21 2Pt 2,9 |
| κολακεύω | schmeicheln | |
| | 1Es 4,31 Job 19,17 Sap 14,17 | WB |
| κολάπτω | einmeißeln | |
| | 6mal (Ex 32,16 ...) | |
| κόλασις | Strafe | |
| | 15mal (Sap 11,13 ...) | Mt 25,46 1Jh 4,18 |
| κολαστήριον | Strafmittel | |
| | 4Mac 10,4 | |
| κολεός | (Schwert-)Scheide | |
| | 6mal (2Reg 20,8 ...) | |
| κόλλα, ἡ | Leim *für* מחוגה: Zirkel | |
| | Jes 44,13 | |
| κολλάω | anschließen | |
| | 3/4 Sp (Dt 6,13 ...) | NT 12mal |
| κολλυρίζω | grobe Brote backen | |
| | 2Reg 13,6.8 | |
| κολλύριον | Augensalbe | |
| | 3Reg 12,24h.24i 14,3 | Apk 3,18:κολλούριον |
| * κολλυρίς | grobes Brot | |
| | 2Reg 6,19 13,6.8.10 | |
| * κολοβό-κερκος | mit gestutztem Schwanz | |
| | Lev 22,23 | |
| * κολοβόρ-ριν | mit verstümmelter Nase | |
| | Lev 21,18 | |
| κολοβόω | stutzen | |
| | 2Reg 4,12 | Mt 24,22.22 Mk 13,20.20 |
| κολόκυνθα | Kürbis *für* קיקיון: Ricinuspflanze | |
| | Jona 4,6.6.7.9.10 | |
| κόλπος | Busen | |
| | 3/4 Sp (Gen 16,5 ...) | NT 6mal |

κόλπωμα Ausbuchtung
Ez 43,13
κολυμβήθρα Teich, Zisterne
10mal (1Reg 18,17 ...) Jh 5,2.7 9,7
κόμη Haar
12mal (Lev 19,27 ...) 1Kor 11,15
κομιδῆ ganz und gar
4Mac 3,1
κομίζω herbeibringen
1/2 Sp (Gen 38,20 ...) NT 10mal
κόμμα Schlag
1Mac 15,6
κόμπος Prahlerei
Esth 8,12[d] 3Mac 6,5 WB
κόνδυ Becher
9mal (Gen 44,2 ...)
κονδυκίζω mit der Faust schlagen
Am 2,7 Mal 3,5
κονδυλισμός Mißhandlung
Zeph 2,8
κονία/κόνις Staub
6mal (Dt 27,2 ...)/3Mac 1,18 4,6
κονίαμα Anstrich mit Kalktünche: Putz
Dan LXX 5,0.5 Th 5,5
κονιάω weißen, tünchen
Dt 27,2.4 Prov 21,9 Mt 23,27 Act 23,3
κονιορτός Staub(wolke)
19mal (Ex 9,9 ...) NT 5mal
κοντός Stange *(zum Schieben von Schiffen)*
1Reg 17,7 Ez 39,9
κόνυζα Steppenpflanze, Nessel
Jes 55,13
κοπάζω müde werden, nachlassen
1/2 Sp (Gen 8,1 ...) Mt 14,32 Mk 4,39 6,51
* κοπανίζω stoßen
3Reg 2,46[e] 5,2
κοπετός Wehklagen
19mal (Gen 50,10 ...) Act 8,2
κοπή Niedermetzelung
Gen 14,17 Jos 10,20 Jdth 15,7 Hb 7,1
κοπιάω sich abmühen
3/4 Sp (Gen 25,18 ...) NT 23mal
κόπος Mühe
1/2 Sp (Gen 31,42 ...) NT 18mal
κοπόω durch Arbeit erschöpfen
Jdth 13,1 Eccl 10,15
κοπρία Düngerhaufen
13mal (1Reg 2,3 ...) Lk 14,35
κόπριον Mist
Sir 22,2 Jer 32,33 1Mac 2,62 Lk 13,8
κόπρος Mist, Dünger
12mal (Ex 29,14 ...) WB
κόπτω schlagen
1 Sp (Gen 23,2 ...) NT 8mal
* κόπωσις Ermüdung
Eccl 12,12
κόραξ Rabe
11mal (Gen 8,7 ...) Lk 12,24
κοράσιον Mädchen
1/2 Sp (Ruth 2,8 ...) NT 8mal

| | | | |
|---|---|---|---|
| | κορέω | essen<br>Dt 31,20 | |
| | κόρη | Augapfel, Mädchen<br>7mal (Dt 32,10 ...) | WB |
| | κόριον | kleines Mädchen<br>Ex 16,14.31 Num 11,7 | |
| * | κόρος | = כר Kor *(Kornmaß)*<br>10mal (Lev 27,16 ...) | Lk 16,7 |
| | κόρος | Sättigung<br>Esth 8,12^c | |
| | κορύνη | Keule<br>2Reg 21,16 | |
| | κόρυς | Helm<br>Sap 5,18 | |
| | κορυφή | Scheitel, Berggipfel<br>1 Sp (Gen 49,26 ...) | |
| | κορώνη | (Meer-)Krähe<br>Jer 3,2 Ep Jer 53 | |
| | κόσκινον | Sieb<br>Sir 27,4 | |
| | κοσμέω | schmücken<br>1/2 Sp (2Par 3,6 ...) | NT 10mal |
| | κόσμιον | anständig, ehrbar<br>Eccl 12,9 | 1Tim 2,9 3,2 |
| | κοσμο-πληθής | die Welt erfüllend<br>4Mac 15,31 | |
| | κοσμο-ποιΐα | Weltschöpfung<br>4Mac 14,7 | |
| | κόσμος | Schmuck, Welt<br>1 Sp (Gen 2,1 ...) | NT 186mal |
| ** | κοσμο-φορέω | die Welt tragen<br>4Mac 15,31 | |
| * | κόσυμβος | Troddel *(am Kleidungsstück)*<br>Ex 28,39 Jes 3,18 | |
| * | κοσυμβωτός | ein mit Troddeln besetztes Kleid<br>Ex 28,4.39B | |
| | κοτύλη | kleines Gefäß *(=hohle Hand als Maß)*<br>Lev 14,10.12.15.21.24 Ez 45,14 | |
| | κουρά | d.Schur *(vgl.κείρω)*<br>Dt 18,4 Jos 5,12B 2Es 13,15 Job 31,20 | |
| | κουρεύς | Scherer<br>Jud 16,19A Ez 5,1 | |
| | κουφίζω | erleichtern<br>11mal (Ex 18,22 ...) | Act 27,38 |
| | κοῦφος | leicht<br>17mal (1Reg 18,23 ...) u.Adv.Jes 5,26 | |
| | κόφινος | Korb<br>Jud 6,19B Ps 80,7 | NT 6mal |
| | κόχλαξ | Kiesel<br>1Reg 14,14 1Mac 10,73 | |
| | κραδαίνω | schwenken<br>2Mac 11,8 3Mac 2,22 | |
| | κράζω | schreien<br>1 1/2 Sp (Gen 41,55 ...) | NT 56mal |
| | κραιπαλάω | berauscht sein<br>Ps 77,65 Jes 24,20 29,9 | |
| | κρᾶμα | Mischung<br>Cant 7,3 | |
| | κρανίον | Schädel<br>Jud 9,53 4Reg 9,35 | Mt 27,33 Mk 15,22 Lk 23,33 Jh 19,17 |

κράσπεδον    Saum, Quaste
5mal (Num 15,38 ...)    NT 5mal
κραταιός    stark, mächtig
1 Sp (Ex 3,19 ...)    1Pt 5,6
* κραταιότης    Kraft
Ps 45,4
κραταιόω    stärken
1 Sp (Jos 18,1A ...)    Lk 1,80 2,40 1Kor 16,13 Eph 3,16
* κραταίωμα    Festigkeit
6mal (1Reg 2,32A ...)
κραταιῶς    stark
Jud 8,1A 1Reg 2,16 Job 36,22 Prov 22,3 *Ps 8,15*
* κραταίωσις    Kraft
Jdth 7,22 Ps 30,4SA 59,9 67,36
κρατέω    sich bemächtigen
2 Sp (Gen 19,16 ...)    NT 47mal
κρατήρ    Mischgefäß
8mal (Ex 24,6 ...)
κράτησις    d.Beherrschen
Sap 6,3
κράτιστος    der mächtigste
8mal (1Reg 15,15 ...)    Lk 1,3 Act 23,26 24,3 26,25
κράτος    Macht, Kraft
1/2 Sp (Gen 49,24 ...)    NT 12mal
κρατύνω    befestigen
Sap 14,16
κραυγάζω    kreischen
2Es 3,13 Tob 2,13vl    NT 9mal
κραυγή    Geschrei
1 Sp (Gen 18,20 ...)    NT 6mal
κρε-άγρα    Fleischgabel
9mal (Ex 27,3 ...)
κρεα-νομέω    Fleisch verteilen
Lev 8,20
κρέας    Fleisch
1 Sp (Gen 9,4 ...)    Röm 14,21 1Kor 8,13
κρείσσων    hervorragender, besser
2 Sp (Ex 14,12 ...)    NT 19mal
κρεμάννυμι    hängen
1/2 Sp (Gen 40,19 ...)    NT 7mal
κρεμαστός    hängend
Jud 6,2B
κρημνίζω    den Abhang hinabstürzen
2Mac 6,10
κρημνός    steiler Abhang
2Par 25,12.12    Mt 8,32 Mk 5,13 Lk 8,33
κρήνη    Quelle
8mal (2Reg 2,13 ...)
κρηπίς    Uferrand
6mal (Jos 3,15 ...)
κριθή    Gerste
1/2 Sp (Gen 26,12 ...)    Apk 6,6
κρίθινος    Gerstenmehl, -brot
5mal (Num 5,15 ...)    Jh 6,9.13
κρίκος    Kreis, Ring
12mal (Ex 26,6 ...)
κρίμα    Prozeß, Urteil
3 Sp (Ex 18,22 ...)    NT 28mal
κρίνον    Lilie
1/2 Sp (Ex 25,31 ...)    Mt 6,28 Lk 12,27

κρίνω urteilen
3 1/2 Sp (Gen 15,14 ...) NT 115mal
κριός Widder
2 1/2 Sp (Gen 15,9 ...) WB
κρίσις Gericht
4 Sp (Gen 14,7 ...) NT 47mal
κριτήριον Gerichtshof
7mal (Ex 21,6 ...) 1Kor 6,2.4 Jak 2,6
κριτής Richter
1 Sp (Dt 1,15 ...) NT 19mal
κρόκη Einschlag des Gewebes
10mal Lev 13,48-59
κροκόδειλος Krokodil
Lev 11,29
κρόκος Safran
Prov 7,17 Cant 4,14
κρόμμυον Zwiebel
Num 11,5
κροσσός Troddel, Quaste
Ex 28,22.29a 36,22
κροσσωτός mit Troddeln besetzt
Ex 28,14.14 Ps 44,14
κρόταφος d.Schläfe
Jud 4,21B.22B 5,26B Ps 131,4 *PS 4,16*
κροτέω klatschen
12mal (4Reg 11,12 ...)
κρουνηδόν nach Art einer Quelle
2Mac 14,45
κρούω anklopfen
Jud 19,22 Jdth 14,14 Cant 5,2 NT 9mal
* κρυβῇ heimlich
1Reg 19,2 2Reg 12,12 3Mac 4,12
κρύβω verbergen
4Reg 11,3 1Par 21,20A Jer 39,27
κρυπτός verborgen NT 17mal
1/2 Sp (Dt 15,9 ...) u.Adv. Tob 12,6 1Mac 10,79
κρύπτω verbergen
2 Sp (Gen 3,8 ...) NT 19mal
κρυσταλλο-ειδής eisartig
Sap 19,21
κρύσταλλος Bergkristall
9mal (Num 11,7 ...) Apk 4,6 22,1
κρυφαῖος verborgen
Ex 17,16 Sap 17,3 Jer 23,24 Lam 3,10 Mt 6,18.18
κρυφαίως heimlich
Jer 44,17 47,15
κρυφῇ heimlich
14mal (Gen 31,26 ...) Eph 5,12
κρύφιος verborgen
14mal (Jud 3,19 ...) WB
κρύφος Schlupfwinkel
1Mac 1,53 2,31.36.41
κτάομαι erwerben
1 Sp (Gen 4,1 ...) NT 7mal
κτείνω töten
Prov 24,11 25,5 3Mac 1,2
κτῆμα Besitz Act 2,45 5,1
12mal (Job 20,29 ...) Mt 19,22 Mk 10,22
κτῆνος Haus-, Herdentier 1Kor 15,39 Apk 18,13
3 1/2 Sp (Gen 1,25 ...) Lk 10,34 Act 23,24

κτηνο-τρόφος Vieh haltend
Gen 4,20 46,32.34 Num 32,4

κτην-ώδης viehmäßig
Ps 72,22

κτῆσις d.Erwerben
3/4 Sp (Gen 23,4 ...)

κτίζω (er)schaffen
1 Sp (Gen 14,19 ...) NT 15mal

κτίσις Schöpfung
19mal (Tob 8,5 ...) NT 19mal

κτίσμα d.Geschaffene
6mal (Sap 9,2 ...) 1Tim 4,4 Jak 1,18 Apk 5,13 8,9

κτίστης Schöpfer
8mal (2Reg 22,32 ...) 1Pt 4,19

κτύπος Geräusch
Sap 17,17

κύαθος Becher
Ex 25,29 38,12 Num 4,7 Jer 52,19

κύαμος Bohne
2Reg 17,28 Ez 4,9

κυβερνάω steuern
Prov 12,5 Sap 10,4 14,6 Dan Th Sus 6 WBA

κυβέρνησις Leitung
Prov 1,5 11,14 24,6 1Kor 12,28

κυβερνήτης Steuermann
5mal (Prov 23,24 ...) Act 27,11 Apk 18,17

κύβος Würfel
Esth 1,6 Job 38,38

κυδοιμός Lärm
Job 38,25

κῦδος Ruhm
Jes 14,25

κύησις Schwangerschaft
Ruth 4,13

κυθρό-πους Topf mit Fuß
Lev 11,35

κυκλεύω rings umgeben
4Reg 3,25 Apk 20,9

κυκλόθεν ringsumher
1 1/2 Sp (Ex 28,33A ...) Apk 4,3.4.8

κύκλος Kreis
Eccl 1,6 Sap 7,19 13,2 1Es 4,34

κυκλόω umgeben
1 Sp (Gen 2,11 ...) Lk 21,20 Jh 10,24 Act 14,20 Hb 11,30

κύκλῳ im Kreise, ringsumher
4 Sp (Gen 23,17 ...) NT 8mal

κύκλωμα d.Herumgedrehte, d.Kreis
7mal (2Par 4,2 ...)

κύκλωσις d.Umzingeln
Sir 43,12

κύκνειος vom Schwan
4Mac 15,21

κύκνος Schwan
Lev 11,18 Dt 14,16

κυλικεῖον Stand mit Getränken
1Mac 15,32

κυλίκιον kleiner Becher
Esth 1,7

κυλίω wälzen
12mal (Jos 10,18 ...) Mk 9,20

κῦμα — Woge
1/2 Sp (Ex 15,18 ...) — NT 5mal

κυμαίνω — wallen, wogen
5mal (Sap 5,10 ...) — WBA

κυμάτιον — kleine Welle
Ex 25,11.24.25 38,2A

κυμβαλίζω — Cymbel schlagen
2Es 22,27

κύμβαλον — Cymbel
19mal (1Reg 18,6 ...) — 1Kor 13,1

κύμινον — Kümmel
Jes 28,25.27.27 — Mt 23,23

κυν-ηγέω — jagen
Gen 25,27 — WBA

κυν-ήγιον — Jagd
Sir 13,19 — WBA

κυν-ηγός — Hunde führend, Jäger
Gen 10,9.9 1Par 1,10

κυνικός — hündisch
1Reg 25,3

κυνό-μυια — Hundsfliege, Stechfliege
7mal Ex 8,17-27, Ps 77,45 104,31

κυο-φορέω — schwanger sein
Eccl 11,5

κυο-φορία — Schwangerschaft
4Mac 15,6 16,7

κυπαρίσσινος — aus Cypressenholz
3Reg 6,23vl 2Es 18,15 Ez 27,5A.24

κυπάρισσος — Cypresse
12mal (4Reg 19,23 ...)

κυπρίζω — blühen
Cant 2,13.15

* κυπρισμός — weiße Blüte des Weinstocks
Cant 7,13

* κύπρος — = כפר Cyperblume, -traube
Cant 1,14 4,13

κύπτω — beugen
18mal (Gen 43,28 ...) — Mk 1,7 Jh 8,6

κυρεία — Herrschaft, Gewalt
11mal (Jes 40,10 ...)

κυρία — Herrin
8mal (Gen 16,4 ...) — 2Jh 1.5

κυριεία — Herren-, Eigentumsrecht
Dan Th 4,22 6,26 11,5

κυριεύω — Herr sein
1 Sp (Gen 3,16 ...) — NT 7mal

κύριος — Herr
114 Sp (Gen 2,8 ...) — NT 719mal

κύριος — herrschend
1Mac 8,30 4Mac 1,19 — WB

κυρόω — rechtskräftig machen — 2Kor 2,8 Gal 3,15
Gen 23,20 Lev 25,30 Dan LXX 6,10 4Mac 7,9

κυρτός — gekrümmt
Lev 21,20 3Reg 21,11

κύτος — Höhlung
5mal (Ps 64,8 ...) — WB

* κύφω (=κύπτω) — beugen
Job 22,29

κυψέλη — Höhlung, Haufen
Hag 2,16

κύω empfangen, schwanger werden
Jes 59,4.13 WB

κύων Hund
1/2 Sp (Ex 11,7 ...) NT 5mal

κώδιον (Schaf-)Fell
2Es 13,15 Jdth 12,15

κώδων Glocke, Schelle
7mal (Ex 28,33 ...)

κώθων Trinkgelage
Esth 8,17 3Mac 6,31

κωθωνίζομαι zechen
1Es 4,63 Esth 3,15

κωκυτός Wehklagen
3Mac 6,32

κωλέα Fleischkeule
1Reg 9,24

κῶλον Leichnam
6mal (Lev 26,30 ...) Hb 3,17

κώλυμα Hindernis
Job 13,27

κωλυτικός zum Hindern geeignet
4Mac 1,3.30 2,6

κωλύω hindern
1/2 Sp (Gen 23,6 ...) NT 23mal

κωμ-άρχης Dorfvorsteher
Esth 2,3

κώμη Dorf
3/4 Sp (Num 21,32 ...) NT 27mal

κῶμος Gelage
Sap 14,23 2Mac 6,4 Röm 13,13 Gal 5,21 1Pt 4,3

κωνώπιον Mückennetz
Jdth 10,21 13,9.15 16,19

κώπη Ruder(griff)
Ez 27,6

κωπ-ηλάτης der Ruderer
Ez 27,8.9.26.27.29.34

* κωφεύω stumm sein
11mal (Jud 16,2 ...)

κωφός stumm
13mal (Ex 4,11 ...) NT 14mal

κωφόω verstummen
Ps 38,3.10 WB

λαβή/λαβίς Griff
Jud 3,22 / Ex 38,17 Num 4,9 2Par 4,21 Jes 6,6

λάβρος heftig
Job 38,25.34 Prov 28,3 4Mac 16,3

λάγανον Kuchenboden
8mal (Ex 29,2 ...)

λαγχάνω durchs Los erhalten Act 1,17 2Pt 1,1
1Reg 14,47vl Sap 8,19 3Mac 6,1 Lk 1,9 Jh 19,24

λαγών hohler Raum im Körper = Gefühl
Sir 47,19

λαγωός Hase
Ps 103,18A WB

λάθρα heimlich
8mal (Dt 13,7 ...) Mt 1,19 2,7 Jh 11,28 Act 16,37

λαθραῖος heimlich
Sap 1,11 u.Adv.1Reg 24,5 2Mac 1,19

λάθριος heimlich
Prov 21,14

λαῖλαψ Wirbelsturm
8mal (Job 21,18 ...) Mk 4,37 Lk 8,23 2Pt 2,17

λαιμαργία Gefräßigkeit
4Mac 1,27

λάκκος Loch, Grube
1 1/2 Sp (Gen 37,20 ...) WB

λαλέω reden
15 Sp (Gen 12,4 ...) NT 296mal

λάλημα Geschwätz
3Reg 9,7 Tob 3,4S Ez 23,10 36,3

λαλητός sprechbar
Job 38,14

λαλιά Geschwätz
1/2 Sp (Job 7,6 ...) Mt 26,73 Jh 4,42 8,43

λαμβάνω nehmen
17 Sp (Gen 2,15 ...) NT 260mal

λαμπάδιον kleine Fackel
5mal (Ex 38,16 ...)

λαμπάς Fackel
19mal (Gen 15,17 ...) NT 9mal

λαμπήνη Planwagen
Jud 5,10A 1Reg 26,5.7 Jes 66,20

* λαμπηνικός *mit* ἅμαξα: Planwagen
Num 7,3

λαμπρός glänzend
7mal (Tob 13,13S ...) NT 9mal

λαμπρότης Glanz
6mal (Ps 89,17 ...) Act 26,13

λαμπτήρ Leuchter
Prov 16,28 20,9[a] 21,4 24,20

λάμπω leuchten
10mal (Tob 13,13S ...) NT 7mal

λάμψις d.Leuchten
Bar 4,2

λανθάνω verborgen sein
17mal (Lev 4,13 ...) NT 6mal

λάξ mit einem Fußtritt
4Mac 6,8

* λαξευτήριον Steinmetzwerkzeug
Ps 73,6

* λαξευτός in Felsen gehauen
Dt 4,49 Lk 23,53

* λαξεύω Steine behauen
11mal (Ex 34,1 ...)

λαο-γραφία Census
3Mac 2,28

λαός Volk
27 Sp (Gen 14,16 ...) NT 142mal

* λαπιστής Prahler
Sir 20,7

λάπτω lecken *(vom Hund)*
Jud 7,5.5.6.7

λάρος Möwe
Lev 11,15 Dt 14,15

λάρυγξ Schlund
17mal (Job 6,30 ...) Röm 3,13

λα-τομέω im Stein aushauen
9mal (Ex 21,33 ...) Mt 27,60 Mk 15,46

λα-τομητός in Stein gehauen
4Reg 12,13 22,6

| | | | |
|---|---|---|---|
| | λατόμος | Steinmetz<br>7mal (3Reg 5,29 ...) | WB |
| | λατρεία | Gottesverehrung<br>9mal (Ex 12,25 ...) | NT 5mal |
| * | λατρευτός | knechtisch<br>13mal (Ex 12,16 ...) | |
| | λατρεύω | dienen<br>1 Sp (Ex 3,12 ...) | NT 21mal |
| | λάτρις | Tagelöhner<br>Job 2,9$^{d}$ | |
| * | λαφυρεύω | erbeuten, plündern<br>Jdth 15,11 | |
| | λάφυρον | Beute<br>1Par 26,27 Jdth 15,7 2Mac 8,30 | |
| | λαχανεία | Gemüseanbau<br>Dt 11,10 | |
| | λάχανον | Gemüse<br>5mal (Gen 9,3 ...) | Mt 13,32 Mk 4,32 Lk 11,42 Röm 14,2 |
| | λέαινα | Löwin<br>Job 4,10 Dan 7,4 | |
| | λεαίνω | glätten<br>2Reg 22,43 Job 14,19 Ps 17,43 | |
| | λέβης | Kessel, Becken<br>1/2 Sp (Ex 16,3 ...) | |
| | λέγω | sagen<br>25Sp (Gen 1,22 ...) | NT 1318mal |
| | λε-ηλατέω | erbeutetes Vieh wegtreiben<br>2Mac 2,21 | |
| | λεῖμμα | Rest<br>2Reg 21,2 4Reg 19,4 | Röm 11,5 |
| | λεῖος | glatt, eben<br>6mal (Gen 27,11 ...) | Lk 3,5 |
| | λειπο-τακτέω | Reih und Glied verlassen, desertieren<br>4Mac 9,23 | WB |
| | λείπω | zurücklassen<br>8mal (Job 4,11 ...) | NT 6mal |
| | λειτο‿υργέω | ein Amt verwalten<br>1 1/2 Sp (Ex 28,31 ...) | Act 13,2 Röm 15,27 Hb 10,11 |
| | λειτο‿ύργημα | öffentlicher Dienst<br>Num 4,32 7,9 | |
| * | λειτο‿υργήσιμος | für den Dienst<br>1Par 28,13 | |
| | λειτο‿υργία | Dienst<br>1/2 Sp (Ex 37,19 ...) | NT 6mal |
| | λειτο‿υργικός | für den Dienst<br>6mal (Ex 31,10 ...) | Hb 1,14 |
| | λειτο‿υργός | Diener<br>13mal (2Reg 13,18 ...) | NT 5mal |
| | λείχω | lecken<br>5mal (2Reg 20,19 ...) | WB |
| | λεκάνη | Schüssel<br>Jud 5,25B 6,38 | |
| | λεληθότως | heimlich<br>2Mac 6,11 8,1 | |
| | λέξις | Redeweise<br>8mal (Esth 1,22 ...) | |
| * | λεοντηδόν | nach Löwenart<br>2Mac 11,11 | |
| | λεπίζω | Rinde, *oder* Haut abziehen<br>6mal (Gen 30,37 ...) | |

λεπίς (Fisch-)Schuppe
6mal (Lev 11,9 ...) Act 9,18

λέπισμα Schale, Schuppe
Gen 30,37

λέπρα Aussatz
1/2 Sp (Lev 13,2 ...) Mt 8,3 Mk 1,42 Lk 5,12.13

λεπράω Aussatz haben
Lev 22,4 Num 12,10.10

λεπρόομαι aussätzig werden
4Reg 5,1.27 15,5

λεπρός aussätzig
14mal (Lev 13,44 ...) NT 9mal

λεπτός fein, klein
1/2 Sp (Gen 41,3 ...) die Münze: Mk 12,42 Lk 12,59 21,2

λεπτύνω dünn machen
17mal (2Reg 22,43 ...)

λέπυρον Schale, Hülse
Cant 4,3 6,7

λέσχη Geschwätz, Gejammer
Prov 23,29

λευκαθίζω weiß sein
Lev 13,38.39 Cant 8,5B

λευκαίνω weiß machen
5mal (Lev 13,19 ...) Mk 9,3 Apk 7,14

λευκ-ανθίζω weiß blühen
Cant 8,5

λεύκη Weißpappel
Hos 4,13 Jes 41,19

λευκός weiß
1/2 Sp (Gen 30,35 ...) NT 25mal

λευκότης weiße Farbe
Sir 43,18

λεύκωμα das Weißgefärbte
7mal (Tob 2,10 ...)

λεχώ die im Kindbett Liegende
Ep Jer 27

λέων Löwe
2 Sp (Gen 49,9 ...) NT 9mal

λεω-πετρία der glatte Stein
Ez 24,7.8 26,4.14

λήγω aufhören
6mal (2Mac 9,7 ...)

λήθη d.Vergessen
11mal (Lev 5,15 ...) 2Pt 1,9

λῆμμα d.Gewinn
15mal (2Reg 14,7vl ...) WB

λῆμψις d.Einnahme
Prov 15,27.29a Sir 41,21 42,7 Phil 4,15

ληνός Kelter
1/2 Sp (Gen 30,38 ...) NT 5mal

λῆρος Geschwätz
4Mac 5,11 Lk 24,11

ληρ-ώδης schwatzhaft
2Mac 12,44

λῃστεύω rauben
1Es 4,23

λῃστήριον Räuberbande
2Par 22,1 36,5b

λῃστής Räuber
10mal (Sir 36,26 ...) NT 15mal

λίαν | sehr, ganz
20mal (Gen 1,31 ...) | NT 12mal

λίβανος | Weihrauch
1/2 Sp (Ex 30,34 ...) | Mt 2,11 Apk 18,13

λιβανόω | mit Weihrauch mischen
3Mac 5,45

λιβανωτός | Weihrauch
1Par 9,29 3Mac 5,2 | Apk 8,3.5

* λιγύριον | Bernstein, rötlicher Hyazinth
Ex 28,19 36,19 Ez 28,13

λιθάζω | steinigen
2Reg 16,6.13 | NT 9mal

λίθινος | steinern
1/2 Sp (Gen 35,14 ...) | Jh 2,6 2Kor 3,3 Apk 9,20

λιθο-βολέω | steinigen
1/2 Sp (Ex 8,22 ...) | NT 7mal

λιθο-βόλον | Wurfmaschine
1Mac 6,51

λίθος | Stein
4 Sp (Gen 2,12 ...) | NT 59mal

λιθό-στρωτον | mit Marmorplatten belegt
2Par 7,3 Esth 1,6 Cant 3,10 | Jh 19,13

λιθ-ουργέω/γός | Steine bearbeiten/Steinarbeiter
Ex 35,33/Sir 45,11

λιθ-ουργικός | Steinarbeiten betreffend
Ex 28,11 31,5

λιθ-ώδης | steinähnlich
Sir 32,20

λικμάω | *(Getreide)* worfeln
18mal (Ruth 3,2 ...) | Mt 21,44 Lk 20,18

λικμήτωρ/λικμός | Worfler/Worfschaufel
Prov 20,26/Amos 9,9

λιμ-αγχονέω | hungern lassen
Dt 8,3

λιμήν | Hafen
10mal (1Es 5,53 ...) | Act 27,8.12.12

λίμνη | See
5mal (Ps 106,35 ...) | NT 11mal

λιμο-κτονέω | aushungern
Prov 10,3

λιμός | Hunger
1 1/2 Sp (Gen 12,10 ...) | NT 12mal

λιμώσσω | hungern
Ps 58,7.15

λινο-καλάμη | Flachsstengel
Jos 2,6 | WB

λίνον | Leinen
8mal (Ex 9,31 ...) | Mt 12,20 Apk 15,6

λινοῦς | leinern
15mal (Ex 28,42 ...) | WB

λιπαίνω | einsalben
8mal (Dt 32,15 ...) | WB

λιπαρός | fett
Jud 3,29B 2Es 19,35 Jes 30,23 | Apk 18,14

λίπασμα | d.Fettmachende
1Es 9,51 2Es 18,10

λιπο-θυμέω | in Ohnmacht fallen
4Mac 6,26

λίσσομαι | bitten, flehen
Job 17,2

λιτανεία d.Bitten, Flehen
2Mac 3,20 10,16 3Mac 2,21 5,9

λιτανεύω anflehen
Ps 44,13 2Mac 14,15 WB

λιτός glatt
Jud 11,3A

λιχήν Flechte *(med.)*
Lev 21,20 22,22

λιχνεία Leckerei
3Mac 6,36

λίψ Süden, Südwesten
1/2 Sp (Gen 13,14 ...) Act 27,12

λοβός Lappen d.Leber, d.Ohres
19mal (Ex 29,13 ...)

* λογεῖον *für* חשן Brustschild d.Hohepriesters
17mal Ex 28,15-36,28, Lev 8,8.8 Sir 45,10

λογίζομαι (be)rechnen
2 Sp (Gen 15,6 ...) NT 40mal

λόγιον Spruch
3/4 Sp (Num 24,4 ...) Act 7,38 Röm 3,2 Hb 5,12 1Pt 4,11

λογισμός Berechnung
2 Sp (2Reg 14,14vl ...) Röm 2,15 2Kor 10,4

λογιστής Rechner, Ingenieur
2Par 26,15

λόγος Wort
16 Sp (Gen 4,23 ...) NT 330mal

λόγχη Lanze
11mal (Jud 5,8B ...) Jh 19,34

λοιδορέω beschimpfen
9mal (Gen 49,23 ...) Jh 9,28 Act 23,4 1Kor 4,12 1Pt 2,23

λοιδορία Beschimpfung
8mal (Ex 17,7 ...) 1Tim 5,14 1Pt 3,9.9

λοίδορος Lästerer
Prov 25,27 26,21 27,15 Sir 23,8 1Kor 5,11 6,10

* λοιμεύομαι an Pest erkrankt sein
Prov 19,19

λοιμός *(Adj.)* von Pest befallen, verseucht
1/2 Sp (1Reg 1,16 ...) WB

λοιμότης Pest
Esth 8,12g

λοιπός übrig
2 Sp (Gen 45,6 ...) NT 55mal

λουτήρ Waschfaß
16mal (Ex 30,18 ...)

λουτρόν d.Baden
Cant 4,2 6,6 Sir 34,25 Eph 5,26 Tit 3,5

λούω baden
1/2 Sp (Ex 2,5 ...) NT 5mal

λοφιά (Gebirgs-)Kamm
Jos 15,2.5 18,19

λοχάω auflauern
Sap 14,24

λοχεύω gebären
Gen 33,13 Ps 77,71

λυθρ-ώδης mit Mordblut besudelt
Sap 11,6

λύκος Wolf
9mal (Gen 49,27 ...) NT 6mal

λυμαίνομαι beschädigen
17mal (Ex 23,8 ...) Act 8,3

λυμεών Verderber
4Mac 18,8.8

λυπέω betrüben
1 Sp (Gen 4,5 ...) NT 26mal

λύπη Trauer
1/2 Sp (Gen 3,16 ...) NT 16mal

λυπηρός schmerzlich, betrübend
6mal (Gen 34,7 ...) WB

λύσις Trennung
Eccl 8,1 Sap 8,8 Dan LXX 12,8 1Kor 7,27

λυσι-τέλεια Nutzbarkeit
2Mac 2,27

λυσι-τελέω nützen
Tob 3,6 Sir 20,10.11 29,11 Lk 17,2

λυσι-τελής nützlich
Sir 28,21

λύτρον Lösegeld
19mal (Ex 21,30 ...) Mt 20,28 Mk 10,45

λυτρόω erlösen
2 Sp (Ex 6,6 ...) Lk 24,21 Tit 2,14 1Pt 1,18

* λυτρών Abort
4Reg 10,27

λύτρωσις Erlösung
10mal (Lev 25,29 ...) Lk 1,68 2,38 Hb 9,12

λυτρωτής Erlöser
Ps 18,15 77,35 Act 7,35

* λυτρωτός einlösbar
Lev 25,31.32

λυχνία Leuchter
1/2 Sp (Ex 25,31 ...) NT 12mal

λύχνος Lampe
1/2 Sp (Ex 25,37 ...) NT 14mal

λύω lösen
1/2 Sp (Gen 42,27 ...) NT 42mal

* λῶμα Saum *(eines Kleidungsstückes)*
7mal Ex 28,33 - 36,38

λωπο-δυτέω plündern
1Es 4,24

μά *Beteuerungspartikel*
4Mac 5,29S 10,15

μαγειρεῖον Küche
Ez 46,23.24

μαγειρεύω Koch sein
Lam 2,21

* μαγείρισσα Köchin
1Reg 8,13

μάγειρος Koch
1Reg 9,23.24 Lam 2,20 Ez 46,24B

μαγικός magisch
Sap 17,7

μαγίς Brot
Jud 7,13

μάγος Magier
10mal (Dan 2,2 ...) NT 6mal

* μαδαρόω Haare ausraufen
2Es 23,25

μαδάω Haare ausgehen
Lev 13,40.41 Ez 29,18

* μαδών = מדון von großer Statur
2Reg 21,20

* μαελέθ = מחלת liturgische Angabe
Ps 52,1 87,1

μάζα Gerstegebackenes
Dan Bel 27

* μαζουρώθ = מזרות Sterne des Tierkreises
4Reg 23,5 Job 38,32

μάθημα Gelerntes
Jer 13,21 WB

μαθητής Schüler
Jer 13,21A 20,11A NT 261mal

μαῖα Amme
Gen 35,17 38,28, 7mal Ex 1,15-21

μαιμάσσω in stürmischer Bewegung sein
Job 38,8 Jer 4,19

μαίνομαι rasen
7mal (Sap 14,28 ...) NT 5mal

μαιόομαι entbinden (*von d.Hebamme gesagt*)
Ex 1,16 Job 26,5

μακαρίζω glücklich preisen
1/2 Sp (Gen 30,13 ...) Lk 1,48 Jak 5,11

μακάριος glücklich
1 Sp (Gen 30,13 ...), u.Adv.4Mac 12,1 NT 50ma

μακαριότης Glückseligkeit
4Mac 4,12 18,19A

μακαριστός glücklich zu preisen
Prov 14,21 16,20 29,18 2Mac 7,24

μακράν weit, fern
1 Sp (Gen 44,4 ...) NT 10mal

μακρό-βιος langlebig
Sap 3,17 Jes 53,10 WB

* μακρο-βίωσις Langlebigkeit
Bar 3,14

* μακρο-ημέρευσις langes Leben
Sir 1,12.20 30,22

μακρο-ημερεύω lange leben
8mal (Dt 5,33 ...)

μακρο-ήμερος von langen Tagen
Dt 4,40

μακρόθεν von ferne
1/2 Sp (Gen 21,16 ...) NT 14mal

μακρο-θυμέω Geduld haben
10mal (Job 7,16 ...) NT 10mal

μακρο-θυμία Geduld
5mal (Prov 25,15 ...) NT 14mal

μακρό-θυμος geduldig
19mal (Ex 34,6 ...) WB

μακρός lang
18mal (Num 9,13 ...) Mk 12,40 Lk 15,13 19,12 20,47

μακρότερον ziemlich weit
Gen 21,16A Dt 12,21

μακρότης Länge
9mal (Dt 30,20 ...)

μακρο-τονέω beharren
2Mac 8,26

* μακρο-χρονίζω lange Zeit dauern
Dt 17,20 32,27

μακρο-χρόνιος lange lebend
Ex 20,12 Dt 4,40A 5,16 17,20A Eph 6,3

* μάκρυμμα d.Entfernte
2Es 9,1.11

μακρύνω verlängern, verstoßen
1/2 Sp (Jud 18,22 ...)

μάλα sehr
11mal (2Reg 14,5 ...)

μάλαγμα Umschlag, Pflaster
Sap 16,12 Jes 1,6 Ez 30,21

μαλακία Weichlichkeit
15mal (Gen 42,4 ...) Mt 4,23 9,35 10,1

μαλακίζομαι schlaff werden
9mal (Gen 42,38 ...) WB

μαλακός weich 1Kor 6,9
Prov 25,15 26,22 u.Adv.Job 40,27 Mt 11,8.8 Lk 7,25

μαλακο-ψυχέω feige sein
4Mac 6,17

μαλακύνω erweichen
Job 23,16

μάλιστα ganz besonders
6mal (2Mac 8,7 ...) NT 12mal

μᾶλλον mehr
1 Sp (Gen 19,9 ...) NT 81mal

μάμμη Großmutter
4Mac 16,9 2Tim 1,5

* μάν = מן Manna
Ex 16,31.32.33.35.35

* μαναά = מנחה Geschenk
19mal (4Reg 8,8 ...)

μάνδρα Hürde, Pferch
12mal (1Reg 13,6 ...) WB

μανδρ-αγόρας Mandragora (Alraunwurzel)
6mal (Gen 30,14 ...)

μανδύας Mantel *(persisch)*
7mal (Jud 3,16 ...)

μανή = μανία
Dan LXX 5,0.0 Th 5,25.26

μανθάνω lernen
3/4 Sp (Ex 2,4 ...) NT 25mal

μανία Wahnsinn
6mal (Ps 39,5 ...) Act 26,24

μανιάκης Halsband *(persisch)*
7mal (1Es 3,6 ...)

μανι-ώδης Wahnsinn
3Mac 5,45

* μάννα Manna Apk 2,17
1/2 Sp (Ex 16,35A...) Jh 6,31.49 Hb 9,4

μαντεία d.Wahrsagen
14mal (Num 23,23 ...)

μαντεῖον Weissagung
Num 22,7 Prov 16,10 Ez 21,27

μαντεύομαι wahrsagen
12mal (Dt 18,10 ...) Act 16,16

μάντις Wahrsager
5mal (Jos 13,22 ...) WB

μαραίνω auslöschen
Job 15,30 24,24 Sap 2,8 19,21 Jak 1,11

μαρμάρινος aus Marmor
Cant 5,15

μάρμαρος Marmor
Ep Jer 7,1 Apk 18,12

μαρσίππιον (Geld-)Beutel (marsuppium)
Prov 1,14 Sir 18,33 Jes 46,6

| | | |
|---|---|---|
| μάρσιππος | (Geld-)Beutel | |
| | 1/2 Sp (Gen 42,27 ...) | |
| μαρτυρέω | Zeuge sein | |
| | 17mal (Gen 31,46 ...) | NT 76mal |
| μαρτυρία | Zeugnisablegung | |
| | 11mal (Gen 31,47 ...) | NT 37mal |
| μαρτύριον | Zeugnis | |
| | 3Sp (Gen 21,30 ...) | NT 19mal |
| μαρτύρομαι | bezeugen | |
| | Jdth 7,28 1Mac 2,56 | NT 5mal |
| μάρτυς | Zeuge | |
| | 2/3 Sp (Gen 31,44 ...) | NT 35mal |
| μαρυκάομαι | wiederkäuen | |
| | Dt 14,8 | WB |
| * μασανά | = משנה Neustadt | |
| | 2Par 34,22 | |
| μασάομαι | kauen, beißen | |
| | Job 30,4 | Apk 16,10 |
| * μασενά | = משנה Neustadt | |
| | 4Reg 22,14 | |
| * μασμαρώθ | = המזמרות Messer *zum Lichtputzen* | |
| | Jer 52,19 | |
| μαστιγόω | peitschen | |
| | 1/2 Sp (Ex 5,14 ...) | NT 7mal |
| μαστίζω | peitschen | |
| | Num 22,25 Sap 5,11 3Mac 2,21 | Act 22,25 |
| μάστιξ | Geißel | |
| | 1/2 Sp (3Reg 12,11 ...) | NT 6mal |
| μαστός | Brust | |
| | 1/2 Sp (Gen 49,25 ...) | Lk 11,27 23,29 Apk 1,13 |
| μάταιος | eitel, nichtig | |
| | 1 Sp (Ex 20,7 ...) | NT 6mal |
| * ματαιότης | Nichtigkeit | |
| | 2/3 Sp (Ps 4,3 ...) | Röm 8,20 Eph 4,17 2Pt 2,18 |
| * ματαιό-φρων | törichten Sinnes | |
| | 3Mac 6,11 | |
| * ματαιόω | der Nichtigkeit preisgeben | |
| | 9mal (1Reg 13,13 ...) | Röm 1,21 |
| ματαίως | eitel | |
| | 6mal (3Reg 20,25 ...) | |
| μάτην | vergeblich | |
| | 23mal (3Reg 20,20 ...) | Mt 15,9 Mk 7,7 |
| μάχαιρα | Schwert | |
| | 3 Sp (Gen 22,6 ...) | NT 29mal |
| μάχη | Kampf | Jak 4,1 |
| | 1/2 Sp (Gen 13,7 ...) | 2Kor 7,5 2Tim 2,23 Tit 3,9 |
| μαχητής | Kämpfer, Krieger | |
| | 1/2 Sp (Jud 3,29A ...) | |
| μάχιμος | kriegerisch | |
| | 8mal (Jos 5,6 ...) | |
| * μαχίρ | *für* מכלת : Speise | |
| | 3Reg 5,25 | |
| * μάχμα | *für* מכבר, *unsicher, gew.:* Bettdecke | |
| | 4Reg 8,15 | |
| μάχομαι | kämpfen | Jak 4,2 |
| | 1/2 Sp (Gen 26,20 ...) | Jh 6,52 Act 7,26 2Tim 2,24 |
| * μαωζίν | = מעזים Festungen | |
| | Dan Th 11,38 | |
| μεγαλ-αυχέω | sich brüsten | |
| | 5mal (Ps 9,39 ...) | WB |

μεγαλ-αυχία Pralerei
4Mac 2,15

μεγαλεῖος großartig
16mal (Dt 11,2 ...) Act 2,11

μεγαλειότης Großartigkeit
1Es 1,5 4,40 Jer 40,9 Dan LXX 7,27 Lk 9,43 Act 19,27 2Pt 1,16

μεγαλό-δοξος sehr berühmt
3Mac 6,18 u.Adv.6,39

* μεγαλο-κράτωρ großmächtig
3Mac 6,2

μεγαλο-μερής aus großen Teilen bestehend, großartig
3Mac 5,8 u.Adv. 2Mac 4,22 3Mac 6,33

μεγαλο-πρέπεια Hoheit
10mal Ps 8,2 - 144,12 WB

μεγαλο-πρεπής großartig
Dt 33,26 2Mac 8,15 15,13 3Mac 2,9 2Pt 1,17

μεγαλο-πρεπῶς großartig
2Mac 4,49 4Mac 5,24

* μεγαλο-πτέρυγος großflügelig
Ez 17,3.7

μεγαλορ-ρημονέω Großsprecher sein
6mal (Jdth 6,17 ...) WB

μεγαλορ-ρημοσύνη Großsprecherei
1Reg 2,3 WB

μεγαλορ-ρήμων prahlerisch
Ps 11,4 3Mac 6,4 WB

* μεγαλό-σαρκος vollfleischlich
Ez 16,26

μεγαλο-σθενής von großer Stärke
3Mac 5,13

μεγαλο-φρονέω großgesinnt sein
4Mac 6,24

μεγαλό-φρων großmütig
Prov 21,4 4Mac 6,5 9,21

μεγαλό-ψυχος hochherzig
4Mac 15,10 u.Adv.3Mac 6,41

μεγαλύνω groß machen, erheben
1 Sp (Gen 12,2 ...) NT 8mal

* μεγάλωμα Macht
Jer 31,17

μεγαλ-ώνυμος mit großem Namen
Jer 39,19

μεγάλως groß
1/2 Sp (Num 6,2 ...) Phil 4,10

μεγαλωστί großartig
1Es 5,62

μεγαλωσύνη Majestät
1/2 Sp (Dt 32,3 ...) Hb 1,3 8,1 Jud 25

μέγας groß
12 Sp (Gen 1,16 ...) NT 243mal

μέγεθος Größe
16mal (Ex 15,16 ...) Eph 1,19

μεγιστᾶνες die Edlen, Vornehmen
2/3 Sp (2Par 36,18 ...) Mk 6,21 Apk 6,15 18,23

μεθ-αρμόζω umstimmen
Sap 19,18

* μεθαχαβίν = מתחבאים *(Ptz.Hitp.)* die Verborgenen
1Par 21,20

μεθ-ερμηνεύω übersetzen
Sir Prol 30 NT 8mal

μέθη Trunkenheit Gal 5,21
13mal (Tob 4,15 ...) Lk 21,34 Röm 13,13

μεθ-ίστημι umsetzen
1/2 Sp (Dt 17,17 ...) NT 5mal

μεθ-οδεύω betrügen
2Reg 19,28 WB

μέθ-οδος Methode, (Kriegs-)List
Esth 8,12ⁿ 2Mac 13,18

μεθ-όριον Grenze
Jos 19,27A WB

μεθύσκω trunken machen
7mal (Ps 22,5 ...) NT 5mal

* μέθυσμα berauschender Trunk
8mal (Jud 13,4 ...) WB

μέθυσος Trunkenbold
5mal (Prov 23,21 ...) 1Kor 5,11 6,10

μεθύω betrunken sein
1/2 Sp (Gen 9,21 ...) NT 5mal

* μεθωεσίμ = מתיחשים die,die sich eintragen lassen
2Es 2,62

μεῖγμα Mischung, Salbe
Sir 38,7 Jh 19,39 (μίγμα)

μειδιάω lächeln
Sir 21,20 WBA

μειόομαι vermindert werden
Sir 43,7 WB

μειράκιον Knabe
2Mac 7,25 4Mac 8,14 11,24 14,4

μειρακίσκος kleiner Junge
4Mac 8,1 11,13

μεῖραξ Knabe
4Mac 14,6.8

μέλαθρον (Zimmer-)Balken
3Reg 6,5 7,9.9.41

μελαθρόομαι mit Balken verbinden
3Reg 7,42

μελ-άνθιον Kümmel
Jes 28,25.27.27

μελανία Schwärze
Sir 19,26

* μελανόομαι schwärzen
Job 30,30vl Cant 1,6 Ep Jer 20

μέλας schwarz
6mal (Lev 13,37 ...) NT 6mal

μέλει es liegt woran
5mal (Tob 10,5BA ...) NT 10mal

μέλεος elend
4Mac 16,6

μελετάω sorgen
1/2 Sp (Jos 1,8 ...) Act 4,25 1Tim 4,15

μελέτη d.Nachdenken
14mal (Job 33,15 ...) WB

μέλι Honig
1 Sp (Gen 43,11 ...) Mt 3,4 Mk 1,6 Apk 10,9.10

μελίζω gliedern
7mal (Lev 1,6 ...)

μέλισσα Biene
8mal (Dt 1,44 ...) WB

μελισσών Bienenhaus
1Reg 14,25.26

μέλλω sollen, müssen, wollen
3/4 Sp (Gen 43,25 ...) NT 109mal

μέλος Glied
1/2 Sp (Ex 29,17 ...) NT 34mal

μελ-ῳδέω singen
4Mac 18,15

μελ-ῳδία d.Singen
4Mac 15,21

μελ-ῳδός Sänger
4Mac 10,21 15,21S

μέμφομαι tadeln
Sir 11,7 41,7 2Mac 2,7 Röm 9,19 Hb 8,8

μέμψις Tadel
5mal (Job 15,15A ...) WB

μέν zwar
1/2 Sp Textstellen (Gen 18,12 ...) NT 180mal

μέν-τοι wirklich, jedoch
6mal (Prov 5,4 ...) NT 8mal

μέν-τοι-γε ja wirklich
Ps 38,6

μένω bleiben, erwarten
1 Sp (Gen 24,55 ...) NT 118mal

μεριδ-άρχης Anführer einer Heeresabteilung
1Mac 10,65

* μεριδ-αρχία Offiziersamt
1Es 1,5.11 5,4 8,28

μερίζω zerteilen
1/2 Sp (Ex 15,9 ...) NT 14mal

μέριμνα Sorge
11mal (Esth $1,1^n$ ...) NT 6mal

μεριμνάω sorgen
9mal (Ex 5,9 ...) NT 19mal

μερίς Teil
2 Sp (Gen 14,24 ...) NT 5mal

μερισμός Teilung
Jos 11,23 2Es 6,18 Hb 2,4 4,12

* μεριτεύομαι unter sich teilen
Job 40,30

μέρος Teil
2 Sp (Gen 23,9 ...) NT 42mal

μεσάζω die Mitte erreichen
Sap 18,14 WB

* μέσ-ακλον Weberbaum
1Reg 17,7

μεσ-ημβρία Mittag
1/2 Sp (Gen 18,1 ...) Act 8,26 22,6

μεσ-ημβρινός mittägig
1Es 9,41 Job 5,14 Ps 90,6 Jes 16,3

* μεσθαάλ (*für* מלתחה ?) königl.Garderobe
4Reg 10,22

μεσίτης Mittler
Job 9,33 NT 6mal

μεσό-γειος mittelländisch
2Mac 8,35

μεσο-νύκτιον Mitternacht
5mal (Jud 16,3 ...) Mk 13,35 Lk 11,5 Act 16,25 20,7

μεσο-πόρφυρος mit Purpur gemischt
Jes 3,21.24

μέσος mitten (ἀνὰ μέσον s.S.17)
2 Sp (Gen 2,9 ...) NT 58mal

μεσότης Mitte
Sap 7,18

μεσόω in der Mitte sein
7mal (Ex 12,29 ...) Jh 7,14

* μεσσάβ = מצב Besatzung
1Reg 14,1.6.11.12.15

μεστός voll
Esth 5,2$^{a}$ Prov 6,34 Nah 1,10 Ez 37,1 NT 9mal

μεστόω erfüllen
3Mac 5,1.10 Act 2,13

μετά *b.Gen.* mit , *b.Akk.* nach
4 Sp Textstellen (Gen 3,6 / Gen 4,3 ...) NT 473mal

μετα-βαίνω hinübergehen, umziehen
5mal (Sap 7,27 ...) NT 12mal

μετα-βάλλω d.Meinung ändern
1/2 Sp (Ex 7,17 ...) Act 28,6

μετα-βολή Veränderung
8mal (Esth 4,17$^{y}$ ...)

μετα-βολία Veränderung
Sir 37,11

μετα-βόλος veränderlich
Jes 23,2.3.3

μετα-γενής danach geboren
1Es 8,1

μετα-γίνομαι nachher entstehen
2Mac 2,1.2

μετ-άγω anderswohin führen
12mal (3Reg 8,37 ...) Jak 3,3.4

μετα-διαιτάω d.Lebensweise ändern
4Mac 8,8

μετα-δίδωμι mitgeben, -teilen
7mal (Tob 7,10BA ...) NT 5mal

μετα-διώκω verfolgen
2Mac 2,31

μετά-θεσις Änderung
2Mac 11,24 Hb 7,12 11,5 12,27

μετ-αίρω s.fortbegeben
4Reg 16,17 25,11 Ps 79,8 Prov 22,28 Mt 13,53 19,1

μετα-καλέω holen, berufen
1Es 1,48 Hos 11,1.2 Act 7,14 10,32 20,17 24,25

μετα-κινέω umstellen
6mal (Dt 19,14 ...) Kol 1,23

μετα-κίνησις d.Umstellen
2Es 9,11 Zach 13,1vl

* μετα-κρινάομαι wandeln
Sap 16,21

μετα-λαμβάνω Anteil nehmen
14mal (Esth 5,1$^{e}$ ...) NT 7mal

μετ-αλλάσσω umtauschen
12mal (1Es 1,29 ...) Röm 1,25.26

μεταλλεύω Bergbau betreiben
Dt 8,9 Sap 4,12 16,25

μέτ-αλλον d.Durchsuchen, d.Gesuchte, Metall
1Mac 8,3

μετα-μέλεια Reue
Hos 11,8 *Ps 9,7*

μετα-μέλομαι Reue empfinden
14mal (Ex 13,17 ...) NT 6mal

μετά-μελος reuevoll
4Reg 3,27 Prov 11,3 3Mac 2,24

μετ-αναστεύω auswandern
Ps 10,1 51,7 61,7

μετ-αν-ίστημι umziehen
2Reg 15,20 Ps 108,10

μετα-νοέω bereuen
1/2 Sp (1Reg 15,29 ...) NT 34mal

μετά-νοια Sinnesänderung
5mal (Prov 14,15 ...) NT 22mal

μεταξύ zwischen
9mal (Jud 5,27A ...) NT 9mal

μετα-παιδεύω umerziehen
4Mac 2,7

μετα-πείθω umstimmen
4Mac 11,25

μετα-πέμπομαι kommen lassen
6mal (Gen 27,45 ...) NT 9mal

μετα-πίπτω nachschicken
5mal (Lev 13,5 ...)

μετα-σκευάζω anders einrichten
Amos 5,8

μετα-στρέφω umkehren
1/2 Sp (Ex 14,5 ...) Act 2,20 Gal 1,7

μετα-στροφή Wendung
3Reg 12,15 2Par 10,15

μετα-σχηματίζω umgestalten
4Mac 9,22 NT 5mal

μετα-τίθημι umstellen
17mal (Gen 5,24 ...) NT 6mal

μετα-τρέπω zurück-, wegwenden
5mal (4Mac 6,5 ...) Jak 4,9

μετα-φέρω wegtragen
1Par 13,3 1Es 4,48 WB

μετά-φρασις Beschreibung
2Mac 2,31

μετά-φρενον Schwungfeder, Fittich *(Zwergfell)*
Dt 32,11 Ps 67,14 90,4 Jes 51,23

μετα-χέω umgießen
4Mac 1,29

μετ-έπειτα danach, hinterher
Jdth 9,5 Esth 3,13g 3Mac 3,24 Hb 12,17

μετ-έρχομαι mit-, nachgehen
7mal (1Reg 5,8 ...)

μετ-έχω Anteil haben
10mal (1Es 5,40 ...) NT 8mal

μετ-εωρίζω erheben
9mal (Ps 130,1 ...) Lk 12,29

μετ-εωρισμός Erhebung, Stolz
7mal (Ps 41,8 ...)

μετ-έωρος hochgelegen
17mal (Jud 1,15 ...)

μετ-οικεσία Deportation
10mal (Jud 18,30 ...) Mt 1,11.12.17.17

μετ-οικέω umwohnen
2Reg 15,19

μετ-οικία d.Mitwohnen
3Reg 8,47 1Par 5,41 Jer 9,10 20,4

μετ-οικίζω umsiedeln
11mal (Jud 2,3A ...) Act 7,4.43

μέτ-οικος umziehend
Jer 20,3

μετ-ουσία Teilnahme
4Mac 2,1

μετ-οχή Teilhaberschaft
Ps 121,3 *PS 14,6* 2Kor 6,14

μέτ-οχος teilhabend
9mal (1Reg 20,30 ...) NT 6mal

μετρέω messen
6mal (Ex 16,18 ...) NT 11mal

μέτρησις d.Messen, Maß
3Reg 7,24

μετρητής Maß
6mal (3Reg 18,32 ...) Jh 2,6

μετριάζω *vom Kranken:* s.bessern
2Es 12,2

μέτριος maßvoll
Sir 31,20 WB

μετρίως mäßig
2Mac 15,38 Act 20,12

μέτρον Maß
1 Sp (Gen 18,6 ...) NT 14mal

μέτ-ωπον Stirn
8mal (Ex 28,38 ...) NT 8mal

μέχρι bis
1/2 Sp Textstellen (Jos 4,23 ...) NT 17mal

* μεχωνώθ = מכנות Fahrgestelle der Kesselwagen
18mal (3Reg 7,14 ...)

μή nicht, damit nicht
4 Sp Textstellen (Gen 3,11 ...) NT 1043mal

μηδ-αμόθεν nirgends
Sap 17,9

μηδ-αμῶς keineswegs
19mal (Gen 18,25 ...) Act 10,14 11,8

μη-δέ und nicht
1/2 Sp Textstellen (Gen 19,17 ...) NT 56mal

μηδ-είς niemand
1 Sp (Gen 19,8 ...) NT 89mal

μηδέ-ποτε niemals
Sir 19,7 3Mac 3,16 7,4.11 2Tim 3,7

μηδ-έτερος keiner von beiden
Prov 24,21

μη-κ-έτι nicht mehr
15mal (Ex 36,6 ...) NT 22mal

μῆκος Länge
1 Sp (Gen 6,15 ...) Eph 3,18 Apk 21,16.16

μηκύνω lang machen
Jes 44,14 Ez 12,25.28 Mk 4,27

μῆλον Apfel
9mal (Gen 30,14 ...)

μηλωτή Schafspelz
5mal (3Reg 19,13 ...) Hb 11,37

μήν freilich
24mal (Esth 9,27 ...) Hb 6,14

μήν Monat
4 Sp (Gen 7,11 ...) NT 18mal

μηνιαιος einen Monat lang
10mal (Lev 27,6 ...)

* μηνίαμα Zorn
Sir 40,5

μηνιάω zürnen
Sir 10,6 WB

μῆνις Zorn
μήνισις s.S.318 Gen 49,7 Num 35,21 Sir 27,30 28,5 WB
μηνίσκος *halbmondförmiger* Zierrat
Jud 8,21.26B Jes 3,18
μηνίω zürnen
5mal (Lev 19,18 ...)
μηνύω anzeigen
5mal (2Mac 3,7 ...) Lk 20,37 Jh 11,57 Act 23,30 1Kor 10,28
μή-ποτε niemals
1/2 Sp Textstellen (Gen 3,22 ...) NT 25mal
μηρίον Lende *(der Opfertiere)*
6mal (Lev 3,4 ...)
μηρός Schenkel
1/2 Sp (Gen 24,2 ...) Apk 19,16
μηρυκάομαι wiederkäuen
Lev 11,26
* μηρυκισμός d.Wiederkäuen
10mal (Lev 11,3 ...)
μηρύομαι zusammenziehen
Prov 31,13
μή-τε und nicht
18mal (1Reg 3,26 ...) NT 34mal
μήτηρ Mutter
4 1/2 Sp (Gen 2,24 ...) NT 83mal
μήτρα Mutterschoß
1/2 Sp (Gen 20,18 ...) Lk 2,23 Röm 4,19
μητρό-πολις Hauptstadt
8mal (Jos 10,2 ...) WB
μητρῷος mütterlich
4Mac 13,19
μηχανάομαι ersinnen
6mal (Esth 8,12$^{c}$ ...) WB
μηχανεύω ersinnen
2Par 26,15
μηχανή Maschine
13mal (2Par 26,15 ...) WB
μηχάνημα das künstlich Bereitete
1Mac 13,29
μιαίνω beflecken
1 1/2 Sp (Gen 34,5 ...) NT 5mal
μιαι-φονία (Befleckung durch) Mord
4Mac 9,9 10,11
μιαι-φόνος blutbefleckt
2Mac 4,38 12,6
μίανσις d.Beflecken
Lev 13,44
μιαρός verrucht
11mal (2Mac 4,19 ...) WB
* μιαρο-φαγέω Unreines essen
10mal (4Mac 5,3 ...)
* μιαρο-φαγία d.Essen von Unreinem
4Mac 5,27 6,19 11,25
μίασμα Befleckung
8mal (Lev 7,18 ...) 2Pt 2,20
μιασμός Verunreinigung
Sap 14,26 1Mac 4,43 2Pt 2,10
μίγνυμι mischen
6mal (Gen 30,40 ...) Mt 27,34 Lk 13,1 Apk 8,7 15,2
μικρο-λόγος kleinlich
Sir 14,3

| | | |
|---|---|---|
| μικρός | klein | |
| | 2 Sp (Gen 19,11 ...) | NT 46mal |
| μικρότης | Kleinheit | |
| | 3Reg 12,10.24[r] | |
| μικρῶς | klein | |
| | 2Mac 14,8 | WBA |
| μίλτος | Mennige | |
| | Sap 13,14 Jer 22,14 | |
| μιμέομαι | nachahmen | |
| | Sap 4,2 15,9 4Mac 9,23 13,9 | 2Thess 3,7.9 Hb 13,7 3Jh 1 |
| μίμημα | Abbild | |
| | Sap 9,8 | WB |
| μιμνῄσκομαι | s.erinnern | |
| | 3 1/2 Sp (Gen 8,1 ...) | NT 23mal |
| μισ-άνθρωπος | Menschenhasser | |
| | 4Mac 11,4 | |
| μισ-άρετος | Tugendhasser | |
| | 4Mac 11,4 | |
| μίσγω | mischen | |
| | Hos 4,2 Jes 1,22 | |
| μισέω | hassen | |
| | 2 1/2 Sp (Gen 26,27 ...) | NT 40mal |
| μισητός | gehaßt | |
| | 9mal (Gen 34,30 ...) | |
| μίσθιος | gemietet | |
| | 6mal (Lev 25,50 ...) | Lk 15,17.19 |
| μισθόομαι | für sich mieten | |
| | 17mal (Gen 30,16 ...) | Mt 20,1.7 |
| μισθός | Lohn | |
| | 1 Sp (Gen 15,1 ...) | NT 29mal |
| μίσθωμα | Mietzins | |
| | 11mal (Dt 23,19 ...) | Act 28,30 |
| μισθωτής | Pächter | |
| | 1Mac 6,29 | |
| μισθωτός | Tagelöhner | |
| | 20mal (Ex 12,45 ...) | Mk 1,20 Jh 10,12.13 |
| * μισο-ξενία | Fremdenhaß | |
| | Sap 19,13 | |
| μισο-πονηρέω | das Schlechte hassen | |
| | 2Mac 4,49 8,4 | |
| μισο-πονηρία | Haß gegen Böses | |
| | 2Mac 3,1 | |
| μισο-πόνηρος | das Schlechte hassend | |
| | Esth 8,12[d] | |
| μῖσος | Haß | |
| | 12mal (2Reg 13,15 ...) | WB |
| μίσ-υβρις | Übermut hassend | |
| | 3Mac 6,9 | |
| μίτρα | Mitra *(Kopfbedeckung)* | |
| | 13mal (Ex 28,37 ...) | WB |
| μνᾶ | Mine *(Rechnungseinheit)* | |
| | 10mal (3Reg 10,17 ...) | NT 9mal |
| μνεία | Erinnerung | |
| | 15mal (Dt 7,18 ...) | NT 7mal |
| μνῆμα | Grab | |
| | 19mal (Ex 14,11 ...) | NT 8mal |
| μνημεῖον | Denkmal | |
| | 16mal (Gen 23,6 ...) | NT 40mal |
| μνήμη | Erinnerung | |
| | 15mal (Ps 29,5 ...) | 2Pt 1,15 |

μνημονεύω sich erinnern
1/2 Sp (Ex 13,3 ...) NT 21mal
μνημόσυνον Gedächtnis
1 Sp (Ex 3,15 ...) Mt 26,13 Mk 14,9 Act 10,4
μνημόσυνος das Andenken erhaltend
Esth 6,1 9,27
μνησι-κακέω Böses nachtragen
5mal (Gen 50,15 ...) WB
μνησί-κακος rachsüchtig
Prov 12,28
μνηστεύομαι Braut werden
10mal (Dt 20,7 ...) Mt 1,18 Lk 1,27 2,5
μογι-λάλος stumm
Jes 35,6 WB
μόγις mit Mühe, kaum
3Mac 7,6 Lk 9,39
μοιχαλίς Ehebrecherin
6mal (Prov 18,22 ...) NT 7mal
μοιχάομαι zum Ehebruch verführt werden
9mal (Jer 3,8 ...) Mt 5,32 19,9 Mk 10,11.12
μοιχεία Ehebruch
Sap 14,26 Hos 2,4 4,2 Jer 13,27 Mt 15,19 Mk 7,22 Jh 8,3
μοιχεύω Ehebruch treiben
11mal (Ex 20,13 ...) NT 15mal
μοιχός Ehebrecher
7mal (Job 24,15 ...) Lk 18,11 1Kor 6,9 Hb 13,4
μόλιβος Blei
11mal (Ex 15,10 ...) WB
μόλις kaum
8mal (Prov 11,31 ...) NT 6mal
μολόχη Malve
Job 24,24
μόλυνσις Befleckung
Jer 51,4
μολύνω beflecken
18mal (Gen 37,31 ...) 1Kor 8,7 Apk 3,4 14,4
μολυσμός Befleckung
1Es 8,80 Jer 23,15 2Mac 5,27 2Kor 7,1
μονάζω allein bleiben
Ps 101,8 WB
μόν-αρχος Monarch
3Mac 2,2
μονή Wohnung
1Mac 7,38 Jh 14,2.23
μόνιμος treu
Gen 49,26 Jer 38,17
μονιός einsam lebend
Ps 79,14
μονο-γενής einzig
10mal (Jud 11,34 ...) NT 9mal
* μονό-ζωνος Leichtbewaffneter
7mal (2Reg 22,30 ...)
μονο-ήμερος eintägig
Sap 5,14
μονό-κερως einhörnig
8mal (Num 23,22 ...)
μονο-μαχέω einzeln kämpfen
1Reg 17,10 Ps 151,1
μόνον allein
3/4 Sp (Gen 19,8 ...) NT 66mal

μόν-ορχις mit einer Hode
Lev 21,20

μόνος allein, einzig
2 Sp (Gen 2,18 ...) NT 46mal

μονό-τροπος einsam *für sich allein lebend*
Ps 67,6

* μονο-φαγία Alleingeprasse
4Mac 1,27

* μονο-φάγος Alleinprasser
4Mac 2,7

μόνωσις s.S.318

μόρον Maulbeere
1Mac 6,34

μόρος Geschick
7mal (2Mac 9,28 ...)

μορφή Gestalt
12mal (Jud 8,18A ...) Mk 16,12 Phil 2,6.7

* μοσφαδαίμ = משפתים Viehhürden
Jud 5,16A

μοσχάριον Kälbchen
12mal (Gen 18,7 ...)

μόσχευμα Sproß, Ableger
Sap 4,3

μόσχος junger Stier
3 Sp (Gen 12,16 ...) NT 6mal

μοτόω *eine offene Wunde* heilen
Hos 6,1

μουσικός die Musik betreffend
22mal (Gen 31,27 ...) Apk 18,22

μοχθέω sich anstrengen
16mal (1Es 4,22 ...)

μοχθηρός mühselig
Sir 26,5 27,15

μόχθος Anstrengung
1/2 Sp (Ex 18,8 ...) 2Kor 11,27 1Thess 2,9 2Thess 3,8

μοχλός Hebel
1/2 Sp (Ex 26,26 ...) WB

* μυαλόω mit Fett anfüllen
Ps 65,15

μυγαλῆ Feldmaus
Lev 11,30

μυελός Mark
Gen 45,18 Job 21,24 33,24 Hb 4,12

μυέω einweihen
3Mac 2,30 Phil 4,12

μυθο-λόγος Fabelerzähler
Bar 3,23

μῦθος Fabel
Sap 17,4A Sir 20,19 NT 5mal

μυῖα Fliege
7mal (4Reg 1,2 ...)

μυκτήρ Nasenloch
10mal (Num 11,20 ...)

μυκτηρίζω verächtlich behandeln
17mal (3Reg 18,27 ...) Gal 6,7

μυκτηρισμός d.Verhöhnen
2Es 13,36 *Ps 4,7*

μύλη Mühle
Job 29,17 Ps 57,7 Prov 30,14 Joel 1,6 *Ps 13,3*

μύλος Mühle
7mal (Ex 11,5 ...) Mt 18,6 24,41 Mk 9,42 Apk 18.22

μυλών Mühlstein
Jer 52,11 WB

μυξωτῆρες Nasenlöcher, Nase
Zach 4,12

μυρ-εψικός zum Salbenkochen gehörig
5mal (Ex 30,25 ...)

μυρ-εψός Salbenkoch
9mal (Ex 30,25 ...)

μυριάς Myriade
3/4 Sp (Gen 24,60 ...) NT 8mal

μύριοι zehntausend
16mal (Jud 20,10 ...) Mt 18,24 1Kor 4,15 14,19

μυριο-πλάσιος zehntausendfältig
Ps 67,18 u.Adv.Sir 23,19

* μυριότης Myriade
Sap 12,22

μυρισμός d.Salben
Jdth 16,7

μυρμηκιάω Warzen haben
Lev 22,22

* μυρμηκο-λέων Ameisenlöwe
Job 4,11

μύρμηξ Ameise
Prov 6,6 30,25

* μυρο-βρεχής mit Salböl besprüht
3Mac 4,6

μύρον Salböl
18mal (Ex 30,25 ...) NT 14mal

μυρσίνη Myrthenkranz
2Es 18,15 Jes 41,19 55,13

μῦς Maus
8mal (Lev 11,29 ...) WB

* μυσερόν abscheulich
Lev 18,23 WB

μύσος,τό Verbrechen
Sap 12,5vl 2Mac 6,19.25

μύσταξ Oberlippenbart
2Reg 19,25

μυστήριον Geheimnis
1/2 Sp (Tob 12,7 ...) NT 28mal

μύστης Myste, Eingeweihter
Sap 12,6

μυστικῶς mystisch
3Mac 3,10

μύστις die Myste
Sap 8,4

μυχός Schlupfwinkel *(im Hause)*
Sap 17,4.13

μωκάω verspotten
Jer 28,18

μῶκος Spötter
Sir 33,6

μώλωψ Strieme *(von Schlägen)*
8mal (Gen 4,23 ...) 1Pt 2,24

μωμάομαι verspotten
Prov 9,7 Sap 10,14 Sir 34,18 2Kor 6,3 8,20

μωμητός tadelnswert
Dt 32,5

μῶμος Tadel
1/2 Sp (Lev 21,17 ...) 2Pt 2,13

μωραίνω — als Torheit erweisen
6mal (2Reg 24,10 ...) — Mt 5,13 Lk 14,34 Röm 1,22 1Kor 1,20

* μωρεύω — tadeln
Jes 44,25

μωρία — Torheit
Sir 20,31 41,15 — NT 5mal

μωρός — töricht
1/2 Sp (Dt 32,6 ...) — NT 12mal

* νάβλα — Harfe *(= נבל: 'nebäl')*
15mal (1Reg 10,5 ...)

* ναζίρ — = נזיר d.Geweihte
Jud 13,5B

* ναζιραῖος — geweiht
Jud 13,5A.7A 16,17A — NT 13mal Ναζωραῖος

ναί — ja
7mal (Gen 17,19 ...) — NT 33mal

ναίω — wohnen
Job 22,12

νᾶμα — d.Fließende
Cant 8,2

ναός — Tempel
1 1/2 Sp (1Reg 1,9 ...) — NT 45mal

νάπη — Waldtal
9mal (Num 21,20 ...)

νάρδος — Narde
Cant 1,12 4,13.14 — Mk 14,3 Jh 12,3

ναρκάω — erstarren
5mal (Gen 32,26 ...)

* νασίφ — = נציב Vogt
3Reg 4,19

ναῦλον — Fahrgeld
Jona 1,3

ναῦς — Schiff
18mal (1Reg 5,6 ...) — Act 27,41

ναυτικός — das Schiff betreffend
3Reg 9,27 Jona 1,5

νάφθα — Naphthaöl
Dan 3,46

* ναχάλ — = נחל Tal
Jer 38,40

νεάζω — jung sein
4Mac 5,31

νεανίας — Jüngling
1/2 Sp (Jud 16,26B ...) — Act 7,58 20,9 23,17

νεανικός — jugendlich
3Mac 4,8

νεᾶνις — junges Mädchen
1/2 Sp (Ex 2,8 ...) — WBA

νεανίσκος — Jüngling
1 1/2 Sp (Gen 4,23 ...) — NT 11mal

* νέβελ — = נבל Weinschlauch
1Reg 1,24 2Reg 16,1 Hos 3,2

νεβρός — Hirschkalb
5mal (Cant 2,9 ...)

* νεέλασα — = נעלסה *(עלס Ni.Pf.)* lustig schlagen (?)
Job 39,13

* νεεσσαράν — = נעצר *(עצר Ni.Ptc.Pf.)* eingeschlossen (?)
1Reg 21,7

* νεζέρ — = נזר Diadem
4Reg 11,12

| | | | |
|---|---|---|---|
| | νεῖκος | Streit<br>7mal (Prov 10,12 ...) | |
| | νεκρός | tot, Toter<br>1 Sp (Gen 23,3 ...) | NT 128mal |
| | νέμω | verteilen, *Med.* weiden<br>1/2 Sp (Gen 36,24 ...) | WB |
| | νεο-γνός | neugeboren<br>3Mac 1,20 5,49 | |
| | νεό-κτιστος | neugegründet<br>Sap 11,18 | |
| | νέος | neu<br>2 Sp (Gen 9,24 ...) | NT 24mal |
| | νεοσσός | das Vogeljunge<br>19mal (Lev 5,7 ...) | νοσσός: Lk 2,24 |
| | νεότης | Jugend<br>1 Sp (Gen 8,21 ...) | 1Tim 4,12<br>Mk 10,20 Lk 18,21 Act 26,4 |
| | νεοττός | neugeboren<br>4Mac 14,15 | |
| | νεό-φυτος | neugepflanzt<br>Job 14,9 Ps 127,3 143,12 Jes 5,7 | 1Tim 3,6 |
| | νεόω | erneuern<br>Jer 4,3 | |
| * | νέσσα | = נצה Feder<br>Job 39,13 | |
| | νεῦμα | Wink<br>Jes 3,16 2Mac 8,18 | |
| | νευρά/νευρέα | Sehne<br>Jud 16,7A.8.9A 2Mac 7,1/Jud 16,7B.9B | |
| | νευρο-κοπέω | die Sehnen einscheiden: lähmen<br>5mal (Gen 49,6 ...) | |
| | νεῦρον | Sehne<br>11mal (Gen 32,33 ...) | WB |
| | νεύω | nicken<br>Prov 4,25 21,1 | Jh 13,24 Act 24,10 |
| | νεφέλη | Wolke<br>2 Sp (Gen 9,13 ...) | NT 25mal |
| | νέφος | Wolke<br>1/2 Sp (Job 7,9 ...) | Hb 12,1 |
| | νεφρός | Niere<br>1/2 Sp (Ex 29,13 ...) | Apk 2,23 |
| * | νεχωθά | = נכתה Schatzhaus<br>4Reg 20,13 Jes 39,2 | |
| * | νέωμα | neuangelegtes Feld<br>Jer 4,3 | |
| | νεώς | Tempel<br>7mal (2Mac 4,14 ...) | |
| | νεωστί | neuerlich<br>Jdth 4,3 | |
| | νεωτερίζω | erneuern<br>4Mac 3,21 | |
| | νεωτερικός | jugendlich<br>3Mac 4,8 | 2Tim 2,22 |
| | νή | bei *(der Gesundheit)*<br>Gen 42,15.16 | 1Kor 15,31 |
| | νήθω | spinnen<br>10mal Ex 26,31 - 37,16 | Mt 6,28 Lk 12,27 |
| | νηκτός | schwimmendes Tier<br>Sap 19,19 | WB |
| * | νηπιο-κτόνος | Kinder tötend<br>Sap 11,7 | |

| | | |
|---|---|---|
| νήπιος | unmündig | |
| | 3/4 Sp (1Reg 15,3 ...) | NT 15mal |
| νηπιότης | kindliches Wesen | |
| | Hos 2,17 Ez 16,22.43.60 | WB |
| νῆσος | Insel | |
| | 1/2 Sp (Gen 10,5 ...) | NT 9mal |
| νηστεία | Fasten | |
| | 1/2 Sp (2Reg 12,16 ...) | NT 6mal |
| νηστεύω | fasten | |
| | 1/2 Sp (Ex 38,26 ...) | NT 20mal |
| νῆστις | nüchtern | |
| | Dan LXX 6,19 | Mt 15,32 Mk 8,3 |
| * νηστός | Gesponnenes | |
| | Ex 31,4 | |
| νήχομαι | schwimmen | |
| | Job 11,12 | WB |
| νικάω | siegen | |
| | 1/2 Sp (1Es 3,12 ...) | NT 28mal |
| νίκη | Sieg | |
| | 11mal (1Par 29,11 ...) | 1Jh 5,4 |
| νῖκος | Sieg | |
| | 12mal (2Reg 2,26 ...) | Mt 12,20 1Kor 15,54.55.57 |
| νίπτω | waschen | |
| | 1/2 Sp (Gen 18,4 ...) | NT 17mal |
| νίτρον | Natron | |
| | Jer 2,22 | |
| νιφετός | Schnee(gestöber) | |
| | Dt 32,2 Dan 3,68 | |
| νοερός | verständig | |
| | Sap 7,22.23 | |
| νοέω | begreifen | |
| | 1/2 Sp (1Reg 4,20 ...) | NT 14mal |
| νόημα | Gedanke, Sinn | |
| | Bar 2,8 3Mac 5,30 | NT 6mal |
| νοήμων | verständig | |
| | 10mal (Prov 1,5 ...) | |
| νοητῶς | verständig | |
| | Prov 23,1 | |
| νοθεύω | die Ehe brechen | |
| | Sap 14,24 | |
| νόθος | Bastard | |
| | Sap 4,3 | Hb 12,8 |
| * νόθως | unaufrichtig | |
| | 3Mac 3,17 | |
| νομάς | Viehherden weidend | |
| | 10mal (1Reg 28,24 ...) | |
| νομή | Weide | |
| | 1/2 Sp (Gen 47,4 ...) | Jh 10,9 2Tim 2,17 |
| νομίζω | meinen, glauben | |
| | 15mal (Sap 13,2 ...) | NT 15mal |
| νομικός | gesetzeskundig | |
| | 4Mac 5,4 | NT 9mal |
| νόμιμος | den Hirten betreffend | |
| | 1 Sp (Gen 26,5 ...) | |
| νομίμως | dem Gesetz entsprechend | |
| | 4Mac 6,18 | 1Tim 1,8 2Tim 2,5 |
| νόμισμα | Münze | |
| | 2Es 8,36 17,72S 1Mac 15,6 | Mt 22,19 |
| νομιστέον | es ist zu meinen | |
| | Ep Jer 39.44.56.63 | |

| | | |
|---|---|---|
| νομο-θεσία | Gesetzgebung<br>2Mac 6,23 4Mac 5,35 17,16 | Röm 9,4 |
| νομο-θέσμως | gesetzlich<br>Prov 31,28 | |
| νομο-θετέω | Gesetze geben<br>11mal (Ex 24,12 ...) | Hb 7,11 8,6 |
| νομο-θέτης | Gesetzgeber<br>Ps 9,21 | Jak 4,12 |
| νόμος | Gesetz<br>6 Sp (Ex 12,43 ...) | NT 195mal |
| νομός | Weide(platz)<br>9mal (Jes 19,2 ...) | |
| νομο-φύλαξ | Gesetzeswächter<br>4Mac 15,32 | |
| νοσερός | krank<br>Jer 14,15 16,4 | |
| νοσέω | krank sein<br>Sap 17,8.8 | 1Tim 6,4 |
| νόσος | Krankheit<br>13mal (Ex 15,26 ...) | NT 11mal |
| νοσσεύω | nisten<br>6mal (Sir 1,15 ...) | |
| νοσσιά | Nest<br>16mal (Gen 6,14 ...) | Lk 13,34 |
| νοσσίον | d.(Vogel-)Junge<br>Ps 83,4 | Mt 23,37 |
| * νοσσο-ποιέω | brüten<br>Jes 13,22 4Mac 14,16A | |
| νοσφίζομαι | für sich auf die Seite schaffen: veruntreuen<br>Jos 7,1 2Mac 4,32 | Act 5,2.3 Tit 2,10 |
| νότος | Südwestwind<br>1 1/2 Sp (Ex 10,13 ...) | NT 7mal |
| νου-θεσία | Warnung<br>Sap 16,6 | 1Kor 10,11 Eph 6,4 Tit 3,10 |
| νου-θετέω | ermahnen<br>12mal (1Reg 3,13 ...) | NT 8mal |
| νου-θέτημα | Zurechtweisung<br>Job 5,17 | WB |
| νου-θέτησις | Warnung<br>Jdth 8,27 Prov 2,2 | WBA |
| νου-μηνία | Neumond<br>1/2 Sp (Ex 40,2 ...) | νεομηνία: Kol 2,16 |
| νοῦς | Verstand<br>1/2 Sp (Ex 7,23 ...) | NT 24mal |
| νυκτερινός | nächtlich<br>6mal (Job 4,13 ...) | |
| νυκτερίς | Fledermaus<br>Lev 11,19 Dt 14,18 Jes 2,20 Ep Jer 21 | |
| νυκτι-κόραξ | Nachtrabe<br>Lev 11,17 Dt 14,17 1Reg 26,20 Ps 101,7 | |
| νύκτωρ | nachts<br>Sir 38,27 2Mac 12,6 13,15 3Mac 1,2 | |
| νυμφ-αγωγός | Brautführer<br>Gen 21,22.32 26,26 Jud 14,20A | |
| * νύμφευσις | d.Verheiraten<br>Cant 3,11 | |
| νύμφη | Braut<br>1 Sp (Gen 11,31 ...) | NT 8mal |
| νυμφίος | Bräutigam<br>1/2 Sp (Jud 15,6B ...) | NT 16mal |

νυμφών  Brautgemach
Tob 6,14.17  Mt 9,15 Mk 2,19 Lk 5,34

νῦν/νυνί  jetzt
8 Sp (Gen 2,23 ...)  NT 148mal/20mal

νύξ  Nacht
4 Sp (Gen 1,5 ...)  NT 61mal

νύσσω  stoßen
Sir 22,19.19 3Mac 5,14 *PS 16,4*  Jh 19,34

* νύσταγμα  Schlaf
Job 33,15

νυσταγμός  Einnicken, Schlafen
Ps 131,4 Sir 31,2 Jer 23,31 Dan LXX 4,33[b]

νυστάζω  (ein)nicken, schlafen
12mal (2Reg 4,6 ...)  Mt 25,5 2Pt 2,3

νωθρο-κάρδιος  trägen Herzens
Prov 12,8

νωθρός  träge, faul
Prov 22,29 Sir 4,29 11,12  Hb 5,11 6,12

νωθρότης  Trägheit
3Mac 4,5

* νωκήδ  = נקד Schafzüchter
4Reg 3,4

νῶτον/νῶτος  Rücken
1/2 Sp (Gen 9,23 ...)  Röm 11,10

νωτο-φόρος  auf dem Rücken tragend
2Par 2,18 34,13

ξανθίζω  gelb sein
Lev 13,30.31.32

ξανθός  gelb
Lev 13,36

ξενίζω  bewirten
Esth 3,13[e] Sir 29,25 2Mac 9,6 3Mac 7,3  NT 10mal

ξένιον  Tribut
8mal (2Reg 8,2 ...)

ξενισμός  Bewirtung
Prov 15,17  WB

ξενιτεία  Zug durch die Fremde
Sap 18,3

ξενο-λογέω  Söldner anwerben
1Mac 4,35 11,38 15,3

ξένος  fremd, der Fremde
1/2 Sp (Ruth 2,10 ...)  NT 14mal

ξενο-τροφέω  Fremde ernähren
2Mac 10,14

ξεστός  geglättet, poliert
1Mac 13,27

ξηραίνω  austrocknen
1 Sp (Gen 8,7 ...)  NT 15mal

ξηρασία  Trockenheit
7mal (Jud 6,37 ...)

ξηρός  ausgetrocknet
1/2 Sp (Gen 1,9 ...)  NT 8mal

ξιφη-φόρος  ein Schwert tragend
4Mac 16,20

ξίφος  Schwert
13mal (Jos 10,28 ...)  WB

ξυλάριον  Holzstückchen
3Reg 17,12

ξύλινος  hölzern
1/2 Sp (Lev 11,32 ...)  2Tim 2,20 Apk 9,20

ξυλο-κόπος Holz hauend
Dt 29,10 Jos 9,21.23.27.27

ξύλον Holz
4 Sp (Gen 1,11 ...) NT 20mal

ξυλο-φορία Holz tragen
2Es 20,35

ξυλο-φόρος Holz tragend
2Es 23,31

ξυλόω aus Holz machen
2Par 3,5 Jer 22,14 Ez 41,16.26A

ξυράω scheren, rasieren
1/2 Sp (Gen 41,14 ...) Act 21,24 1Kor 11,5.6

ξύρησις Abscheren *des Haares*
Jes 22,12

ξυρόν Schermesser
7mal (Num 6,5 ...)

ξυστός geschabt, geglättet
6mal (1Par 22,2 ...)

ξύω schaben, glätten
Job 2,8 7,5

ὀβελίσκος (kleiner Brat-)Spieß
Job 41,22 4Mac 11,19 WB

ὀβολός Obolos *(Münze)*
7mal (Ex 30,13 ...)

ὀγδοήκοντα achtzig
1/2 Sp Textstellen (Gen 5,25 ...) Lk 2,37 16,7

ὀγδοηκοστός der achtzigste
2Mac 1,9

ὄγδοος der achte
1/2 Sp (Gen 17,14 ...) NT 5mal

ὅδε, ἥδε, τόδε dieser, diese, dieses da
4 Sp (Gen 25,24 ...) NT 10mal

ὁδεύω gehen, reisen
3Reg 6,12vl Tob 6,6BA Sap 5,7A Lk 10,33

ὁδηγέω leiten, führen
3/4 Sp (Ex 13,17 ...) NT 5mal

ὁδηγός Führer
5mal (2Es 8,1 ...) NT 5mal

ὁδοι-πορία Reise, Wanderung
Sap 13,18 18,3 19,5 4Mac 6,41 Jh 4,6 2Kor 11,26

ὁδοι-πόρος d.Reisende
6mal (Gen 37,25 ...)

ὁδο-ποιέω reisen
6mal (Job 30,12 ...) WB

ὁδός Weg
12 Sp (Gen 3,24 ...) NT 101mal

ὀδούς Zahn
1 Sp (Gen 49,12 ...) NT 12mal

ὀδυνάω Schmerz verursachen
11mal (Tob 9,4 ...) Lk 2,48 16,24.25 Act 20,38

ὀδύνη Schmerz
1 Sp (Gen 35,18 ...) Röm 9,2 1Tim 6,10

ὀδυνηρός schmerzhaft
6mal (3Reg 2,8 ...)

ὀδυρμός Wehklage
Jer 38,15 2Mac 11,6 Mt 2,18 2Kor 7,7

ὀδύρομαι wehklagen
Jer 38,18 Lam 1,13A WB

ὄζος Knoten *(eines Astes)*
Sap 13,13 WB

ὄζω riechen
Ex 8,10 Jh 11,39

ὅθεν von wo, woher
1/2 Sp Textstellen (Gen 10,14 ...) NT 15mal

ὀθόνιον Leinenbinde
Jud 14,13B Hos 2,7.11 NT 5mal

οἰακίζω steuern *(das Steuerruder bedienen)*
Job 37,10

οἴαξ Steuerruder
4Mac 7,3

οἶδα wissen
4 Sp (Gen 2,9 ...) NT 318mal

οἰκεῖος zum Hause gehörig, Hausgenosse
1/2 Sp (Lev 18,6 ...) Gal 6,10 Lk 2,19 1Tim 5,8

οἰκειότης Verwandtschaft
Lev 20,19

οἰκειόω zum Freunde machen
4Mac 5,26

οἰκέτης Hausgenosse
1 Sp (Gen 9,25 ...) Lk 16,13 Act 10,7 Röm 14,4 1Pt 2,18

οἰκετικός den Diener betreffend
3Mac 2,28

οἰκέτις Sklavin
Ex 21,7 Lev 19,20 Prov 30,23

οἰκέω wohnen
2 1/2 Sp (Gen 4,16 ...) NT 9mal

οἴκημα Zimmer
Tob 2,4BA Sap 13,15 Ez 16,24 Act 12,7

οἴκησις d.Wohnen
5mal (2Par 17,12 ...) WB

οἰκητήριον Wohnsitz
2Mac 11,2 2Kor 5,2 Jud 6

οἰκητός bewohnbar, wohnlich
Lev 25,29 2Mac 9,17 3Mac 4,3

οἰκήτωρ Bewohner
Prov 2,21 Sap 12,3 WB

οἰκία Haus
3 1/2 Sp (Gen 17,12 ...) NT 94mal

οἰκίδιον Häuschen
Tob 2,4S 2Mac 8,33

οἰκίζω gründen
Job 22,8 Sir 10,3 38,32

οἰκο-γενής im Hause geboren *(vom Sklaven)*
11mal (Gen 14,14 ...)

οἰκο-δομέω erbauen
6 Sp (Gen 2,22 ...) NT 40mal

οἰκο-δομή Gebäude
17mal (1Par 26,27 ...) NT 18mal

οἰκο-δόμος Baumeister
11mal (4Reg 12,12 ...) Act 4,11

οἰκο-νομέω Verwaltung führen
Ps 111,5 2Mac 3,14 3Mac 3,2 Lk 16,2

οἰκο-νομία Verwaltung
Jes 22,19.21 NT 9mal

οἰκο-νόμος Verwalter
15mal (3Reg 4,6 ...) NT 10mal

οἰκό-πεδον Grundstück
Ps 101,7 108,10 Sir 49,13

οἶκος Haus
28 Sp (Gen 7,1 ...) NT 114mal

* οἰκτίρημα Mitleid
Jer 38,3
οἰκτιρμός Erbarmen
1/2 Sp (2Reg 24,14 ...) NT 5mal
οἰκτίρμων barmherzig
18mal (Ex 34,6 ...) Lk 6,36.36 Jak 5,11
οἰκτίρω bemitleiden
1/2 Sp (Ex 33,19 ...) Röm 9,15.15
οἴκτιστος der jämmerlichste
2Mac 9,28 3Mac 4,3vl
οἶκτος Mitleid
6mal (Esth 3,13[f] ...)
οἰκτρός beklagenswert
Sap 18,10 Jer 6,26 3Mac 5,24 4Mac 15,18
οἴμμοι wehe mir!
14mal (Jud 11,35A ...) WBA
οἰμωγή d.Wehklagen
3Mac 6,17vl.32
οἰμώζω wehklagen
4Mac 12,14
οἰνο-ποτέω Wein trinken
Prov 31,4
οἰνο-πότης Weinsäufer
Prov 23,20 Mt 11,19 Lk 7,34
οἶνος Wein
3 Sp (Gen 9,21 ...) NT 34mal
οἰνο-φλυγέω trunken sein
Dt 21,20
οἰνο-χοέω Wein einschenken
Gen 40,13 Dan LXX 5,2
* οἰνο-χόη eine Frau, die Wein einschenkt
Eccl 2,8
οἰνο-χόος ein Mann, der Wein einschenkt
5mal (3Reg 10,5 ...)
οἴομαι meinen, glauben
1/2 Sp (Gen 37,7 ...) Jh 21,25 Phil 1,17 Jak 1,7
οἷος wie beschaffen
19mal (Gen 41,19 ...) NT 15mal
* οἰστρ-ηλασία Leidenschaft *(Stechen der Bremse)*
4Mac 2,4
οἶστρος d.Bremse *(die das Vieh plagt)*
4Mac 2,3 3,17
* οἰφί = איפה *ein Getreidemaß*
11mal (Lev 5,11 ...)
οἴχομαι weggehen
1/2 Sp (Gen 12,4 ...)
οἰωνίζομαι wahrsagen *(aus dem Vogelflug)*
9mal (Gen 30,27 ...)
οἰώνισμα d.Vogelzeichen
1Reg 15,23 Jer 14,14 34,9
οἰωνισμός d.Wahrsagen
Gen 44,5.15 Num 23,23 Sir 34,5
οἰωνό-βρωτος von Raubvögeln gefressen
2Mac 9,15 3Mac 6,34
οἰωνός Raubvogel
Num 24,1
ὀκλάζω knieen
3Reg 8,54
ὀκνέω zaudern
7mal (Num 22,16 ...) Act 9,38

* ὀκνηρία d.Zaudern
Eccl 10,18
ὀκνηρός träge, faul
12mal Prov u.2mal Sir (Prov 6,6 ...) Mt 25,26 Röm 12,11 Phil 3,1
ὀκτακισ-χίλιοι achttausend
10mal (Num 2,24 ...)
ὀκτακισ-χίλιος achttausend zu ...(zB Pferde)
1Mac 15,13
ὀκτακόσιοι achthundert
20mal (Gen 5,17 ...)
ὀκτά-πηχυς von acht Ellen
3Reg 7,47
ὀκτώ acht
1/2 Sp Textstellen (Gen 5,28 ...) NT 6mal
ὀκτω-καί-δεκα achtzehn
3Reg 7,3
ὀκτω-και-δέκατος der achtzehnte
17mal (3Reg 15,1 ...)
ὄλβος Glück
Sir 30,15
ὀλεθρεύω verderben
19mal (Ex 12,23 ...) Hb 11,28: ὀλοθρεύω
* ὀλεθρία Zerstörung
Esth 8,12^t 3Mac 4,2 5,5
ὀλέθριος verderblich
3Reg 21,42 Sap 18,15 WB
ὄλεθρος Verderben
1/2 Sp (3Reg 13,34 ...) 1Kor 5,5 1Thess 5,3 2Thess 1,9 1Tim 6,9
* ὀλεθρο-φόρος Verderben bringend
4Mac 8,19
ὀλέκω verderben
Job 10,16 17,1 32,18
ὀλιγό-βιος kurze Zeit lebend
Job 11,2 14,1 WB
ὀλιγο-ποιέω wenig machen
Sir 48,2
ὀλίγος wenig
1 1/2 Sp (Gen 29,20 ...) NT 41mal
ὀλιγοστός der wenigste
18mal (Gen 34,30 ...)
ὀλιγότης Wenigkeit
Ps 101,24
ὀλιγο-χρόνιος kurzfristig
Sap 9,5 WB
ὀλιγο-ψυχέω kleinmütig sein
11mal (Num 21,4 ...) WB
ὀλιγο-ψυχία Kleinmut
Ex 6,9 Ps 54,9 *PS 16,11*
ὀλιγό-ψυχος kleinmütig
6mal (Prov 14,29 ...) 1Thess 5,14
ὀλιγόω wenig machen
11mal (Jud 10,16 ...)
ὀλιγ-ωρέω gering schätzen
Prov 3,11 *PS 3,4* Hb 12,5
ὀλισθαίνω ausgleiten
8mal (Prov 14,19 ...)
ὀλίσθημα Fehltritt
9mal (Ps 34,6 ...)
ὁλκεῖον Behälter *(zum Ziehen)*
Jdth 15,11

ὁλκή d.Ziehen
15mal (Gen 24,22 ...)

ὄλλυμι vernichten
1/2 Sp (Job 4,11 ...) WB

* ὁλο-καρπόω Ganzopfer darbringen
Sir 45,14 4Mac 18,11

* ὁλο-κάρπωμα Ganzopfer
Lev 16,24 Num 15,3 Jdth 16,16S Sap 3,6

* ὁλο-κάρπωσις Darbringen eines Ganzopfers
12mal (Gen 8,20 ...)

ὁλό-καυτος ganz verbrannt
Lev 6,16

ὁλο-καύτωμα Brandopfer
3 Sp (Ex 10,25 ...) Mk 12,33 Hb 10,6.8

ὁλο-καύτωσις Darbringen eines Brandopfers
1 Sp (Ex 29,25 ...)

ὁλό-κληρος vollständig
10mal (Lev 23,15 ...) 1Thess 5,23 Jak 1,4

ὀλολυγμός d.Aufschreien
Zeph 1,10 Jes 15,8

ὀλολύζω laut aufschreien
1/2 Sp (Hos 7,14 ...) Jak 5,1

ὁλο-πόρφυρος ganz purpurn
Num 4,7.13

* ὁλορ-ριζεί mit ganzer Wurzel
Esth 3,13f

ὁλόρ-ριζοι völlig
Job 4,7 Prov 15,6

ὅλος ganz
4 Sp (Gen 25,25 ...) NT 110mal

ὁλο-σφύρητος massiv getrieben *(mit dem Hammer)*
Sir 50,9

ὁλο-σχερής ganz, vollständig
3Mac 5,31 u.Adv.1Es 6,27 Ez 22,30

ὀλοφύρομαι wehklagen
3Mac 4,2 4Mac 16,5.12

ὄλυνθος (Sommer-)Feige
Cant 2,13 Apk 6,13

ὀλύρα Getreideart *(als Pferdefutter verwandt)*
Ex 9,32 Ez 4,9

* ὀλυρίτης Gebackenes *(aus ὀλύρα)*
3Reg 19,6

ὁμαλίζω gleich, eben machen
Sir 21,10 Jes 28,25 45,2 *PS 8,17* WB

ὁμαλισμός d.Gleichmachen
Micha 7,12 Bar 5,7 *PS 11,4*

ὄμβρημα Regenguß
Ps 77,44

ὄμβρος Platzregen
6mal (Dt 32,2 ...) Lk 12,54

ὁμείρομαι Sehnsucht haben
Job 3,21 1Thess 2,8

ὅμ-ηρος geeinigt, Unterpfand
8mal (Jes 18,2 ...)

ὁμιλέω verkehren mit jdm. 24,26
12mal (Jdth 12,12 ...) Lk 24,14.15 Act 20,11

ὁμιλία d.Zusammensein
5mal (Ex 21,10 ...) 1Kor 15,33

ὁμίχλη Nebelgewölk
10mal (Job 24,20 ...) 2Pt 2,17

ὄμμα Auge
10mal (Prov 6,4 ...) Mt 20,34 Mk 8,23

ὄμνυμι/ὀμνύω schwören
3 Sp (Gen 21,23 ...) NT 26mal

ὁμο-εθής vom gleichen Volk
7mal (2Mac 4,2 ...)

ὁμο-ζηλία gemeinsamer Eifer
4Mac 13,25

ὁμο-θυμαδόν einmütig
1/2 Sp (Ex 19,8 ...) NT 11mal

ὁμοιο-παθής von gleichen Empfindungen
Sap 7,3 4Mac 12,13 Act 14,15 Jak 5,17

ὅμοιος ähnlich
1 Sp (Gen 2,20 ...) NT 45mal

ὁμοιότης Gleichartigkeit
Gen 1,11.12 Sap 14,19 4Mac 15,4 Hb 4,15 7,15

ὁμοιόω gleichmachen
1/2 Sp (Gen 34,15 ...) NT 15mal

ὁμοίωμα Gleichheit
1/2 Sp (Ex 20,4 ...) NT 6mal

ὁμοίως ebenso
1/2 Sp (1Par 28,16 ...) NT 30mal

ὁμοίωσις Übereinstimmung
9mal (Gen 1,26 ...) Jak 3,9

ὁμο-λογέω eingestehen, bekennen
14mal (1Es 4,60 ...) NT 26mal

ὁμο-λογία Bekenntnis
7mal (Lev 22,18 ...) NT 6mal

ὁμό-λογος überseinstimmend
Dan LXX Sus 60 u.Adv.Hos 14,5

ὁμο-λογουμένως zugestandenermaßen
4Mac 6,31 7,16 16,1 1Tim 3,16

ὁμο-μήτριος von gleicher Mutter
Gen 43,16.29

ὁμο-νοέω gleichgesinnt sein
Lev 20,5 Esth 4,17s Dan LXX 2,43 WB

ὁμό-νοια Einmütigkeit
8mal (Jes 54,15 ...) WB

ὁμο-πάτριος vom gleichen Vater
Lev 18,11

ὁμ-ορέω angrenzen
1Par 12,41 Jer 27,40 Ez 16,26

ὅμ-ορος angrenzend
Num 35,5 2Par 21,16

ὁμό-σπονδος Friedensgenosse
3Mac 3,7

ὁμοῦ zusammen
15mal (Job 34,29 ...) Jh 4,36 20,4 21,2 Act 2,1

ὁμό-φυλος von demselben Stamme
2Mac 4,10 3Mac 3,21

ὁμό-ψηφος dasselbe Stimmrecht habend
2Mac 14,20 WB

ὁμό-ψυχος einmütig
4Mac 14,20

ὀμφακίζω unreif sein
Jes 18,5

ὀμφαλός Nabel
Jud 9,37 Job 40,16 Cant 7,3 Ez 38,12

ὄμφαξ unreife Traube
7mal (Job 15,33 ...) WB

ὅμως dennoch
6mal (Sap 13,6 ...) Jh 12,42 1Kor 14,7 Gal 3,15

ὄν-αγρος wilder Esel
Ps 103,11 Sir 13,19 Jer 14,6S Dan Th 5,21

ὀνειδίζω schmähen
3/4 Sp (Jud 5,18 ...) NT 9mal

ὀνείδισμα Vorwurf
Ez 36,3

ὀνειδισμός Schmähung
1 Sp (Jos 5,9 ...) NT 5mal

ὄνειδος Beschimpfung
1 Sp (Gen 30,23 ...) Lk 1,25

ὄνειρος Traum
Sap 18,17.19 2Mac 15,11 4Mac 6,5 WBA

ὄνησις Nutzen
Zach 8,10

ὀνίνημι nützen
Tob 3,8BA Sir 30,2 Phm 20

ὀνο-κένταυρος Eselskentaur
Jes 13,22 34,11.14

ὄνομα Name
13 Sp (Gen 2,11 ...) NT 231mal

ὀνομάζω nennen
1/2 Sp (Gen 26,18A ...) NT 10mal

ὀνομασία Benennung
Sir 23,9

ὀνομαστός genannt
20mal (Gen 6,4 ...) WBA

ὀνοματο-γραφία d.Schreiben des Namens
1Es 6,11 8,48

ὄνος Esel
1 1/2 Sp (Gen 12,16 ...) NT 5mal

ὄντως in Wahrheit
5mal (Num 22,37 ...) NT 10mal

ὄνυξ Huf, Kralle
12mal (Ex 30,34 ...)

ὀνυχίζω Hufe beschneiden
8mal (Lev 11,3 ...)

ὀνύχιον Onyx *(Edelstein)*
Ex 28,20 36,20 Ez 28,13

* ὀνυχιστήρ Spaltung des Hufes
6mal (Lev 11,3 ...)

ὀξέως scharf
5mal (Sap 3,18 ...)

ὄξος saurer Wein
Num 6,3 Ruth 2,14 Ps 68,22 Prov 25,20 NT 6mal

ὀξυ-γράφος schnell beschreibend
Ps 44,2

ὀξύ-θυμος jähzornig
Prov 14,17 26,20 AS

ὀξύνω scharf machen
8mal (Prov 24,22d ...)

ὀξύς scharf
19mal (Job 16,10 ...) NT 8mal

ὀξύτης Schärfe
Jer 8,16

ὀπή Loch, Spalt
8mal (Ex 33,22 ...) Hb 11,38 Jak 3,11

ὁπηνίκα dann wann
Jdth 11,11 4Mac 2,21

ὀπήτιον — kleine Schusterahle
Ex 21,6 Dt 15,17

ὄπισθεν — von hinten her
1/2 Sp (Gen 18,10 ...) — NT 7mal

ὀπίσθιος — hinten
8mal (Ex 26,23 ...) u.Adv.1Reg 4,18

ὀπισθό-τονος — rückwärts gespannt
Dt 32,24

ὀπισθο-φανής — hinten *(im Rücken)* erscheinend
Gen 9,23 u.Adv.ebd.

ὀπίσω — hinten
5 Sp (Gen 8,8 ...) — NT 35mal

ὁπλή — Huf
19mal (Ex 10,26 ...) — WB

ὁπλίτης — Schwerbewaffneter
Num 32,21

* ὁπλο-δοτέω — Waffen geben
1Mac 14,32

ὁπλο-θήκη — Waffendepot
2Par 32,27

ὁπλο-λογέω — Waffen sammeln
2Mac 8,27.31

ὁπλο-μάχος — mit schweren Waffen kämpfen
Jes 13,4.5

ὅπλον — Waffe
1 Sp (1Reg 17,7 ...) — NT 6mal

ὁπλο-ποιέω — Waffen herstellen
Sap 5,17

ὁπλο-φόρος — Waffen tragend
2Par 14,7

ὁποῖος — solcher Art
2Mac 11,37 — NT 5mal

ὁπότ-αν — dann, wann
Job 29,22 — WB

ὁπότε — wenn
10mal (Tob 7,11BA ...) — WBA

ὅπου — wo
1/2 Sp Textstellen (Jud 18,10B ...) — NT 84mal

* ὀπτάζω — sehen
Num 14,14

ὀπτάνομαι — sich sehen lassen
3Reg 8,8 Tob 12,19BA — Act 1,3

ὀπτασία — Erscheinung
10mal (Esth 4,17$^{W}$ ...) — Lk 1,22 24,23 Act 26,19 2Kor 12,1

ὀπτάω — braten
9mal (Gen 11,3 ...) — WB

ὀπτός — gebraten
Ex 12,8.9 — Lk 24,42

ὀπώρα — Obst
Jer 31,32 47,10.12 — Apk 18,14

* ὀπωρο-φυλάκιον — Hütte des Obstwächters
6mal (Ps 78,1 ...)

ὅπως — wie, damit
1 Sp Textstellen (Gen 12,13 ...) — NT 53mal

ὅραμα — Gesicht
1/2 Sp (Gen 15,1 ...) — NT 12mal

ὅρασις — d.Sehen
2 Sp (Gen 2,9 ...) — Act 2,17 Apk 4,3.3 9,17

ὁρατής — Zuschauer
Job 34,21 35,13

ὁρατικός zum Sehen gehörig
Prov 22,29

ὁρατός sichtbar
2Reg 23,21 1Par 11,23 Job 34,26 37,21 Kol 1,16

ὁράω sehen
7 Sp (Gen 1,9 ...) NT 114mal

ὀργανικός organisch
2Mac 12,15

ὄργανον Werkzeug
1/2 Sp (2Reg 6,5 ...) WB

ὀργή Zorn
4 1/2 Sp (Gen 27,45 ...) NT 36mal

ὀργίζω zürnen
1 Sp (Gen 31,36 ...) NT 8mal

ὀργίλος zornig
Ps 17,49 Prov 21,19 22,24 29,22 u.Adv. 4Mac 8,9 Tit 1,7

ὀρεινός gebirgig
1/2 Sp (Gen 14,10 ...) Lk 1,39.65

ὄρεξις d.Streben
8mal (Sap 14,2 ...) Röm 1,27

ὄρθιος gerade, aufwärts
1Reg 28,14

ὀρθός gerade
1/2 Sp (Jud 15,5B ...) Act 14,10 Hb 12,13

* ὀρθο-τομέω in gerade Richtung führen
Prov 3,6 11,5 2Tim 2,15

ὀρθόω aufrichten
7mal (Gen 37,7 ...) WB

* ὀρθρίζω früh aufsein
2/3 Sp (Gen 19,2 ...) Lk 21,38

ὀρθρινός frühmorgens
Sap 11,22 Hos 6,4 13,3 Hagg 2,14 Lk 24,22

ὄρθριος frühmorgens
1Reg 28,14A Job 29,7 3Mac 5,10.23 WB

ὄρθρος Morgenfrühe
1/2 Sp (Gen 19,15 ...) Lk 24,1 Jh 8,2 Act 5,21

ὀρθῶς recht, richtig
17mal (Gen 4,7 ...) Mk 7,35 Lk 7,43 10,28 20,21

ὁρίζω bestimmen
18mal (Num 30,3 ...) NT 8mal

ὅριον Grenze
4 Sp (Gen 10,19 ...) NT 12mal

ὁρισμός Begrenzung
1/2 Sp (Ex 8,8 ...) WB

ὁρκίζω beschwören
1/2 Sp (Gen 24,37 ...) Mk 5,7 Act 19,13

ὁρκισμός Verteidigung
6mal (Gen 21,31 ...)

ὅρκος Eid
1 Sp (Gen 21,14 ...) NT 10mal

ὁρκωμοσία d.eidliche Versicherung
1Es 8,90 Ez 17,18.19 Hb 7,20.20.21.28

ὁρμάω stürmen, stürzen
16mal (Gen 31,21 ...) NT 5mal

ὁρμή Eifer
11mal (Num 11,11 ...) Act 14,5 Jak 3,4

ὅρμημα Ansturm
10mal (Ex 32,22 ...) Apk 18,21

ὁρμίσκος Halsbändchen
6mal (Gen 38,18 ...)

ὅρμος Ankerplatz
Gen 49,13 Ez 27,11 4Mac 13,6

ὄρνεον Vogel
1/2 Sp (Gen 6,20 ...) Apk 18,2 19,17.21

ὀρνίθιον Vogel
12mal Lev 14,4-53

ὀρνιθο-σκοπέω die Vögel beobachten: weissagen
Lev 19,26

ὄρνις Vogel
3Reg 5,3 Mt 23,37 Lk 13,34

ὄρος Berg
9 Sp (Gen 7,19 ...) NT 63mal

ὅρος Grenze
Ex 9,5 2Es 12,6 WB

* ὀρο-φοιτόω Berge durchschweifen
4Mac 14,15

ὄροφος Dach
Sap 17,2

ὀροφόω bedecken
3Reg 7,44vl

ὀρόφωμα Dach
2Par 3,7 Ez 41,26

ὀρτυγο-μήτρα Wachtelmutter
6mal (Ex 16,13 ...)

ὄρυξ Steinbock
Dt 14,5

ὀρύσσω graben
1/2 Sp (Gen 21,30 ...) Mt 21,33 25,18 Mk 12,1

ὀρφανεία d.Waisentum
Jes 47,8 *PS 4,10*

ὀρφανός verwaist, Waise
2/3 Sp (Ex 22,21 ...) Jh 14,18 Jak 1,27

ὀρχέομαι tanzen
7mal (2Reg 6,16 ...) Mt 11,17 14,6 Mk 6,22 Lk 7,32

ὅσιος fromm
1 Sp (Dt 29,18 ...) NT 8mal

ὁσιότης Frömmigkeit
9mal (Dt 9,5 ...) Lk 1,75 Eph 4,24

ὁσιόω weihen
2Reg 22,26 Ps 17,26 Sap 6,10

ὁσίως fromm
3Reg 8,61 Sap 6,10 1Thess 2,10

ὀσμή Duft
1 Sp (Gen 8,21 ...) NT 6mal

ὅσος wie groß, wie viel
8 Sp (Gen 1,31 ...) NT 110mal

ὅσ-περ gerade welcher
5mal (Job 6,17 ...)

ὄσπριον Bohne
Dan LXX 1,12.16

ὀστοῦν Knochen
1 1/2 Sp (Gen 2,23 ...) Mt 23,27 Lk 24,39 Jh 19,36 Hb 11,22

ὅστις jeder, der
2 1/2 Sp (Ex 9,18 ...) NT 148mal

ὁστισ-οῦν irgendwer
5mal (Dt 24,20 ...)

ὀστράκινος irden, tönern
19mal (Lev 6,21 ...) 2Kor 4,7 2Tim 2,20

ὄστρακον gebrannter Ton
17mal (Job 2,8 ...) WB

ὀστρακ-ώδης scherbenartig
Jud 1,35B

ὀσφραίνομαι riechen
15mal (Gen 8,21 ...)

ὀσφρασία Duft
Hos 14,7

ὀσφύς Hüfte
1 Sp (Gen 35,11 ...) NT 8mal

ὅταν dann, wann
2/3 Sp Textstellen (Gen 38,9 ...) NT 103mal

ὅτε als
1/2 Sp Textstellen (Gen 2,4 ...) NT 1.297mal

ὅτι daß, weil, denn
5 1/2 Sp Textstellen (Gen 1,4 ...) NT 1.285mal

ὀτρύνω antreiben
3Mac 5,46

οὐ μή gewiß nicht
1 1/2 Sp Textstellen (Gen 3,1 ...) NT 100mal

οὗ wo
1/2 Sp Textstellen (Gen 13,3 ...) NT 54mal

οὐαί wehe!
1 Sp (Num 21,29 ...) NT 47mal

οὐδ-αμοῦ nirgends
5mal (3Reg 2,36 ...)

οὐδ-αμῶς durchaus nicht
8mal (2Mac 9,7 ...) Mt 2,6

οὐδ-είς/οὐθ-είς niemand
4 Sp (Gen 19,31 ...) NT 227mal

οὐδέ-ποτε niemals
5mal (Ex 10,6 ...) NT 16mal

οὐδέ-πω noch nicht
Ex 9,30 Jh 7,39 19,41 20,9 Act 8,16

οὐκ-έτι nicht mehr
2 Sp (Ex 5,7 ...) NT 47mal

οὐλή Geschwulst
7mal Lev 13,2 - 14,56

οὖν also
1/2 Sp Textstellen (Gen 6,14 ...) NT 501mal

οὗ-περ gerade wo
2Mac 4,38

οὔ-πω noch nicht
8mal (Gen 15,16 ...) NT 26mal

οὐρά Schwanz
8mal (Dt 28,13 ...) NT 5mal

οὐρ-αγία d.Anführen der Nachhut
Dt 25,18 Jos 10,19

οὐρ-αγέω bei der Nachhut sein
Jos 6,9 Sir 32,11

οὐράνιος himmlisch
9mal (Dt 28,12A ...) NT 9mal

οὐρανό-θεν vom Himmel her
4Mac 4,10 Act 14,17 26,13

οὐρανός Himmel
9 Sp (Gen 1,1 ...) NT 274mal

οὐρέω *verb.mit* πρὸς τοῖχον: an die Wand pissen = männlich
7mal (1Reg 25,22 ...)

οὔριος Windei
Jes 59,5

οὖρον Urin
4Reg 18,27 = Jes 36,12

οὖς Ohr
2 1/2 Sp (Gen 20,8 ...) NT 37mal

οὐσία Habe
Tob 14,13BA 3Mac 3,28 Lk 15,12.13

οὔτε und nicht
1/2 Sp Textstellen (Ex 20,17 ...) NT 87mal

οὕτως so
10 Sp (Gen 1,6 ...) NT 208mal

ὀφείλημα Schuld
Dt 24,10 1Es 3,20 1Mac 15,8 Mt 6,12 Röm 4,4

ὀφείλω schuldig sein
1/2 Sp (Ex 16,3 ...) NT 35mal

ὄφελος Nutzen
Job 15,3 1Kor 15,32 Jak 2,14.16

ὀφθαλμός Auge
9 Sp (Gen 3,5 ...) NT 100mal

ὀφθαλμο-φανῶς augenscheinlich
Esth 8,13

ὀφιό-δηκτος von einer Schlange gebissen
Sir 12,13

ὀφιο-μάχης Schlangenkämpfer *(Heuschreckenart)*
Lev 11,22

ὄφις Schlange
1/2 Sp (Gen 3,1 ...) NT 14mal

ὄφλησις Schuld
Bar 3,8

ὀφρῦς Augenbraune
Lev 14,9 Lk 4,29

ὀχεία d.Bespringen *(von Tieren)*
Sir 33,6

ὀχλ-αγωγέω d.Volk zusammenführen
Amos 7,16

ὀχλέω belästigen
Tob 6,8BA.9BA 3Mac 5,41 Act 5;16

ὄχλος Volkshaufe
1Sp (Num 20,20 ...) NT 175mal

ὀχυρός fest
1 Sp (Ex 1,11 ...) WB

ὀχυρόω fest machen
18mal (Jos 6,1 ...)

ὀχύρωμα fester Ort , Burg
1 Sp (Gen 39,20 ...) 2Kor 10,4

ὀχυρωμάτιον kleiner befestigter Ort
1Mac 16,15

ὀχύρωσις d.Befestigen
1Mac 10,11 14,10

ὀψάριον gekochte Zukost
Tob 2,2S NT 5mal

ὀψέ spät
Gen 24,11 Ex 30,8 Jes 5,11 Jer 2,23 Mt 28,1 Mk 11,19 13,35

ὀψία Abend
Jdth 13,1 NT 14mal

ὀψίζω zu spät kommen
1Reg 17,16A Sir 36,27

ὄψιμος zu später Zeit
7mal (Ex 9,32 ...) Jak 5,7

ὄψις Anblick
3/4 Sp (Gen 24,16 ...) Jh 7,24 11,44 Apk 1,16

ὄψον Zukost
Tob 2,2 7,8

ὀψο-ποίημα feinstes Gericht
Jdth 12,1
* ὄψος (= ὄψον) Zukost
Num 11,22
ὀψώνιον Löhnung
1Es 4,56 1Mac 3,28 14,32 Lk 3,14 Röm 6,23 1Kor 9,7 2Kor 11,8
* παγ-γέωργος Vollbauer
4Mac 1,29
παγετός Frost
Gen 31,40 Sir 3,15 Jer 43,30 Bar 2,25
παγιδεύω mit der Schlinge fangen
1Reg 28,9 Eccl 9,12 Mt 22,15
παγίς Schlinge, Falle
1 Sp (Jos 23,13 ...) NT 5mal
παγ-κρατής allherrschend
2Mac 3,22
πάγος Eis
7mal (Ex 16,14 ...)
παθεινός traurig
Job 29,25
* παθο-κράτεια Herrschaft über Leidenschaften
4Mac 13,5.16
* παθο-κρατέομαι die Leidenschaften beherrschen
4Mac 7,20
πάθος Leid
63mal 4Mac, Job 30,31 Prov 25,20 Röm 1,26 Kol 3,5 1Thess 4,5
παιάν Kriegsgeschrei
2Mac 15,25
παιγνία Spiel
Jud 16,27B Jer 30,10
παίγνιον Spiel, Scherz
Sap 12,26 15,12 Hab 1,10
παιδάριον Kind
3 Sp (Gen 22,5 ...) Jh 6,9
παιδεία Erziehung
1 1/2 Sp (Dt 11,2 ...) NT 6mal
παιδευτής Erzieher
Sir 37,19 Hos 5,2 4Mac 5,34 9,6 *PS 8,29* Röm 2,20 Hb 12,9
παιδεύω erziehen
1 Sp (Lev 26,18 ...) NT 13mal
παιδίον Kind
2 Sp (Gen 17,12 ...) NT 52mal
παιδίσκη Magd
1 Sp (Gen 12,16 ...) NT 13mal
παιδο-ποιέομαι Kinder zeugen
2Mac 14,25
παιδο-ποιΐα d.Kinderzeugen
4Mac 17,6
παίζω spielen
1/2 Sp (Gen 21,9 ...) 1Kor 10,7
παῖς Kind
6 Sp (Gen 9,25 ...) NT 24mal
παίω schlagen
3/4 Sp (Ex 12,13 ...) NT 5mal
παλάθη Feigenkuchen
7mal (1Reg 25,18 ...)
πάλαι vormals
8mal (Esth 3,13g ...) NT 7mal
παλαιός alt
1/2 Sp (Lev 25,22 ...) NT 19mal

| | | | |
|---|---|---|---|
| | παλαιόω | alt machen, *Pass.* altern<br>1/2 Sp (Lev 13,11 ...) Lk 12,33 Hb 1,11 8,13.13 | |
| | παλαιστής | Ringer<br>6mal (Ex 25,25 ...) | |
| | παλαίστρα | Ringschule<br>2Mac 4,14 | |
| | παλαίω | ringen<br>Gen 32,25.26 Jud 20,33A Esth 1,1$^{e}$ | WBA |
| * | παλαίωμα | Altertum<br>Job 36,28 37,18.21 | |
| | παλαίωσις | d.Altwerden<br>Nah 2,1 | |
| | πάλιν | wiederum<br>1 Sp (Gen 8,10 ...) | NT 141mal |
| | παλλακή | Kebsweib<br>1/2 Sp (Gen 22,24 ...) | |
| | παλλακίς | Kebsweib<br>2Reg 20,3 Job 19,17 | |
| | πάλλομαι | sich schnell bewegen<br>2Es 9,3 | |
| | παμ-βασιλεύς | Allherrscher<br>Sir 50,15 | |
| * | παμ-βότανον | Kräuterreichtum<br>Job 5,25 | WB |
| | παμ-μελής | melodienreich<br>3Mac 7,16 | |
| | παμ-μιαρός | ganz unrein<br>4Mac 10,17 | |
| | παμ-μ(ε)ιγης | allgemischt<br>2Mac 3,21 12,13 | |
| | παμ-πληθής | in ganzer Fülle<br>2Mac 10,24 | WB |
| | παμ-ποίκιλος | ganz bunt<br>4Mac 15,11 | |
| | παμ-πόνηρος | ganz schlecht<br>2Mac 14,27 | |
| | πάμ-φυλος | aus allen Geschlechtern<br>2Mac 8,9 12,27 4Mac 4,11 | |
| | παν-άγιος | hochheilig<br>4Mac 7,4 14,7 | WB |
| | πάν-δεινος | ganz furchtbar<br>4Mac 3,15 4,7 | |
| | παν-δημεί | mit ganzem Volk<br>Dt 13,17 | |
| | πάν-δημος | öffentlich<br>2Mac 3,18 | |
| | παν-εθνεί | mit ganzem Volk<br>Sap 19,8 | |
| | παν-επί-σκοπος | alles überschauend<br>Sap 7,23 | |
| | παν-ηγυρίζω | ein Volksfest feiern<br>Jes 66,10 | |
| | παν-ήγυρις | Festversammlung<br>Hos 2,13 9,5 Amos 5,21 Ez 46,11 | Hb 12,22 |
| | παν-ηγυρισμός | Volksfest, Lustbarkeit<br>Sap 15,12 | |
| | πανθήρ | Panther<br>Hos 5,14 13,7 | |
| | παν-όδυρτος | allbeklagt<br>3Mac 4,2 6,32 | |

| | | |
|---|---|---|
| παν-οικία | mit dem ganzen Hause | |
| | 6mal (Gen 50,8 ...) | |
| παν-οπλία | volle Rüstung | |
| | 11mal (2Reg 2,21 ...) | Lk 11,22 Eph 6,11.13 |
| παν-ούργευμα | Hinterlist | |
| | Jdth 11,8 Sir 1,6 42,18 | |
| παν-ουργεύω | hinterlistig sein | |
| | 1Reg 23,22 | |
| παν-ουργία | Verschlagenheit | |
| | 7mal (Num 24,22 ...) | NT 5mal |
| παν-οῦργος | verschlagen | |
| | 19mal (Job 5,12 ...) | 2Kor 12,16 |
| πάν-σοφος | allweise | |
| | 4Mac 1,12 2,19 13,19 | |
| πανταχῇ | überall | |
| | Sap 2,9 Jes 24,11 2Mac 8,7 | Act 21,28 |
| πανταχόθεν | von allen Seiten | |
| | 4Mac 13,1 15,32 | WB |
| πανταχοῦ | überall | |
| | Jes 42,22 | NT 7mal |
| παν-τελής | vollkommen | |
| | 3Mac 7,16 | Lk 13,11 Hb 7,25 |
| παν-τελῶς | vollkommen | |
| | 2Mac 3,12.31 7,40 11,1 14,46 | WB |
| παντ-επ-όπτης | der,der alles überschaut | |
| | 2Mac 9,5 | WB |
| παν-τευχία | volle Waffenrüstung | |
| | 4Mac 3,12 | |
| πάντῃ | auf jede Weise | |
| | Sir 50,22 3Mac 4,1 | Act 24,3 |
| παντοδαπός | mannigfach | |
| | Job 40,21 | |
| παντο-δύναμος | allmächtig | |
| | Sap 7,23 11,17 18,15 | |
| πάντοθεν | überall | |
| | 11mal (2Reg 24,14 ...) | Mk 1,45 Lk 19,43 Hb 9,4 |
| παντοῖος | allerlei | |
| | 5mal (Dan LXX 2,6 ...) | |
| παντο-κράτωρ | Allherrscher | |
| | 2 Sp (2Reg 5,10 ...) | NT 10mal |
| πάντοτε | immer | |
| | Sap 11,21 19,18 | NT 41mal |
| παντο-τρόφος | allnährend | |
| | Sap 16,25 | |
| * παντο-φαγία | d.Essen aller Speisen | |
| | 4Mac 1,27 | |
| πάντως | jedenfalls, gewiß | |
| | 5mal (4Reg 5,11 ...) | NT 8mal |
| πάνυ | sehr | |
| | 2Mac 9,6 12,43 13,8 15,17 | WB |
| παν-υπέρτατος | der ganz oberste | |
| | 3Mac 1,20 | |
| πάππος | Großvater | |
| | Sir Prol 7 | |
| πάπυρος | Papyrusstaude | |
| | Job 8,11 40,21 Jes 19,6 | |
| παρά | *b.Gen.* von ... her,*b.Dat.*bei,*b.Akk.*bei,gegen | |
| | 2 1/2 Sp nur Textstellen | NT 194mal |
| παρα-βαίνω | übertreten | |
| | 1 Sp (Ex 32,8 ...) | Mt 15,2.3 Act 1,25 |

παρα-βάλλω danebenwerfen
12mal (Ruth 2,16 ...) Act 20,15
παρα-βασιλεύω daneben regieren: Verrat begehen
3Mac 6,24
παρά-βασις Übertretung
Ps 100,3 Sap 14,31 2Mac 15,10 NT 7mal
παρα-βιάζομαι Zwang anwenden
7mal (Gen 19,9 ...) Lk 24,29 Act 16,15
* παρα-βιβάζω beiseite führen
2Reg 12,13 24,10 Dan Th 11,20
παρα-βλέπω übersehen
Job 20,9 28,7 Cant 1,6 Sir 38,9 WB
παρα-βολή Gleichnis
3/4 Sp (Num 23,7 ...) NT 50mal
παρ-αγγέλλω befehlen
1/2 Sp (Jos 6,7 ...) NT 32mal
παρ-άγγελμα Anordnung
1Reg 22,14 WB
παρα-γίνομαι ankommen
2 Sp (Gen 14,13 ...) NT 37mal
παρ-άγω vorübergehen
17mal (1Reg 16,9 ...) NT 10mal
παρά-δειγμα Beispiel
13mal (Ex 25,9 ...)
παρα-δειγματίζω zum Beispiel machen
5mal (Num 25,4 ...) Hb 6,6
παρα-δειγματισμός exemplarische Bestrafung
3Mac 4,11 7,14
παρα-δείκνυμι beweisen
5mal (Ex 27,8 ...)
παράδεισος Paradies
1/2 Sp (Gen 2,8 ...) Lk 23,43 2Kor 12,4 Apk 2,7
παρα-δέχομαι annehmen
Ex 23,1 Prov 3,12 3Mac 7,12 NT 6mal
παρα-δίδωμι überliefern
4 Sp (Gen 14,20 ...) NT 119mal
* παρα-δοξάζω wunderbar machen
7mal (Ex 8,18 ...)
παρά-δοξος wider Erwarten
8mal (Jdth 13,13) u.Adv.4Mac 4,14 Lk 5,26
παρά-δοσις Überlieferung
2Es 7,26vl Jer 39,4 41,2 NT 13mal
παρα-δρομή d.Nebenherlaufen
Cant 7,6 2Mac 3,28
παρά-δωσις d.Niederhalten
Jud 11,30A
παρα-ζεύγνυμι anspannen
Jdth 10,17
παρα-ζηλόω neidisch machen
8mal (Dt 32,21 ...) Röm 10,19 11,11.14 1Kor 10,22
* παρα-ζώνη Gürtel
2Reg 18,11
παρα-θαλάσσιος am Meere gelegen
7mal (2Par 8,17 ...) Mt 4,13
παρα-θαρσύνω ermutigen
4Mac 13,8 WB
παρά-θεμα d.Danebengesetzte
Ex 38,24.24 39,9
παρα-θερμαίνω noch erwärmen
Dt 19,6

παρά-θεσις d.Danebensetzen
8mal (4Req 6,23 ...)
παρα-θήκη d.anvertraute Gut
5mal (Lev 5,21 ...) 1Tim 6,20 2Tim 1,12.14
παρα-θλίβω von der Seite drücken
4Req 6,32
παρ-αίνεσις Ermunterung
Sap 8,9
παρ-αινέω ermahnen
2Mac 7,25.26 3Mac 5,17 7,12 Act 27,9.22
παρ-αιρέω wegnehmen
Num 11,25
παρ-αιτέομαι sich ausbitten
7mal (1Reg 20,6 ...) NT 12mal
παρ-αίτιος mitschuldig
2Mac 11,19
παρα-καθ-εύδω dabeischlafen
Jdth 10,20
παρα-κάθημαι daneben sitzen
Esth 1,14 WB
παρα-καθίζω daneben setzen
Job 2,13 WB
παρα-καθ-ίστημι daneben stellen
2Mac 12,3 WB
παρα-καλέω herbeirufen
2 Sp (Gen 24,67 ...) NT 109mal
παρα-κάλυμμα Decke
Sap 17,3
παρα-καλύπτω verbergen
Jes 44,8 Ez 22,26 Lk 9,45
παρα-κατα-θήκη d.anvertraute Gut
6mal (Ex 22,7 ...) WB
παρα-κατα-τίθημι in Verwahrung nehmen
Jer 47,7 48,10 2Mac 3,15 9,25
παρά-κειμαι bereitliegen
10 mal (Jdth 3,2 ...) Röm 7,18.21
παρα-κελεύω anraten
Prov 9,16 4Mac 5,2 WB
παρα-κλείω ausschließen: umbringen
2Mac 4,34
παρά-κλησις Ermahnung
15mal (Job 21,2 ...) NT 29mal
παρα-κλητικός ermunternd
Zach 1,13
παρα-κλήτωρ Tröster
Job 16,2
παρ-ακμάζω verblühen
Sir 42,9
παρά-κοιτος daneben schlafend
Dan Th 5,2.3.23
παρ-ακολουθέω nachfolgen 2Tim 3,10
2Mac 8,11 9,27 Mk 16,17 Lk 1,3 1Tim 4,6
παρα-κομίζω herbeibringen
2Mac 4,19.20.23 9,8.10.29
παρ-ακούω überhören
7mal (1Es 4,11 ...) Mt 18,17.17 Mk 5,36
παρα-κρούομαι daneben schlagen, betrügen
Gen 31,7
παρα-κύπτω sich vorbeugen
8mal (Gen 26,8 ...) NT 5mal

παρα-λαλέω dumm schwatzen
Ps 43,17

παρα-λαμβάνω übernehmen
1/2 Sp (Gen 22,3 ...) NT 50mal

παρα-λείπω auslassen
1Es 8,7 3Mac 1,19.20 *PS 8,13* WB

παρ-άλιος am Meer gelegen
18mal (Gen 49,13 ...) Lk 6,17

παρ-αλλαγή Veränderung
4Reg 9,20 Jak 1,17

παρ-άλλαξις Vertauschung
Esth 3,13[e]vl Dan Th 12,11

παρ-αλλάσσω verändern
6mal (3Reg 5,1 ...) WB

παρα-λογίζομαι täuschen
13mal (Gen 29,25 ...) Kol 2,4 Jak 1,22

παρα-λογισμός Trug(schluß)
Esth 8,12[f.o] 2Mac 1,13 *PS 4,10.22*

παρά-λυσις Auflösung
Ez 21,15

παρα-λύω auflösen
1/2 Sp (Gen 4,15 ...) NT 5mal

παρα-μένω verweilen
9mal (Gen 44,33 ...) 1Kor 16,6 Phil 1,25 Hb 7,2 Jak 1,2

παρα-μυθέομαι ermuntern
2Mac 15,9 Jh 11,19.31 1Thess 2,12 5,

παρα-μυθία Zuspruch
Esth 8,12[e] Sap 19,12 1Kor 14,3

παρα-μύθιον Erleichterung
Sap 3,18 Phil 2,1

παρ-ανα-γινώσκω zur Vergleichung lesen
2Mac 8,23 3Mac 1,12

* παρ-ανα-κλίνομαι zugrunde gehen
Sir 47,19

παρ-αναλίσκω dabei verwenden
Num 17,27

παρα-νομέω das Gesetz übertreten
10mal (Job 34,18 ...) Act 23,3

παρα-νομία Gesetzlosigkeit
9mal (Ps 36,7 ...) 2Pt 2,16

παρά-νομος gesetzwidrig
1 Sp (Dt 13,14 ...) u.Adv.Job 34,20 Prov 21,27 WB

παρα-ξιφός Dolch *(neben dem Schwert getragen)*
2Reg 5,8

παρά-παν überall
8mal (3Reg 11,10 ...)

παρα-πέμπω danebenschicken
Esth 3,13[d] 3Mac 1,26

παρα-πέτασμα Vorhang
Amos 2,8

παρα-πηδάω danebenspringen
4Mac 11,1

* παρα-πικραίνω erbittern
1/2 Sp (Dt 31,27 ...) Hb 3,16

* παρα-πικρασμός Provokation
Ps 94,8 Hb 3,8.15

παρα-πίπτω verfehlen
9mal (Esth 6,10 ...) Hb 6,6

παρά-πληκτος wahnsinnig
Dt 28,34

παρα-πληξία Wahnsinn
Dt 28,28
παρά-πλους Vorbeisegeln
3Mac 4,11
παρα-πομπή Geleit
1Mac 9,37
παρα-πορεύομαι vorbeigehen
1/2 Sp (Gen 37,28 ...) NT 5mal
παρά-πτωμα d.Vergehen
18mal (Job 35,15 ...) NT 20mal
παρά-πτωσις Übertretung
Jer 22,21 WB
παρ-αριθμέω dazuzählen
Tob 9,5S
παρα-ρρέω vorbeifließen
Prov 3,21 Jes 44,4 Hb 2,1
παρα-ρριπτέω danebenwerfen
Ps 83,11
παρα-ρρίπτω danebenwerfen
1Reg 2,36 2Mac 1,16
παρά-ρρυμα Herabhängendes: Wandteppich
Ex 35,11
παρά-σημος auffällig
3Mac 2,29 Act 28,11
παρα-σιωπάω dabei verschweigen
18mal (Gen 24,21 ...)
παρα-σκευάζω zurüsten 2Kor 9,2.3
16mal (1Reg 24,4 ...) Act 10,10 1Kor 14,8
παρα-σκευή Zurüstung
Jdth 2,17 4,5 2Mac 15,21 NT 6mal
παρά-στασις Dienerschaft
1Mac 15,32
* παρα-στήκω danebenstehen
Num 7,12A Jud 3,19A 3Reg 10,8A
* παρα-συμ-βάλλω vergleichen
Ps 48,13.21
παρά-ταξις Heeres-Formation
1 Sp (Num 31,5 ...) WB
παρα-τάσσω danebenordnen
1 Sp (Gen 14,8 ...)
παρα-τείνω ausdehnen
6mal (Gen 49,13 ...) Act 20,7
παρα-τηρέω beobachten
6mal (Ps 36,12 ...) NT 6mal
παρα-τίθημι vorsetzen
1/2 Sp (Gen 18,8 ...) NT 19mal
παρα-τρέχω danebenlaufen
16mal (1Reg 22,17 ...)
παρ-αυτίκα augenblicklich
Tob 4,14 Jes 69,4 2Kor 4,17
παρα-φέρω herzutragen Hb 13,9 Jud 12
Jud 6,5 1Reg 21,14 2Es 10,7 Mk 14,36 Lk 22,42
παρα-φρονέω wahnsinnig sein
Zach 7,11 2Kor 11,23
παρα-φρόνησις Wahnsinn
Zach 12,4
παρά-φρων wahnsinnig
Sap 5,20
παρα-φυάς Seitentrieb
7mal (Ps 79,12 ...) WB

| | | |
|---|---|---|
| παρα-χρῆμα | sofort | |
| | 19mal (Num 6,9 ...) | NT 18mal |
| παρα-χωρέω | überlassen, abgeben | |
| | 2Mac 2,28 8,11 | |
| παρδάλειος | zum Panther gehörig | |
| | 4Mac 9,28 | |
| πάρδαλις | Panther, Leopard | |
| | 9mal (Cant 4,8 ...) | Apk 13,2 |
| παρ-εδρεύω | dabeisitzen | |
| | Prov 1,21 8,3 | 1Kor 9,13 |
| πάρ-εδρος | dabeisitzend | |
| | Sap 6,14 9,4 | WB |
| πάρ-ειμι (-εἶναι) | dabeisein | |
| | 1 Sp (Num 22,20 ...) | NT 24mal |
| πάρ-ειμι (-ιέναι) | vorbeigehen | |
| | Prov 9,15 15,10 | |
| * παρ-εισ-πορεύομαι | heimlich hineingehen | |
| | 2Mac 8,1 | |
| παρ-εκ-λείπω | vorbeilassen | |
| | Jdth 11,12 | |
| παρ-εκ-τείνω | darüber ausdehnen | |
| | Prov 23,4 Ez 47,19 | |
| * παρ-έλκυσις | d.Verzögern | |
| | Job 25,3 | |
| παρ-έλκω | verzögern | |
| | Sir 4,1.3 29,5.8 | |
| παρ-εμ-βάλλω | einfallen | |
| | 2 1/2 Sp (Gen 32,2 ...) | Lk 19,43 |
| παρ-εμ-βολή | Lager, Heer | |
| | 4 Sp (Gen 32,2 ...) | NT 10mal |
| παρ-εμ-πίπτω | dazukommen | |
| | Sap 7,25 | |
| παρ-εν-οχλέω | beunruhigen | |
| | 16mal (Jdth 14,17 ...) | Act 15,19 |
| πάρ-εξ | außer(halb) | |
| | 14mal (Jud 8,26B ...) | |
| παρ-εξ-ίσταμαι | daneben heraustreten: wahnsinnig werden | |
| | Hos 9,7 | |
| * παρ-επι-δείκνυμι | gleichzeitig zeigen | |
| | 2Mac 15,10 | |
| παρ-επί-δημος | zeitweilig in der Fremde | |
| | Gen 23,4 Ps 38,13 | Hb 11,13 1Pt 1,1 2,11 |
| πάρ-εργος | nebensächlich | |
| | 2Mac 15,19 | |
| παρ-έρχομαι | vorübergehen | |
| | 2 Sp (Gen 18,3 ...) | NT 30mal |
| παρ-έχω | gewähren | |
| | 14mal (Esth 3,13b...) | NT 16mal |
| παρ-ηγορέω | ermahnen | |
| | 4Mac 12,2 | |
| παρ-ηγορία | Tröstung | |
| | 4Mac 5,12 6,1 | Kol 4,11 |
| * παρθένια, τά | Jungfräuliches | |
| | 7mal (Dt 22,14 ...) | |
| παρθενία | Jungfräulichkeit | |
| | Sir 15,2 42,10 Jer 3,4 4Mac 18,8 | Lk 2,36 |
| παρθενικός | jungfräulich | |
| | Esth 2,3 Joel 1,8 | |
| παρθένος | Jungfrau | |
| | 1 Sp (Gen 24,14 ...) | NT 15mal |

παρ-ίημι unterlassen
19mal (Ex 14,12 ...) Lk 11,42 Hb 12,12

* πάρινος aus parischem Mamor
Esth 1,6.6

* πάριος Marmor
1Par 29,2

παρ-ίστημι bereitstellen, *intr.* herantreten
1 1/2 Sp (Gen 18,8 ...) NT 41mal

παρ-οδεύω vorübergehen
Sap 1,8 2,7 5,14 6,22 10,8 Ez 36,34 WB

πάρ-οδος Zugang
7mal (Gen 38,14 ...) 1Kor 16,7

* παρ-οικεσία Exilsland
Zach 9,12 Ez 20,38

παρ-οικέω als Fremder bewohnen
1 Sp (Gen 12,10 ...) Lk 24,18 Hb 11,9

παρ-οίκησις Nachbarschaft
Gen 28,4 36,7 Ex 12,40A Sir 21,28

παρ-οικία Aufenthalt als Fremder
16mal (1Es 5,7 ...) Act 13,17 1Pt 1,17

πάρ-οικος d.Fremde
1/2 Sp (Gen 15,13 ...) Act 7,6.29 Eph 2,19 1Pt 2,11

παρ-οιμία Sprichwort
7mal (Prov 1,1 ...) NT 5mal

παρ-οιμιάζω zum Sprichwort machen
4Mac 18,16

παρ-οινέω als Betrunkener handeln, mißhandeln
Jes 41,12

παρ-οιστράω wütend sein
Hos 4,16 Ez 2,6

παρ-οξύνω anspornen
1 Sp (Num 14,11 ...) Act 17,16 1Kor 13,5

παρ-οξυσμός Erbitterung
Dt 29,27 Jer 39,37 Act 15,39 Hb 10,24

παρ-όρασις d.Übersehen
2Mac 5,17

παρ-οράω,-εῖδον nicht beachten
1/2 Sp (Lev 5,21 ...) WB

παρ-οργίζω erzürnen
1 Sp (Dt 4,25 ...) Röm 10,19 Eph 6,4

παρ-όργισμα Erzürnung
3Reg 16,33 20,22 2Par 35,19c

παρ-οργισμός Zorn
5mal (3Reg 15,30 ...) Eph 4,26

παρ-ορμάω antreiben
2Mac 15,17 4Mac 12,6

παρ-ουσία Gegenwart
5mal (2Es 12,6A ...) NT 24mal

παρ-ρησία Offenheit, Freimütigkeit
12mal (Lev 26,13 ...) NT 31mal

παρ-ρησιάζομαι frei reden
6mal (Job 22,26 ...) NT 9mal

παρ-ωθέομαι von sich stoßen
2Mac 4,11

παρ-ωμίς Kleidungsstück an den Schultern
Ex 28,14

πᾶς jeder, ganz
87 Sp (Gen 1,21 ...) NT 1.244mal

πάσσαλος Zeltpflock, Holznagel
2 1/2 Sp (Ex 27,19 ...)

πάσσω (be)streuen
7mal (Ex 9,8 ...)

παστός Zimmer
5mal (Ps 18,5 ...)

παστο-φόριον (Tempel-)Zelle
14mal (1Par 9,26 ...)

* πάσχα = פסח Passafest, -lamm
1/2 Sp (Ex 12,11 ...) NT 29mal

πάσχω erfahren, erleiden
1/2 Sp (Esth 9,26 ...) NT 42mal

πατάσσω schlagen, treffen
5 Sp (Gen 8,21 ...) NT 10mal

* παταχρος = פתכרא *(aram.)* Gottheit
Jes 8,21 37,38

πατέω (be)treten
17mal (Dt 11,24 ...) NT 5mal

πάτημα d.Getretene
4Reg 19,26 Ez 34,19

πατήρ Vater
17 Sp (Gen 2,24 ...) NT 414mal

πατητής d.Kelternde
Jes 63,2

πατρ-άδελφος Onkel
Jud 10,1 2Reg 23,9.24 1Par 27,32

πατριά Geschlecht
2 Sp (Ex 6,14 ...) Lk 2,4 Act 3,25 Eph 3,15

πατρι-άρχης Stammvater
7mal (1Par 24,31 ...) Act 2,29 7,8.9 Hb 7,4

πατρικός väterlich
13mal (Gen 50,8 ...) Gal 1,14

πάτριος väterlich
1/2 Sp (Sir Prol 10 ...)

πατρίς Vaterland
1/2 Sp (Lev 25,10 ...) NT 8mal

πατρῷος väterlich
14mal (2Es 7,5B ...) Act 22,3 24,14 28,17

παῦλα Ruhe
2Mac 4,6

* παῦσις Ruhe
Jer 31,2

παύω beenden
1 Sp (Gen 11,8 ...) NT 15mal

πάχνη Reif
9mal (Job 38,24 ...)

πάχος Dicke
13mal (Num 24,8 ...)

παχύνω dick machen
5mal (Dt 32,15 ...) Mt 13,15 Act 28,27

παχύς dick
8mal (3Reg 12,10 ...)

πεδάω mit Fußfesseln binden
14mal (Job 36,8 ...) WB

πέδη Fußfessel
15mal (Jud 16,21 ...) Mk 5,4.4 Lk 8,29

πεδήτης,ὁ Gefangener
Sap 17,2

πεδιλόν Sohle
Hab 3,5

πεδινός eben
1/2 Sp (Dt 4,43 ...) Lk 6,17

| | | |
|---|---|---|
| πεδίον | Ebene | |
| | 2 1/2 Sp (Gen 4,8 ...) | WB |
| πεζῇ | zu Fuß (gehend) | |
| | 2Reg 15,17 | Mt 14,13 Mk 6,33 |
| πεζικός | zu Land gehend | |
| | 1Mac 15,38 16,5 3Mac 1,1 | |
| πεζο-μαχία | Landschlacht | |
| | 4Mac 17,24 | |
| πεζός | zu Land/Fuß gehend | |
| | 1/2 Sp (Ex 12,37 ...) | WB |
| πειθ-αρχέω | gehorchen | |
| | 1Es 8,90 Sir 33,29 Dan 7,27 | Act 5,29.32 27,21 Tit 3,1 |
| πείθω | überzeugen | |
| | 3 Sp (Lev 25,18 ...) | NT 52mal |
| πεινάω | hungern | |
| | 1 Sp (Gen 41,55 ...) | NT 23mal |
| πεῖρα | Probe | |
| | 6mal (Dt 28,56 ...) | Hb 11,29.36 |
| πειράζω | versuchen, prüfen | |
| | 1 Sp (Gen 22,1 ...) | NT 38mal |
| πειρασμός | Prüfung | |
| | 19mal (Ex 17,7 ...) | NT 21mal |
| πειρατεύω | (zur See) anfallen, berauben | |
| | Gen 49,19.19 | |
| πειρατήριον | Aufenthalt der Seeräuber | |
| | 6mal (Gen 49,19 ...) | |
| πειρατής | Seeräuber | |
| | Job 16,9 25,3 Hos 6,9 | |
| πέλαγος | hohe See | |
| | 2Mac 5,21 4Mac 7,1 | Mt 18,6 Act 27,5 |
| πέλας | d.Nächste | |
| | Prov 27,2 | WB |
| πελειόομαι | schwärzlich machen | |
| | Lam 5,10 | |
| * πέλειος | schwärzlich | |
| | Prov 23,29 | |
| πελεκάν | Pelikan | |
| | Lev 11,18 Dt 14,18 Ps 101,7 | |
| πελεκάω | mit der Axt zuhauen | |
| | 3Reg 6,1[b] | |
| πελεκητός | behauen | |
| | 3Reg 10,22 | |
| πέλεκυς | Axt | |
| | 5mal (3Reg 6,7 ...) | |
| πέλμα | Fußsohle | |
| | Esth 4,17[d] | |
| πελταστής | Leichtbewaffneter | |
| | 2Par 14,7 17,17 | |
| πέλτη | leichter Schild | |
| | 5mal (Ez 23,24 ...) | |
| πέλυξ | Beil | |
| | Jer 23,29 Ez 9,2 | |
| πέμμα | Backwerk | |
| | 5mal (Hos 3,1 ...) | |
| πέμπτος | der fünfte | |
| | 1 Sp (Gen 1,23 ...) | Apk 6,9 9,1 16,10 21,20 |
| πέμπω | schicken | |
| | 1/2 Sp (Gen 27,42 ...) | NT 79mal |
| πένης | arm | |
| | 1 Sp (Ex 23,3 ...) | 2Kor 9,9 |

πενθερά Schwiegermutter
11mal Ruth u.Dt 27,23 Mi 7,6 NT 6mal
πενθερός Schwiegervater
11mal (Gen 38,13 ...) Jh 18,13
πενθέω klagen
1 Sp (Gen 23,2 ...) NT 10mal
πενθικός zur Klage gehörig
Ex 33,4 2Reg 14,2 WBA
πένθος Klage
3/4 Sp (Gen 27,41 ...) NT 5mal
πενία Armut
10mal (Job 36,8 ...)
πενιχρός arm
Ex 22,24 Prov 28,15 29,7 Lk 21,2
πένομαι arbeiten
5mal (Ex 30,15 ...)
πεντα-ετηρικός alle fünf Jahre gefeiert
2Mac 4,18
πεντα-ετής der Fünfjährige
Lev 27,5.6
πεντάκις fünfmal
4Reg 13,19 2Kor 11,24
πεντακισ-χίλιοι fünftausend
1/2 Sp Textstellen (Num 31,32 ...) NT 6mal
πεντακισ-χίλιος fünftausend
1Mac 4,28
πεντακόσιοι fünfhundert
1/2 Sp Textstellen (Gen 5,30 ...) Lk 7,41 1Kor 15,6
πεντα-κόσιος fünfhundert
1Mac 6,35
πεντά-πηχυς fünf Ellen
1Par 11,23
πεντα-πλασίως fünffach
Gen 43,34
πεντα-πλοῦς fünffältig
3Reg 6,31
πεντά-πολις Fünfstadt
Sap 10,6
πέντε fünf
2/3 Sp Textstellen (Gen 5,6 ...) NT 36mal
πεντε-και-δέκατος der fünfzehnte
1/2 Sp (Ex 16,1 ...) Lk 3,1
πεντήκοντα fünfzig
1/2 Sp Textstellen (Gen 5,31 ...) NT 5mal
πεντηκοντα-ετής fünfzigjährig
Num 4,13.30.35.39.43.47 8,25
πεντηκόντ-αρχος Anführer von 50 Mann
13mal (Ex 18,21 ...) WB
πεντηκοστός der fünfzigste
11mal (Lev 25,10 ...)-στή : Act 2,1 20,16 1Kor 16,8
πέπειρος Reife
Gen 40,10 WB
πεποίθησις Vertrauen
4Reg 18,19 NT 6mal
πεποιθότως vertrauensvoll
Zach 14,11
πέπων Gurke, Melone
Num 11,5
περαίνω vollenden
1Reg 12,21 Hab 2,5 3Mac 4,11

πέραν jenseits
2 Sp (Gen 50,10 ...) NT 23mal

πέρας Grenze
1 Sp (1Es 9,17 ...) Mt 12,42 Lk 11,31 Röm 10,18 Hb 6,16

* περασμός Beendigung
Eccl 4,8.16 12,12

περάτης d.Übersetzende, Emigrant
Gen 14,13

πέρδιξ Rebhuhn
Sir 11,30 Jer 17,11

περί *b.Gen.*über / *b.Akk.* um
2 Sp Textstellen (Gen 12,17 / Gen 15,12 ...) NT 333mal

περί *b.Lok.*um : περὶ σῷ τραχήλῳ um deinen Hals
Prov 1,9 3,22 6,21vl

* περι-αγκωνίζω die Hände auf den Rücken binden
4Mac 6,3

περι-άγω herumführen
7mal (Amos 2,10 ...) NT 6mal

περι-αιρέω wegnehmen
2/3 Sp (Gen 38,14 ...) Act 27,20.40 2Kor 3,16 Hb 10,11

περι-αντλέω darüber schütten
4Mac 15,32

περι-άπτω anzünden
3Mac 3,7 Lk 22,55

περι-άργυρος versilbert
Ep Jer 7.38.50.54.57.69.70

περι-αργυρόω versilbern
9mal (Ex 27,11 ...)

περι-αστράπτω umleuchten
4Mac 4,10 Act 9,3 22,6

περι-βάλλω umwerfen
1 Sp (Gen 24,65 ...) NT 23mal

περι-βιόω am Leben erhalten
Ex 22,17A 3Mac 5,18

περί-βλεπτος bewundert
Prov 31,23

περι-βλέπω sich umsehen
10mal (Gen 19,17 ...) NT 7mal

περί-βλημα Bedeckung
Num 31,20

περι-βόητος berühmt
2Mac 2,22 WB

περι-βόλαιον Mantel
12mal (Ex 22,26 ...) 1Kor 11,15 Hb 1,12

περι-βολή d.Umwerfen
5mal (Gen 49,11 ...)

περί-βολος d.Umgebende
10mal (Sir 50,2 ...)

περι-γίνομαι darüberkommen
1Par 28,19 4Mac 13,3 WB

* περι-δειπνέω Leichenschmaus halten
2Reg 3,35

περί-δειπνον Leichenschmaus
Ep Jer 31

περι-δέξιον Armband
Ex 35,22 Num 31,50 Jes 3,20

περι-διπλόω ringsum falten
Jdth 10,5

περι-δύω ringsum ausziehen
4Mac 6,2

περί-ειμι (-εἶναι) herumsein
6mal (Job 27,3 ...)

περί-ειμι (-ιέναι) herumgehen
Sap 8,18

περι-εκτικός umfassend
4Mac 1,20

περι-εργάζομαι Unnützes tun
Sir 3,23 2Thess 3,11

περι-εργία Neugier
Sir 41,24

περι-έρχομαι umhergehen
15mal (Jos 6,7 ...) Act 19,13 28,13 1Tim 5,13 Hb 11,37

περι-έχω umgeben
1/2 Sp (2Reg 22,5 ...) Lk 5,9 1Pt 2,6

περί-ζωμα Gurt, Schürze
10mal (Gen 3,7 ...)

περι-ζώννυμι umgürten
3/4 Sp (Ex 12,11 ...) NT 6mal

περί-θεμα Decke
Ex 38,24A Num 17,3.4 Jud 8,26B

περι-ίπταμαι herumfliegen
4Mac 14,17

περι-ίστημι herumstellen
6mal (Jos 6,3 ...) Jh 11,42 Act 25,7 2Tim 2,16 Tit 3,9

περι-καθαίρω ringsum reinigen, sühnen
Dt 18,10 Jos 5,4 4Mac 1,29 WB

* περι-καθαρίζω sühnen
Lev 19,23 Dt 30,6 Jes 6,7

* περι-κάθαρμα Lösegeld
Prov 21,18 1Kor 4,13

περι-κάθ-ημαι ringsum sitzen
8mal (Jud 9,31B ...)

περι-καθίζω umsitzen
18mal (Dt 20,12 ...) WB

περι-καίω verbrennen
4Mac 16,3

περι-καλύπτω verhüllen
6mal (Ex 28,20 ...) Mk 14,65 Lk 22,64 Hb 9,4

περι-κατά-λημπτος darüber ergriffen
2Mac 14,41

περί-κειμαι umgelegt sein
Ep Jer 23,57 4Mac 12,2 NT 5mal

περι-κείρω ringsherum scheren
Jer 9,25 32,23

περι-κεφαλαία Helm
11mal (1Reg 17,5 ...) Eph 6,17 1Thess 5,8

περι-κλάω abbrechen
Sap 4,5 4Mac 7,5 10,6

περι-κλύζω umspülen
Tob 6,2BA Jdth 10,3

περι-κνημίς Beinschiene
Dan Th 3,21

* περι-κομπέω umtönen
Sap 17,4

περι-κοσμέω umgeben und schmücken
Ps 143,12

περι-κρατέω besiegen
4Mac 1,9 2,2 7,17.22 14,11

περι-κυκλόω umzingeln
19mal (Gen 19,4 ...) Lk 19,43

| | | | |
|---|---|---|---|
| | περι-κύκλῳ | im Umkreis | |
| | | 23mal (Ex 28,33 ...) | |
| * | περι-λακίζω | zerfetzen | |
| | | 4Mac 10,8 | |
| | περι-λαμβάνω | umfangen | |
| | | 13mal (Gen 29,13 ...) | |
| | περι-λείπω | übriglassen | |
| | | 6mal (2Par 34,21A ...) | 1Thess 4,15.17 |
| | περί-λημψις | d.Umfassen | |
| | | Eccl 3,5 | |
| | περί-λοιπος | übrig gelassen | |
| | | Ps 20,13 Am 5,15 | |
| | περί-λυπος | tiefbetrübt | |
| | | 6mal (Gen 4,6 ...) | Mt 26,38 Mk 6,26 14,34 Lk 18,23 |
| | περι-λύω | ringsherum lösen | |
| | | 4Mac 10,7 | |
| | περι-μένω | erwarten | |
| | | Gen 49,18 Sap 8,12 | Act 1,4 |
| | περί-μετρον | Umkreis | |
| | | 3Reg 7,3 Sir 50,3 3Mac 4,11 | |
| ** | περι-νίπτομαι | ringsherum abwaschen | |
| | | Tob 6,2S | |
| | περι-ξύω | benagen | |
| | | Sap 13,11 | |
| | περι-οδεύω | herumgehen | |
| | | 2Reg 24,8 Zach 1,10.10 6,7.7.7 | |
| | περί-οδος | Umzug | |
| | | Jos 6,16 | |
| | περι-οικο-δομέω | ringsherum bauen | |
| | | Jos 19,8 Jer 52,4 Ez 26,8 39,11 | |
| | περί-οικος | ringsherum wohnend | |
| | | 9mal (Gen 19,25 ...) | Lk 1,58 |
| * | περι-ονυχίζω | Nägel abschneiden | |
| | | Dt 21,12 | |
| | περι-ουσιασμός | Überschuß | |
| | | Ps 134,4 Eccl 2,8 | |
| | περι-ούσιος | auserlesen | |
| | | 5mal (Ex 19,5 ...) | Tit 2,14 |
| | περι-οχή | Schriftabschnitt | |
| | | 1/2 Sp (1Reg 22,4 ...) | Act 8,32 |
| | περι-παθῶς | leidenschaftlich | |
| | | 4Mac 8,2 | |
| | περι-πατέω | umhergehen | |
| | | 2/3 Sp (Gen 3,8 ...) | NT 95mal |
| | περί-πατος | d.Herumgehen | |
| | | 8mal (Job 41,24 ...) | |
| * | περι-πιλέω | rundherum überziehen | |
| | | 3Reg 6,21vl | |
| | περι-πίπτω | auf etw.geraten | |
| | | 9mal (Ruth 2,3 ...) | Lk 10,30 Act 27,41 Jak 1,2 |
| | περι-πλέκω | umwickeln | |
| | | 9mal (2Reg 18,9vl ...) | WB |
| | περι-ποιέω | erhalten | |
| | | 1/2 Sp (Gen 12,12 ...) | Lk 17,33 Act 20,28 1Tim 3,13 |
| | περι-ποίησις | Erhaltung | |
| | | 2Par 14,12 Hagg 2,9 Mal 3,17 | NT 5mal |
| | περι-πόλιον | Ortschaft | |
| | | 1Mac 11,4.61 | |
| | περι-πόρφυρος | mit Purpur umgeben | |
| | | Jes 3,21 | |

περί-πτερος rings beflügelt
Cant 8,6 Am 3,15

περί-πτωμα Umfall
Ruth 2,3 2Reg 1,6

περι-ραίνω ringsum besprengen
Lev 14,7.51 Num 8,7 19,18.19.21 WB

* περι-ραντίζω ringsum besprengen
Num 19,13.20

περι-ρρέω rings umfließen
4Mac 9,20

περι-ρρήγνυμι rings herunterreißen
2Mac 4,38 Act 16,22

* περι-σιαλόω ringsherum bunt einfassen
Ex 36,13

περι-σκελής ringsum dürr, spröde
6mal (Ex 28,42 ...)

περι-σκυθίζω skalpieren *(auf skytische Art)*
2Mac 7,4

περι-σπασμός d.Wegziehen
9mal (Tob 10,6S ...)

περι-σπάω abziehen
6mal (2Reg 6,6 ...) Lk 10,40

* περι-σπόριον Ortschaft
1/2 Sp (Jos 21,2 ...)

περισσεία Überfluß
13mal Eccl (1,3 ...) Röm 5,17 2Kor 8,2 10,15 Jak 1,21

περίσσευμα Überfluß
Eccl 2,15 NT 5mal

περισσεύω überreich sein
9mal (1Reg 2,33 ...) NT 39mal

περισσός über das Maß hinausgehend
1/2 Sp (Ex 10,5 ...) NT 6mal

περισσῶς über die Maßen
7mal (Ps 30,24 ...) Mt 27,23 Mk 10,26 15,14 Act 26,11

περί-στασις d.Herumstehen
Ez 26,8

περι-στέλλω umkleiden
Tob 12,13BA Sir 38,16 Jes 58,8 Ez 29,5

περιστερά Taube
1/2 Sp (Gen 8,8 ...) NT 10mal

περι-στήθιον die Brust umgebend
Ex 28,4

περι-στολή Bekleidung
Ex 33,6 Sir 45,7

περι-στόμιον Mündung, Öffnung eines Gefäßes
7mal (Ex 28,32 ...)

περι-στρέφω rundherum wenden
Gen 37,7 Num 36,7.9

περι-στροφή d. Umkreisen
Sir 50,5

περί-στυλον mit Säulen umgeben
6mal (Ez 40,17 ...)

περι-σύρω herumziehen
Gen 30,37 2Mac 7,7 4Mac 10,7vl

περι-σχίζω ringsherum spalten
Ez 47,15 48,1 WBA

περι-τειχίζω mit einer Mauer umgeben
Hos 10,14 1Mac 13,33 WB

* περί-τειχος Verschanzung
4Reg 25,1 Jes 26,1 Dan Th 9,25A

περι-τέμνω beschneiden
1/2 Sp (Gen 17,10 ...) NT 17mal

περι-τίθημι ringsum legen
Gen 24,47 NT 8mal

περι-τομή Beschneidung
Gen 17,13 Ex 4,25.26 Jer 11,16 NT 36mal

περι-τρέπω umändern
Sap 5,23 Act 26,24

περι-τρέχω herumlaufen
Am 8,12 Jer 5,1 Mk 6,55

περι-φανῶς offenbar
4Mac 8,2

περι-φέρεια d.Herumgehen
Eccl 9,3 10,13

περι-φερής herumgetragen
Ez 41,10 2Mac 13,5

περι-φέρω herumtragen
5mal (Jos 24,33a ...) Mk 6,55 2Kor 4,10 Eph 4,14

περι-φορά d.Herumtragen
Eccl 2,2.12 7,25

περι-φράσσω darüber zittern
7mal (3Reg 9,15vl ...)

περι-φρονέω verachten
4Mac 6,9 14,1 Tit 2,15

περί-φρων verständig
4Mac 8,28

περι-φυτεύω beflanzen
4Mac 2,21 7,16

* περι-χαλάω ringsum loslassen
4Mac 7,13

* περι-χαλκόω überkupfern
Ex 27,6

περι-χαρακόω umwallen (und befestigen)
Prov 4,8 Jer 52,4

περι-χαρής übermäßig froh
Job 3,22 29,22 3Mac 5,44 WB

περι-χέω darüber-schütten
5mal (2Par 29,22 ...)

περί-χρυσος umgoldet
Ep Jer 7.38.50.54.57.69.70

περι-χρυσόω vergolden
3Reg 10,18 Jes 30,22 40,19

περί-χωρος benachbart
1/2 Sp (Gen 13,10 ...) NT 9mal

περί-ψημα Schmutz
Tob 5,19 1Kor 4,13

περι-ψύχω erfrischen, liebkosen
Sir 30,7

περκάζω sich schwarzblau färben *(von Weintrauben)*
Sir 51,15 Am 9,13

πέσσω erweichen
14mal (Gen 19,3 ...)

πέταλον Stirnband
8mal (Ex 28,36 ...) WBA

* πεταλόω in Blätter verwandeln
3Reg 6,22

πέταμαι fliegen
Dt 4,17

πετάννυμι ausbreiten
7mal (2Reg 22,11 ...)

πέτασος Hut
2Mac 4,12

πέταυρον Stange, Falle
Prov 9,18

πετεινόν Vogel
1/2 Sp (Gen 1,20 ...) NT 14mal

πέτευρον Stange, Falle
Prov 9,18vl

πέτομαι fliegen
17mal (Gen 1,20 ...) NT 5mal

πέτρα Fels
1 1/2 Sp (Ex 17,6 ...) NT 15mal

πέτρινος felsig
Jos 5,2.3 21,42[d] 24,31[a]

πετρο-βόλος Steine werfend
5mal (1Reg 14,14 ...)

πέτρος Stein
2Mac 1,16 4,41

πεύκη Fichte
3Reg 5,24vl Jes 60,13

πεύκινος fichtenreich
8mal (3Reg 5,23 ...)

πέψις Kochen, Backen
Hos 7,4

πηγή Quelle
1 1/2 Sp (Gen 2,6 ...) NT 11mal

πῆγμα Gerüst
Jos 3,16 4Mac 9,21

πήγνυμι befestigen
1/2 Sp (Gen 26,25 ...) Hb 8,2

πηδαλιο‿υχέω d.Steuerruder halten
4Mac 7,1

πηδάω springen
Lev 11,21 Cant 2,8 WB

πηλίκος wie groß
Zach 2,2 4Mac 15,22 Gal 6,11 Hb 7,4

πήλινος aus Lehm
5mal (Job 4,19 ...) WB

πηλός Lehm
1/2 Sp (Gen 11,3 ...) NT 6mal

πηλο‿υργός Töpfer
Sap 15,7

πῆξις d.Befestigen
Sir 41,20

πήρα Ranzen
Jdth 10,5 13,10.15 NT 6mal

πηρόω lähmen
4Mac 18,21 WB

πήσσω befestigen
Sir 14,24

πῆχυς Elle
3 1/2 Sp (Gen 6,15 ...) Mt 6,27 Lk 12,25 Jh 21,8 Apk 21,17

πιάζω fassen
Cant 2,15 Sir 23,21 NT 12mal

πιαίνω fett machen
8mal (Ps 19,4 ...)

πιέζω fassen
Micha 6,15 Lk 6,38

πίθηκος Affe
3Reg 10,22vl 2Par 9,21 WB

πίθος Faß
Prov 23,27

πικραίνω erbittern
13mal (Ex 16,20 ...) Kol 3,19 Apk 8,11 10,9.10

πικρασμός Erbitterung
Esth 4,17° Ez 27,31vl

πικρία Bitterkeit
1/2 Sp (Ex 15,23 ...) Act 8,23 Röm 3,14 Eph 4,31 Hb 12,15

πικρίς Bitterkraut
Ex 12,8 Num 9,11

πικρός bitter
1/2 Sp (Gen 27,34 ...) Jak 3,11.14

πικρῶς bitterlich
10mal (Jes 22,4 ...) Mt 26,75 Lk 22,62

πίμπλημι anfüllen
2 Sp (Gen 6,11 ...) NT 24mal

πίνω trinken
4 Sp (Gen 9,21 ...) NT 73mal

* πίννινος Perlmutt
Esth 1,6

πιότης Fettigkeit
14mal (Gen 27,28 ...) Röm 11,17

πιπράσκω verkaufen
1/2 Sp (Gen 31,15 ...) NT 9mal

πίπτω fallen
6 Sp (Gen 17,3 ...) NT 90mal

πίσσα Pech
7mal (Sir 13,1 ...)

πιστεύω glauben
1 Sp (Gen 15,6 ...) NT 243mal

πίστις Glaube, Treue
1 Sp (Dt 32,20 ...) NT 243mal

* πιστο-ποιέω glaubhaft machen
4Mac 7,9 18,17

πιστός treu
1 Sp (Num 12,7 ...) u.Adv.4Reg 16,2 NT 67mal

πιστόω zuverlässig machen
17mal (2Reg 7,16 ...) 2Tim 3,14

πίτυρον Kleie
Ep Jer 42

πίτυς Fichte
Zach 11,2 Ez 31,8

πίων fett
18mal (Gen 49,50 ...) WB

πλαγιάζω schief machen, täuschen
Jes 29,21 Ez 14,5

πλάγιος schief
20mal (Gen 6,16 ...)

πλανάω verführen
2 Sp (Gen 21,14 ...) NT 39mal

πλάνη d.Herumirren
6mal (Tob 5,14BA ...) NT 10mal

πλάνησις d.Verführen
9mal (Tob 14,6S ...)

πλανήτης der Herumirrende
Hos 9,17 Jud 13

πλανῆτις die Herumirrende
Job 2,9d

πλάνος irreführend
Job 19,4 Jer 23,32 NT 5mal

πλάξ (Gesetzes-)Tafel
1/2 Sp (Ex 31,18 ...) 2Kor 3,3.3 Hb 9,4

πλάσμα Gebilde
6mal (Jdth 8,29 ...) Röm 9,20

πλάσσω formen
1 Sp (Gen 2,7 ...) Röm 9,20 1Tim 2,13

πλάστιγξ Waagschale
Sap 11,22 2Mac 9,8

πλάτανος Platane
Gen 30,37 Sir 24,14

πλατεῖα Straße
1Sp (Gen 19,2 ...) NT 9mal

πλάτος Breite
1Sp (Gen 6,15 ...) Eph 3,18 Apk 20,9 21,16.16

πλατύνω breit machen
1/2 Sp (Gen 9,27 ...) Mt 23,5 2Kor 6,11.13

πλατύς breit, weit
12mal (Gen 34,10 ...) Mt 7,13

πλατυσμός Ausbreitung
6mal (2Reg 22,20 ...) WB

πλειστάκις meistens
Eccl 7,22

πλέκω flechten
Ex 28,14 Jes 28,5 Mt 27,29 Mk 15,17 Jh 19,2

πλεονάζω viel sein, werden
1/2 Sp (Ex 16,18 ...) NT 9mal

πλεονάκις öfter
10mal (Tob 1,6BA ...)

πλεόνασμα Überfluß
Num 31,32

πλεονασμός Überfluß
6mal (Lev 25,37 ...)

* πλεοναστός zahlreich
Dt 30,5 1Mac 4,35

πλεον-εκτέω übervorteilen
Jud 4,11B Hab 2,9 Ez 22,27 NT 5mal

πλεον-έκτης der Habgierige
Sir 14,9 1Kor 5,10.11 6,10 Eph 5,5

πλεον-εξία Habgier
8mal (Jud 5,19A ...) NT 10mal

πλευρά Seite des Körpers, die Rippen
1/2 Sp (Gen 2,21 ...) NT 5mal

πλευρόν Rippe
17mal (Ex 27,7 ...)

πλέω zur See fahren
6mal (1Es 4,23 ...) NT 6mal

πληγή Schlag
1 Sp (Ex 11,1 ...) NT 22mal

πλῆθος Menge
4 Sp (Gen 16,10 ...) NT 31mal

πληθύνω vollmachen
3 Sp (Gen 1,22 ...) NT 12mal

πληθύς Menge
3Mac 4,17

πλημ-μέλεια Fehler
2/3 Sp (Lev 5,15 ...) WB

πλημ-μελέω sich vergehen
1/2 Sp (Lev 4,13 ...)

πλημ-μέλημα Fehler
Num 5,8 Jer 2,5

πλημ-μέλησις d.Sündigen
Lev 5,19 2Es 10,19
πλήμμυρα Hochwasser
Job 40,23 Lk 6,48
πλήν aber, außer
3 Sp (Gen 9,4 ...) NT 31mal
πλήρης angefüllt, voll
1 1/2 Sp (Gen 25,8 ...) NT 16mal
πληρο-φορέω erfüllen
Eccl 8,11 NT 6mal
πληρόω erfüllen, vollenden
2 Sp (Gen 1,22 ...) NT 87mal
πλήρωμα Fülle
12mal (1Par 16,32 ...) NT 17mal
πλήρωσις d.Vollmachen
9mal (Ex 35,27 ...)
πλησιάζω sich nähern
2Mac 6,4
πλησίον nahe
3 Sp (Gen 11,3 ...) NT 17mal
πλησίος nächster
Cant 5,1 Jer 24,1B
πλησμονή Sättigung
1/2 Sp (Gen 41,30 ...) Kol 2,23
πλήσσω schlagen
1/2 Sp (Ex 9,31 ...) Apk 8,12
πλινθεία d.Ziegelbrennen
Ex 1,14 5,8.14.18.19
πλινθεῖον Ziegelbrennerei
2Reg 12,31 3Reg 2,46h
πλινθεύω ziegelbrennen
Gen 11,3
πλίνθος Ziegel
11mal (Gen 11,3 ...)
* πλινθ-ουργία d.Ziegelmachen
Ex 5,7.8A
πλοῖον Schiff
1/2 Sp (Gen 49,13 ...) NT 68mal
πλόκαμος Haarflechte
3Mac 1,4 WB
πλοκή Geflecht
Ex 28,14 3Reg 6,18 Sir 41,19S Ez 7,10A WB
πλόκιον Haarlöckchen
Cant 7,6
πλοῦς Schiffahrt
Sap 14,1 Act 21,7 27,9.10
πλούσιος reich
2/3 Sp (Gen 13,2 ...) NT 28mal
πλουτέω bin reich
14mal (Gen 30,43 ...) NT 12mal
πλουτίζω reich machen
13mal (Gen 14,23 ...) 1Kor 1,5 2Kor 6,10 9,11
πλοῦτος Reichtum
1 1/2 Sp (Gen 31,16 ...) NT 22mal
πλύνω waschen
1/2 Sp (Gen 49,11 ...) Lk 5,2 Apk 7,14 22,14
πλωτός schiffend
Job 40,31 2Mac 5,21
πνεῦμα Geist
5 Sp (Gen 1,2 ...) NT 379mal

* πνευματο-φορέομαι vom Winde getragen werden
Jer 2,24

* πνευματο-φόρος den Geist in sich tragend, Geistträger
Hos 9,7 Zeph 3,4 WB

πνεύμων Lunge
3Reg 22,24 = 2Par 18,33

πνέω wehen, blasen
6mal (Ps 147,7 ...) NT 7mal

πνιγμός d.Erwürgen
Sir 51,4

πνίγω (er)würgen
1Reg 16,14.15 Mt 13,7 18,28 Mk 5,13

πνοή Wind, Atem
1/2 Sp (Gen 2,7 ...) Act 2,2 17,25

πόα Gras
Prov 27,25 Mal 3,2 Jer 2,22

ποδ-άγρα Fußfalle
4Mac 11,10

ποδ-ήρης bis zu den Füßen reichend
12mal (Ex 25,7 ...) Apk 1,13

ποδιστήρ dreifüßiger Kessel
2Par 4,16

ποθεινός ersehntes
Job 29,25S Prov 6,8b 4Mac 13,26 15,1

πόθεν woher
1/2 Sp Textstellen (Gen 29,4 ...) NT 29mal

ποθέω begehren
8mal (Esth 3,13b ...) WB

ποιέω tun, machen
43 Sp (Gen 1,1 ...) NT 568mal

ποίημα d.Gemachte
1/2 Sp (Jud 13,12B ...) Röm 1,20 Eph 2,10

ποίησις d.Tun
11mal (Ex 28,8 ...) Jak 1,25

ποιητής Täter, Erfüller
1Mac 2,67 NT 6mal

ποικιλία Mannigfaltigkeit
8mal (Ex 27,16 ...) WB

ποικίλλω bunt machen
Ps 44,10.14

ποίκιλμα d.Buntgemachte
Jer 13,23 Ez 23,15 27,16

ποικίλος mannigfaltig
1/2 Sp (Gen 30,37 ...) NT 10mal

ποικιλτής Buntweber
Ex 26,36 28,6.15.39 36,36 37,16

ποικιλτικός zum Sticken gehörig
Ex 37,21 Job 38,36

ποικιλτός bunt gemacht
Ex 35,35 37,21A Jud 5,30B

ποικίλως bunt
Esth 1,6 4Mac 16,3

ποιμαίνω weiden
3/4 Sp (Gen 30,31 ...) NT 11mal

ποιμενικός was zum Hirten gehört
1Reg 17,40 Zach 11,15 WB

ποιμήν Hirte
1 Sp (Gen 4,2 ...) NT 18mal

ποίμνη Herde
Gen 32,17 Zach 13,7A NT 5mal

| | | |
|---|---|---|
| ποίμνιον | Herde | |
| | 1 Sp (Gen 29,2 ...) | NT 5mal |
| ποῖος | wie beschaffen | |
| | 1/2 Sp (Dt 4,7 ...) | NT 33mal |
| πόκος | Schafschur | |
| | 9mal (Jud 6,36B ...) | |
| πολεμέω | Krieg führen | |
| | 3 Sp (Ex 14,14 ...) | NT 7mal |
| * πολεμία | Kampf | |
| | Jes 27,4 | |
| πολεμικός | kriegerisch | |
| | 18mal (Dt 1,41 ...) | |
| πολέμιος | feindlich | |
| | 1/2 Sp (1Par 18,10 ...) | |
| πολεμιστής | Krieger | |
| | 2/3 Sp (Num 31,27 ...) | |
| πόλεμος | Krieg | |
| | 5 Sp (Gen 14,2 ...) | NT 18mal |
| * πολεμο-τροφέω | den Krieg unterhalten | |
| | 2Mac 10,14.15 14,6 | |
| πολιά | Greisenalter | |
| | 17mal (Jud 8,32A ...) | WB |
| πολι-ορκέω | belagern | |
| | 1/2 Sp (Jos 10,29 ...) | |
| πολι-ορκία | Belagerung | |
| | 6mal (1Es 2,17 ...) | WB |
| πολιός | grau | |
| | Lev 19,32 | |
| πόλις | Stadt | |
| | 19 Sp (Gen 4,17 ...) | NT 164mal |
| πολιτεία | Staat, Bürgerrecht | |
| | 9mal (2Mac 4,11 ...) | Act 22,28 Eph 2,12 |
| πολίτευμα | Staat | |
| | 2Mac 12,7 | Phil 3,20 |
| πολιτεύομαι | sein Leben führen | |
| | 8mal (Esth 8,12p ...) | Act 23,1 Phil 1,27 |
| πολίτης | Bürger | Hb 8,11 |
| | 18mal (Gen 23,11 ...) | Lk 15,15 19,14 Act 21,39 |
| πολλάκις | häufig | |
| | 12mal (Tob 1,6S ...) | NT 18mal |
| πολλαχόθεν | von vielen Seiten her | |
| | 4Mac 1,7 | |
| πολλαχῶς | auf vielfältige Art | |
| | Ez 16,26 3Mac 1,25 | |
| πολλοστός | einer von vielen | |
| | 2Reg 23,20 Prov 5,19 | WBA |
| πολυ-άνδριον | Ort, wo viele Menschen zusammenkommen | |
| | 9mal (Jer 2,23 ...) | |
| πολύ-γονος | viel erzeugend | |
| | Sap 4,3 4Mac 15,5 | |
| πολυ-δάκρυς | mit vielen Tränen | |
| | 3Mac 5,25 | |
| * πολυ-έλεος | sehr mitleidig | |
| | 11mal (Ex 34,6 ...) | |
| πολυ-ετής | vieljährig | |
| | Sap 4,16 | |
| * πολυ-ημερεύω | viele Tage erlangen | |
| | Dt 11,21 | |
| πολυ-ήμερος | vieltägig | |
| | Dt 6,24A 22,7 25,15 30,18 Dan LXX 4,27 | |

| | | |
|---|---|---|
| πολύ-θρηνος | voller Tränen | |
| | 4Mac 16,10 | |
| πολυ-κέφαλος | vielköpfig | |
| | 4Mac 7,14 | |
| πολυ-λογία | Geschwätzigkeit | |
| | Prov 10,19 | Mt 6,7 |
| πολυ-μερής | vielfältig | |
| | Sap 7,22 | Adv.: Hb 1,1 |
| * πολυ-οδία | langer Weg | |
| | Jes 57,10 | |
| πολύ-ορκος | viel schwörend | |
| | Sir 23,11 27,14 | |
| πολυ-οχλία | viel Volk | |
| | Job 31,34 39,4 Bar 4,34 | |
| πολύ-παις | viele Söhne | |
| | 4Mac 16,10 | |
| πολυ-πειρία | viel Erfahrung | |
| | Sap 8,8 Sir 25,6 | |
| πολύ-πειρος | vielerfahren | |
| | Sir 21,22 34,9 36,20 | |
| πολυ-πλασιάζω | vervielfältigen | |
| | Dt 4,1 8,1 11,8 | |
| πολυ-πλάσιος | vielfältig | |
| | 2Mac 9,16 | |
| * πολυ-πληθέω | viel, groß sein | |
| | Ex 5,5 Lev 11,42 Dt 7,7 | |
| πολυ-πλήθεια | große Menge | |
| | Mac 8,16 | WB |
| * πολυ-πληθύνω | viel, groß sein | |
| | Ex 32,13 | |
| πολύ-πλοκος | viel verflochten | |
| | Esth $8,12^n$ Job 5,13 4Mac 14,13 15,24 | |
| πολυ-πραγμονέω | viel unternehmen | |
| | 2Mac 2,30 | |
| πολυ-ρήμων | viel redend | |
| | Job 8,2 | |
| πολύς | viel | |
| | 12 Sp (Gen 6,1 ...) | NT 418mal |
| πολυ-τελής | sehr kostbar | |
| | 15mal (1Par 29,2 ...) | Mk 14,3 1Tim 2,9 1Pt 3,4 |
| πολυ-τόκος | viele Kinder gebärend | |
| | Ps 143,13 | |
| πολυ-τρόπος | vielartig | |
| | 4Mac 1,25 3,21 14,11 | Adv.: Hb 1,1 |
| πολυ-φροντίς | voller Sorge | |
| | Sap 9,15 | |
| πολυ-χρονίζω | lange dauern | |
| | Dt 4,26 | |
| πολυ-χρόνιος | lange dauernd | |
| | 6mal (Gen 26,8 ...) | |
| πολυ-ωρέω | viel Sorge tragen | |
| | Dt 30,9 Ps 11,9 137,3 | |
| πόμα | Trank | |
| | 5mal (Ps 101,10 ...) | 1Kor 10,4 Hb 9,10 |
| πομπεύω | umherschreiten | |
| | Sap 4,2 2Mac 6,7 | |
| πονέω | sich mühen | |
| | 1/2 Sp (Gen 49,15 ...) | WB |
| πονηρεύομαι | schlecht, böse sein | |
| | 1/2 Sp (Gen 19,7 ...) | WB |

πονηρία Schlechtigkeit
1 Sp (Ex 10,10 ...) NT 7mal

πονηρός schlecht
4 1/2 Sp (Gen 2,9 ...) NT 78mal

πόνος Mühe
1 1/2 Sp (Gen 34,25 ...) Kol 4,13 Apk 16,10.11 21,4

* ποντό-βροχος vom Meere benetzt
3Mac 6,4

ποντο-πορέω das Meer befahren
Prov 30,19

πόντος Meer
Ex 15,5 WB

πορεία Wanderung
1/2 Sp (Num 32,2 ...) Lk 13,22 Jak 1,11

πορεῖον Reisekarren
Gen 45,17

πορεύομαι gehen, reisen
15 Sp (Gen 2,14 ...) NT 154mal

πόρευσις Weg, Marsch
Gen 33,14

πορευτός bereist
Esth 3,13[b] 2Mac 5,21

πορθέω verwüsten
4Mac 4,23 11,4 Act 9,21 Gal 1,13.23

πορίζω verschaffen
Sap 15,12 WB

πορισμός Erwerbsmittel
Sap 13,19 14,2 1Tim 6,5.6

πορνεία Unzucht
2/3 Sp (Gen 38,24 ...) NT 25mal

πορνεῖον Hurenhaus
Ez 16,25.31.39

πορνεύω Unzucht treiben
19mal (Dt 23,17 ...) NT 8mal

πόρνη Hure
1/2 Sp (Gen 34,31 ...) NT 12mal

πορνικός hurerisch
Prov 7,10 Ez 16,24

πορνο-κόπος mit Huren umgehend
Prov 23,21

πόρνος Unzüchtiger
Sir 23,17.17 NT 10mal

πόρπη Spange
1Mac 10,89 11,58 14,44

πόρρω weit, fern
16mal (2Par 26,15 ...) Mt 15,8 Mk 7,6 Lk 14,32 24,28

πόρρωθεν von ferne
16mal (4Reg 20,14 ...) Lk 17,12 Hb 11,13

πορφύρα Purpur
2/3 Sp (Ex 25,4 ...) Mk 15,17.20 Lk 16,19 Apk 18,12

πορφυρίς Purpurkleid
Jud 8,26

πορφυρίων Wasserhuhn *(nach seiner Farbe benannt)*
Lev 11,18 Dt 14,18

πορφυροῦς purpurn
6mal (Num 4,14 ...) Jh 19,2.5 Apk 17,4 18,16

ποσάκις wievielmal?
5mal (3Reg 22,16 ...) Mt 18,21 23,37 Lk 13,34

ποσα-πλῶς wievielmal?
Ps 62,2 Sir 10,31S.31S

ποσαχῶς auf wievieler Art?
Sir 10,31

πόσις, ἡ das Trinken
Dan 1,10 Jh 6,55 Röm 14,17 Kol 2,16

πόσος wie groß
16mal (Gen 47,8 ...) NT 27mal

ποταμός Fluß
3 Sp (Gen 2,10 ...) NT 17mal

ποταπός von welcher Beschaffenheit
Dan LXX Sus 54 NT 7mal

ποτέ irgendeinmal
1/4 Sp Textstellen (Dt 1,46 ...) NT 29mal

πότε wann?
1/3 Sp Textstellen (Gen 30,30 ...) NT 19mal

πότερον ob
11mal Job (4,6 ...) Jh 7,17

πότημα das Getrunkene
Jer 28,39

ποτήριον Becher
1/2 Sp (Gen 40,11 ...) NT 31mal

ποτίζω tränken
2/3 Sp (Gen 2,6 ...) NT 15mal

* ποτιστήριον Bewässerungsrinne
Gen 24,20 30,38

ποτόν der Trank
5mal (Lev 11,34 ...) WB

πότος der Trunk, das Trinken
1/2 Sp (Gen 19,3 ...) 1Pt 4,3

που irgendwo
5mal (3Reg 10,12 ...) Act 27,29 Röm 4,19 Hb 2,6 4,4

ποῦ wo?
1/2 Sp Textstellen (Gen 3,9 ...) NT 48mal

πούς Fuß
4 Sp (Gen 8,9 ...) NT 93mal

πρᾶγμα Sache, Vorfall
2 Sp (Gen 19,22 ...) NT 11mal

πραγματεία Betätigung
10mal (3Reg 7,19 ...) 2Tim 2,4

πραγματεύομαι Geld-Handlsgeschäfte treiben
3Reg 9,19vl 10,22a Dan Lxx 8,27 Lk 19,13

πραγματικός geschäftig
1Es 8,22

πράκτωρ Gerichtsvollzieher
Jes 3,12 Lk 12,58.58

πρᾶξις Tätigkeit
1/2 Sp (2Par 12,15 ...) NT 6mal

πρᾶος sanft, mild
2Mac 15,12

πρασιά Gartenbeet
Sir 24,31 Mk 6,40.40

πράσινος lauchgrün
Gen 2,12

πρασις d.Verkaufen
1/2 Sp (Gen 42,1 ...)

πράσον Lauch
Num 11,5

πράσσω tun, machen
1/2 Sp (Gen 31,28 ...) NT 39mal

πρατός verkauft
2Mac 11,3

* πραΰ-θυμος sanftes Sinnen
Prov 14,30 16,19

πραΰνω besänftigen
Ps 93,13 Prov 18,14

πραΰς sanftmütig
17mal (Num 12,3 ...) Mt 5,5 11,29 21,5 1Pt 3,4

πραΰτης Sanftmut
10mal (Esth 5,1e ...) NT 11mal

πρεπόντως auf geziemende Art
2Mac 15,12

πρέπω geziemen
10mal (Ps 32,1 ...) NT 7mal

πρεσβεία Gesandtschaft
2Mac 4,11 Lk 14,32 19,14

πρεσβεῖον Ehrengeschenk
Gen 43,33 Ps 70,18 Dan Th Sus 50 3Mac 6,1

πρεσβευτής Gesandter
6mal (2Par 32,31 ...)

πρέσβυς alt
16mal (Num 21,21 ...)

πρεσβύτατος der älteste
4Mac 9,11

πρεσβύτερος älter, der Älteste
3 Sp (Gen 18,11 ...) NT 66mal

πρεσβύτης der ältere Mann
1 Sp (Gen 25,8 ...) Lk 1,18 Tit 2,2 Phm 9

πρεσβῦτις die alte Frau
4Mac 16,14 Tit 2,3

πρήθω anschwellen
Num 5,21.22.27 WBA

πρηνής vorwärts
Sap 4,19 3Mac 5,43.50 6,23 Act 1,18

πρίαμαι kaufen
6mal (Gen 42,2 ...)

πρίζω sägen
Am 1,3 Dan Th Sus 59 Hb 11,37

πρίν ehe, bevor
1/2 Sp Textstellen (Gen 27,4 ...) NT 13mal

πρῖνος Steineiche
Dan Lxx Th Sus 58

* πριστηρο-ειδής sägenartig
Jes 41,15

πρίων Säge
5mal (2Reg 12,31 ...)

πρό *b.Gen.* vor
1 Sp Textstellen (Gen 2,5 ...) NT 47mal

προ-άγω vorwärtsführen
13mal (Jdth 10,22 ...) NT 20mal

προ-αγωνίζομαι vorkämpfen
4Mac 17,13

προ-αδικέω vorher Unrecht tun
Sap 18,2 WB

προ-αιρέω hervornehmen
15mal (Gen 34,8 ...) 2Kor 9,7

προ-αίρεσις Vorsatz
14mal (Jud 5,2A ...)

προ-αλής abschüssig
Sir 30,8

* προ-ανα-μέλπω schon im voraus anstimmen
Sap 18,9

* προ-ανα-τάσσω vorher anordnen
Ps 136,6

προ-ανα-τέλλω vorher aufgehen
Ez 17,9

προ-απ-αγγέλλω vorher verkünden
Ez 33,9

προ-απο-δείκνυμι vorher beweisen
3Mac 2,25

προ-απο-θνήσκω vorher sterben
4Mac 13,18

προ-ασπίζω mit vorgehaltenem Schild schützen
4Mac 6,21 9,15 14,15

προ-άστειον Vorstadt
Num 35,2.7

προ-βαίνω vorschreiten
19mal (Gen 18,11 ...) NT 5mal

προ-βάλλω vorwerfen
9mal (Jud 14,12 ...) Lk 21,30 Act 19,33

προ-βασανίζω vorher foltern
4Mac 8,5 10,16

προ-βασκάνιον Amulett *(Mittel gegen das Behexen)*
Ep Jer 69

προ-βατικός zum Schaf gehörig
2Es 13,1.32 22,39 Jh 5,2

πρό-βατον Schaf
4 Sp (Gen 4,2 ...) NT 39mal

προ-βιβάζω vorwärtsführen
Ex 35,34 Dt 6,7 Mt 14,8

προ-βλέπω voraussehen
Ps 36,13 Hb 11,40

πρό-βλημα d.Vorgelegte
12mal (Jud 14,12 ...)

προ-βλής d.Vorgehende
4Mac 13,6

προ-γίνομαι früher entstehen
Sap 19,13 2Mac 14,3 15,8 Röm 3,25

προ-γινώσκω vorherwissen
Sap 6,13 8,8 18,6 NT 5mal

πρό-γνωσις d.Vorauswissen
Jdth 9,6 11,19 Act 2,23 1Pt 1,2

προ-γονικός die Vorfahren betreffend
2Mac 8,17 14,7

πρό-γονοι Vorfahren
12mal (Esth 4,17$^{m}$ ...) 1Tim 5,4 2Tim 1,3

προ-γράφω vorher schreiben Jud 4
Dan LXX 3,3 1Mac 10,36 Röm 15,4 Gal 3,1 Eph 3,3

πρό-δηλος offenkundig
Jdth 8,29 2Mac 3,17 14,39 1Tim 5,24.25 Hb 7,14

προ-δηλόω vorher kundtun
3Mac 4,14 WB

προ-δίδωμι vorher geben
5mal (4Reg 6,11 ...) Röm 11,35

προ-δοσία Verrat
Sap 17,14

προ-δότης Verräter
2Mac 5,15 10,13.22 3Mac 3,24 Lk 6,16 Act 7,52 2Tim 3,4

πρό-δρομος vorauslaufend
Num 18,20 Sap 12,8 Jes 28,4 Hb 6,20

προ-εκ-φέρω vorher herausstrecken
Gen 38,28

προ-εξ-απο-στέλλω vorher wegschicken
2Mac 12,21

προ-έρχομαι vorgehen
12mal (Gen 33,3 ...) NT 9mal

προ-ετοιμάζω vorher bereiten
Sap 9,8 Jes 28,24 Röm 9,23 Eph 2,10

προ-ηγέομαι vorangehen
14mal (Dt 20,9 ...) Röm 12,10

προ-ηγορέω verteidigen
2Mac 4,48

προ-ήγορος Verteidiger
2Mac 7,2.4

προ-ήκω vorgehen
4Mac 5,4

* προ-θερίζω vorher ernten
Jud 15,5A

πρό-θεσις Aufstellung, Entschluß
19mal (Ex 39,18 ...) NT 12mal

προ-θυμέω bereitwillig sein
11mal (1Par 29,5 ...)

προ-θυμία Bereitwilligkeit
Sir 45,23 NT 5mal

πρό-θυμος bereitwillig
7mal (1Par 28,21 ...) Mt 26,41 Mk 14,38 Röm 1,15

προ-θύμως bereitwillig
6mal (2Par 29,34 ...) 1Pt 5,2

πρό-θυρον Torweg
1/2 Sp (Gen 19,6 ...) WBA

προ-ίημι vorbringen, aussprechen
11mal (Ex 3,19 ...) WB

πρό-ϊμος spät
8mal (Dt 11,14 ...) Jak 5,7

προ-ίστημι vorstehen
8mal (2Reg 13,17 ...) NT 8mal

προ-καθ-ηγέομαι vorgehen
1Es 6,11

προ-κάθημαι vorstehen
1Es 1,30 5,60 9,4.45 WB

προ-καθίζω sich niederlassen
4Mac 5,1

προ-κακόω vorher mißhandeln
4Mac 17,22

προ-καλέομαι herausfordern
2Mac 8,11 Gal 5,26

προ-κατα-λαμβάνω vorher einnehmen
1/2 Sp (Jud 1,12 ...)

προ-κατα-σκευάζω vorbereiten
Sir Prol 35

προ-κατα-σκιρρόω vorher hartmachen
3Mac 4,1

πρό-κειμαι vorliegen
11mal (Ex 10,10 ...) NT 5mal

προ-κοπή Fortgang
Sir 51,17 2Mac 8,8 Phil 1,12.25 1Tim 4,15

* πρό-κρημνος vorn abschüssig
4Mac 7,5

προ-κρίνω vorziehen
Sap 7,8 WB

προ-λαμβάνω überraschen
Sap 17,16 Mk 14,8 1Kor 11,21 Gal 6,1

| | | | |
|---|---|---|---|
| | προ-λέγω,-ερῶ | vorhersagen<br>13mal (Jes 41,26 ...) | 2Kor 13,2 Gal 5,21 1Thess 3, |
| * | προ-λήνιον | Behälter vor der Kelter<br>Jes 5,2 | |
| | πρό-λοβος | Kropf des Huhnes<br>Lev 1,16 | |
| | πρό-λογος | Vorwort<br>Sir Prol tit | |
| | προ-μαχέω | vorkämpfen<br>Sap 18,21 | |
| | προ-μαχών | Schutzwehr<br>Tob 13,17 Jer 5,10 40,4 Ez 4,2 | |
| | προ-μηνύω | vorher anzeigen<br>Sap 18,19 | |
| | προ-νοέω | vorher bedenken<br>10mal (1Es 2,24 ...) | Röm 12,17 2Kor 8,21 1Tim 5,8 |
| | πρό-νοια | Vorsehung<br>9mal (Sap 14,3 ...) | Act 24,2 Röm 13,14 |
| | προ-νομεύω | vorher Futter holen<br>1/2 Sp (Num 24,17...) | |
| | προ-νομή | d. Futterholen<br>1/2 Sp (Num 31,11...) | |
| * | προ-νου-μηνία | Tag vor Neumond<br>Jdth 8,6 | |
| | προ-οδ-ηγός | Wegweiser<br>2Mac 12,36 | |
| | προ-οῖδα | vorauswissen<br>Sap 19,1 4Mac 4,25 | WB |
| | προ-οίμιον | Vorspiel<br>Job 25,2 27,1 29,1 | |
| | προ-οράω/-εῖδον | vorhersehen<br>Gen 37,18 Ps 15,8 138,3 | Act 2,25.31 21,29 Gal 3,8 |
| | πρό-παππος | Vorvater (Urgroßvater)<br>Ex 10,6 | |
| | προ-πάτωρ | Vorfahre<br>3Mac 2,21 | Röm 4,1 |
| | προ-πέμπω | geleiten<br>5mal (1Es 4,47 ...) | NT 9mal |
| | προ-πετής | überstürzend<br>Prov 10,14 13,3 Sir 9,18 | Act 19,36 2Tim 3, |
| | προ-πίπτω | vornüberfallen<br>8mal (Jdth 13,2 ...) | |
| | προ-πομπή | d.Voranschicken<br>1Es 8,51 | |
| | προ-πορεύομαι | vorangehen<br>1/2 Sp (Gen 32,17 ...) | Lk 1,76 Act 7,40 |
| | προ-πράσσω | früher tun als ...<br>1Es 1,31 3Mac 6,27 | |
| * | προ-πτύω | ausspeien<br>2Mac 6,20 | |
| | πρό-πτωσις | d.Vorfallen<br>2Mac 3,21 13,12 | |
| | πρό-πυλον | Vorhof<br>Amos 9,1 Zeph 1,9 | |
| | πρός | *b.Gen.* von - her, *b.Dat.* bei, *b.Akk.* zu - hin<br>6 Sp nur Textstellen | NT 699mal |
| | πρός | *Adv.*dazu<br>Ps 45,6 Sir 29,25 Ez 31,14 | |
| * | προ-σάββατον | Vorsabbat<br>Jdth 8,6 Ps 92,1 | Mk 15,42 |

προσ-αγγέλλω ankündigen
6mal (Jdth 10,18 ...)
προσ-αγορεύω anreden, bezeichnen
8mal (Dt 23,7 ...) Hb 5,10
προσ-άγω hinzuführen 1Pt 3,18
2 1/2 Sp (Gen 27,25 ...) Lk 9,41 16,20 27,27
προσ-αιτέω betteln
Job 27,14 Jh 9,8
προσ-ανα-βαίνω hinaufgehen
9mal (Ex 19,23 ...) Lk 14,10
προσ-ανά-βασις d.Hinaufgehen
9mal (Jos 15,3 ...)
* προσ-ανα-λέγομαι noch dazu erzählen
2Mac 8,19
προσ-ανα-παύομαι bei jdm.schlafen
Sap 8,16
προσ-ανα-πληρόω durch Hinzutun ausfüllen
Sap 19,4 2Kor 9,12 11,9
* προσ-ανα-τρέπω noch weiter umkehren
Sir 13,23
προσ-ανα-φέρω hinzutragen
Tob 12,15BA Jdth 11,18 2Mac 11,36
* προσ-αν-οικο-δομέω beim Wiederaufbau hinzu setzen
Sir 3,14
προσ-αξιόω noch dazu wünschen
3Mac 7,10
προσ-απο-θνήσκω mitsterben
Ex 21,29
προσ-απ-όλλυμι noch dazu verderben
2Mac 13,4
προσ-απο-στέλλω noch dazu schicken
2Mac 11,14
* προσ-απ-ωθέω wegdrängen
Sir 13,21
* προσ-αρτίως neulich
3Mac 1,19
προσ-βαίνω hinzutreten
5mal (1Es 4,53 ...) WBA
προσ-βάλλω hinzuwerfen
8mal (Dan Th 7,2 ...)
πρόσ-βασις d.Zugang
Jos 15,7 Jdth 4,7 2Mac 4,13 3Mac 1,26
προσ-βλητός hinzugesetzt
Jer 10,9
προσ-βολή d.Hinzuwerfen
2Mac 5,3 15,19
προσ-γελάω zulachen
1Es 4,31 Sir 13,6.11
προσ-γίνομαι hinzukommen
Lev 18,26 Num 15,14
* προσ-δεκτός annehmbar
Prov 11,20 16,15 Sir 9,12 WB
προσ-δέομαι bedürfen
7mal (Prov 12,9 ...) Act 17,25
προσ-δέχομαι aufnehmen
1 Sp (Gen 32,21 ...) NT 14mal
προσ-δέω anbinden
Sir 18,31 4Mac 9,26 WB
προσ-δίδωμι übergeben
Gen 29,33 Tob 2,12 Ez 16,33.34 WB

προσ-δοκάω erwarten
12mal (Dt 32,2 ...) NT 16mal
προσ-δοκία Erwartung
9mal (Gen 49,10 ...) Lk 21,26 Act 12,1
προσ-εγγίζω sich nähern
19mal (Gen 33,6 ...) WB
προσ-εδρεία d.Dabeisitzen
3Mac 4,15
προσ-εδρεύω *fleißig* dabeisein
1Mac 11,40 WB
πρόσ-ειμι herangehen
4Mac 6,13 14,16.19.19 WB
προσ-εκ-καίω noch dazu anzünden
Num 21,30
* προσ-εμ-βριμάομαι noch dazu zürnen
Sir 13,3
προσ-εμ-πίπρημι noch dazu anzünden
Ex 22,5
* προσ-εν-έχομαι verstrickt sein in
2Mac 5,18
* προσ-εξ-ηγέομαι noch dazu erzählen
2Mac 15,11
* προσ-επι-κατα-τείνω noch dazu anspannen
4Mac 9,19
προσ-επι-τιμάω noch dazu tadeln
Sir 13,22
** προσ-ερυθριάω erröten
Tob 2,14S
προσ-έρχομαι herzutreten
1 1/2 Sp (Gen 29,10 ...) NT 86mal
προσ-έτι noch dazu
2Reg 16,11 Job 36,16 2Mac 12,14 4Mac 14,1
προσ-ευχή Gebet
1 1/2 Sp (2Reg 7,27 ...) NT 37mal
προσ-εύχομαι beten
1 Sp (Gen 20,7 ...) NT 86mal
προσ-εχόντως aufmerksam
Prov 31,25
προσ-έχω aufachten
2 Sp (Gen 4,5 ...) NT 24mal
προσ-ηκόντως nach Gebühr
4Mac 6,33
προσ-ήκω herankommen, schicklich sein
5mal (1Es 5,50 ...) WB
προσ-ηλόω annageln
3Mac 4,9 Kol 2,14
* προσ-ηλυτεύω als Fremdling wohnen
Ez 14,7
προσ-ήλυτος Proselyt, Fremder
1 Sp (Ex 12,48 ...) Mt 23,15 Act 2,11 6,5 13,43
προ-σημαίνω vorher anzeigen
2Mac 4,23 3Mac 5,13.47
* προ-σημειόω vorher sagen
4Mac 15,19
προσ-ηνής mild
Prov 25,25
* πρόσ-θεμα Zuwachs
Lev 19,25 Ez 41,7
πρόσ-θεσις Beistand
Ez 47,13 WB

προσ-θλίβω andrücken
Num 22,25
προσ-καθ-ίστημι in seine Gewalt bringen
Jud 14,11A
προσ-καίω noch dazu anzünden
Ez 24,11
πρόσ-καιρος vergänglich, zeitlich
4Mac 15,2.8.23 Mt 13,21 Mk 4,17 2Kor 4,18 Hb 11,25
προσ-καλέω herbeirufen
1/2 Sp (Gen 28,1 ...) NT 29mal
προσ-καρτερέω beharren
Num 13,20 Tob 5,8S Dan Th Sus 6 NT 10mal
προσ-κατα-λείπω übrig lassen
Ex 36,7
* πρόσ-καυμα d.Anbrennen
Joel 2,6 Nah 2,11
πρόσ-κειμαι sich womit befassen
1/2 Sp (Lev 16,29 ...) WB
προσ-κεφάλαιον Kopfkissen
1Es 3,8 Ez 13,18.20 Mk 4,38
προ-σκήνιον Eingang ins Zelt
Jdth 10,22
πρόσ-κλησις d.Hinzurufen
2Mac 4,14 -κλισις: 1Tim 5,21
προσ-κλίνω daranlegen
2Mac 14,24 Act 5,36
προσ-κολλάω fest anhängen
18mal (Gen 2,24 ...) Mk 10,7 Eph 5,31
πρόσ-κομμα Anstoß
11mal (Ex 23,33 ...) NT 6mal
προσ-κόπτω anstoßen
16mal (Jud 20,32A ...) NT 8mal
προσ-κρούω anstoßen
Job 40,23 Sir 13,2 2Mac 13,19 WBA
προσ-κυνέω anbeten
3 Sp (Gen 18,2 ...) NT 60mal
προσ-κύνησις Anbetung
Sir 50,21 3Mac 3,7
προσ-κύπτω hinbücken
2Mac 7,27
προσ-κυρέω hinreichen
1Mac 10,39
προσ-λαλέω anreden
Ex 4,16 Sap 13,17 Act 13,43 28,20
προσ-λαμβάνω beiseitenehmen
8mal (1Reg 12,22 ...) NT 12mal
προσ-λέγω,-εἶπον erwidern
Jud 17,2B Prov 7,13 2Mac 7,8 WB
προσ-λογίζομαι dazurechnen
6mal (Lev 27,18 ...)
προσ-μαρτυρέω noch dazu bezeugen
3Mac 5,19
προσ-μείγνυμι zumischen
Prov 14,13 2Mac 15,20
προσ-μειδιάω anlächeln
4Mac 8,4
προσ-μένω ausharren
Jud 3,25A Tob 2,2S Sap 3,9 3Mac 7,17 NT 7mal
προσ-νέμω zuteilen
4Mac 6,33

προσ-νοέω noch dazu bemerken
8mal (Num 23,9 ...)

πρόσ-οδος Zugang
7mal (Prov 28,16 ...)

* προσ-οδύρομαι dabei wehklagen
Sap 19,3

προσ-όζω wonach stinken
Ps 37,6

* προσ-οίγω dabei öffnen
Gen 19,6

προσ-ονομάζω benennen
2Mac 6,2 WB

προσ-οράω,-εῖδον ansehen
Job 6,15 Sap 17,9

προσ-οχή d.Daraufachten
Sap 6,18 12,20 Sir Prol 16 11,18

* προσ-οχθίζω Ekel empfinden
1/2 Sp (Gen 27,46 ...) Hb 3,10.17

* προσ-όχθισμα Unwille
10mal (Dt 7,26 ...)

* προσ-οχυρόω noch mehr befestigen
1Mac 13,48.52

πρόσ-οψις d.Aussehen
5mal (Dan LXX 2,31 ...) WB

προσ-παίζω auf jmdn.anspielen
Job 21,11 Sir 8,4

προσ-παρα-καλέω ermuntern
2Mac 12,31

προσ-πάσσω daraufstreuen
Tob 11,11BA

προσ-πίπτω niederfallen
1/2 Sp (Gen 33,4 ...) NT 8mal

προσ-ποιέω den Anschein geben Lk24,28
1Reg 21,14 Job 19,14 Sir 31,30 Dan LXX Sus 11

προσ-πορεύομαι herantreten
1/2 Sp (Ex 24,14 ...) Mk 10,35

προσ-πυρόω noch mehr anzünden
2Mac 14,11

προσ-ραίνω noch dazu besprengen
Lev 4,6 8,30

* προσ-σιελίζω anspucken
Lev 15,8

προσ-ταγή Anordnung
Dan LXX 3,95

πρόσ-ταγμα Anordnung
2 1/2 Sp (Gen 24,50 ...) WB

* προσ-ταράσσω in Unruhe bringen
Sir 4,3

προ-στάς Vorzimmer
Jud 3,23A

προσ-τάσσω anordnen
1Sp (Gen 47,11 ...) NT 7mal

προ-στατέω vorstehen
1Mac 14,47

προ-στάτης Vorsteher
8mal (1Par 27,31 ...) WB

προσ-τίθημι hinzufügen
4 Sp (Gen 4,2 ...) NT 18mal

πρόσ-τιμον zuerkannte Strafe
2Mac 7,36 WB

προσ-τρέχω hinzulaufen
6mal (Gen 18,2 ...) Mk 9,15 10,17 Act 8,30
προσ-υπο-μιμνήσκω noch dazu woran erinnern
2Mac 15,9
* προ-συ-στέλλομαι vorher eingeschränkt werden
3Mac 2,29
* προσ-υψόω noch mehr erhöhen
1Mac 12,36
πρό-σφατος frisch *(geschlachtet)*
5mal (Num 6,3 ...) Hb 10,20
προ-σφάτως jüngst
5mal (Dt 24,5 ...) Act 18,2
προσ-φέρω herbeibringen
2 Sp (Gen 4,7 ...) NT 47mal
προσ-φιλής beliebt
Esth 5,1[b] Sir 4,7 20,13 Phil 4,8
προσ-φορά d.Darbringen
15mal (3Reg 7,34 ...) NT 9mal
προσ-φύω verbinden
Dan LXX 7,20
προσ-φωνέω zurufen
1Es 2,16 6,6.21 2Mac 15,15 NT 7mal
προσ-χαίρω sich freuen
Prov 8,30 WB
προσ-χέω darangießen
1/2 Sp (Ex 24,6 ...)
προσ-χράομαι noch dazu brauchen
Esth 8,12[r]
πρόσ-χωμα d.Angeschwemmte
2Reg 20,15 4Reg 19,32 Dan Th 11,15
προσ-χωρέω hinzutreten
1Par 12,20.21 Jer 21,9 1Mac 10,26
προσ-ωθέω dazustoßen
2Mac 13,6
προσ-ωπεῖον Maske
4Mac 15,15
πρόσ-ωπον Gesicht
18 Sp (Gen 2,6 ...) NT 76mal
προ-τάσσω vorherbestimmen
2Mac 8,36 WB
προ-τείνω ausstrecken
8mal (2Mac 3,20 ...) Act 22,25
προ-τείχισμα Vormauer
9mal (2Reg 20,15 ...)
προ-τέρημα Vorzug
Jud 4,9
πρότερον (Adv.) vorher
1/2 Sp (Gen 26,1 ...) NT 10mal
πρότερος (Adj.) früher
1 Sp (Gen 13,3 ...) Eph 4,22
προ-τίθημι vorsetzen
18mal (Ex 29,23 ...) Röm 1,13 3,25 Eph 1,9
προ-τιμάω vorziehen
2Mac 15,2 4Mac 1,15
προ-τομή Vorderteil
3Reg 10,19 2Mac 15,35
προ-τρέπομαι anlocken
5mal (Sap 14,18 ...) Act 18,27
προ-τρέχω vorauslaufen Lk 19,4 Jh 20,4
1Reg 8,11 Tob 11,3 Job 41,14vl 1Mac 16,21

προ-υπ-άρχω vorher dasein
Job 42,17b | Lk 23,12 Act 8,9

* προ-υπο-τάσσομαι vorher darunterordnen
3Mac 1,2

προ-υφ-ίσταμαι vorher bestehen
Sap 19,7

προ-φαίνομαι vorher erscheinen
2Mac 3,26 4Mac 4,10

προ-φανῶς offen
Sir 51,13

προ-φασίζομαι etwas zum Vorwand nehmen
4Reg 5,7 Ps 140,4 Prov 22,13

πρό-φασις Vorwand
6mal (Ps 140,4 ...) | NT 7mal

προ-φασιστικός zum Vorwande dienend
Dt 22,14.17

προ-φέρω hervorbringen
9mal (Prov 10,13 ...) | Lk 6,45.45

προ-φητεία Prophetengabe
16mal (2Par 15,8 ...) | NT 19mal

προ-φητεύω weissagen
2 Sp (Num 11,25 ...) | NT 28mal

προ-φήτης Prophet
4 1/2 Sp (Gen 20,7 ...) | NT 144mal

προ-φῆτις Prophetin
5mal (Ex 15,20 ...) | Lk 2,36 Apk 2,20

προ-φθάνω zuvorkommen
20mal (1Reg 20,25 ...) | Mt 17,25

προ-φυλακή Vorposten
13mal (Ex 12,42 ...)

προ-φύλαξ Vorposten
2Es 14,3 17,3 1Mac 12,27

προ-φυλάσσομαι sich hüten
2Reg 22,24 | WB

προ-χαλάω herausstrecken
4Mac 10,19

προ-χειρέω vornehmen
6mal (Ex 4,13 ...)

πρό-χειρος bereit
Prov 11,3

* προ-χώρημα Auswurf, Exkrement
Ez 32,6

πρύτανις Prytan, Fürst
Sap 13,2

πρώην neulich
Jos 8,5

πρωΐ frühmorgens
2 1/2 Sp (Gen 1,5 ...) | NT 12mal

* πρωΐθεν von früh an
10mal (Ex 18,13 ...)

πρωϊνός Morgen-
13mal (Gen 49,27 ...) | Apk 2,28 22,16

πρώϊος, πρωΐα früh, Frühe
15mal (2Reg 23,4 ...) | Mt 27,1 Jh 21,4

πρωρεύς Steuermann *(auf dem Vorderschiff)*
Jona 1,6 Ez 27,29

πρωτ-αγωνιστής der erste Kämpfer
1Mac 9,11 2Mac 15,30

πρώτ-αρχος zuerst anführend
2Mac 10,11

πρωτεύω — der Erste sein
Esth 5,11 2Mac 6,18 13,15 — Kol 1,18

* πρωτο-βαθρέω — auf dem ersten Sitze sitzen
Esth 3,1

πρωτο-βολέω — zuerst werfen
Ez 47,12

πρωτο-γένημα — Erstling
16mal (Ex 23,16 ...)

πρωτο-γενής — erstgeboren
Ex 13,2 Prov 31,2

πρωτό-γονος — erstgeboren
Sir 36,11 Micha 7,1

* πρωτο-κλίσια, τά — Thronbesteigung
2Mac 4,21

* πρωτο-κουρία — d.erste Schur
Tob 1,6

πρωτο-λογία — d.erste Rede
Prov 18,17

πρῶτον — zuerst
14mal (1Reg 2,16 ...) — NT 60mal

πρωτό-πλαστος — Erstgeschaffener
Sap 7,1 10,1

πρῶτος — der erste
3 Sp (Gen 8,5 ...) — NT 92mal

πρωτο-στάτης — Anführer
Job 15,24 — Act 24,5

* πρωτο-τοκεύω — d.Recht der Erstgeburt zuteilen
Dt 21,16

* πρωτο-τοκέω — zum ersten Male gebären
1Reg 6,7.10 Jer 4,31

πρωτο-τοκία — Erstgeburtsrecht
7mal (Gen 25,31 ...) — Hb 12,16

πρωτό-τοκος — erstgeboren
2 Sp (Gen 4,4 ...) — NT 8mal

πταῖσμα — Anstoß
1Reg 6,4

πταίω — anstoßen
16mal (Dt 7,25 ...) — NT 5mal

πταρμός — d.Niesen
Job 41,10

πτέρνα — Ferse
11mal (Gen 3,15 ...) — Jh 13,18

πτερνίζω — mit der Ferse schlagen: überliesten
7mal (Gen 27,36 ...)

* πτερνισμός — d.Schlagen mit der Ferse
4Reg 10,19 Jes 40,10

πτερόν — Feder, Flügel
8mal (Lev 1,16 ...)

πτερο-φυέω — Flügel wachsen lassen
Jes 40,31 — WB

πτερύγιον — Rand, Zinne
19mal (Ex 36,26 ...) — Mt 4,5 Lk 4,9

πτέρυξ — Flügel
1 Sp (Ex 19,4 ...) — NT 5mal

πτερύσσομαι — Flügel schwingen
Ez 1,23 3,13

πτερωτός — geflügelt
6mal (Gen 1,21 ...) — WB

πτήσσω — in Furcht versetzen
7mal (Dt 1,29 ...)

| | | |
|---|---|---|
| πτίλος | (Augen-)Kranker<br>Lev 21,20 | |
| πτοέω | erschrecken<br>1/2 Sp (Ex 19,16 ...) | Lk 21,9 24,37 |
| * πτοή | Furcht<br>1Mac 3,25 3Mac 6,17 | |
| πτόησις | Furcht<br>Prov 3,25 Sir 50,4vl | 1Pt 3,6 |
| πτύελος | Speichel<br>Job 7,19 30,10 | |
| * πτύξις | Falte<br>Job 41,5 | |
| πτυχή | Falte<br>3Reg 6,34.34 | |
| πτύω | speien<br>Num 12,14 Sir 28,12 | Mk 7,33 8,23 Jh 9,6 |
| πτῶμα | Leichnam<br>1/2 Sp (Jud 14,8 ...) | NT 7mal |
| πτῶσις | Einsturz<br>1/2 Sp (Ex 30,12 ...) | Mt 7,27 Lk 2,34 |
| πτωχεία | Armut<br>20mal (Dt 8,9 ...) | 2Kor 8,2.9 Apk 2,9 |
| πτωχεύω | betteln<br>6mal (Jud 6,6 ...) | 2Kor 8,9 |
| πτωχίζω | zum Bettler machen<br>1Reg 2,7 | WB |
| πτωχός | arm<br>2 Sp (Ex 23,11 ...) | NT 34mal |
| πύγ-αρος | Antilope<br>Dt 14,5 | |
| πυγμή | Faust<br>Ex 21,18 Jes 58,4 | Mk 7,3 |
| πυθμήν | Tiefe, Grund<br>5mal (Gen 40,10 ...) | |
| πυκάζω | befestigen<br>Job 15,32 Ps 117,27 Hos 14,9 3Mac 4,5 | |
| πυκνός | häufig<br>3Mac 1,28 4,10 4Mac 12,12 | Lk 5,33 Act 24,26 1Tim 5, |
| πυκνότερον | häufiger<br>Esth 8,12$^{c}$ 2Mac 8,8 3Mac 4,12 7,3 | |
| πύλη | Tor<br>5 Sp (Gen 19,1 ...) | NT 10mal |
| πυλών | Tor(gebäude)<br>1/2 Sp (Gen 43,19 ...) | NT 18mal |
| πυλ-ωρός | Torhüter<br>1/2 Sp (1Par 9,17 ...) | |
| πυνθάνομαι | erfragen<br>15mal (Gen 25,22 ...) | NT 12mal |
| πυξίον | (Schreib-)Tafel *(aus Buxbaumholz)*<br>Ex 24,12 Cant 5,14 Hab 2,2 Jes 30,8 | |
| πύξος | Buxbaum<br>Jes 41,19 | |
| πυρ | Feuer<br>7 Sp (Gen 11,3 ...) | NT 73mal |
| πυρά | Feuerhaufen<br>8mal (Jdth 7,5 ...) | Act 28,2.3 |
| πυραμίς | Pyramide<br>1Mac 13,28 | |
| * πυργό-βαρις | Schutzwehr am Turm<br>Ps 121,7 *PS 8,19* | |

πύργος Turm 14,28
1 Sp (Gen 11,4 ...) Mt 21,33 Mk 12,1 Lk 13,4

πυρεῖον Kohlenpfanne
20mal (Ex 27,3 ...)

πυρετός Fieber
Dt 28,22 NT 6mal

πυρί-καυστος angebrannt
Jes 1,7.22vl 9,4 64,10

πύρινος feurig
Sir 48,9 Ez 28,14.16 Apk 9,17

πυρι-φλεγής brennbar
Sap 18,3 3Mac 3,29

πυρό-βολον Feuer werfend
1Mac 6,51

** πυρό-πνους Feuer wehend
3Mac 6,34

πυρός Weizen
1/2 Sp (Gen 30,14 ...) WBA

πυρο-φόρος 1) Weizen tragend (πυρός), 2) Feuer tragend (πῦρ)
Obadja 1,18

πυρόω brennen
1/2 Sp (2Reg 22,31 ...) NT 6mal

πυρ-πνόος Feuer schnaubend
Sap 11,18

πυρ-πολέω Feuer anzünden
4Mac 7,4

πυρράκης der Rötliche
Gen 25,25 1Reg 16,12 17,42

* πυρρίζω feuerfarbig sein
Lev 13,19.42.43.49 14,37 πυρράζω: Mt 16,2.3

πυρρός feuerrot
8mal (Gen 25,30 ...) Apk 6,4 12,3

πυρσεύω aufleuchten
Job 20,10 Prov 16,28

πυρ-φόρος Feuer bringend
Job 41,21 Obadja 1,18vl

πυρ-ώδης feuerähnlich
Sir 43,4

πύρωσις d.Verbrennen
Prov 27,21 Amos 4,9 1Pt 4,12 Apk 18,9.18

πώγων Bart
18mal (Lev 13,29 ...)

πωλέω verkaufen
16mal (Gen 41,56 ...) NT 22mal

πῶλος Fohlen
6mal (Gen 32,16 ...) NT 12mal

πώ-ποτε irgendeinmal
5mal (1Reg 25,28 ...) NT 6mal

πωρόω versteinern
Job 17,7 NT 5mal

πως irgendwie
7mal (2Reg 14,15 ...) NT 15mal

πῶς wie?
1/2 Sp Textstellen (Gen 39,9 ...) NT 103mal

ῥαβδίζω Stockhiebe versetzen
Jud 6,11 Ruth 2,17 Act 16,22 2Kor 11,25

ῥάβδος Stab, Stock
2 Sp (Gen 30,37 ...) NT 12mal

ῥαγάς Riß, Spalt
Jes 7,19

| | | | |
|---|---|---|---|
| ** | ῥάγμα | Zusammenbruch<br>Amos 6,11 | |
| | ῥάδαμνος | junger Zweig<br>Job 8,16 14,7 15,32 40,22 | |
| | ῥᾴδιος | leicht<br>2Mac 2,26 4,17 | |
| * | ῥαθμ | = רתם Ginsterstrauch<br>3Reg 19,4 | |
| | ῥᾳθυμέω | leichtsinnig sein<br>Gen 42,1 Jdth 1,16 Sir 32,11 2Mac 6,4 | |
| | ῥᾳθυμία | Leichtsinn<br>3Mac 4,8 | |
| | ῥαίνω | besprengen<br>13mal (Ex 29,21 ...) | WB |
| | ῥάκος | Lumpen<br>Esth 4,17[W] Jes 64,5 Jer 45,11 | Mt 9,16 Mk 2,21 |
| | ῥακώδης | zerrissen<br>Prov 23,21 | |
| * | ῥαμα | = ראמה erhöht *(Ptz.fem.) ?*<br>Zach 14,10 | |
| | ῥάμνος | Dornstrauch<br>6mal (Jud 9,14 ...) | |
| | ῥανίς | Tropfen<br>Sap 11,22 | |
| | ῥαντίζω | besprengen<br>Lev 6,20 4Reg 9,33 Ps 50,9 | Hb 9,13.19.21 10,22 |
| * | ῥαντισμός | Besprengung<br>6mal (Num 19,9 ...) | Hb 12,24 1Pt 1,2 |
| | ῥαντός | besprengt<br>6mal (Gen 30,32 ...) | |
| | ῥαπίζω | schlagen *(mit der Hand, mit einem Stock)*<br>Jud 16,25B 1Es 4,30 Hos 11,4 | Mt 5,39 26,67 |
| | ῥάπισμα | Schlag<br>Jes 50,6 | Mk 14,65 Jh 18,22 19 |
| | ῥαπτός | zusammengenäht<br>Ez 16,16 | |
| | ῥάπτω | zusammennähen<br>Gen 3,7 Job 16,15 Eccl 3,7 | |
| | ῥάσσω | schlagen, stoßen<br>9mal (Jdth 9,8 ...) | WB |
| * | ῥαφιδευτής | Näher, Flicker<br>Ex 27,16 | |
| * | ῥαφιδευτός | zusammengenäht<br>Ex 37,21 | |
| | ῥάχις | Rücken<br>1Reg 5,4 Job 40,18 | |
| | ῥέγχω | schnarchen<br>Jona 1,5.6 | |
| * | ῥεμβασμός | Umherschweifen, Taumel<br>Sap 4,12 | |
| * | ῥεμβεύω | sich herumdrehen<br>Jes 23,16 | |
| | ῥέμβομαι | sich herumdrehen<br>Prov 7,12 | |
| | ῥεῦμα | d.Fließende<br>Sir 39,13 | |
| | ῥέω | fließen<br>1/2 Sp (Ex 3,8 ...) | Jh 7,38 |
| | ῥῆγμα | Zusammenbruch<br>7mal (3Reg 11,30 ...) | Lk 6,49 |

ῥήγνυμι/ῥήσσω zerreißen
3/4 Sp (Gen 7,11 ...) NT 5mal

ῥῆμα Wort
8 Sp (Gen 15,1 ...) NT 68mal

ῥῆσις d.Sagen
11mal (2Es 5,7 ...) WB

ῥητίνη Harz, Gummi
6mal (Gen 37,25 ...)

ῥητός geredet
Ex 9,4 22,8

ῥῖγος Frost, Kälte
Dt 28,22 Dan LXX 3,67

ῥίζα Wurzel
1 Sp (Dt 29,17 ...) NT 17mal

ῥιζόω Wurzel schlagen lassen
Sir 3,28 24,12 Jes 40,24 Jer 12,2 *Ps 14,4* Eph 3,17 Kol 2,7

ῥίζωμα d.Eingewurzelte
Job 36,30 Ps 51,7

ῥιπίζω hin- und hertreiben
Dan LXX 2,35 Jak 1,6

* ῥιπιστός vom Winde durchweht
Jer 22,14

ῥίπτω werfen
1 1/2 Sp (Gen 21,15 ...) NT 7mal

ῥῖς Nase
9mal (Job 27,3 ...) WBA

ῥόα Granatapfel
1/2 Sp (Ex 28,33 ...)

** ῥόαξ = ῥύαξ: Quell, Strom (?)
Ez 40,40

ῥόδον Rose
5mal (Esth 1,6 ...)

ῥοδο-φόρος rosentragend
3Mac 7,17

ῥοιζέω rauschen
4Reg 13,17vl.17vl Cant 4,15

ῥοῖζος d.Rauschen
Sap 5,11 Ez 47,5 Dan Th Bel 36 2Mac 9,7 WB

* ῥοΐσκος (kleiner) Granatapfel
9mal (Ex 28,33 ...)

ῥομφαία Schwert
3 1/2 Sp (Gen 3,24 ...) NT 7mal

ῥόπαλον Keule
Prov 25,18

ῥοπή Senkung
7mal (Jos 13,22 ...) WB

ῥοπο-πώλης Kleinkrämer
2Es 13,31.32

ῥοῦς (ῥόος) Strömung
Sir 4,26

* ῥοών Granatapfelbaumgarten
Zach 12,11

ῥύδην reichlich
2Mac 3,25

ῥυθμίζω rhythmisieren
Jes 44,13

ῥυθμός Rhythmus
5mal (Ex 28,15 ...)

ῥύμη Straße
Tob 13,18 Prov 31,23S Sir 9,7 Mt 6,2 Lk 14,21 Act 9,11 12,10

ῥύομαι — retten
2 1/2 Sp (Gen 48,16 ...) — NT 17mal

ῥυπαρός — schmutzig
Zach 3,3.4 — Jak 2,2 Apk 22,11

ῥύπος — Schmutz
Job 9,31 11,15 14,4 Jes 4,4 — 1Pt 3,21

ῥύσις — d.Fließen
17mal (Lev 15,2 ...) — Mk 5,25 Lk 8,43.44

ῥῦσις — Errettung
Sir 51,9

ῥύστης — Erretter
5mal (Ps 17,2 ...)

ῥωμαλέος — stark
2Mac 12,27

ῥώμη — Kraft
Prov 6,8c 2Mac 3,26 3Mac 2,4

ῥώννυμαι — gestärkt werden
10mal (2Mac 9,20 ...) — Act 15,29

* ῥώξ — Beere
Lev 19,10 Jes 17,6 65,8

* σαβαχά — = שבכה Flechtwerk *(um Säulen)*
4Reg 25,17.17

* σαβαώθ — = שבכת Zebaoth
1 Sp (Jos 6,17 ...) — Röm 9,29 Jak 5,4

* σαββατίζω — Sabbat feiern
8mal (Ex 16,30 ...) — WB

* σάββατον — = שבת Sabbat
1 1/2 Sp (Ex 16,23 ...) — NT 68mal

* σαβέκ — = סבך Dickicht
Gen 22,13

* σαβί — = צבי Herrlichkeit
Dan Th 11,16.41.45

σαγή — Geschirr
2Mac 3,25

σαγήνη — Schleppnetz
Eccl 7,26 — Mt 13,47

σάγμα — Sattel
Gen 31,34

* σαδημώθ — = שׁדמות Weinpflanzungen
4Reg 23,4

* σαδηρώθ — = שׂדרות Reihe *von Kriegern*
4Reg 11,8.15

σαθρός — morsch
Job 41,19 Sap 14,1

σαθρόω — morsch machen
Jud 10,8A

σάκκος — Sack
1 Sp (Gen 37,34 ...) — Mt 11,21 Lk 10,13 Apk 6,12 11,3

* σαλαμίν — *nach* שלמים Opfermahlzeiten
Jos 22,29

σαλεύω — erschüttern
1 Sp (Jud 5,5 ...) — NT 15mal

σάλος — Erschütterung
8mal (Ps 54,23 ...) — Lk 21,25

σάλπιγξ — Trompete
1 Sp (Ex 19,13 ...) — NT 11mal

σαλπίζω — trompeten
1 Sp (Num 10,3 ...) — NT 12mal

σαμβύκη — Sambuca *(ein Saiteninstrument)*
Dan 3,5 Th 3,7.10.15

σανδάλιον Sandale
Jos 9,5 Jdth 10,4 16,9 Jes 20,2 Mk 6,9 Act 12,8

σανίδωμα (Bretter-)Decke, Planke
3Mac 4,10

* σανιδωτός mit Brettern bedeckt
Ex 27,8

σανίς Brett
4Reg 12,10 Cant 8,9 Ez 27,5 Act 27,44

σαπρία Fäulnis
9mal (Job 2,9$^{c}$ ...)

* σαπρίζω faul machen
Eccl 10,1

σάπφειρος Saphir
13mal (Ex 24,20 ...) Apk 21,19

* σαράβαρα Sarabara *(Bein-Bekleidung)*
Dan Th 3,21.94 LXX 3,94

σάρδιον Karneol
7mal (Ex 25,7 ...) Apk 4,3 21,20

σάρκινος fleischern
5mal (2Par 32,8 ...) Röm 7,14 1Kor 3,1 2Kor 3,3 Hb 7,16

σαρκο-φαγέω Fleisch fressen
4Mac 5,46

σαρκο-φαγία Fleischspeise
4Mac 5,8.14

σάρξ Fleisch
3 Sp (Gen 2,21 ...) NT 147mal

* σατάν = שׂטן Satan
3Reg 11,14.14.(23) NT 36mal

* σάτον = סאה das (die) Sat *(hebr.Getreidemaß)*
Hag 2,16.16 Mt 13,33 Lk 13,21

σατραπεία Satrapen-Schloß
8mal (Jos 13,3 ...)

σατράπης Satrap
3/4 Sp (Jud 5,3 ...)

σαῦρα Eidechse
Lev 11,30

σαφής deutlich
Sap 7,22 Dan Sus 48 2Mac 12,40 4Mac 3,6

* σαφφώθ = a) שפות Sahne 2Reg 17,29
= b) ספים Schale Jer 52,19

σαφῶς klar, deutlich
5mal (Dt 13,15 ...) WB

* σαχώλ *nach* שכל Einsicht, Verstand
2Es 8,18

σβέννυμι auslöschen
2/3 Sp (Lev 6,2 ...) NT 8mal

σβεστικός löschend
Sap 19,20

σεαυτοῦ,σαυτοῦ deiner, dir
2/3 Sp Textstellen (Gen 6,14 ...) NT 43mal

σέβασμα das Verehrte
Sap 14,20 15,17 Dan Th Bel 27 Act 17,23 2Thess 2,4

σέβω verehren
1/2 Sp (Jos 4,24 ...) NT 10mal

σειρά Strick
Jud 16,13.14B.19B Prov 5,22 2Pt 2,4

σειρήν Sirene
6mal (Job 30,29 ...)

σειρήνιος sirenenhaft
4Mac 15,21

| | | | |
|---|---|---|---|
| | σειρο-μάστης | Lanze | |
| | | 6mal (Num 25,7 ...) | |
| | σεῖσμα | Erderschütterung | |
| | | Sir 27,4 | |
| | σεισμός | Erdbeben | |
| | | 15mal (Esth 1,1[d] ...) | NT 14mal |
| | σείω | erschüttern | |
| | | 1/2 Sp (Jud 5,4 ...) | NT 5mal |
| | σελήνη | Mond | |
| | | 1/2 Sp (Gen 37,9 ...) | NT 9mal |
| | σελίς | Spalte, Kolumne | |
| | | Jer 43,23 | |
| | σεμίδαλις | Feinmehl | |
| | | 3/4 Sp (Gen 18,6 ...) | Apk 18,13 |
| | σεμνο-λογέω | würdig sprechen | |
| | | 4Mac 7,9 | |
| | σεμνός | ehrwürdig | |
| | | 9mal (Prov 6,8[a] ...) | Phil 4,8 1Tim 3,8.11 Tit 2,2 |
| | σεμνότης | Ehrbarkeit | |
| | | 2Mac 3,12 | 1Tim 2,2 3,4 Tit 2,7 |
| | σεμνῶς | ehrwürdig | |
| | | 4Mac 1,17 | WB |
| * | σεραφίμ | = שרפים Seraph | |
| | | Jes 6,2.6 | |
| * | σερσερώθ | = שרשרות Ketten | |
| | | 2Par 3,16 | |
| | σευτλίον | Mangold | |
| | | Jes 51,20 | |
| | σηκός | Behausung | |
| | | 2Mac 14,33 | WB |
| | σημαία (-έα) | Fahne | |
| | | Jes 30,17 (Num 2,2 ...) | |
| | σημαίνομαι | anzeigen | |
| | | 1/2 Sp (Ex 18,20 ...) | NT 6mal |
| | σημασία | d.Bezeichnen | |
| | | 1/2 Sp (Lev 13,2 ...) | |
| | σημεῖον | Zeichen | |
| | | 1 1/2 Sp (Gen 1,14 ...) | NT 77mal |
| | σημειόομαι | sich aufzeichnen | |
| | | Ps 4,7 | 2Thess 3,14 |
| | σημείωσις | d.Bezeichnen | |
| | | Ps 59,6 *PS 4,2* | WB |
| | σήμερον | heute | |
| | | 3 1/2 Sp (Gen 4,14 ...) | NT 41mal |
| | σήπη | Fäulnis | |
| | | Sir 19,3 | |
| | σήπω | verfaulen | |
| | | 8mal (Job 16,7 ...) | Jak 5,2 |
| | σής | Motte | |
| | | 12mal (Job 4,19 ...) | Mt 6,19.20 Lk 12,33 |
| | σητό-βρωτος | von Motten zerfressen | |
| | | Job 13,28 | Jak 5,2 |
| | σῆψις | Fäulnis | |
| | | Jes 14,11 | |
| | σθένος | Stärke | |
| | | Job 4,10 16,15 26,14 3Mac 2,2 *PS 17,14* | |
| | σθένω | stark sein | |
| | | 3Mac 3,8 | |
| | σιαγόνια, τά | Kinnbacken | |
| | | Dt 18,3 | |

σιαγών Kinnbacken
1/2 Sp (Jud 15,15 ...) Mt 5,39 Lk 6,29

σιγάω schweigen
19mal (Ex 14,14 ...) NT 10mal

σιγή d.Schweigen
Sap 18,14 3Mac 3,23 Act 21,40 Apk 8,1

σιγηρός schweigsam
Sir 26,14

σιδήριον Eisengerät
5mal (Dt 19,5 ...)

* σιδηρό-δεσμος in eisernen Fesseln
3Mac 4,9

σίδηρος Eisen
1 Sp (Gen 4,22 ...) Apk 18,12

σιδηροῦς eisern
1/2 Sp (Lev 26,19 ...) NT 5mal

σίελον Speichel
1Reg 21,14 Jes 40,15

* σίκερα = שכר Alkohol
13mal (Lev 10,9 ...) Lk 1,15

* σίκλος = שקל Sekel *(Gewicht)*
1Sp (Ex 30,23 ...)

σικυ-ήρατον Gurkenbeet
Jes 1,8 Ep Jer 70

σίκυς Gurke
Num 11,5

σινδών Leinwand
Jud 14,12.13A Prov 31,24 1Mac 10,64A NT 6mal

σιρών Höhle, Grotte
Jud 8,26A

* σισόη Haarflechte, -locke
Lev 19,27

σιτέομαι speisen
2Mac 5,27

σιτευτός gemästet
Jud 6,25A.28A 3Reg 5,3 Jer 26,21 Lk 15,23.27.30

σιτία, τά Nahrungsmittel
Prov 30,22 Act 7,12

σιτο-βολών Kornspeicher
Gen 41,56

σιτο-δεία Mangel an Getreide
Lev 26,26 2Es 19,15

σιτο-δοσία Getreideschenkung
Gen 42,19.33

σιτο-μετρέω Getreide zumessen
Gen 47,12.14

σιτο-ποιός Backware
Gen 40,17

σῖτος Getreide, Korn
1 Sp (Gen 27,28 ...) NT 14mal

** σιτόω backen
Prov 4,17

σιωπάω schweigen
1/2 Sp (Num 30,15 ...) NT 10mal

σιωπή d.Schweigen
Sir 41,21 Amos 8,3

σιώπησις d.Schweigen
Cant 4,1.3 6,7

σκάλλω suchen, prüfen
Ps 76,7

σκαμβός krumm
Ps 100,4

σκανδαλίζω zur Sünde verleiten
Sir 9,5 23,8 32,15 *Ps 16,7* NT 29mal

σκάνδαλον Anstoß
1/2 Sp (Lev 19,14 ...) NT 15mal

σκάπτω graben
Jes 5,6 Lk 6,48 13,8 16,3

σκάφη (Bei-)Boot
Dan Bel 33 Act 27,16.30.32

σκάφος, τό Schiff
2Mac 12,3.6

σκελίζω ein Bein stellen: zerstören
Jer 10,18

σκέλος Schenkel
11mal (Lev 11,21 ...) Jh 19,31.32.33

σκεπάζω schirmen, schützen
3/4 Sp (Ex 2,2 ...) WB

σκέπαρνον Beil
1Par 20,3 Jes 44,12 WBA

σκέπασις Bedeckung
Dt 33,27

* σκεπαστής Bedecker
5mal (Ex 15,2 ...)

σκεπεινός bedeckend
2Es 14,7

σκέπη Schirm, Schutz
3/4 Sp (Gen 19,8 ...) WB

σκέπτομαι betrachten
Gen 41,33 Ex 18,21 Zach 11,13 Dan LXX Bel 17 WBA

σκευάζω bereiten
Sir 49,1 3Mac 5,31

σκευασία Zubereitung
Eccl 10,1

σκεῦος Gerät
4 Sp (Gen 24,53 ...) NT 23mal

σκηνή Zelt
6 Sp (Gen 4,20 ...) NT 20mal

* σκηνο-πηγία d.Aufstellen eines Zeltes, Laubhüttenfest
9mal (Dt 16,16 ...) Jh 7,2

σκῆνος Zelt
Sap 9,15 2Kor 5,1.4

σκηνόω wohnen
5mal (Gen 13,12 ...) NT 5mal

σκήνωμα Zelt
1 Sp (Dt 33,18 ...) Act 7,46 2Pt 1,13.14

σκήνωσις d.Wohnen *(im Zelt)*
2Mac 14,35

σκῆπτρον Szepter
1/2 Sp (Jud 5,14A ...) WB

σκιά Schatten
1 Sp (Jud 9,15B ...) NT 7mal

σκια-γράφος Schatten malend
Sap 15,4

σκιάδιον Schattendach, Plane
Jes 66,20

σκιάζω beschatten
15mal (Ex 38,8 ...)

σκιρτάω hüpfen
7mal (Gen 25,22 ...) Lk 1,41.44 6,23

* σκληρο-καρδία Hartherzigkeit
Dt 10,16 Sir 16,10 Jer 4,4 Mt 19,8 Mk 10,5 16,14
* σκληρο-κάρδιος hartherzig
Prov 17,20 Sir 16,9vl Ez 3,7
σκληρός hart
1 Sp (Gen 21,11 ...) NT 5mal
σκληρότης Härte
Dt 9,27 2Reg 22,6 Jes 4,6 28,27 Röm 2,5
σκληρο-τράχηλος halsstarrig
9mal (Ex 33,3 ...) Act 7,51
σκληρύνω verhärten
1/2 Sp (Gen 49,7 ...) NT 6mal
σκληρῶς hart
6mal (Gen 35,17 ...)
σκνίψ Stechmücke
5mal Ex 8,12-14; Ps 104,31 Sap 19,10
* σκολιάζω krumm sein
Prov 10,8 14,2 17,16
σκολιός krumm
1/2 Sp (Dt 32,5 ...) u.Adv.Jer 6,28 Phil 2,15 1Pt 2,18 Lk 3,5 Act 2,40
σκολιότης Verdrehtheit
Ez 16,5 WB
σκόλοψ Splitter, Stachel
Num 33,55 Sir 43,19 Hos 2,8 Ez 28,24 2Kor 12,7
* σκόπελον Erdwall, -hügel
4Reg 23,17
σκοπεύω spähen
7mal (Ex 33,8 ...)
σκοπέω spähen
Esth 8,12g 2Mac 4,5 NT 6mal
σκοπή d.Spähen
Sir 37,14
σκοπιά d.Warte
12mal (Num 23,14 ...)
σκοπός Aufseher, Ziel
1/2 Sp (Lev 26,1 ...) Phil 3,14
σκορακισμός das zu den Raben sagen, Beschimpfung
Sir 41,21
σκόρδον Knoblauch
Num 11,5
σκορπίδιον kl.Sorpion
1Mac 6,51
σκορπίζω zerstreuen
1/2 Sp (2Reg 22,15 ...) NT 5mal
σκορπίος Skorpion
σκορπισμός s.S.318 10mal (Dt 8,15 ...) NT 5mal
σκοτάζω verfinstern
6mal (Ps 104,28 ...)
σκοτεινός dunkel
16mal (Gen 15,12 ...) Mt 6,23 Lk 11,34.36
σκοτία Finsternis
Job 28,3 Micha 3,6 Jes 16,3 NT 16mal
σκοτίζω sich verfinstern
7mal (Ps 68,24 ...) NT 5mal
σκοτο-μήνη mondfinstere Nacht
Ps 10,2
σκότος Finsternis
1 1/2 Sp (Gen 1,2 ...) NT 31mal
σκοτόω verfinstern
8mal (Jos 4,21B ...) Eph 4,18 Apk 9,2 16,10

| | | |
|---|---|---|
| σκυβαλίζω | verächtlich behandeln<br>Sir 26,28 | |
| σκύβαλον | Unrat<br>Sir 27,4 | Phil 3,8 |
| σκυθρ-ωπάζω | zornig aussehen<br>6mal (Ps 34,14 ...) | |
| σκυθρ-ωπός | finster, mürrisch<br>Gen 40,7 Sir 25,23 Dan Th 1,10 Adv.3Mac 5,34 | Mt 6,16 Lk 24,17 |
| σκυλεία | Plünderung<br>1Mac 4,23 | |
| σκυλεύω | berauben<br>1/2 Sp (Ex 3,22 ...) | |
| σκυλμός | d.Zerraufen<br>3Mac 3,25 4,6 7,5 | |
| σκῦλον | Beute<br>1 1/2 Sp (Ex 15,9 ...) | Lk 11,22 |
| σκύμνος | Löwenjunges<br>1/2 Sp (Gen 49,9 ...) | |
| σκυτάλη | Stock, Stab<br>Ex 30,4.5 2Reg 3,29 3Reg 12,24[b] | |
| σκώληξ | Wurm<br>18mal (Ex 16,20 ...) | Mk 9,44.46.48 |
| * σκῶλον | Anstoß, Hindernis (= σκάνδαλον)<br>6mal (Ex 10,7 ...) | |
| σκώπτω | spotten<br>Sir 10,10 | |
| σμαραγδίτης | smaragdgrünlich<br>Esth 1,6 | |
| σμάραγδος | Smaragd<br>11mal (Ex 28,9 ...) | Apk 21,19 |
| σμῆγμα | Salbe<br>Esth 2,3.9.12 Dan Th Sus 17 | |
| σμικρύνω | klein machen<br>10mal (1Par 16,19 ...) | |
| σμῖλαξ | Eibe<br>Nah 1,10 Jer 26,14 | |
| * σμιρίτης | Smirgelstein<br>Job 41,7 | |
| σμύρνα | Myrrhe<br>9mal (Ex 30,23 ...) | Mt 2,11 Jh 19,39 |
| σμύρνινος | von Myrrhen bereitet<br>Esth 2,12 | |
| * σοόμ | = שהם Soham-Edelstein<br>1Par 29,2 | |
| σορός | Sarg<br>Gen 50,26 Job 21,32 | Lk 7,14 |
| σός | dein<br>1/2 Sp Textstellen (Gen 14,23 ...) | NT 27mal |
| σοφία | Weisheit<br>3 1/2 Sp (Ex 28,3 ...) | NT 51mal |
| σιφίζω | belehren<br>1/2 Sp (1Reg 3,8 ...) | 2Tim 3,15 2Pt 1,1 |
| σιφιστής | Sophist<br>Ex 7,11 Dan LXX 8mal 1,20-4,37[c] | |
| σοφός | weise<br>3 Sp (Gen 41,8 ...) | NT 20mal |
| σοφόω | weise machen<br>Ps 145,8 | |
| σοφῶς | weise<br>Prov 31,28 Jes 40,20 | |

σπάδων Eunuch
Gen 37,36 Jes 39,7

σπαίρω zucken
4Mac 15,15

σπανίζω selten haben
4Reg 14,26 Jdth 11,12 Job 14,11 Dan LXX 9,24

σπάνιος selten
Prov 25,17

σπάνις Seltenheit
Jdth 8,9

σπαράσσω reißen
2Reg 22,8 Jer 4,19 Dan LXX 8,7 3Mac 4,6 Mk 2,26 9,26 Lk 9,39

σπάργανον Windel
Sap 7,4 Ez 16,4

σπαργανόω in Windeln legen
Job 38,9 Ez 16,4 Lk 2,7.12

σπαρτίον kleiner Strick
10mal (Gen 14,23 ...)

σπασμός Zuckung
2Mac 5,2

σπαταλάω schwelgen
Sir 21,15 Ez 16,49 1Tim 5,6 Jak 5,5

σπατάλη Schwelgerei
Sir 27,13

σπάω ziehen
1/2 Sp (Num 22,23 ...) Mk 14,47 Act 16,27

σπεῖρα Kohorte
Jdth 14,11 2Mac 8,23 12,20.22 NT 7mal

σπειρηδόν gewickelt
2Mac 5,2 12,20

σπείρω säen
1 Sp (Gen 1,11 ...) NT 52mal

σπένδω Trankopfer darbringen, opfern
1/2 Sp (Gen 35,14 ...) Phil 2,17 2Tim 4,6

σπέρμα Same
4 Sp (Gen 1,11 ...) NT 43mal

σπερματίζω besamen
Ex 9,31 Lev 12,2

σπερματισμός Same
Lev 18,23

σπεύδω eilen
1 Sp (Gen 18,6 ...) NT 6mal

σπήλαιον Höhle
1 Sp (Gen 19,30 ...) NT 6mal

σπιθαμή Spanne *(Längenmaß)*
7mal (Ex 28,16 ...) WB

σπιλόω beschmutzen
Sap 15,4 Jak 3,6 Jud 23

σπινθήρ Funke
8mal (Sap 2,2 ...)

σπλάγχνα, τά Eingeweide, Mitgefühl
15mal (Prov 15,10 ...) NT 11mal

* σπλαγχνίζομαι sich erbarmen
2Mac 6,8 NT 12mal

* σπλαγχνισμός Opferschmaus
2Mac 6,7.21 7,42

σπλαγχνο-φάγος Eingeweide essend
Sap 12,5

σποδιά Asche
Lev 4,12.12 Num 19,10.17

σποδο-ειδής aschfarbig
Gen 30,39 31,10.12

σποδόομαι sich mit Asche bestreuen
Jdth 4,11

σποδός Asche
1/2 Sp (Gen 18,27 ...) Mt 11,21 Lk 10,13 Hb 9,13

σπονδεῖος zum Opfern gehörig
7mal (Ex 25,29 ...)

σπονδή Opfer
3/4 Sp (Gen 35,14 ...)

σπόν-δυλος Wirbel
4Mac 10,8

σπορά d.Aussaat
4Reg 19,29 1Mac 10,30 1Ptr 1,23

σπόριμος besät
Gen 1,29.29 Lev 11,37 Mt 12,1 Mk 2,23 Lk 6,1

σπόρος Same
11mal (Ex 34,21 ...) NT 6mal

σπουδάζω sich beeilen
11mal (Jdth 13,1 ...) NT 11mal

σπουδαῖος eifrig
Ez 41,25 2Kor 8,17.22.22

σπουδαιότης d.Eile
3Mac 1,9

σπουδαίως eifrig, eilig Tit 3,13
Sap 2,6 Lk 7,4 Phil 2,28 2Tim 1,17

σπουδή d.Eile
1/2 Sp (Ex 12,11 ...) NT 12mal

σταγών Tropfen
9mal (Job 36,27 ...) WB

στάδιον Stadion *(Längenmaß)*
8mal (Dan LXX Sus 37 ...) NT 7mal

στάζω träufeln, tropfen
14mal (Ex 9,33 ...) WB

στάθμιον Waage
16mal (Lev 19,35 ...)

σταθμός Stathmos *(Gewicht)*
3/4 Sp (Gen 43,21 ...) WB

σταθμόω einwiegen, -messen
3Reg 6,23

σταῖς Weizenmehl
Ex 12,34.39 2Reg 13,8 Jer 7,18

στακτή herausgetropfte Flüssigkeit, Öl
10mal (Gen 37,25 ...)

σταλαγμός d.Träufeln
4Mac 9,20

σταλάζω tröpfeln
Micha 2,11

στάμνος Krug
6mal (Ex 16,33 ...) Hb 9,4

στασιάζω sich auflehnen
Jdth 7,15 2Mac 4,30 14,6 WB

στάσιμος feststehend
Sir 26,17

στάσις Aufstand
1/2 Sp (Dt 28,65 ...) NT 9mal

σταυρόω kreuzigen
Esth 7,9 8,12r NT 46mal

σταφίς getrocknete Weinbeere
7mal (Num 6,3 ...)

σταφυλή Weintraube
1/2 Sp (Gen 40,10 ...) Mt 7,16 Lk 6,44 Apk 14,18

στάχυς Ähre
17mal (Gen 41,5 ...) NT 5mal

στέαρ,ατος Fett, Talg
1 1/2 Sp (Gen 4,4 ...) WB

* στεατόομαι fettgemacht werden
Ez 39,18

στεγάζω bedecken
5mal (2Par 34,11 ...)

στέγη Dach
5mal (Gen 8,13 ...) Mt 8,8 Mk 2,4 Lk 7,6

στεγνός bedeckt
Prov 31,27

στέγω mit Schweigen bedecken, verschweigen
Sir 8,17 1Kor 9,12 13,7 1Thess 3,1.5

στεῖρα unfruchtbar
13mal (Gen 11,30 ...) NT 5mal

στειρόω starr machen
Sir 42,10

στέλεχος Stamm(ende)
11mal (Gen 49,21 ...)

στέλλομαι sich zurückziehen
7mal (Prov 31,25 ...) 2Kor 8,20 2Thess 3,6

στέμφυλλον ausgepreßte Weintraube
Num 6,4

στεναγμός Seufzer
1/2 Sp (Gen 3,16 ...) Act 7,34 Röm 8,26

στενάζω seufzen
1/2 Sp (Tob 3,1S ...) NT 6mal

στενακτός seufzend
Ez 5,15

στενός eng Mt 7,13.14 Lk 13,24
19mal (Num 22,26 ...) u.Adv.1Reg 13,6

στενότης Enge
2Mac 12,21

στενο-χωρέω in die Enge treiben
5mal (Jos 17,15 ...) 2Kor 4,8 6,12.12

στενο-χωρία Enge
13mal (Dt 28,53 ...) Röm 2,9 8,35 2Kor 6,4 12,10

στένω seufzen
1/2 Sp (Gen 4,12 ...)

στέργω lieben
Sir 27,17 WB

στερεός fest
15mal (Ex 38,16 ...) 2Tim 2,19 Hb 5,12.14 1Ptr 5,9

στερεόω stark machen
1/2 Sp (1Reg 2,1 ...) Act 3,7.16 16,5

στερέω berauben
1/2 Sp (Gen 30,2 ...) WB

στερέωμα Firmament
1/2 Sp (Gen 1,6 ...) Kol 2,5

στερέωσις d.Festmachen
Job 37,18 Sir 28,10

στερίσκω berauben
Eccl 4,8

στέρνον Brust
Sir 26,18

στεφάνη Kranz
9mal (Ex 25,25 ...)

στεφανη-φορέω einen Kranz tragen
Sap 4,2
στέφανος Kranz
1/2 Sp (2Reg 12,30 ...) NT 18mal
στεφανόω bekränzen
7mal (Jdth 15,13 ...) 2Tim 2,5 Hb 2,7.9
στέφος, τό Kranz
3Mac 4,8
στέφω umhüllen
Sap 2,8
στηθο-δεσμίς Brustbinde
Jer 2,32
στῆθος Brust
9mal (Gen 3,14 ...) NT 5mal
στηθύνιον kleine Brust
12mal (Ex 29,26 ...)
στήκω stehen
Ex 14,13A Jud 16,26B 3Reg 8,11B NT 10mal
στήλη Säule
1/2 Sp (Gen 19,26 ...) WB
* στηλο-γραφία d.Schreiben auf eine Säule
Ps 15,1 55,1 59,1
στηλόω eine Säule aufstellen
14mal (Jud 18,16A ...)
στήμων gewoben
10mal Lev 13,48-59
στῆρ (=στέαρ) Talg
Dan Th Bel 27
στήριγμα Stütze
17mal (2Reg 20,19 ...)
στηρίζω befestigen
1 Sp (Gen 27,37 ...) NT 13mal
στιβαρός fest
Ez 3,6 u.Adv.Hab 2,6 WB
στίβι (Augen-)Schminke
Jer 4,30
στίγμα d.Malzeichen
Cant 1,11 Gal 6,17
στιγμή Augenblick
Jes 29,5 2Mac 9,11 Lk 4,5
στικτός bunt
Lev 19,28
στιλβόω polieren
Ps 7,13
στίλβω glänzen
10mal (3Reg 7,32vl ...) Mk 9,3
* στίλβωσις d.Polieren
Ez 21,15.20
στιμίζομαι (Augen) schminken
4Reg 9,30 Ez 23,40
* στιππύϊνος aus Flachs
Lev 13,47.59
στιππύον Werg, Hanf
6mal (Jud 15,14B ...)
* στιχίζω in eine Reihe bringen
Ez 42,3
στίχος Reihe
20mal (Ex 28,17.17 ...)
στοά Säulenhalle
3Reg 6,33 Ez 40,18 42,3.5 Jh 5,2 10,23 Act 3,11 5,12

στοιβάζω zusammenpacken
5mal (Lev 6,5 ...)

στοιβή d.Stopfen
Jud 15,5A Ruth 3,7 Jes 55,13

στοιχεῖον Element
Sap 7,17 19,18 4Mac 12,13 NT 7mal

στοιχείωσις Anfangsunterricht
2Mac 7,22

στοιχέω beistimmen
Eccl 11,6 NT 5mal

στολή Gewand
1 Sp (Gen 27,15 ...) NT 9mal

στολίζω ausrüsten
12mal (1Es 1,2 ...)

στολισμός d.Ausrüsten
2Par 9,4 Sir 19,30 Ez 42,14

στολιστής Ausrüster
4Reg 10,22

στόλος Rüstung
1Mac 1,17 2Mac 12,9 14,1 3Mac 7,17

στόμα Mund
7 Sp (Gen 4,11 ...) NT 78mal

στόμωμα Mündung
Sir 31,26

στοργή Liebe
3Mac 5,32 4Mac 14,13.14.17

στοχάζομαι nach etw.zielen
Dt 19,3 Sap 13,9 Sir 9,14 2Mac 14,8

στοχαστής d.Zielende
Jes 3,2

στραγγαλάομαι erwürgen
Tob 2,3S

στραγγαλιά Verstrickung
Ps 124,5 Jes 58,6 WB

στραγγαλιόομαι erwürgen
Tob 2,3BA WB

στραγγαλίς Schlinge
Jud 8,26B

στραγγαλώδης verdreht
Prov 8,8

στραγγίζω auspressen
Lev 1,15

στράτευμα Heer
7mal (Jdth 11,8 ...) NT 8mal

στρατεύομαι zu Felde ziehen
8mal (Jud 19,8 ...) NT 7mal

στρατ-ηγέω Heerführer sein
2Mac 10,32 14,31

στρατ-ήγημα Feldherrnamt
2Mac 14,29

στρατηγία Feldherrnstelle
3Reg 2,35

στρατηγός Heerführer
1 Sp (1Reg 29,3 ...) NT 10mal

στρατιά/-εία Heer / Feldzug
1/2 Sp (Ex 14,4 ...) Lk 2,13 Act 7,42 / 1Tim 1,18 2Kor 10,4

στρατιώτης Soldat
6mal (2Mac 5,12 ...) NT 26mal

στρατιῶτις Kämpferin
4Mac 16,14

στρατο-κῆρυξ Heeresherold
3Reg 22,36

στρατο-πεδεία d.Lagererrichten
Jos 4,3 2Mac 13,14

στρατο-πεδεύω ein Lager errichten
12mal (Gen 12,9 ...)

στρατό-πεδον Lager, Heer
7mal (Sap 12,8 ...) Lk 21,20

στρατός Kriegsheer
2Mac 8,35 4Mac 3,8 4,5.11

στρέβλη Winde
9mal (Sir 33,27 ...)

στρεβλός verdreht
2Reg 22,27 Ps 17,27 77,57 Sir 36,20 WB

στρεβλόω foltern, quälen
6mal (2Reg 22,27 ...) 2Pt 3,16

στρεβλωτήριον Folterwerkzeug
4Mac 8,13

στρέμμα Gedrehtes
Jud 16,9B

στρεπτός gedreht
10mal (Ex 25,11 ...)

στρέφω hinwenden
1 Sp (Gen 3,24 ...) NT 21mal

στρῆνος Üppigkeit
4Reg 19,28 Apk 18,3

στρίφνος sehniges Fleisch
Job 20,18

στροβέω herumdrehen
Job 9,34 13,4 15,23 33,7

στρογγύλος rund
3Reg 7,10.21 2Par 4,2 WB

στρογγύλωσις Rundung
1Reg 17,20

στρουθίον Sperling
12mal (Tob 2,10 ...) Mt 10,29.31 Lk 12,6.7

στρουθός Sperling, Strauß
8mal (Lev 11,16 ...) WBA

στροφεύς Wirbelknochen
3Reg 6,34

στροφή d.Drehen
Prov 1,3 Sap 8,8 Sir 39,2 *PS 12,2*

στρόφιγξ Wirbelknochen
Prov 26,14

στρόφος Leibschmerzen
Sir 31,20

* στροφωτός Tür-, Angelzapfen
Ez 41,24

στρῶμα Decke
Prov 22,27

στρωμνή bereitetes Lager
11mal (Gen 49,4 ...)

στρωννύω ausbreiten
11mal (Tob 7,17S ...) NT 6mal

στυγέω hassen
2Mac 5,8 3Mac 2,31

στυγνάζω sich entsetzen
Ez 27,35 28,19 32,10 Mt 16,3 Mk 10,22

στυγνός traurig
Sap 17,5 Jes 57,17 Dan Lxx 2,12 WB

| | | | |
|---|---|---|---|
| στῦλος | Säule | 2 Sp (Ex 13,21 ...) | Gal 2,9 1Tim 3,15 Apk 3,12 10,1 |
| στυράκινος | aus Styrax *(eine Baumart)* | Gen 30,37 | |
| συγ-γελάω | mitlachen | Sir 30,10 | |
| συγ-γένεια | Verwandtschaft | 1/2 Sp (Gen 12,1 ...) | Lk 1,61 Act 7,3.14 |
| συγ-γενής | verwandt | 1/2 Sp (Gen 18,14 ...) | NT 11mal |
| συγ-γίνομαι | zusammensein | 5mal (Gen 19,5 ...) | |
| συγ-γινώσκω | übereinstimmen | 2Mac 14,31 4Mac 8,22 | WB |
| συγ-γνώμη | Zugeständnis | Sir Prol 18 3,13 | 1Kor 7,6 |
| συγ-γνωμονέω | verzeihen | 4Mac 5,13 | WB |
| συγ-γνωστός | verziehen | Sap 6,6 13,8 | |
| συγ-γραφεύς | Geschichtsschreiber | 2Mac 2,28 | |
| συγ-γραφή | Niederschrift | 5mal (Tob 7,14 ...) | WB |
| συγ-γράφω | aufschreiben | Sir Prol 10 | |
| συγ-γυμνασία | gemeinschaftliche Übung | Sap 8,18 | |
| συγ-κάθημαι | zusammensitzen | Ps 100,6 | Mk 14,54 Act 26,30 |
| συγ-καθ-ίζω | zusammensetzen | 6mal (Gen 15,11 ...) | Lk 22,55 Eph 2,6 |
| * συγ-καθ-υφαίνω | mit verweben | Jes 3,23 | |
| συγ-καίω | anzünden | 9mal (Gen 31,40 ...) | |
| συγ-καλέω | zusammenrufen | 15mal (Ex 7,11 ...) | NT 8mal |
| συγ-κάλυμμα | Umhüllung | Dt 23,1 27,20 | |
| συγ-καλύπτω | verhüllen | 1/2 Sp (Gen 9,23 ...) | Lk 12,2 |
| συγ-κάμπτω | zusammenbiegen | 4Reg 4,35 Ps 68,11.24 | Röm 11,10 |
| συγ-κατα-βαίνω | zusammen hinabgehen | Ps 48,18 Sap 10,14 Dan 3,49 | Act 25,5 |
| συγ-κατα-γηράσκω | mitaltern | Tob 8,7 | |
| * συγ-κατα-κληρονομέω | miterben | Num 32,30 | |
| συγ-κατα-μίγνυμι | verbinden | Jos 23,12 | |
| συγ-κατα-τίθημι | beistimmen | Ex 23,1.32 Dan Th Sus 20 | Lk 23,51 |
| συγ-κατα-φέρομαι | zusammen heruntereilen | Jes 30,30 | |
| συγ-κατ-εσθίω | verzehren | Jes 9,17 | |
| σύγ-κειμαι | zusammenliegen | 1Reg 22,8 Sir 43,26 | WB |

| | | |
|---|---|---|
| συγ-κεντέω | zusammenstechen | |
| | 2Mac 12,23 | |
| συγ-κεράννυμι | zusammenmischen | |
| | Dan LXX 2,43 2Mac 15,39 | 1Kor 12,24 Hb 4,2 |
| * συγ-κερατίζομαι | mit den Hörnern kämpfen | |
| | Dan 11,40 | |
| συγ-κεραυνόω | zusammendonnern | |
| | 2Mac 1,16 | |
| * συγ-κλασμός | d.Zusammenstoßen | |
| | Joel 1,7 | |
| συγ-κλάω | zerbrechen | |
| | 9mal (Ps 45,10 ...) | WB |
| * σύγ-κλεισμα | Einfassung, Rand | |
| | 3Reg 7,16.21.22 4Reg 16,17 | |
| συγ-κλεισμός | Einschließung | |
| | 10mal (2Reg 5,24 ...) | WB |
| συγ-κλειστός | verschlossen | |
| | 3Reg 7,15.36 | |
| συγ-κλείω | zusammenschließen | |
| | 1/2 Sp (Gen 16,2 ...) | Lk 5,6 Röm 11,32 Gal 3,22.23 |
| * συγ-κληρονομέω | Miterbe sein | |
| | Sir 22,23 | |
| σύγ-κλητος | zusammengerufen | |
| | Num 16,2 | |
| συγ-κλύζω | überschwemmen | |
| | Cant 8,7 Sap 5,22 Jes 43,2 | |
| σύγ-κοιτος, ἡ | Bettgenossin | |
| | Micha 7,5 | |
| συγ-κολλάω | zusammenleimen | |
| | Sir 22,9 | |
| συγ-κομίζω | einbringen | |
| | Job 5,26 | Act 8,2 |
| συγ-κόπτω | zusammenschlagen | |
| | 13mal (Gen 34,30 ...) | WB |
| σύγ-κρασις | Mischung | |
| | Ez 22,19 | WB |
| σύγ-κριμα | d.Zusammengesetzte | |
| | 19mal (Jud 18,9A ...) | |
| συγ-κρίνω | vergleichen | |
| | 14mal (Gen 40,8 ...) | 1Kor 2,13 2Kor 10,12.12 |
| σύγ-κρισις | d.Vereinigen | |
| | 1/2 Sp (Gen 40,12 ...) | |
| συγ-κροτέω | zusammenschlagen | |
| | Num 24,10 Dan Th 5,6 | |
| συγ-κρουσμός | d.Zusammenschlagen | |
| | 1Mac 6,41 | |
| συγ-κρύπτω | verbergen | |
| | 2Mac 14,30 | |
| ** συγ-κρύφω | verbergen | |
| | Sir 19,27 | |
| συγ-κτίζω | zusammen gründen | |
| | Sir 1,14 | |
| συγ-κύπτω | zusammenrücken | |
| | Job 9,27 Sir 12,11 19,26 | Lk 13,11 |
| συγ-κυρέω | zusammentreffen | |
| | 5mal (Num 21,25 ...) | |
| συγ-χαίρω | sich mitfreuen | |
| | Gen 21,6 | NT 7mal |
| συγ-χέω/-χύννω | zusammenschütten | |
| | 18mal (Gen 11,7 ...) | NT 5mal |

| | | |
|---|---|---|
| συγ-χρονίζω | gleichzeitig sein | |
| | Sir Prol 25 | |
| σύγ-χυσις | Verwirrung | |
| | Gen 11,9 1Reg 5,6.11 14,20 | Act 19,29 |
| συγ-χωρέω | gestatten | |
| | 6mal (Dan LXX Bel 26 ...) | WB |
| συγ-χωρητέον | zu gestatten | |
| | 2Mac 2,31 | |
| συ-ζεύγνυμι | zusammenbinden | |
| | Ez 1,11.23 | Mt 19,6 Mk 10,9 |
| συ-ζυγής | Genosse | |
| | 3Mac 4,8 | |
| συ-ζώννυμι | zusammengürten | |
| | Lev 8,7 1Mac 3,3 | |
| συκάμινον | Maulbeere | |
| | Amos 7,14 | |
| συκάμινος | Maulbeerbaum | |
| | 6mal (3Reg 10,27 ...) | Lk 17,6 |
| συκῆ | Feigenbaum | |
| | 1/2 Sp (Gen 3,7 ...) | NT 16mal |
| σῦκον | Feige | |
| | 12mal (4Reg 20,7 ...) | Mt 7,16 Mk 11,13 Lk 6,44 Jak 3,12 |
| συκο-φαντέω | verleumden | |
| | 8mal (Gen 43,18 ...) | Lk 3,14 19,8 |
| συκο-φάντης | Sykophant *(ein Verleumder)* | |
| | Ps 71,4 Prov 28,16 | |
| συκο-φαντία | Verleumdung | |
| | 5mal (Ps 118,134 ...) | |
| * συκών | Feigengarten | |
| | Amos 4,9 Jer 5,17 | |
| συλάω | berauben | |
| | Ep Jer 17 | 2Kor 11,8 |
| συλ-λαλέω | unterreden | |
| | 5mal (Ex 34,35 ...) | NT 6mal |
| συλ-λαμβάνω | festnehmen, empfangen | |
| | 1 1/2 Sp (Gen 4,1 ...) | NT 16mal |
| συλ-λέγω | sammeln | |
| | 1/2 Sp (Gen 31,46 ...) | NT 8mal |
| σύλ-λημψις | d.Zusammennehmen, Helfen | |
| | 5mal (Job 18,10 ...) | |
| συλ-λογή | d.Sammeln | |
| | 1Reg 17,40 | |
| συλ-λογίζω | überlegen | |
| | 5mal (Lev 25,27 ...) | Lk 20,5 |
| συλ-λογισμός | Abrechnung | |
| | Ex 30,12 Sap 4,20 | |
| συλ-λοιδορέω | schmähen | |
| | Jer 36,27 | |
| * συλ-λοχάω | in Soldatenabteilungen einteilen | |
| | 1Mac 4,28 | |
| συλ-λοχισμός | Musterung | |
| | 1Par 9,1 | |
| συλ-λυπέομαι | Mitleid empfinden | |
| | Ps 68,21 Jes 51,19 | Mk 3,5 |
| συλ-λύω | aussöhnen | |
| | 1Mac 13,47 2Mac 11,14 13,23 | |
| συμ-βαίνω | begegnen | |
| | 1 Sp (Gen 41,13 ...) | NT 8mal |
| συμ-βάλλω | zusammenwerfen, kämpfen | |
| | 12mal (Gen 30,8 ...) | NT 6mal |

συμ-βαστάζω mittragen
Job 28,16.19

συμ-βιβάζω zusammenbringen
10mal (Ex 4,12 ...) NT 7mal

συμ-βιόομαι zusammenleben
Sir 13,5

συμ-βίωσις d.Zusammenleben
Sap 8,3.9.16

συμ-βιωτής der, der in Gemeinschaft lebt
Dan LXX Bel 1.30 Th Bel 2

* σύμ-βλημα Verbindung
Jes 41,7

* σύμ-βλησις Verbindung
Ex 26,24

* συμ-βοηθός mithelfend
3Reg 21,16

συμ-βολή d.Zusammenwerfen
11mal (Ex 26,4 ...)

* συμ-βολο-κοπέω Festessen lieben
Dt 21,20 Sir 9,9 18,33

σύμ-βολον Kennzeichen
Sap 2,9 16,6 Hos 4,12

* συμ-βόσκομαι zusammenweiden
Jes 11,6

συμ-βουλευτής Ratgeber
1Es 8,11

συμ-βουλεύω anraten
1/2 Sp (Ex 18,19 ...) Mt 26,4 Jh 18,14 Act 9,23 Apk 3,18

συμ-βουλία Rat
9mal (3Reg 1,12 ...) WB

συμ-βούλιον Ratssitzung
4Mac 17,17 NT 8mal

σύμ-βουλος Ratgeber
1/2 Sp (2Reg 8,18 ...) Röm 11,34

* συμ-βραβεύω mitrichten
1Es 9,14

συμ-μαχέω mitstreiten
12mal (Jos 1,14 ...) WB

συμ-μαχία Kampfbündnis
16mal (Jdth 3,6 ...)

σύμ-μαχος Verbündeter
13mal (1Mac 8,20 ...)

συμ-μειγής vermischt
Dan 2,43

συμ-μείγνυμι vermischen
9mal (Ex 14,20 ...) WB

συμ-μετ-έχω mit-teilhaben
2Mac 5,20

συμμετρία s.S.318

σύμ-μετρος angemessen
Jes 22,14

* συμ-μιαίνω mit besudeln
Bar 3,11

σύμ-μικτος vermischt
13mal (Jdth 1,16 ...)

σύμ-μιξις Mischung
4Reg 14,14 2Par 25,24

συμ-μίσγω vermischen
1Mac 11,22 2Mac 14,14.16

* συμ-μισο-πονηρέω ebenfalls das Schlechte hassen
2Mac 4,36

συμ-μολύνομαι sich mitbeflecken
Dan LXX 1,8
συμ-πάθεια d.Mitleiden
7mal 4Mac 6,13 - 15,11
συμ-παθέω Mitleid haben
4Mac 5,25 13,23A Hb 4,15 10,34
συμ-παθής teilnahmsvoll
4Mac 13,23 15,4 1Pt 3,8
συμ-παίζω mitspielen
Sir 30,9
συμ-παρα-γίνομαι zusammenkommen
Ps 82,9 Lk 23,48
συμ-παρα-λαμβάνω zugleich mitnehmen
Gen 19,17 Job 1,4 3Mac 1,1 *Ps 13,5* Act 12,25 15,37.38 Gal 2,1
συμ-παρα-μένω zur Unterstützung dableiben
Ps 71,5 WB
συμ-πάρ-ειμι zugleich anwesend sein
Tob 12,12BA Prov 8,27 Sap 9,10 Act 25,24
συμ-παρ-ίστημι mit danebenstellen
Ps 93,16
σύμ-πας gesamt
1/2 Sp (Job 2,2 ...) WB
συμ-πατέω zusammentreten
10mal (4Reg 7,17 ...)
συμ-πείθω mit bereden
2Mac 13,26
συμ-περαίνω mit vollenden
Hab 2,10
συμ-περι-λαμβάνω umfassen
Ez 5,3 Act 20,10
συμ-περι-φέρομαι mit herumgetragen werden
5mal (Prov 5,19 ...)
συμ-πίνω zusammen trinken
Esth 7,1 Act 10,41
συμ-πίπτω zusammenfallen
16mal (Gen 4,5 ...) Lk 6,49
* συμ-πλεκτός zusammengeflochten
Ex 36,30
συμ-πλέκω zusammenflechten
13mal (Ex 28,22 ...)
συμ-πλήρωσις d.Ausfüllen
2Par 36,21 1Es 1,55 Dan Th 9,2
συμ-πλοκή Verflechtung
3Reg 16,28d WB
συμ-ποδίζω fesseln
12mal (Gen 22,9 ...)
συμ-ποιέω helfen
1Es 6,27
συμ-πολεμέω mitkriegen
Jos 10,14.42
συμ-πονέω mitarbeiten
Sir 37,5
συμ-πορεύομαι zusammengehen
1/2 Sp (Gen 13,5 ...) Mk 10,1 Lk 7,11 14,25 24,15
συμ-πορπάω mit der Spange zusammenheften
Ex 36,13
συμ-ποσία Trinkgelage
3Mac 5,15.16.17 7,20
συμ-πόσιον Trinkstube, Speisesaal
10mal (Esth 4,17x ...) Mk 6,39

συμ-πότης Gast
3Mac 2,25
συμ-πραγματεύομαι zugleich womit beschäftigt sein
3Mac 3,10
συμ-προ-πέμπω zusammen geleiten
Gen 12,20 18,16
συμ-πρόσ-ειμι zusammensein
Ps 93,20 Eccl 8,15
* συμ-προσ-πλέκω mit hinzuflechten
Dan Th 11,10
σύμ-πτωμα Zufall
1Reg 6,9 20,26 Ps 90,6 Prov 27,9
συμ-φερόντως auf nützliche Art
4Mac 1,17
συμ-φέρω zusammentragen
13mal (Dt 23,7 ...) NT 15mal
συμ-φεύγω zugleich fliehen
1Mac 10,84 2Mac 10,18.32 12,6
συμ-φλέγω zusammen verbrennen
Jes 42,25
* συμ-φλογίζω zusammen verbrennen
2Mac 6,11
συμ-φορά Mißgeschick
10mal (Esth 8,12[e] ...) WB
συμ-φοράζω beklagen
Jes 13,8
σύμ-φορος förderlich
2Mac 4,5 1Kor 7,35 10,33
συμ-φράσσω zusammendrängen
Jes 27,12
συμ-φρονέω eines Sinnes sein
3Mac 3,2
συμ-φρύγω mit rösten
Ps 101,4 4Mac 3,11
συμ-φύρω mit-einander-kneten
Sir 12,14 Hos 4,14 *PS 8,9*
σύμ-φυτος zusammengewachsen
Amos 9,13 Zach 11,2 3Mac 3,22 Röm 6,5
συμ-φύω zusammenaufwachsen
Sap 13,13 Lk 8,7
συμ-φωνέω übereinstimmen
Gen 14,3 4Reg 12,9 Jes 7,2 4Mac 14,6 NT 6mal
συμ-φωνία Konzert
7mal (Dan LXX 3,5 ...) Lk 15,25
σύμ-φωνος zusammenklingend
Eccl 7,14 4Mac 7,7 14,7 1Kor 7,5
συμ-φώνως harmonisch
4Mac 14,6
συμ-ψάω zusammenscharren
Jer 22,19 30,14 31,33
σύν mit
1/2 Sp Textstellen (Ex 6,26 ...) NT 128mal
σύν Kasuspartikel *(unübersetzbar)*, *vgl.* את
a)b.Gen. Eccl 9,15 b) b.Akk. 3Reg nur vl u.26mal Eccl
συν-αγελάζω zu einer Herde vereinigen
4Mac 18,23
σύν-αγμα d.Zusammengesetzte
Eccl 12,11
συν-άγω einsammeln
6 Sp (Gen 1,9 ...) NT 59mal

συν-αγωγή Versammlungsort
3 Sp (Gen 1,9 ...) NT 56mal
συν-αινέω beistimmen
3Mac 5,21 6,41 WB
συν-ακολουθέω nachgehen
2Mac 2,4.6 Mk 5,37 14,51 Lk 23,49
συν-αλγέω mitleiden
Sir 37,12
συν-άλλαγμα Vertrag
Jes 58,6 1Mac 13,42 *PS 4,4* WB
συν-αλοάω zusammen dreschen
Dan LXX 2,45
συν-ανα-βαίνω zusammen hinaufgehen
13mal (Gen 50,7 ...) Mk 15,41 Act 13,31
συν-ανά-κειμαι zusammen liegen
3Mac 5,39 NT 7mal
συν-ανα-μείγνυμι zusammenmischen
Hos 7,8 1Kor 5,9.11 2Thess 3,14
συν-ανά-μιξις Beimischung
Dan Th 11,23
* συν-ανα-μίσγω zusammenmischen
Ez 20,18
συν-ανα-παύομαι zusammen ausruhen
Jes 11,6 Röm 15,32
συν-ανα-στρέφω verkehren
Gen 30,8 Sir 41,5 Bar 3,38 WB
συν-ανα-στροφή d.Mitzurückkehren
Sap 8,16 3Mac 2,31.33 3,5
συν-ανα-φέρω mit hinaufbringen
Gen 50,25 Ex 13,19 2Reg 6,18
συν-αντάω begegnen
1 Sp (Gen 32,1 ...) NT 6mal
* συν-αντή Begegnung
3Reg 18,16 4Reg 2,15 5,26
συν-άντημα d.Begegnen
7mal (Ex 9,14 ...)
συν-άντησις Begegnung
1 Sp (Gen 14,17 ...) WB
συν-αντι-λαμβάνομαι mithelfen
Ex 18,22 Num 11,17 Ps 88,22 Lk 10,40 Röm 8,26
συν-απ-άγω mit wegführen
Ex 14,6 Röm 12,16 Gal 2,13 2Pt 3,17
συν-απο-θνῄσκω zusammensterben
Sir 19,10 Mk 14,31 2Kor 7,3 2Tim 2,11
συν-απο-κρύπτω zusammen verbergen
Ep Jer 48
συν-απ-όλλυμι mit ins Verderben bringen
9mal (Gen 18,23 ...) Hb 11,31
συν-απο-στέλλω mitschicken
Ex 33,2.12 1Es 5,2 2Kor 12,18
συν-άπτω zusammenknüpfen
2/3 Sp (Ex 26,6 ...)
συν-αριθμέω mit dazuzählen
Ex 12,4 WB
συν-αρπάζω ergreifen
Prov 6,25 2Mac 3,27 4,41 4Mac 5,4 Lk 8,29 Act 6,12 19,29 27,15
συν-αρχία Mitherrschaft
Esth 3,13d
συν-ασπίζω die Schilde zusammenhalten
3Mac 3,10

συν-αυλίζομαι zusammensein
Prov 22,24

συν-αύξω vergrößern
2Mac 4,4 4Mac 13,27

συν-αφ-ίστημι zugleich abtrünnig machen
Tob 1,5BA

σύν-αψις Verbindung
3Req 16,20 4Reg 10,34

συν-δάκνω zugleich beißen
Tob 11,12BA

συν-δειπνέω zugleich essen
Gen 43,32 Prov 23,6

σύν-δειπνος Tischgenosse
Sir 9,16

σύν-δεσμος Band
9mal (3Reg 4,24 ...) Act 8,23 Eph 4,3 Kol 2,19 3,14

συν-δέω zusammenbinden
9mal (Ex 14,25 ...) Hb 13,3

συν-διώκω zugleich verfolgen
2Mac 8,25

σύν-δουλος Mitsklave
8mal 2Es 4,7 - 6,13 NT 10mal

συν-δρομή d.Zusammenlaufen
Jdth 10,18 3Mac 3,8 Act 21,30

συν-δυάζω sich verbinden
Ps 140,4

συν-εγγίζω sich annähern
Sir 35,17 2Mac 10,25.27 11,5

σύν-εγγυς ganz nahe
5mal (Dt 3,29 ...)

συν-εγείρω zusammen auferwecken
Ex 23,5 Jes 14,9 4Mac 2,14 Eph 2,6 Kol 2,12 3,1

συν-εδρεύω zusammen sitzen
Sir 11,9 23,14 42,12 Dan LXX Sus 28

συν-εδρία d.Beisammensitzen
Jdth 6,1.17 11,9

* συν-εδριάζω zusammensitzen
Prov 3,32

συν-έδριον Ratsversammlung
12mal (Ps 25,4 ...) NT 22mal

σύν-εδρος Ratsmitglied
Jud 5,10B 4Mac 5,1 WB

συν-εθίζω gewöhnen
Sir 23,9.13.15

συν-είδησις Gewissen
Eccl 10,20 Sap 17,10 Sir 42,18S NT 30mal

συν-είκω zusammen nachgeben
4Mac 8,5

σύν-ειμι zusammensein
7mal (1Es 6,2 ...) Lk 9,18 Act 22,11

συν-είπον zusammen reden
Dan LXX Sus 38 Dan LXX 2,9

συν-εισ-έρχομαι zugleich hineingehen
5mal (Ex 21,3 ...) Jh 6,22 18,15

* συν-εκ-κεντέω zugleich ausstechen
2Mac 5,26

συν-εκ-πολεμέω mit erobern
Dt 1,30 20,4 Sap 5,20

συν-εκ-πορεύομαι mit hinausgehen
Jud 11,3A 13,25B WB

συν-εκ-τρέφομαι mit aufgezogen werden
2Par 10,8
* συν-εκ-τρίβω mit auftreiben
Sap 11,19
* συν-έκ-τροφος zusammen aufgezogen
1Mac 1,6
συν-ελαύνω drängen
2Mac 4,26.42 5,5 WB
συν-έλευσις d.Zusammentreffen, Bollwerk
Jud 9,46B.49B.49B WB
συν-έλκω mitziehen
Ps 27,3
συν-εξ-έρχομαι zugleich herausgehen
Jdth 2,20 Prov 22,10 WB
συν-εξ-ορμάω mit antreiben
1Es 8,11
συν-επ-ακολουθέω mit nachfolgen
Num 32,11.12
συν-επι-σκέπτομαι (mit-)mustern
Num 1,49 2,33 26,62
συν-επίσταμαι mitwissen
Job 9,35 19,27
συν-επ-ισχύω mit verstärken
2Par 32,3 Esth 8,12s
συν-επι-τίθημι mit angreifen
6mal (Num 12,11 ...) Act 24,9
συν-έπομαι im Gefolge sein
2Mac 15,2 3Mac 5,48 6,21 Act 20,4
συν-εργέω mitwirken
1Es 7,2 1Mac 12,1 NT 5mal
συν-εργός mithelfend
2Mac 8,7 14,5 NT 13mal
συν-ερίζω mitstreiten
2Mac 8,30
συν-έρχομαι zusammenkommen
1/2 Sp (Ex 32,26 ...) NT 30mal
συν-εσθίω zusammen essen
Gen 43,32 Ex 18,12 2Reg 12,17 Ps 100,5 NT 5mal
σύν-εσις Einsicht
2 Sp (Ex 31,3 ...) NT 7mal
συν-εταιρίς Mitgenossin
Jud 11,37.38
συν-έταιρος Mitgenosse
9mal (Jud 15,2A ...)
* συν-ετίζω verständig machen
17mal (2Es 18,7 ...) WB
συν-ετός verständig Mt 11,25 Lk 10,21 Act 13,7 1Kor 1,19
1 Sp (Gen 41,33 ...) u.Adv. Ps 46,8 Jes 29,16
συν-ευ-δοκέω zustimmen
1Mac 1,57 2Mac 11,24.35 NT 6mal
συν-ευ-φραίνομαι sich mitfreuen
Prov 5,18 WB
συν-έχω zusammenhalten
1 Sp (Gen 8,2 ...) NT 12mal
συν-ήθεια Vertrautheit
4Mac 2,13 6,13 13,22.27 Jh 18,39 1Kor 8,7 11,16
συν-ήθης Vertrauter
2Mac 3,31 WB
* συν-ήλικος von gleichem Alter
Dan Th 1,10

συν-ηχέω widerhallen
3Mac 6,17
συν-θέλω dasselbe wollen
Dt 13,9
σύν-θεσις Zusammensetzung
17mal (Ex 30,32 ...) WB
σύν-θετος zusammengesetzt
Ex 30,7
συν-θήκη Zusammensetzung, Vertrag
14mal (4Reg 17,15 ...)
σύν-θημα d.Verabredete, Losung
Jud 12,6A 2Mac 8,23 13,15
συν-θλάω zerdrücken
12mal (Jud 5,26A ...) Mt 21,44 Lk 20,18
συν-θλίβω zusammendrücken
Eccl 12,6 Sir 31,14 1Mac 15,14A Mk 5,24.31
συν-ίημι verstehen
2 Sp (Ex 35,35 ...) NT 26mal
συν-ίστημι zusammenstellen
1 Sp (Gen 40,4 ...) NT 16mal
συν-ίστωρ Mitwisser
Job 16,19
συν-νεφέω finster aussehen
Gen 9,14
συν-νεφής umwölkt
Dt 33,28
συν-νοέω überlegen
2Mac 5,6 11,13 14,3
σύν-νους nachdenkend
1Es 8,68
* σύν-νυμφος verschwägert
Ruth 1,15.15
συν-οδεύω mitgehen
Tob 5,17S Sap 6,23 Act 9,7
συν-οδία Reisegesellschaft
2Es 17,5.5.64 Lk 2,44
σύν-οδος Begleiter
Dt 33,14 3Reg 15,13 Jer 9,1 WB
* συν-οδυνάομαι mitbeklagen
Sir 30,10
σύν-οιδα mitwissen
5mal (Lev 5,1 ...) Act 5,2 1Kor 4,4
συν-οικέω zusammenleben
17mal (Gen 20,3 ...) 1Pt 3,7
συν-οίκησις Zusammenwohnen, Ehe
Tob 7,14S
συν-οικίζω verheiraten
9mal (Dt 21,13 ...)
συν-οικο-δομέω zusammen erbauen
1Es 5,65 Eph 2,22
συν-ολκή d.Zusammenziehen: d.Einatmen
Sap 15,15
σύν-ολος ganz und zusammen
8mal (Esth 8,12$^{x}$ ...) WBA
συν-ομο-λογέω übereinstimmen
4Mac 13,1
συν-οράω,-εἶδον bemerken
16mal (Dan LXX 3,14 u.1-3Mac) Act 12,12 14,6
* συν-ούλωσις d.Vernarben
Jer 40,6

| | | |
|---|---|---|
| συν-ουσιασμός | Beischlaf<br>Sir 23,6 4Mac 2,3 | |
| συν-οχή | Zusammenhalt, Angst<br>5mal (Jud 2,3 ...) | Lk 21,25 2Kor 2,4 |
| συν-ταγή | Zusammenordnung<br>Jud 20,38A 2Es 10,14 *PS 4,5* | |
| σύν-ταγμα | d. Zusammengestellte<br>Job 15,8 Eccl 12,11S 2Mac 2,23 | |
| σύν-ταξις | Zusammenstellung<br>14mal (Ex 5,8 ...) | WBA |
| συν-ταράσσω | völlig verwirren<br>17mal (Ex 14,24 ...) | WB |
| συν-τάσσω | anordnen<br>1 1/2 Sp (Gen 18,19 ...) | Mt 21,6 26,19 27,10 |
| συν-τέλεια | Vollendung<br>1 Sp (Ex 23,16 ...) | NT 6mal |
| συν-τελέω | vollenden<br>3 1/2 Sp (Gen 2,1 ...) | NT 6mal |
| συν-τέμνω | zerschneiden<br>7mal (Jes 10,22 ...) | Röm 9,28 |
| συν-τηρέω | bewahren<br>1/2 Sp (Tob 1,11 ...) | Mt 9,17 Mk 6,20 Lk 2,19 |
| συν-τίθημι | zusammenstellen<br>11mal (1Reg 22,13 ...) | Lk 22,5 Jh 9,22 Act 23,20 |
| συν-τίμησις | Schätzung, Preis<br>5mal (Lev 27,2 ...) | |
| σύν-τομος | zusammengeschnitten<br>Sap 14,14 2Mac 2,31 4Mac 14,10 | WB |
| συν-τόμως | in kurzer Frist, eilig<br>Prov 13,23 23,28 3Mac 5,25 | Act 24,4 |
| συν-τρέφω | zusammen ernähren<br>Dan LXX 1,10 4Mac 13,21.24 | |
| συν-τρέχω | zusammenlaufen<br>7mal (Jdth 6,16 ...) | Mk 6,33 Act 3,11 1Pt 4,4 |
| συν-τριβή | Aufreibung<br>1/2 Sp (Prov 6,15 ...) | WB |
| συν-τρίβω | zerreiben<br>3 1/2 Sp (Gen 19,9 ...) | NT 7mal |
| σύν-τριμμα | Vernichtung<br>1/2 Sp (Lev 21,19 ...) | Röm 3,16 |
| * συν-τριμμός | Vernichtung<br>5mal (2Reg 22,5 ...) | |
| σύν-τριψις | d. Aufreiben<br>Jos 10,10 | |
| συν-τροφία | Ernährung<br>3Mac 5,32 4Mac 13,22 | |
| σύν-τροφος | zusammen erzogen<br>3Reg 12,24r.s.s 2Mac 9,29 | Act 13,1 |
| συν-τροχάζω | zusammenlaufen<br>Eccl 12,6 | |
| συν-τυγχάνω | zusammenkommen<br>2Mac 8,14 | Lk 8,19 |
| συν-υφαίνω | zusammenweben<br>Ex 28,32 36,10.17 | |
| συν-υφή | d. Gewebe<br>Ex 36,27 | |
| συν-ωμότης | Verschworener<br>Gen 14,13 | |
| συν-ωρίς | Zweigespann<br>Jes 21,9 | |

σύριγμα d.Pfeifen
Jer 18,16
συριγμός d.Auspfeifen
Sap 17,9 Jer 19,8 25,9 32,18
σύριγξ Pfeife
Dan 3,5.7Th.10Th.15Th
συρίζω pfeifen
13mal (3Reg 9,8 ...)
συρισμός d.Auspfeifen
Jud 5,16 2Par 29,8 Micha 6,16
συρ-ράπτω zusammennähen
Job 14,12 Ez 13,18
σύρω schleppen
7mal (Dt 32,24 ...) NT 5mal
σῦς Schwein
Ps 79,14
* συ-σκήνιος Mitbewohner
Ex 16,16
σύ-σκηνος in einem Zelte zusammenwohnend
Ex 3,22 16,16A
συ-σκιάζω ganz beschatten
Ex 25,20 Num 4,5 Hos 4,13
σύ-σκιος ganz umschattet
3Reg 14,23 Cant 1,16 Ez 6,13
συ-σκοτάζω umfinstern
11mal (3Reg 18,45 ...)
συ-σπάω zusammenziehen
Lam 5,10 WB
* συσ-σεισμός Zusammenrüttelung
10mal (3Reg 19,11 ...)
συσ-σείω zusammenschütteln
5mal (Job 4,14 ...)
σύσ-σημον Verabredungszeichen
5mal (Jud 20,38B ...) Mk 14,44
συσ-σύρω hin und her zerren
2Mac 5,16
σύ-στασις Vereinigung
Gen 49,6 Sap 7,17 3Mac 2,9 WB
συ-στέλλω zusammendrängen
8mal (Jud 8,28B ...) Act 5,6 1Kor 7,29
σύ-στεμα Zusammengestelltes
1Par 11,16 Jer 38,32 Ez 31,4 2Mac 8,5 3Mac 3,9
σύ-στημα Zusammengestelltes
Gen 1,10 2Reg 23,14 2Mac 15,12 3Mac 17,3
σύ-στρεμμα d.Zusammengedrehte
7mal (Num 32,14 ...)
συ-στρέφω zusammenraffen
1/2 Sp (Gen 43,30 ...) Mt 17,22 Act 28,3
συ-στροφή Zusammenrottung
11mal (Jud 14,8A ...) Act 19,40 23,12
συ-σφίγγω zusammenschnüren
Ex 36,28 Lev 8,8 Dt 15,7 3Reg 18,46
συχνός zahlreich
2Mac 5,9
σφαγή d.Schlachten
1/2 Sp (Job 10,16 ...) Act 8,32 Röm 8,36 Jak 5,5
σφαγιάζω opfern
4Mac 13,12 16,20
σφάγιον Schlachtopfer
5mal (Lev 22,23 ...) Act 7,42

σφάζω schlachten
1 Sp (Gen 22,10 ...) NT 10mal
σφαιρωτήρ Knauf, Rundung
Gen 14,23 u.6mal Ex 25,31-36
σφακελίζω Schmerz empfinden
Lev 26,16 Dt 28,32
σφαλερός betrügerlich
Prov 5,6
σφάλλω täuschen
10mal (Dt 32,35 ...) WB
σφάλμα Fehltritt
Prov 29,25
σφενδονάω schleudern
1Reg 17,49 25,29
σφενδόνη Schleuder
8mal (1Reg 17,40 ...)
σφενδονήτης Schleuderer
5mal (Jud 20,16 ...)
σφηκία Wespennest
Ex 23,28 Dt 7,20 Jos 24,12
σφήν Keil
4Mac 8,13 11,10
σφηνόω verkeilen
Jud 3,23.24B 2Es 17,3
σφήξ Wespe
Sap 12,8
* σφιγγία Gier
Sir 11,18
σφίγγω schnüren
4Reg 12,11 Prov 5,22
σφόδρα heftig, sehr
5 1/2 Sp (Gen 7,18 ...) NT 11mal
σφοδρός heftig
Ex 10,19 15,10 2Es 19,11 Sap 18,5 WBA
σφοδρῶς heftig, sehr
6mal (Gen 7,19 ...) Act 27,18
σφόνδυλος (Hals-)Wirbel
Lev 5,8 4Mac 10,8A
σφραγίζω versiegeln
1/2 Sp (Dt 32,34 ...) NT 15mal
σφραγίς Siegel
1/2 Sp (Ex 28,11 ...) NT 16mal
σφῦρα Hammer
8mal (Jud 4,21 ...)
σφυρο-κοπέω hämmern WB
Jud 5,26
σφυρο-κόπος mit dem Hammer schlagend
Gen 4,22
σχάζω fallen lassen
Amos 3,5
σχεδία Floß
6mal (3Reg 5,23 ...)
σχεδιάζω sich nähern
Bar 1,19
σχεδόν beinahe, fast
2Mac 5,2 3Mac 5,14.45 Act 13,44 19,26 Hb 9,22
σχετλιάζω unwillig sein
4Mac 3,12 4,7
σχέτλιος unglücklich
2Mac 15,5

σχῆμα — Gestalt
Jes 3,17 — 1Kor 7,31 Phil 2,7

σχίδαξ — Holzscheit
3Reg 18,33.33.34.38

σχίζα — Holzscheit
9mal 1Reg 20,20-38 u.1Mac 10,80

σχίζω — spalten
12mal (Gen 22,3 ...) — NT 11mal

σχῖνος — Mastixbaum
Dan Sus 54

* σχισμή — Spalte
Jona 2,6 Jes 2,19.21 — WB

σχιστός — gespalten
Jes 19,9

σχοινίον — Strick
1/2 Sp (2Reg 8,2 ...) — Jh 2,15 Act 27,32

σχοίνισμα — zugemessenes Stück Land
14mal (Dt 32,9 ...) — WB

σχοινισμός — Landmessung
Jos 17,5

σχοῖνος — Seil
6mal (Ps 138,3 ...)

σχολάζω — Muße haben
Ex 5,8.17 Ps 45,11 — Mt 12,44 1Kor 7,5

σχολαστής — müßig
Ex 5,17

σχολή — Schule
Gen 33,14 Prov 28,19 Sir 38,24 — Act 19,9

σῴζω — retten
5 Sp (Gen 19,17 ...) — NT 107mal

σῶμα — Körper
2 Sp (Gen 15,11 ...) — NT 142mal

σωματικός — körperlich
4Mac 1,32 3,1 — Lk 3,22 1Tim 4,8

σωματο-ποιέω — verkörpern
Ez 34,4

σωματο-φύλαξ — Leibwächter
1Es 3,4 Jdth 12,7 3Mac 2,23

σῷος — heil
6mal (Sus Bel Th 17 ...)

σωρεύω — aufhäufen
Jdth 15,11 Prov 25,22 — Röm 12,20 2Tim 3,6̂

σωρηδόν — haufenweise
Sap 18,23

* σωρήχ — = שרק Edelrebe
Jes 5,2

σωρός — Haufen
9mal (Jos 7,26 ...)

σωτήρ — Erretter
1/2 Sp (Dt 32,15 ...) — NT 24mal

σωτηρία — Rettung
2 Sp (Gen 26,31 ...) — NT 46mal

σωτήριον — Rettungsmittel
2 Sp (Gen 41,16 ...) — Lk 2,30 3,6 Act 28,28 Eph 6,17

σωτήριος — rettend
6mal (Sap 1,14 ...) — Tit 2,11

* σωφέρ — = שופר Schophar *(Horn)*
1Par 15,28

σωφρόνως — besonnen
Sap 9,11 — Tit 2,12

σωφροσύνη Besonnenheit
9mal (Esth 3,13c ...) Act 26,25 1Tim 2,9.15
σώφρων besonnen
9mal 4Mac (1,35 ...) 1Tim 3,2 Tit 1,8 2,2.5
τάγμα das Geordnete
17mal (Num 2,2 ...) 1Kor 15,23
ταινία Band
Ez 27,5
τακτικός zum Anordnen geschickt
Dan Th 6,3.5.6.7
τακτός festgesetzt
Job 12,5 Act 12,21
ταλαι-πωρέω Mühsal haben
16mal (Ps 16,9 ...) Jak 4,9
ταλαι-πωρία Mühsal
1/2 Sp (Job 30,3 ...) Röm 3,16 Jak 5,1
ταλαί-πωρος elend
11mal (Tob 7,6S ...) Röm 7,24 Apk 3,17
τάλαντον Talent
1 1/2 Sp (Ex 25,39 ...) 14mal Mt
τάλας elend
Sap 15,14 Jes 6,5 4Mac 8,17 12,4
ταμίας Haushalter
Jes 22,15
ταμιεῖον Vorratskammer
1/2 Sp (Gen 43,30 ...) Mt 6,6 24,26 Lk 12,3.24
ταμιεύομαι Haushalter sein
Prov 29,11 4Mac 12,12
τανύω spannen
Job 9,8 Sir 43,12
τάξις Ordnung
19mal (Num 1,52 ...) NT 9mal
ταπεινός armselig
1 Sp (Lev 13,3 ...) NT 8mal
ταπεινότης Niedrigkeit
Sir 13,20
ταπεινο-φρονέω bescheiden sein
Ps 130,2 WB
ταπεινό-φρων demütig
Prov 29,23 1Pt 3,8
ταπεινόω niedrig machen
2 1/2 Sp (Gen 15,13 ...) NT 14mal
ταπείνωσις Demütigung
1/2 Sp (Gen 16,11 ...) Lk 1,48 Act 8,33 Phil 3,21 Jak 1,10
ταράσσω erregen
2 Sp (Gen 19,16 ...) NT 18mal
ταραχή Unruhe
1/2 Sp (Jud 11,35B ...) WB
τάραχος Aufruhr
7mal (Jud 11,35B ...) Act 12,18 19,23
ταραχ-ώδης von unruhiger Art
Ps 90,3 Sap 17,9
ταριχεύω einbalsamieren
Ep Jer 27
ταρσός Flügel
Sap 5,11 Dan Th 10,10A
τάρταρος Unterwelt
Job 40,20 41,24 Prov 30,16
τάσσω anordnen
1 Sp (Gen 3,24 ...) NT 8mal

| | | |
|---|---|---|
| ταυρηδόν | wie ein Stier | |
| | 4Mac 15,19 | |
| ταῦρος | Stier | Hb 9,13 10,4 |
| | 1/2 Sp (Gen 32,16 ...) | Mt 22,4 Act 14,13 |
| ταφέθ | = תפת *ein Ort, Jer 19,14 mit* διάπτωσις *(d.Fallen,s.d.) übersetzt* | |
| | 4Reg 23,10 Jer 7,31.32.32 19,14A | |
| ταφή | Begräbnis | |
| | 17mal (Gen 50,3 ...) | Mt 27,7 |
| τάφος | Grab | |
| | 1 Sp (Gen 23,4 ...) | NT 7mal |
| τάφρος | Graben | |
| | Micha 5,5 | |
| τάχα | vielleicht | |
| | Sap 13,6 14,19 | Röm 5,7 Phm 15 |
| ταχέως | schnell | |
| | 1/2 Sp (Jud 9,48 ...) | NT 15mal |
| ταχινός | schnell | |
| | 6mal (Prov 1,16 ...) | 2Pt 1,14 2,1 |
| τάχος | Schnelligkeit | |
| | 1/2 Sp (Ex 32,7 ...) | NT 8mal |
| ταχύνω | s.beeilen | |
| | 18mal (Gen 18,7 ...) | WB |
| ταχύς | schnell | |
| | 1 Sp (Gen 27,20 ...) | NT 13mal |
| τε | und | |
| | 1/2 Sp Textstellen (Gen 2,25 ...) | NT 215mal |
| τέγος | Dach | |
| | Ep Jer 9 | WB |
| τείνω | spannen | |
| | 9mal (1Par 5,18 ...) | |
| τειχήρης | mit Mauern umgeben | |
| | 11mal (Num 13,19 ...) | |
| τειχίζω | Mauern bauen | |
| | 11mal (Lev 25,29 ...) | |
| τειχιστής | Erbauer von Mauern | |
| | 4Reg 12,13 22,6 | |
| τεῖχος | Mauer | |
| | 2 1/2 Sp (Ex 14,22 ...) | NT 9mal |
| τεκμήριον | Beweis | |
| | Sap 5,11 19,13 3Mac 3,24 | Act 1,3 |
| τέκνον | Kind | |
| | 4 Sp (Gen 3,16 ...) | NT 99mal |
| τεκνο-ποιέω | ein Kind zeugen | |
| | 7mal (Gen 11,30 ...) | |
| τεκνο-φόνος | kindesmörderisch | |
| | Sap 14,23 | |
| τεκταίνω | als Zimmermann arbeiten | |
| | 12mal (Ps 128,3 ...) | |
| τεκτονικός | zum Zimmermann gehörig | |
| | Ex 31,5 | |
| τέκτων | Zimmermann | |
| | 1/2 Sp (1Reg 13,19 ...) | Mt 13,55 Mk 6,3 |
| τελαμών | breiter Lederriemen | |
| | 3Reg 21,38.41 | |
| τέλειος | vollendet | |
| | 20mal (Gen 6,9 ...) | NT 19mal |
| τελειότης | Vollendung | |
| | 6mal (Jud 9,16 ...) | Kol 3,14 Hb 6,1 |
| τελειόω | vollenden | |
| | 1/2 Sp (Ex 29,9 ...) | NT 23mal |

τελείως völlig
Jdth 11,6 2Mac 12,42 3Mac 3,26 7,22 1Ptr 1,13
τελείωσις Vollendung
17mal (Ex 29,22 ...) Lk 1,45 Hb 7,11
τέλεος vollkommen
3Mac 1,22
τελεσι-ουργέω zur Vollendung bringen
Prov 19,7
τελεσ-φορέω reife Früchte tragen
4Mac 13,20 Lk 8,14
* τελεσ-φόρος Ertrag bringend: Zauberin
Dt 23,18
τελετή Vollendung
6mal (3Reg 15,12 ...)
τελευταῖος der letzte
Prov 14,12.13 16,25 20,9b 3Mac 5,49 WB
τελευτάω sterben
2 Sp (Gen 6,17 ...) NT 13mal
τελευτή Ende, Tod
1/2 Sp (Gen 27,2 ...) Mt 2,15
τελέω vollenden
Num 25,3 NT 28mal
τελίσκομαι vollenden
Dt 23,18
τέλος Ende, Ziel
2 1/2 Sp (Gen 46,4 ...) NT 40mal
τελωνέομαι Zölle einnehmen
1Mac 3,39
τέμενος Tempelbezirk
11mal (Hos 8,14 ...)
τέμνω schneiden
12mal (Ex 36,10 ...)
τένων Gliederband, Sehne
4Mac 9,27
τεραπεύομαι von Wundern erzählen
3Mac 1,14
τέρας Wunder
1/2 Sp (Ex 4,21 ...) NT 16mal
* τερατο-ποιός Wunder tuend
2Mac 15,21 3Mac 6,32
τερατο-σκόπος Wunder beobachtend
Dt 18,11 Zach 3,8
τερέβινθος Terebinthe
Jes 1,30 6,13
τερέμινθος Terebinthe
7mal (Gen 14,6 ...)
τέρετρον Bohrer
Jes 44,12
τέρμα das volle Maß
3Reg 7,23vl.32 Sap 12,27 WB
τερπνός erfreulich
Ps 80,3 132,1 WB
τερπνότης Vergnügen
Ps 15,11 26,4
τέρπω sättigen, ergötzen
13mal (Job 39,13...)
τέρψις Sättigung
6mal (3Reg 8,28 ...)
τεσσαράκοντα vierzig
1/2 Sp Textstellen (Gen 5,13 ...) NT 15mal

τεσσαρακοστός der vierzigste
14mal (Num 33,38 ...)
τέσσαρες vier
1/2 Sp Textstellen (Gen 2,10 ...) NT 31mal
τεσσαρεσ-και-δέκατος vierzehn
1/2 Sp (Gen 14,5 ...) Act 27,27.33
τεταγμένως geordnet
1Mac 6,40
τέταρτος der vierte
1 1/2 Sp (Gen 1,19 ...) NT 10mal
τετρά-γωνος viereckig
13mal (Gen 6,14 ...) Apk 21,16
τετρά-δραχμον vier Drachmen-Münze
Job 42,11
τετραίνω (durch)bohren
7mal (4Reg 12,10 ...)
τετρακισ-μύριοι vierzigtausend
Jos 4,13
τετρακισ-χίλιοι viertausend
10mal (1Par 12,27 ...) NT 5mal
τετρακόσιοι vierhundert
1/2 Sp Textstellen (Gen 11,13 ...) Act 5,36 7,6 13,20 Gal 3,17
τετρακοσιοστός der vierhundertste
3Reg 6,1
τετρα-μερής vierteilig
2Mac 8,21
τετρά-μηνον Zeitraum von vier Monaten
Jud 19,2A 20,47A Joh 4,35
τετρά-πεδος vierflächig
2Par 34,11 Jer 52,4 1Mac 10,11
* τετραπλῶς vierfältig
3Reg 6,33
τετρά-πους vierfüßig
1/2 Sp (Gen 1,24 ...) Act 10,12 11,6 Röm 1,23
τετράς die Zahl vier
10mal (Ps 93,1 ...) WB
τετρά-στιχος in vier Reihen
Ex 28,17 36,17 Sap 18,24
τέφρα Asche
Tob 6,17 8,2 Sap 2,3 Dan Th Bel 14
τεχνάζομαι Kunst brauchen
Jes 46,5
τεχνάομαι Kunst brauchen
Sap 13,11
τέχνη Kunst
10mal (Ex 28,11 ...) Act 17,29 18,3 Apk 18,22
τεχνίτης Künstler
15mal (Dt 27,15 ...) Act 19,24.38 Hb 11,10 Apk 18,22
τεχνῖτις Künstlerin
Sap 7,21 8,6 14,2
τηγανίζω in der Pfanne braten
2Mac 7,5 WB
τήγανον Tiegel
13mal (Lev 2,5 ...)
τηκτός geschmolzen
Sap 19,21
τήκω schmelzen
1 Sp (Ex 15,15 ...) 2Pt 3,12
* τηλ-αύγημα Schimmer
Lev 13,23

| | | |
|---|---|---|
| τηλ-αυγής | glänzend<br>6mal (Lev 13,2 ...) | WB |
| τηλ-αύγησις | weites Glänzen<br>Ps 17,13 | |
| τηλικοῦτος | so groß<br>2Mac 12,3 3Mac 3,9 4Mac 16,4 | 2Kor 1,10 Hb 2,3 Jak 3,4 Apk 16,18 |
| τηρέω | bewahren<br>1/2 Sp (Gen 3,15 ...) | NT 70mal |
| τήρησις | Gewahrsam<br>5mal (Sap 6,18 ...) | Act 4,3 5,18 1Kor 7,19 |
| τιάρα | Turban<br>Ez 23,15 Dan 3,21 | |
| τίθημι | setzen, stellen<br>8 Sp (Gen 1,17 ...) | NT 100mal |
| τιθηνέω | warten, pflegen<br>Sir 30,9 Lam 4,5 3Mac 3,15 | |
| * τιθηνία | Pflege<br>4Mac 16,7 | |
| τιθηνός | pflegend<br>7mal (Num 11,12 ...) | |
| τίκτω | gebären<br>3 Sp (Gen 3,16 ...) | NT 18mal |
| τίλλω | rupfen<br>2Es 9,3 Jes 18,7 Dan LXX 7,4 *PS 13,3* | Mt 12,1 Mk 2,23 Lk 6,1 |
| τιμάω | ehren<br>1 Sp (Ex 20,12 ...) | NT 21mal |
| τιμή | Ehre<br>1 Sp (Gen 20,16 ...) | NT 41mal |
| τίμημα | Wert<br>Lev 27,27 | |
| τίμιος | kostbar<br>3/4 Sp (1Reg 3,1 ...) | NT 13mal |
| * τιμο-γραφέω | abschätzen<br>4Reg 23,35 | |
| τιμωρέω | bestrafen<br>11mal (Jud 5,14A ...) | Act 22,5 26,11 |
| * τιμωρητής | Helfer<br>2Mac 4,16 | WB |
| τιμωρία | Strafe<br>15mal (1Es 8,24 ...) | Hb 10,29 |
| * τίναγμα | Erschütterung<br>Job 28,26 | |
| τίνω *(nur Fut.Med.* τείσομαι*)* | Strafe zahlen<br>Prov 20,9b 24,22.29 27,12 | 2Thess 1,9 |
| τις | irgendwer<br>4 1/2 Sp (Gen 6,5 ...) | NT 526mal |
| τίς | wer?<br>18 Sp (Gen 2,19 ...) | NT 555mal |
| τιτρώσκω | verwunden<br>19mal (Num 31,19 ...) | WB |
| τμητός | geschnitten<br>Ex 20,25 | |
| τοι | wirklich<br>7mal 4Mac (2,17 ...) | WB |
| τοι-γαρ-οῦν | daher, denn<br>12mal Textstellen (Job 22,10 ...) | 1Thess 4,8 Hb 12,1 |
| τοί-νυν | daher<br>22mal Textstellen (2Par 28,23 ...) | Lk 20,25 1Kor 9,26 Hb 13,13 |
| τοῖος | so beschaffen<br>2Es 5,3 | |

| | | |
|---|---|---|
| τοιόσδε | derartig | |
| | 2Mac 11,27 15,12 | 2Ptr 1,17 |
| τοιοῦτος | derartig | |
| | 1 Sp (Gen 39,11 ...) | NT 57mal |
| τοῖχος | Wand | |
| | 1 1/2 Sp (Ex 30,3 ...) | Act 23,3 |
| τοκάς | die Gebärende | |
| | 3Reg 2,46[1] | |
| τοκετός | Geburt | |
| | Gen 35,16 Job 39,1.2 Sir 23,14 | WB |
| τόκος | Zins | |
| | 16mal (Ex 22,24 ...) | Mt 25,27 Lk 19,23 |
| τόλμα | Verwegenheit | |
| | 5mal (Jdth 16,10 ...) | WB |
| τολμάω | wagen | |
| | 7mal (Jdth 14,13 ...) | NT 16mal |
| τολμηρός | verwegen | |
| | Sir 8,15 19,2.3 | Röm 15,15 |
| τολύπη | Knäul | |
| | 4Reg 4,39 | |
| τομή | d.Schnitt | |
| | Job 15,32 Cant 2,12 | |
| * τομίς | Messer | |
| | Prov 30,14 | |
| τόμος | scharf | |
| | 1Es 6,22 Jes 8,1 | Hb 4,12 |
| τόνος | Spannung, Sehne | |
| | 4Mac 7,13 | WB |
| τόξευμα | Geschoß | |
| | 13mal (Gen 49,23 ...) | |
| τοξεύω | mit dem Bogen schließen | |
| | 6mal (2Reg 11,20 ...) | |
| τοξικόν (sc.φάρμακον) | Gift | |
| | Jud 5,28B | |
| τόξον | Bogen | |
| | 1 Sp (Gen 9,13 ...) | Apk 6,2 |
| τοξότης | Bogenschütze | |
| | 10mal (Gen 21,20 ...) | WBA |
| τοπάζιον | Topas | |
| | 5mal (Ex 28,17 ...) | Apk 21,20 |
| τοπ-άρχης | Landfürst | |
| | 13mal (Gen 41,34 ...) | |
| τοπ-αρχία | Gebiet des Landesfürsten | |
| | 1Mac 11,28 | |
| τόπος | Ort | |
| | 8 1/2 Sp (Gen 12,6 ...) | NT 94mal |
| τορευτός | geschnitzt | |
| | 7mal (Ex 25,18 ...) | |
| τόσος | so lange | |
| | Sir 11,11 13,9 | |
| τοσοῦτος | so groß | |
| | 1/2 Sp (Ex 1,12 ...) | NT 20mal |
| τότε | dann | |
| | 4 Sp (Gen 12,6 ...) | NT 160mal |
| τραγ-έλαφος | Antilope | |
| | Dt 14,5 Job 39,1 | |
| τράγος | Bock | |
| | 1/2 Sp (Gen 30,35 ...) | Hb 9,12.13.19 10,4 |
| τρανός | klar, deutlich | |
| | Sap 7,22 10,21 Jes 35,6 | |

τράπεζα Tisch
1 Sp (Ex 25,23 ...) NT 15mal
τραῦμα Wunde
20mal (Gen 4,23 ...) Lk 10,34
τραυματίας Verwundeter
1 Sp (Gen 34,27 ...)
τραυματίζω verwunden
12mal (1Reg 31,3 ...) Lk 20,12 Act 19,16
τραχηλιάω halsstarrig sein
Job 15,25
τράχηλος Hals
1 1/2 Sp (Gen 27,16 ...) NT 7mal
τραχύς rauh
8mal (Dt 21,4 ...) Lk 3,5 Act 27,29
τραχύτης Rauheit
3Mac 1,23
τρεῖς drei
1 Sp Textstellen (Gen 5,31 ...) NT 67mal
τρέμω zittern
13mal (Gen 4,12 ...) Mk 5,33 Lk 8,47 2Pt 2,10
τρέπω drehen
20mal (Ex 17,13 ...) WB
τρέφω ernähren
1/2 Sp (Gen 6,19 ...) NT 9mal
τρέχω laufen
1 Sp (Gen 18,7 ...) NT 20mal
τριακάς Zahl dreißig
2Mac 11,30
τριάκοντα dreißig
1/2 Sp Textstellen (Gen 5,3 ...) NT 9mal
τριακοντα-ετής dreißigjährig
1 Par 23,3
τριακόσιοι dreihundert
1/2 Sp Textstellen (Gen 5,23 ...) Mk 14,5 Jh 12,5
τριακοστός d.dreißigste
16mal (3Reg 16,23 ...)
τρί-βολος Distel
Gen 3,18 2Reg 12,31 Prov 22,5 Hos 10,8 Mt 7,16 Hb 6,8
τρίβος Weg, Pfad
1 Sp (Gen 49,17 ...) Mt 3,3 Mk 1,3 Lk 3,4
τρίβω reiben
Num 11,8 Prov 15,19 Jes 38,21 Jer 7,18
τρι-ετής dreijährig
2Par 31,16 Jes 15,5 2Mac 4,23 14,1 WBA
* τρι-ετίζω drei Jahre alt sein
Gen 15,9 1Reg 1,24
* τρι-ημερία Zeit von drei Tagen
Amos 4,4
τρι-ήρης Dreiruderer
2Mac 4,20
τρι-κυμία dreifache Woge
4Mac 7,2
* τρι-μερίζω in drei Teile teilen
Dt 19,3
τρί-μηνον dreimonatig
5mal (Gen 38,24 ...) Hb 11,23
τρι-όδους Dreizack
1Reg 2,13
τρι-πλασίως dreifach
Sir 43,4

τρι-πλοῦς dreifältig
Ez 42,6
τρίς dreimal
13mal (1Reg 20,41 ...) NT 12mal
τρισ-άθλιος dreimal unglücklich
4Mac 16,6
* τρισ-αλιτήριος dreimal frevelhaft
Esth 8,12P 2Mac 8,34 15,3
τρισ-καί-δεκα dreizehn
3Reg 7,38 1Par 6,45.47 26,11
τρισ-και-δέκατος der dreizehnte
16mal (Gen 14,4 ...)
τρισ-μύριοι dreimal zehntausend
Esth 1,7
* τρισσεύω dreimal tun
1Reg 20,19.20 3Reg 18,34
τρισσός dreifach
5mal (3Reg 9,22 ...)
τρισσόω verdreifachen
3Reg 18,34
τρισσῶς dreifach
6mal (1Reg 20,12 ...)
* τρι-στάτης Drittoberster *(neben König und Königin)*
9mal (Ex 14,7 ...)
τρισ-χίλιοι dreitausend
1/2 Sp Textstellen (Ex 32,28 ...) Act 2,41
τρισ-χίλιος der dreitausendste
1Mac 10,77
τριταῖος am dritten Tage
1Reg 9,20 30,13
τρίτος d.dritte
2 1/2 Sp (Gen 1,13 ...) NT 56mal
τριχ-απτός aus Haaren geflochten
Ez 16,10.13
τρίχινος aus Haaren
Ex 26,7 Zach 13,4 Apk 6,12
τρίχωμα Haarwuchs
Cant 4,1 6,5 Ez 24,17 Dan LXX 7,9
τρι-ώροφος dreistöckig
Gen 6,16 3Reg 6,8 Ez 41,7
τρομέω zittern
Esth 5,9vl 1Mac 2,24
τρόμος d.Zittern
1/2 Sp (Gen 9,2 ...) NT 5mal
τρόπαιον Denkmal
2Mac 5,6 15,6
τροπή d.Wende
11mal (Ex 32,18 ...) Jak 1,17
τρόπις,ιος Schiffskiel
Sap 5,10
τρόπος Art und Weise
3 1/2 Sp (Gen 26,29 ...) NT 13mal
τροπόω wenden, in die Flucht jagen
1/2 Sp (Jos 11,6 ...)
τροφεῖα,τά *oder* τροφαία,ἡ Lebensunterhalt *oder* Pflegerin
4Mac 15,13
τροφεύω ernähren
Ex 2,7 Bar 4,8
τροφή Nahrung
1/2 Sp (Gen 19,20A ...) NT 16mal

τροφός Amme
Gen 35,8 4Reg 11,2 2Par 22,11 Jes 49,23 1Thess 2,7
* τροφο-φορέω wie eine Amme tragen
Dt 1,31 2Mac 7,27 WB
τροχαντήρ Läufer
4Mac 8,13
τροχιά Pfad
6mal Prov (2,15 ...) Hb 12,13
* τροχιαῖος Radkeil
4Mac 11,10
τροχίζω rädern
4Mac 5,3
τροχίσκος kleines Rad
Ez 16,12
τροχός Rad
1 Sp (2Reg 24,22 ...) Jak 3,6
τρυβλίον Schüssel
9mal (Ex 25,28 ...) Mt 26,23 Mk 14,20
τρυγάω Trauben lesen
15mal (Lev 25,11 ...) Lk 6,44 Apk 14,18.19
τρυγητής Winzer
Sir 33,16 Obadja 1,5 Jer 30,3 31,32
τρύγητος Ernte
14mal (Lev 26,5 ...)
τρυγίας Weinmost
Ps 74,9
τρυγών Turteltaube
15mal (Gen 15,9 ...) Lk 2,24
τρυμαλιά Loch
6mal (Jud 6,2B ...) Mk 10,25
τρυπάω durchboren
Ex 21,6 Dt 15,17 Job 40,26 Hagg 1,6 WB
τρυφαλίς d.Geronnene *(Käse)*
1Reg 17,18
τρυφάω schwelgen
2Es 19,25 Sir 14,4 Jes 66,11 Jak 5,5
τρυφερεύομαι verweichlicht werden
Esth 5,1[a]
τρυφερός zart
11mal (Dt 28,54 ...) WB
τρυφερότης Luxus
Dt 28,56
τρυφή Schwelgerei
1/2 Sp (Gen 3,23 ...) Lk 7,25 2Pt 2,13
τρύφημα Vergnügen
Sir 31,3
τρύχω aufreiben
Sap 11,11 14,15
τρώγλη Loch
7mal (1Reg 14,11 ...)
τυγχάνω treffe
1/2 Sp (Dt 19,5 ...) NT 12mal
τυλόομαι Schwielen bekommen
Dt 8,4
τυμπανίζω martern
1Reg 21,14
τυμπανίστρια Paukenschlägerin
Ps 67,26
τύμπανον Folterwerkzeug
1/2 Sp (Gen 31,27 ...)

| | |
|---|---|
| τύπος | Figur<br>Ex 25,39 Amos 5,26 3Mac 3,30 4Mac 6,19 NT 15mal |
| τυπόω | formen<br>Sap 13,13 Sir 38,30 |
| τύπτω | schlagen<br>1/2 Sp (Ex 2,11 ...) NT 13mal |
| τυραννέω | herrschen<br>Prov 28,25 Sap 10,14 16,4 4Mac 5,38 |
| τυραννικός | tyrannisch<br>3Mac 3,8 4Mac 5,27 |
| τυραννίς | Gewaltherrschaft<br>7mal (Esth 1,18 ...) WB |
| τύραννος | Tyrann<br>1 Sp (Esth 9,3 ...) WB |
| τυρός | Käse<br>Job 10,10 |
| τυρόω | Käse machen<br>5mal (Job 10,10 ...) |
| τυφλός | blind<br>1/2 Sp (Ex 4,11 ...) NT 50mal |
| τυφλόω | blenden<br>Tob 7,6S Sap 2,21S Jes 42,19 Jh 12,40 2Kor 4,4 1Jh 2,11 |
| τῦφος | Dünkel<br>3Mac 3,18 WB |
| τύχη | Glück<br>Gen 30,11 Jes 65,11 2Mac 7,37 WB |
| ὕαινα | Hyäne<br>Sir 13,18 Jer 12,9 WB |
| ὑακίνθινος | hyazinthenfarbig<br>1/2 Sp (Ex 25,5 ...) Apk 9,17 |
| ὑάκινθος | Hyazinthe<br>1/2 Sp (Ex 25,4 ...) Apk 21,20 |
| ὕαλος | Glas<br>Job 28,17 Apk 21,18.21 |
| ὑβρίζω | mißhandeln<br>6mal (2Reg 19,44 ...) NT 5mal |
| ὕβρις | Mißhandlung<br>1 Sp (Lev 26,19 ...) Act 27,10.21 2Kor 12,10 |
| ὑβριστής | Frevler<br>10mal (Job 40,11 ...) Röm 1,30 1Tim 1,13 |
| ὑβριστικός | gewalttätig<br>Prov 20,1 |
| * ὑβρίστρια | Frevlerin<br>Jer 27,31 |
| ὑγιάζω | gesund machen<br>10mal (Lev 13,18 ...) |
| ὑγιαίνω | gesund sein<br>1/2 Sp (Gen 29,6 ...) NT 12mal |
| ὑγίεια | Gesundheit<br>16mal (Gen 42,15 ...) WB |
| ὑγιής | gesund<br>9mal (Lev 13,10 ...) NT 12mal |
| ὑγιῶς | gesund<br>Prov 31,8 |
| ὑγραίνω | bewässern<br>Job 24,8 |
| ὑγρασία | Nässe<br>Jer 31,18 Ez 7,17 21,12 |
| ὑγρός | feucht<br>Jud 16,7.8 Job 8,16 Sir 39,13 9,13 Lk 23,31 |

| | | |
|---|---|---|
| ὑδρ-αγωγός | Wasser führend<br>5mal (4Reg 18,7 ...) | |
| ὑδρεύομαι | Wasser schöpfen<br>13mal (Gen 24,11 ...) | |
| ὑδρία | Wasserkrug<br>17mal (Gen 24,14 ...) | Jh 2,6.7 4,28 |
| ὑδρίσκη | kleiner Wasserkrug<br>4Reg 2,20 | |
| ὑδρο-ποτέω | Wasser trinken<br>Dan LXX 1,12 | 1Tim 5,23 |
| ὑδρο-φόρος | Wasserträger<br>Dt 29,10 Jos 9,21.27.27 | |
| ὕδωρ | Wasser<br>8 1/2 Sp (Gen 1,2 ...) | NT 78mal |
| ὕειος | vom Schwein<br>9mal (Jes 65,4 ...) | |
| ὑετίζω | regnen lassen<br>Job 38,26 Jer 14,22 | |
| ὑετός | Regen<br>1 Sp (Gen 7,4 ...) | NT 5mal |
| υἱός | Sohn<br>61 Sp (Gen 4,17 ...) | NT 379mal |
| ὑλακτέω | bellen<br>Jes 56,10 | |
| ὕλη | Stoff, Material<br>9mal (Job 19,29 ...) | Jak 3,5 |
| ὑλο-τόμος | Holz schlagend<br>Sap 13,11 | |
| ὑλ-ώδης | waldig<br>Job 29,5 | |
| ὑμέναιος | Hochzeitsgesang<br>3Mac 4,6 | |
| ὑμέτερος | euer<br>5mal (Gen 9,5 ...) | NT 11mal |
| ὑμνέω | (be)singen<br>3/4 Sp (Jud 16,24B ...) | Hb 2,12<br>Mt 26,30 Mk 14,26 Act 16,25 |
| ὕμνησις | d.Preisen<br>Ps 70,6 117,14 Sir 47,8S | |
| ὑμνητός | gepriesen<br>Dan LXX 3,54.56 Th 3,54 | |
| ὑμνο-γράφος | Hymnen dichtend<br>4Mac 18,15 | |
| ὕμνος | Lobgesang<br>1/2 Sp (2Par 7,6 ...) | Eph 5,19 Kol 3,16 |
| ὑμν-ῳδέω | Hymnen singen<br>1Par 25,6 | |
| ὑπ-αγορεύω | vorsagen<br>1Es 6,29 | |
| ὑπ-άγω | fortgehen<br>7mal (Ex 14,21 ...) | NT 79mal |
| ὕπ-αιθρος | unter freiem Himmel<br>Prov 21,9 2Mac 15,19 | |
| ὑπ-ακοή | Gehorsam<br>2Reg 22,36 | NT 15mal |
| ὑπ-ακούω | gehorchen<br>1 Sp (Gen 16,2 ...) | NT 21mal |
| ὕπ-ανδρος | unter dem Mann stehend<br>Prov 6,24.29 Sir 9,9 41,3 | Röm 7,2 |
| ὑπ-αντάω | begegnen<br>7mal (Tob 7,1BA ...) | NT 10mal |

ὑπ-άντησις Begegnung
5mal (Jud 11,34B ...) Mt 8,34 25,1 Jh 12,13

ὕπαρ, τό *(indekl.)* Erscheinung
2Mac 15,11

ὕπ-αρξις Habe, Besitz
13mal (2Par 35,7 ...) Act 2,45 Hb 10,34

ὑπ-άρχω (vorhanden) sein
2 Sp (Gen 12,5 ...) NT 60mal

ὑπ-ασπιστής Schildträger
4Mac 3,12 9,11

ὕπατος der höchste
9mal (1Es 3,14 ...)

ὑπ-είκω nachgeben
4Mac 6,35 Hb 13,17

ὑπ-εκ-ρέω darunter herausfließen
3Mac 5,34

ὑπ-εν-αντίος feindlich
1/2 Sp (Gen 22,17 ...) Kol 2,14 Hb 10,27

ὑπ-εξ-αιρέομαι sich heimlich herausnehmen
Gen 39,9

ὑπέρ *b.Gen.* für, *b.Akk.* hinaus ... über
1 1/2 Sp Textstellen NT 150mal

ὑπερ-άγαν über die Maßen
2Mac 10,34 WB

ὑπερ-αγόντως übermäßig
2Mac 7,20

ὑπερ-άγω übertreffen
Sir 33,23 36,22 1Mac 6,43

* ὑπερ-αινετός überaus gepriesen
Dan 3,52

ὑπερ-αίρω sich überheben
6mal (2Par 32,23 ...) 2Kor 12,7.7 2Thess 2,4

ὑπερ-άλλομαι darüber springen
Sir 38,33

ὑπερ-άνω oben auf
1/2 Sp (Dt 26,19 ...) Eph 1,21 4,10 Hb 9,5

ὑπερ-άνωθεν von oben
Ps 77,23 Ez 1,25

* ὑπέρ-αρσις Verzücktheit
Ez 47,11

ὑπερ-ασπίζω mit dem Schild überdecken
1/2 Sp (Gen 15,1 ...) WBA

ὑπερ-ασπισμός Schutz
2Reg 22,36 Ps 17,36 Sir 34,16 Lam 3,65 WB

ὑπερ-ασπιστής Beschützer
18mal (2Reg 22,3 ...) WB

* ὑπερ-ασπίστρια Beschützerin
4Mac 15,29

ὑπερ-βαίνω überschreiten
15mal (1Reg 5,5 ...) 1Thess 4,6

ὑπερ-βαλλόντως übermäßig
Job 15,11 2Kor 11,23

ὑπερ-βάλλω darüber hinaus werfen
6mal (Sir 5,7 ...) NT 5mal

ὑπερ-βολή Übermaß
4Mac 3,18 NT 8mal

* ὑπερ-δυναμόω überwältigen
Ps 64,4

ὑπ-ερείδω unterstützen
Job 8,15 Prov 9,1

ὑπερ-εκ-χέω darüber ausgießen
Prov 5,16 Joel 2,24 4,13 3,13 Lk 6,38
ὑπερ-έν-δοξος überaus berühmt
Dan 3,53
ὑπερ-έχω überragen
13mal (Gen 25,23 ...) NT 5mal
ὑπερη-φανεύομαι sich über andere erheben
6mal (2Es 19,16 ...)
ὑπερη-φανέω verachten
2Es 19,10 4Mac 5,21 WB
ὑπερη-φανία Arroganz
1 Sp (Ex 18,21 ...) Mk 7,22
ὑπερή-φανος hochmütig
1/2 Sp (Esth 4,17[d.k] ...) NT 5mal
ὑπερη-φάνως hochmütig
1Mac 7,34.47 2Mac 9,4
ὑπέρ-θυρον Tür-Oberschwelle
Jes 6,4
ὑπερ-ισχύω überaus stark
16mal (Gen 49,26 ...)
ὑπέρ-κειμαι darüber liegen
Prov 31.29 Ez 16,47
ὑπερ-κεράω überflügeln
Jdth 15,5 1Mac 7,46
ὑπερ-κρατέω überwältigen
3Reg 16,22
ὑπερ-μαχέω für jmdn.streiten
1Mac 16,3
ὑπέρ-μαχος Vorkämpfer
Sap 10,20 16,17 2Mac 8,36 14,34 WB
ὑπερ-μεγέθης übermäßig schwer
1Par 20,6 Dan LXX 4,37[a]
ὑπερ-μήκης übermäßig lang
Num 13,32
ὑπέρ-ογκος von übermäßigem Umfang
7mal (Ex 18,22 ...) 2Pt 2,18 Jud 16
ὕπερον Raupe
Prov 23,31
* ὑπερ-όρασις d.Verachten
Num 22,30
ὑπερ-οράω verachten
1/2 Sp (Gen 42,21 ...) Act 17,30
ὑπερ-οχή d.Hervorragen
5mal (Jer 52,22 ...) 1Kor 2,1 1Tim 2,2
ὑπέρ-οψις d.Geringschätzen
ὑπερπλεονάζω s.S.318 Lev 20,4
ὑπερ-τήκω übermäßig schmelzen
4Mac 7,12
ὑπερ-τίθημι beiseite setzen
Prov 15,22 WB
ὑπερ-τιμάω übermäßig ehren
4Mac 8,5
ὑπερ-υμνητός übermäßig gepriesen
Dan LXX 3,53 Th 3,54
ὑπερ-υψόω erheben
1/2 Sp Dan u.Ps 36,35 96,9 Phil 2,9
ὑπερ-φερής hervorragend
Dan 2,31
ὑπερ-φέρω darübertragen
1Es 8,72 Dan LXX 7,7.20 Th 7,24

| | | |
|---|---|---|
| ὑπέρ-φοβος | ganz furchtbar | |
| | Dan LXX 7,19 | |
| ὑπερ-φρονέω | hochmütig sein | |
| | 4Mac 13,1 14,11 16,2 | Röm 12,3 |
| * ὑπερ-φωνέω | überlaut sprechen | |
| | Jdth 15,14 | |
| ὑπερ-χαρής | übermäßig erfreut | |
| | Esth 5,9 3Mac 7,20 | |
| ὑπερ-χέω | überschwemmen | |
| | Lam 3,54 | |
| ὑπ-έρχομαι | daruntergehen | |
| | 3Mac 4,6 | |
| ὑπερῷον | Obergemach | |
| | 1/2 Sp (Jud 3,20 ...) | Act 1,13 9,37.39 20,8 |
| ὑπερῷος | oben befindlich | |
| | Ez 42,5 | WB |
| ὑπ-εύθυνος | rechenschaftspflichtig | |
| | Prov 1,23 | |
| * ὑπ-ευλαβέομαι | sich fürchten | |
| | 2Mac 14,18 | |
| ὑπ-έχω | darunterhalten | |
| | Ps 88,51 Lam 5,7 2Mac 4,48 *PS 16,13* | Jud 7 |
| ὑπ-ήκοος | untertan | |
| | 5mal (Dt 20,11 ...) | Act 7,39 2Kor 2,9 Phil 2,8 |
| ὑπ-ηρεσία | Dienstleistung | |
| | Job 1,3 Sap 13,11 15,7 | WB |
| ὑπ-ηρετέω | dienen | |
| | 5mal (Sap 16,21 ...) | Act 13,36 20,34 24,23 |
| ὑπ-ηρέτης | Diener | |
| | Prov 14,35 Sap 6,4 Jes 32,5 Dan 3,46 | NT 20mal |
| ὑπ-ισχνέομαι | versprechen | |
| | Sap 17,8 2Mac 4,9 8,11 12,11 | WB |
| ὕπνος | Schlaf | |
| | 1 Sp (Gen 20,3 ...) | NT 6mal |
| ὑπνόω | schlafen | |
| | 1/2 Sp (Gen 2,21 ...) | WB |
| ὑπν-ώδης | schläfrig | |
| | Prov 23,21 | |
| ὑπό | *b.Gen.* von, *b.Akk.* unter | |
| | 1 1/2 Sp Textstellen | NT 220mal |
| ὑπο-βάλλω | heimlich anstiften | |
| | 1Es 2,14 | Act 6,11 |
| ὑπο-βλέπομαι | von unten anblicken | |
| | 1Reg 18,9 Sir 37,10 | |
| ὑπό-γειος | unterirdisch | |
| | Jer 45,11 | |
| ὑπο-γραμμός | Vorlage | |
| | 2Mac 2,18 | 1Pt 2,21 |
| ὑπο-γράφω | darunterschreiben | |
| | 11mal (1Es 2,12 ...) | |
| ὑπό-γυος | zur Hand | |
| | 2Mac 12,31 | |
| ὑπό-δειγμα | Beispiel | |
| | 5mal (Sir 44,16 ...) | NT 6mal |
| ὑπο-δεικνύω | zeigen | |
| | 1 Sp (1Par 28,18 ...) | NT 6mal |
| ὑπο-δέχομαι | gastlich aufnehmen | Lk 10,38 19,6 Act 17,7 Jak 2, |
| | Tob 7,7BA=7,8S Jdth 13,13 1Mac 16,15 4Mac 13,17 | |
| ὑπο-δέω | unterbinden | |
| | 2Par 28,15 Ez 16,10 | Mk 6,9 Act 12,8 Eph 6,15 |

ὑπό-δημα Sandale
1/2 Sp (Gen 14,23 ...) NT 10mal
ὑπο-δύτης Unterkleid
7mal Ex 28,27-36,33 u.Lev 8,7
ὑπο-δύω unterziehen
Jdth 6,13 WB
ὑπο-ζύγιον Zugtier
1/2 Sp (Gen 36,24 ...) Mt 21,5 2Pt 2,16
ὑπο-ζώννυμι sich untergürten
2Mac 3,19 *PS 17,22* Act 27,17
ὑπό-θεμα d.Untergestellte
Ex 25,38
ὑπό-θεσις d.Unterstellen
4Mac 1,12
ὑπο-καίω anzünden
6mal (Amos 4,2 ...)
** ὑπο-καλύπτω verbergen
Ex 26,12
ὑπο-κάτω unten
1 1/2 Sp (Gen 1,7 ...) NT 11mal
ὑπο-κάτωθεν von unten her
1/2 Sp (Dt 9,14 ...) WB
ὑπό-κειμαι darunterliegen
1Es 8,8 Job 16,4 1Mac 12,7 *PS 16,8* WB
ὑπο-κρίνομαι heucheln
8mal (Sir 1,29 ...) Lk 20,20
ὑπό-κρισις Heuchelei
2Mac 6,25 *PS 4,6* NT 6mal
ὑπο-κριτής Heuchler
Job 34,30 36,13 NT 18mal
ὑπο-λαμβάνω aufnehmen
3/4 Sp (2Par 25,8 ...) NT 5mal
ὑπό-λειμμα Überbleibsel
9mal (1Reg 9,24 ...) Röm 9,27
ὑπο-λείπω überbleiben
2 Sp (Gen 30,36 ...) Röm 11,3
ὑπο-λήνιον Keltertrog
Joel 4,13 Hagg 2,16 Zach 14,10 Jes 16,10 Mk 12,1
ὑπό-λημψις d.Aufnehmen
Sir 3,24
ὑπό-λοιπος zurückgelassen
Jes 11,11
* ὑπό-λυσις Auflösung
Nah 2,11
ὑπο-λύω losbinden
5mal (Dt 25,9 ...) WB
ὑπο-μαστίδιον unterhalb der Brust
3Mac 3,27
ὑπο-μένω zurückbleiben
1 1/2 Sp (Num 22,19 ...) NT 17mal
ὑπο-μιμνήσκω erinnern
3Reg 4,3 Sap 12,1 18,22 4Mac 18,14 NT 7mal
ὑπό-μνημα Erinnerung
2Reg 8,16
ὑπο-μνηματίζομαι zur Erinnerung aufschreiben
1Es 6,23
ὑπο-μνηματισμός d.Aufschreiben
1Es 2,17 2Es 4,15 2Mac 2,13 4,23
ὑπο-μνηματο-γράφος zur Erinnerung aufschreibend
1Par 18,15 2Par 34,8 Jes 36,3.22

ὑπό-μνησις Erinnerung
Ps 70,3 Sap 16,11 2Mac 6,17 2Tim 1,5 2Pt 1,13 3,1

ὑπο-μονή Geduld
1/2 Sp (1Par 29,15 ...) NT 32mal

ὑπο-νοέω vermuten
Tob 8,16 Jdth 14,14 Sir 23,21 Dan Th 7,25 Act 13,25 25,18 27,27

ὑπο-νόημα Vermutung
Sir 25,7

* ὑπο-νοθεύω verführen
2Mac 4,7.26.26

ὑπό-νοια Vermutung
Sir 3,24 Dan LXX 4,19.33b 5,6 1Tim 6,4

ὑπο-νύσσω unten stechen
Jes 58,3

ὑπο-πίπτω darunterfallen
1Es 8,17 Jdth 16,6 Prov 15,1 Dan LXX Sus 52 WB

ὑπο-πόδιον Fußschemel
Ps 98,5 109,1 Jes 66,1 Lam 2,1 NT 7mal

ὑπ-οπτεύω beargwöhnen
Ps 118,39 Sir 9,13 WB

ὕπ-οπτος verdächtig
2Mac 3,32 12,4

ὑπο-πυρρίζω rötlich sein
Lev 13,24

ὑπο-ρράπτω unten annähen
Sir 50,1

ὑπο-ρρίπτω verwerfen
4Mac 6,25

ὑπο-σημαίνω unterzeichnen
1Es 6,6

ὑπο-σκελίζω das Bein unterschlagen: niederwerfen
8mal (Ps 16,13 ...)

* ὑπο-σκέλισμα d.Fall
Prov 24,17

ὑπό-στασις Wirklichkeit, Standhaftigkeit
20mal (Dt 1,12 ...) NT 5mal

ὑπο-στέλλω zurückziehen
7mal (Ex 23,21 ...) Act 20,20.27 Gal 2,12 Hb 10,38

ὑπό-στημα Standlager
2Reg 23,14

* ὑπο-στήριγμα untergesetzte Stütze
5mal (3Reg 7,11 ...)

ὑπο-στηρίζω unterstützen
Ps 36,17 144,14

ὑπο-στρέφω zurückkehren
1/2 Sp (Gen 8,7 ...) NT 35mal

ὑπο-στρώννυμι unterbreiten
Sir 4,27 Jes 58,5 Ez 27,30 4Mac 9,19 Lk 19,36

* ὑπο-σχάζω abschlachten
Sir 12,17

ὑπό-σχεσις d.Versprechen
Sap 12,21 4Mac 15,2

ὑπο-τάσσω unterordnen
1/2 Sp (3Reg 10,15 ...) NT 38mal

ὑπο-τίθημι darunter legen
13mal (Gen 28,18 ...) Röm 16,4 1Tim 4,6

ὑπο-τίτθιος an der Brust liegend
Hos 14,1

ὑπ-ουργός Diener
Jos 1,1

ὑπο-φαίνω sichtbar machen
2Mac 10,35 13,17
ὑπό-φαυσις Erhellung
Ez 41,16
ὑπο-φέρω ertragen
1/2 Sp (3Reg 8,64 ...) 1Kor 10,13 2Tim 3,11 1Pt 2,19
* ὑπό-φρικος erschaudernd
3Mac 6,20
ὑπο-χείριος zur Hand
16mal (Gen 14,20 ...)
ὑπο-χόνδριον Unterleib
1Reg 31,3
ὑπό-χρεως verschuldet
1Reg 22,2 Jes 50,1
ὑπο-χύτηρ Ölkanne
Jer 52,19
ὑπο-χωρέω zurückweichen
Jud 20,37 Sir 13,9 2Mac 12,12A Lk 5,16 9,10
ὑπ-οψία Argwohn
2Mac 4,34
ὑπτιάζω rücklings überfallen
Job 11,13
ὕπτιος zurückgebeugt
Job 14,19
ὑπ-ώπιον unter den Augen
Prov 20,30
ὗς Schwein
7mal (Lev 11,7 ...) 2Pt 2,22
ὕσσωπος = אזוב Ysop
10mal (Ex 12,22 ...) Jh 19,29 Hb 9,19
ὑστερέω zu spät kommen
1/2 Sp (Num 9,7 ...) NT 16mal
ὑστέρημα Mangel
6mal (Jud 18,10 ...) NT 9mal
* ὑστερο-βουλία Beratschlagung nach der Tat
Prov 31,3
ὕστερον später
14mal (Prov 5,4 ...) NT 10mal
ὕστερος der letzte
1Par 29,29 Sap 19,11 Jer Ep 71 3Mac 5,49 *PS 2,28* Mt 21,31 1Tim 4,1
ὑφαίνω weben
14mal (Ex 35,35 ...) WBA
ὑφ-αιρέω wegnehmen
Eccl 2,10 Job 21,18 27,20 Ep Jer 9
ὑφάντης Weber
6mal Ex 26,1-37,5
ὑφαντός gewoben
11mal Ex 26,31-37,21 Jh 19,23
ὑφ-άπτω von unten anzünden
2Mac 8,33 12,9 14,41
ὕφασμα Gewebe
6mal (Ex 28,8 ...)
ὑφ-ίστημι darunterstellen
1/2 Sp (Num 22,26 ...) WB
ὑφ-οράομαι argwöhnisch ansehen
2Mac 7,24 3Mac 3,23
ὑψ-αυχενέω den Hals hochtragen
2Mac 15,6 3Mac 3,19
* ὑψηλο-κάρδιος hochherzig
Prov 16,5

ὑψηλός — hoch
3 Sp (Gen 7,19 ...) — NT 11mal

ὕψιστος — höchster
2 Sp (Gen 14,18 ...) — NT 13mal

ὕψος — Höhe
2 Sp (Gen 6,15 ...) — NT 6mal

ὑψόω — erhöhen
2 1/2 Sp (Gen 7,17 ...) — NT 20mal

ὕψωμα — Erhöhung
Jdth 10,8 13,4 15,9 Job 24,24 — Röm 8,39 2Kor 10,5

ὕψωσις — d.Erhöhen
Ps 149,6

ὕω — regnen
Ex 9,18 16,4

* φάζ — = פז gediegenes reines Gold
Cant 5,11

φαιδρός — heiter
4Mac 13,13

φαίνω — scheinen
1 Sp (Gen 1,15 ...) — NT 31mal

φαιός — schwärzlich-grau
Gen 30,31.33.35

φακός — Linse (Linsenfrucht,-gericht)
10mal (Gen 25,34 ...)

φάλαγξ — Schlachtreihe
1Mac 6,35.38.45 9,12 10,82

φαλ-ακρός — kahlköpfig
Lev 13,40 4Reg 2,23 Ez 29,18

* φαλακρόω — kahlköpfig machen
Ez 27,31A

φαλάκρωμα — Kahlkopf
12mal (Lev 13,42 ...)

φανερός — sichtbar, bekannt
19mal (Gen 42,16 ...) — NT 18mal

φανερόω — offenbar machen
Jer 40,6 — NT 49mal

φανερῶς — offenbar
2Mac 3,38 — Mk 1,45 Jh 7,10 Act 10,3

φαντάζομαι — erscheinen
Sap 6,16 Sir 34,5 — Hb 12,21

φαντασία — Gepränge
5mal (Sap 18,17 ...) — Act 25,23

φάντασμα — Erscheinung
Job 28,8A Sap 17,14 Jes 28,7A — Mt 14,26 Mk 6,49

φαντασο-κοπέω — Hoffnungen machen
Sir 4,30

φάραγξ — Schlucht
1 Sp (Gen 14,3 ...) — Lk 3,5

φαρές — = פרס Pheres *("Mene, Mene Thekel Upharim")*
Dan LXX 5,0 Th 5,25.28

φαρέτρα — Köcher
10mal (Gen 27,3 ...)

φαρμακεία — Zauberei
8mal (Ex 7,11 ...) — Gal 5,20 Apk 18,23

φαρμακεύω — Giftmischerei treiben
2Par 33,6 Ps 57,6 2Mac 10,13 — WB

φάρμακον — Gift
13mal (Dt 18,10 ...) — Apk 9,21

φαρμακός — Giftmischer
13mal (Ex 7,11 ...) — Apk 21,8 22,15

| | | |
|---|---|---|
| * φαρουίμ | = פרורים (פרבר) Anbau an den salomischen Tempel<br>4Reg 23,11 | |
| φάρυγξ | Schlund<br>9mal (1Reg 17,35 ...) | |
| * φασέκ | = פסח Passa(-fest, -lamm)<br>6mal 2Par 30,1-18 u.Jer 38,8 | |
| * φασέχ | = פסח Passa(-fest, -lamm)<br>12mal 2Par 35,1-18 | |
| φάσις | Anzeige<br>2Es 4,17BA Dan Th Sus 55 | Act 21,31 |
| φάσκω | behaupten<br>5mal (Gen 26,20 ...) | Act 24,9 25,19 Röm 1,22 |
| φάσμα | Erscheinung<br>5mal (Num 16,30 ...) | |
| φάτνη | Krippe<br>7mal (2Par 32,28 ...) | Lk 2,7.12.16 13,15 |
| φατνόω | aushöhlen<br>3Reg 7,40 Ez 41,16 | |
| φάτνωμα | (Decken-)Getäfeltes<br>5mal (Cant 1,17 ...) | WBA |
| φαυλίζω | für schlecht halten<br>16mal (Gen 25,34 ...) | |
| * φαύλισμα | Geringschätzung<br>Zeph 3,11 | |
| * φαυλισμός | Geringschätzung<br>Hos 7,16 Jes 28,11 51,7 | |
| * φαυλίστρια | Spötterin<br>Zeph 2,15 | |
| φαῦλος | schlecht<br>10mal (Job 6,3 ...) | NT 6mal |
| φαυλότης | Geringfügigkeit<br>Sap 4,12 | |
| * φαῦσις | Signalfeuer<br>Gen 1,14.15 Jdth 13,13 Ps 73,16 | |
| φέγγος | Schein<br>1/2 Sp (2Reg 22,13 ...) | Mt 24,29 Mk 13,24 |
| φείδομαι | schonen<br>1 Sp (Gen 19,16 ...) | NT 10mal |
| φειδώ | Schonung<br>Esth 3,13$^{f}$ Sap 12,18 *PS 5,13* | |
| φειδωλός | sparsam<br>4Mac 2,9 | |
| * φελμουνί | = פלמוני ein gewisser<br>Dan 8,13 | |
| φερνή | Mitgift<br>5mal (Gen 34,12 ...) | |
| φερνίζω | aussteuern<br>Ex 22,15 | |
| φέρω | tragen<br>4 1/2 Sp (Gen 4,3 ...) | NT 66mal |
| φεύγω | fliehen<br>3 Sp (Gen 14,10 ...) | NT 29mal |
| φευκτός | geflohen<br>Sap 17,9 | |
| φήμη | Kunde<br>Prov 15,30 2Mac 4,39 3Mac 3,2 4Mac 4,22 | Mt 9,26 Lk 4,14 |
| φημί | sagen<br>3/4 Sp (Gen 24,47 ...) | NT 66mal |
| φθάνω | zuvorkommen<br>1/2 Sp (Jud 20,34B ...) | NT 7mal |

φθάρμα d.Verdorbene
Lev 22,25
φθαρτός vergänglich
Sap 9,15 14,8 Jes 54,17 2Mac 7,16 NT 6mal
φθέγγομαι reden
15mal (Jud 5,11A ...) Act 4,18 2Pt 2,16.18
φθέγμα Laut
Job 6,26 Sap 1,11
* φθειρίζω lausen
Jer 50,12.12
φθείρω vernichten
1/2 Sp (Gen 6,11 ...) NT 9mal
φθίνω schwinden
Job 31,26
φθόγγος Schall
Ps 18,5 Sap 19,18 Röm 10,18 1Kor 14,7
φθονερός neidisch
Sir 14,10
φθονέω beneiden
Tob 4,7.16 Gal 5,26
φθόνος Neid
Sap 2,24 6,23 1Mac 8,16 3Mac 6,7 NT 9mal
φθορά Verderben
9mal (Ex 18,18 ...) NT 9mal
φθορεύς Zerstörer
4Mac 18,8 WB
φιάλη Schale
1/2 Sp (Ex 27,3 ...) 12mal Apk
φιλ-άγαθος Freund des Guten
Sap 7,22 Tit 1,8
φιλ-αδελφία Bruderliebe
4Mac 13,23.26 14,1 NT 6mal
φιλ-άδελφος bruderliebend
2Mac 15,14 4Mac 13,21 15,10 1Pt 3,8
* φιλ-αμαρτήμων die Sünde "liebend"
Prov 17,19
φιλ-ανθρωπέω Menschenfreund sein
2Mac 13,23
φιλ-ανθρωπία Menschenfreundlichkeit
5Mal (Esth 8,12[l] ...) Act 28,2 Tit 3,4
φιλ-άνθρωπος menschenfreundlich
6mal (1Es 8,10 ...) WB
φιλ-ανθρώπως menschenfreundlich
2Mac 9,27 3Mac 3,20 Act 27,3
φιλ-αργυρέω Geld lieben
2Mac 10,20 WB
φιλ-αργυρία Geldgier
4Mac 1,26 1Tim 6,10
φιλ-άργυρος geldgierig
4Mac 2,8 Lk 16,14 2Tim 3,2
φιλ-αρχία Herrschlust
4Mac 2,15
φιλ-ελεήμων gern mitleidig
Tob 14,9BA
φιλ-εχθρέω Feindschaft "lieben"
Prov 3,30
φιλέω lieben
1/2 Sp (Gen 27,4 ...) NT 25mal
φιλ-ηκοΐα Liebe zum Anhören: Aufmerksamkeit
4Mac 15,21

| | | |
|---|---|---|
| φίλημα | Kuß<br>Prov 27,6 Cant 1,2 | NT 7mal |
| φιλία | Freundschaft<br>1/2 Sp (Prov 5,19 ...) | Jak 4,4 |
| φιλιάζω | jmds.Freund sein<br>6mal (Jud 5,30A ...) | |
| φιλο-γέωργος | d.Landleben liebend<br>2Par 26,10 | |
| φιλο-γύναιος | Frauenfreund<br>3Reg 11,1 | |
| φιλο-δοξία | Ruhmliebe<br>Esth 4,17[d] 4Mac 1,26 | |
| φιλό-κοσμος | Prunk liebend<br>Ep Jer 8 | |
| φιλο-μαθέω | wißbegierig sein<br>Sir Prol 5.34 | |
| φιλο-μαθής | wißbegierig<br>Sir Prol 13 | |
| φιλο-μήτωρ | die Mutter liebend<br>4Mac 15,10 | |
| φιλο-νεικέω | streitsüchtig sein<br>Prov 10,12 | |
| φιλο-νεικία | Streitsucht<br>2Mac 4,4 4Mac 1,26 8,26 | Lk 22,24 |
| φιλό-νεικος | streitsüchtig<br>Ez 3,7 | 1Kor 11,16 |
| φολο-πολίτης | seine Mitbürger liebend<br>2Mac 14,37 | |
| φιλο-πονέω | sich emsig beschäftigen<br>Sir Prol 20 | WB |
| φιλο-πονία | Engagement<br>Sir Prol 31 | |
| φίλος | lieb, Freund<br>3 Sp (Ex 33,11 ...) | NT 29mal |
| φιλο-σοφέω | philosophiern<br>4Mac 5,7.11 7,21 8,1 | |
| φιλο-σοφία | Philosophie<br>4Mac 1,1 5,11.22 7,9.21 | Kol 2,8 |
| φιλό-σοφος | Philosoph<br>Dan LXX 1,20 4Mac 1,1 5,35 7,7 | Act 17,18 |
| φιλο-στοργία | innige Liebe<br>2Mac 6,20 4Mac 15,6.9 | WB |
| φιλό-στοργος | innig liebend<br>4Mac 15,13 | Röm 12,10 |
| φιλο-στόργως | innig liebend<br>2Mac 9,21 | |
| φιλο-τεκνία | Liebe zu den Kindern<br>4Mac 14,13 15,11.23.25 16,3 | |
| φιλό-τεκνος | kinderlieb<br>4Mac 15,4.5.6 | Tit 2,4 |
| φιλο-τιμία | Ehrerbietung<br>Sap 14,18 | WB |
| φιλό-τιμος | ehrliebend<br>Sap 18,3 3Mac 4,15 | |
| φιλο-τίμως | ehrliebend<br>Dan Th Sus 12 2Mac 2,21 | |
| φιλο-φρονέω | Interesse zeigen<br>2Mac 2,25 | |
| φιλο-φρόνως | freundlich<br>2Mac 3,9 4Mac 8,5 | Act 28,7 |

| | | |
|---|---|---|
| φιλό-ψυχος | sein Leben liebend<br>Sap 11,26 | |
| φίλτρον | Zaubertrank<br>4Mac 13,19.27 15,13 | |
| φιμός | Maulkorb<br>Job 30,28 Sir 20,29 Jes 37,29 | |
| φιμόω | verschließen<br>Dt 25,4 Dan LXX Sus 61 4Mac 1,35 | NT 7mal |
| φλεγμαίνω | entzünden<br>Nah 3,19 Jes 1,6 | |
| φλεγμονή | Entzündung<br>4Mac 3,17 | |
| φλέγω | brennen<br>12mal (Ex 24,17 ...) | WB |
| φλέψ | Wasserader<br>Hos 13,15 | |
| φλιά | Türpfosten<br>9mal (Ex 12,7 ...) | |
| φλογίζω | in Brand setzen<br>6mal (Ex 9,24 ...) | Jak 3,6.6 |
| φλόγινος | feurig<br>Gen 3,24 | |
| φλοιός | Baum-Rinde<br>Sap 13,11 | |
| φλόξ | Flamme<br>1 Sp (Gen 15,17 ...) | NT 7mal |
| φλύαρος | geschwätzig<br>4Mac 5,11 | |
| φλυκτίς | Blase *(Geschwür)*<br>Ex 9,9.10 | |
| φοβέομαι | erschrecken<br>6 Sp (Gen 3,10 ...) | NT 95mal |
| * φοβερίζω | in Schrecken versetzen<br>5mal (2Es 10,3 ...) | |
| * φοβερισμός | Schrecken<br>Ps 87,17 | |
| * φοβεροειδής | schrecklich<br>3Mac 6,18 | |
| φοβερός | furchtbar<br>1/2 Sp (Gen 28,17 ...) | Hb 10,27.31 12,21 |
| φοβερῶς | furchtbar<br>Ps 138,14 3Mac 5,45 | |
| φόβητρον | Schreckmittel<br>Jes 19,17 | Lk 21,11 |
| φόβος | Furcht<br>3 Sp (Gen 9,2 ...) | NT 47mal |
| φοιβάω | reinigen<br>Dt 14,1 | |
| φοινικοῦς | purpurrot<br>Jes 1,18 | WB |
| φοινιξ | Dattelpalme<br>1/2 Sp (Ex 15,27 ...) | Jh 12,13 Apk 7,9 |
| φονεύς | Mörder<br>Sap 12,5 | NT 7mal |
| φονευτής | Mörder<br>18mal (Num 35,11 ...) | |
| φονεύω | morden<br>1 Sp (Ex 20,15 ...) | NT 12mal |
| * φονο-κτονέω | mit Mord beflecken<br>Num 35,33.33 Ps 105,38 | |

* φονο-κτονία Mord
1Mac 1,24

φόνος Mord
1/2 Sp (Ex 5,3 ...) NT 9mal

φον-ώδης mordartig
4Mac 10,17

φορβέα Halfter
Job 40,25

φορεῖον Trage
Cant 3,9 2Mac 3,27 9,8

φορεύς Träger
Ex 27,6.7.7

φορέω tragen
6mal (Esth 4,17[w] ...) NT 6mal

* φορθομμίν = פרתמים *(persische)* Vornehme
Dan Th 1,3

φορο-λογέω besteuern
2Par 36,4[a] 1Es 2,22

φορο-λόγητος besteuert
Dt 20,11

φορο-λογία d.Einsammeln
1Es 2,15 6,28 8,22 1Mac 1,29

φορο-λόγος Steuern einnehmend
6mal (2Es 4,7 ...)

φόρος Tribut
1/2 Sp (Jos 19,48a ...) NT 5mal

φορτίζω belasten
Ez 16,33 Mt 11,28 Lk 11,46

φορτίον Last
8mal (Jud 9,48A ...) NT 6mal

φραγμός Umfriedigung
18mal (Gen 38,29 ...) Mt 21,33 Mk 12,1 Lk 14,23 Eph 2,14

φράζω deuten
Job 6,24 12,8 Dan LXX 2,4 Mt 15,15

φραζών = פרזון = δυνατοί (Jud 5,7B) Führerschaft
Jud 5,7A

φράσσω verstopfen
7mal (Job 38,8 ...) Röm 3,19 2Kor 11,10 Hb 11,33

φρέαρ Brunnen
1 Sp (Gen 14,10 ...) NT 7mal

φρενόομαι belehrt werden
2Mac 11,4

φρήν Verstand
12mal (Prov 6,32 ...) 1Kor 14,20.20

* φρικασμός d.Schauder
2Mac 3,17

φρίκη d.Schauder
Job 4,14 Amos 1,11 WB

φρικτός schauderhaft
Sap 8,15 Jer 5,30 18,13 23,14 u.Adv. Sap 6,5

φρικ-ώδης schaudervoll
Hos 6,10

φρίττω schaudern
6mal (Jdth 16,10 ...) Jak 2,19

φρονέω denken
15mal (Dt 32,29 ...) NT 26mal

φρόνημα Bestreben
2Mac 7,21 13,9 Röm 8,6.6.7.27

φρόνησις Denken
1 Sp (Jos 5,1 ...) Lk 1,17 Eph 1,8

| | | |
|---|---|---|
| φρόνιμος | klug | |
| | 1/2 Sp (Gen 3,1 ...) | NT 14mal |
| φροντίζω | sich kümmern um | |
| | 15mal (1Reg 9,5 ...) | Tit 3,8 |
| φροντίς | Fürsorge | |
| | 9mal (Job 11,18 ...) | WB |
| φροντιστέον | zu bemühen | |
| | 2Mac 2,29 | |
| φρουρά | Wache | |
| | 12mal (2Reg 8,6 ...) | WB |
| φρουρέω | bewachen | Phil 4,7 1Pt 1,5 |
| | 1Es 4,56 Sap 17,15 1Mac 11,3vl | 2Kor 11,32 Gal 3,23 |
| φρούριον | Wachposten | |
| | 2Mac 10,32.33 13,19 | |
| ** φρουρόω | bewachen | |
| | Jdth 3,6 | |
| φρύαγμα | d.Schnauben | |
| | 6mal (Hos 4,18 ...) | |
| φρυάττω | sich brüsten | |
| | Ps 2,1 2Mac 7,34 3Mac 2,2 | Act 4,25 |
| φρύγανον | Strauch, Reisig | |
| | 6mal (Job 30,7 ...) | Act 28,3 |
| φρύγιον | dürres Holz | |
| | Ps 101,4 | |
| φρύγω | dörren | |
| | Lev 2,14 23,14 | |
| * φυγαδευτήριον | Zufluchtsort | |
| | 18mal (Num 35,6 ...) | WB |
| φυγαδεύω | verjagen | |
| | 6mal (Ps 54,8 ...) | WB |
| * φυγάδιον | Zufluchtsort | |
| | Num 35,15 2Es 4,15.19 | |
| φυγάς | flüchtig | |
| | 9mal (Ex 23,27 ...) | |
| φυγή | Flucht | |
| | 13mal (2Reg 18,3 ...) | Mt 24,20 |
| φυή | Wuchs | |
| | 2Es 14,1 Sus Th 4,15.23.26 | |
| φῦκος | Schminke | |
| | Sap 13,14 | |
| φύλαγμα | Wache | |
| | 8mal (Lev 8,35 ...) | |
| φυλακή | Wache | |
| | 2 Sp (Gen 40,3 ...) | NT 47mal |
| φυλακίζομαι | in Haft nehmen | |
| | Sap 18,4 | Act 22,19 |
| * φυλάκισσα | Wächterin | |
| | Cant 1,6 | |
| φύλαξ | Wächter | |
| | 1/2 Sp (Gen 4,9 ...) | Act 5,23 12,6.19 |
| φυλ-άρχης | Anführer | |
| | 2Mac 8,32 | |
| φύλ-αρχος | Stammeshaupt | |
| | 5mal (Dt 31,28 ...) | WB |
| φυλάσσω | bewachen | |
| | 7 1/2 Sp (Gen 2,15 ...) | NT 31mal |
| φυλή | Stamm | |
| | 6 Sp (Gen 10,5 ...) | NT 31mal |
| φύλλον | Blatt | |
| | 19mal (Gen 3,7 ...) | NT 6mal |

φῦλον Stamm
3Mac 4,14 5,5

φύραμα Teig
Ex 7,28 12,34 Num 15,20.21 NT 5mal

φύρασις d.Kneten
Hos 7,4

φυράω kneten
13mal (Gen 18,6 ...)

φύρδην geknetet
2Mac 4,41

φυρμός Verwirrung
Ez 7,23 *PS 2,13*

φύρομαι vermischt werden
8mal (2Reg 20,12 ...)

φυσάω blasen
Sap 11,18 Sir 28,12 43,4 Jes 54,16

φυσητήρ Blasebalg
Job 32,19 Jer 6,29

φύσις Natur
12mal (Sap 7,20 u.3.4Mac) NT 14mal

φυτεία Planze
4Reg 19,29 Micha 1,6 Ez 17,7 *PS 14,4* Mt 15,13

φύτευμα d.Gepflanzte
Jes 17,10 60,21 61,3

φυτεύω pflanzen
1 Sp (Gen 2,8 ...) NT 11mal

φυτόν Gewächs
18mal (Gen 22,13 ...) WB

φύω hervorwachsen
15mal (Ex 10,5 ...) Lk 8,6.8 Hb 12,15

φωνέω rufen
1/2 Sp (1Par 15,16 ...) NT 43mal

φωνή Laut
8 1/2 Sp (Gen 3,8 ...) NT 139mal

φωράομαι ertappt werden *(als Dieb)*
Prov 26,19 3Mac 3,29

φῶς Licht
2 1/2 Sp (Gen 1,3 ...) NT 73mal

φωστήρ Leuchtkörper
6mal (Gen 1,14 ...) Phil 2,15 Apk 21,11

φωτ-αγωγέω voranleuchten
4Mac 17,5

φωτεινός hell leuchtend
Sir 17,31 23,19 NT 5mal

φωτίζω leuchten
1 Sp (Ex 38,13 ...) NT 11mal

φωτισμός d.Erstrahlen
6mal (Job 3,9 ...) 2Kor 4,4.6

χαβραθά = כברת (Längenmaß einer Wegstrecke)
Gen 35,16 48,7

χαίνω gähnen
Gen 4,11 Ez 2,8

χαιρετίζω grüßen
Tob 5,10S 7,1AB

χαίρω sich freuen
1 Sp (Gen 45,16 ...) NT 74mal

χάλαζα Hagel
1/2 Sp (Ex 9,18 ...) Apk 8,7 11,19 16,21.21

χαλαστόν (abspannbare) Kette
2Par 3,5.16

| | | |
|---|---|---|
| χαλάω | herunterlassen<br>5mal (Ex 36,28 ...) | NT 7mal |
| χαλβάνη | Galbanum *(harziger Saft)*<br>Ex 30,34 Sir 24,15 | |
| χαλεπαίνω | schwierig sein<br>4Mac 9,10 16,22 | |
| χαλεπός | schwer<br>11mal (Sap 3,19 ...) | Mt 8,28 2Tim 3,1 |
| χαλινός | Zügel<br>6mal (4Reg 19,28 ...) | Jak 3,3 Apk 14,20 |
| χάλιξ | Kies<br>Job 8,17 21,33 Sir 22,18 | WB |
| χαλκεῖον | Kupfergefäß<br>2Par 35,13 1Es 1,13 Job 41,23 | |
| χαλκεῖος | kupfern<br>8mal (Jud 16,21B ...) | |
| χαλκεύς | Kupferschmied<br>7mal (Gen 4,22 ...) | 2Tim 4,14 |
| χαλκεύω | schmieden<br>1Reg 13,20 | WB |
| χαλκίον | Kupfergefäß<br>1Reg 2,14 2Par 35,13 1Es 1,13 Job 41,23 | Mk 7,4 |
| * χαλκο-πλάστης | Kupferschmied<br>Sap 15,9 | |
| χαλκός | Bronze<br>1 Sp (Gen 4,22 ...) | NT 5mal |
| χαλκοῦς | kupfern<br>2 Sp (Ex 26,11 ...) | Apk 9,20 |
| χαμαί | auf dem Boden<br>8mal (Jdth 12,15 ...) | Jh 9,6 18,6 |
| χαμαι-λέων | Chamäleon<br>Lev 11,30 Zeph 2,14 | |
| χαμαι-πετής | auf der Erde liegend<br>1Es 8,88 | |
| * χαμανίμ | *nach* כמנים ein Längenmaß<br>2Es 8,27 | |
| χάος | Chaos<br>Micha 1,6 Zach 14,4 | |
| χαρά | Freude<br>3/4 Sp (1Par 29,22 ...) | NT 59mal |
| χαραδριός | eine Vogelart<br>Lev 11,19 Dt 14,18 | |
| * χαρακο-βολία | d.Aufwerfen eines Walles<br>Ez 17,17 | |
| χαρακόω | mit Pfählen versehen<br>Jes 5,2 Jer 39,2 | |
| χαρακτήρ | Gepräge<br>Lev 13,28 2Mac 4,10 4Mac 15,4 | Hb 1,3 |
| χαράκωσις | Umzäunung<br>Dt 20,20 | WB |
| χάραξ | Pfahl<br>14mal (Dt 20,19 ...) | Lk 19,43 |
| χαράσσω | zuspitzen<br>3Reg 15,27B 4Reg 17,11 Sir 50,27 3Mac 2,29 | |
| χαρίεις | anmutig<br>4Mac 8,3 | |
| χαρίζομαι | schenken<br>12mal (Esth 8,7 ...) | NT 23mal |
| χάριν | um-willen<br>3Reg 14,16 | NT 9mal |

| | | |
|---|---|---|
| χάρις | Gnade, Dank<br>2 Sp (Gen 6,8 ...) | NT 156mal |
| χάρισμα | Gnadengabe<br>Sir 7,33S 38,30B | NT 17mal |
| χαριστήριον | Gefälligkeit<br>2Mac 12,45 | |
| χαριτόω | begnaden<br>Sir 18,17 | Lk 1,28 Eph 1,6 |
| χαρμονή | Freude<br>7mal (Job 3,7 ...) | |
| χαρμοσύνη | Lust<br>7mal (Lev 22,29 ...) | |
| χαρ-οπός | freudig blickend<br>Gen 49,12 | |
| * χαρσίθ | = חרסית Scherbe<br>Jer 19,2 | |
| * χαρτηρία | Blatt Papier<br>3Mac 4,20 | |
| χάρτης | Blatt Papier<br>Jes 8,1A Jer 43,2A.6SA.23 | 2Jh 12 |
| χαρτίον | Blatt Papier<br>13mal Jer 43,2-32 | |
| χάσκω | aufklaffen<br>1Es 4,19.31 | |
| χάσμα | Spalt<br>2Reg 18,17 | Lk 16,26 |
| χαῦνος | dünn<br>Sap 2,3 | |
| * χαυών | Gerstenbrot<br>Jer 7,18 51,19 | |
| χεῖλος | Lippe<br>2 1/2 Sp (Gen 11,1 ...) | NT 7mal |
| χειμάζω | bestürmen<br>Prov 26,10 | Act 27,18 |
| χείμαρ-ρος | Winter-Gewässer<br>1 1/2 Sp (Gen 32,24 ...) | Jh 18,1 |
| χειμάρ-ρουν | winterlich flutend<br>4Reg 23,6 | |
| χειμερινός | zum Winter gehörig<br>6mal (1Es 9,11 ...) | WB |
| χειμέριος | zum Winter gehörig<br>Sap 16,29 | |
| χειμών | Winter<br>6mal (1Es 9,6 ...) | NT 6mal |
| χείρ | Hand<br>27 Sp (Gen 3,22 ...) | NT 178mal |
| χειρ-αγωγέω | an der Hand führen<br>Jud 16,26A Tob 11,16S | Act 9,8 22,11 |
| χειρίζω | in den Händen haben<br>Esth 8,12[e] | |
| χείριστος | schlechtester<br>6mal (Esth 3,13[e] ...) | |
| χειρίστως | am schlechtesten<br>2Mac 7,39 | |
| χειρό-γραφον | Urkunde<br>Tob 5,3 9,2S.5 | Kol 2,14 |
| χειρο-νομία | Gestikulation<br>3Mac 1,5 | |
| χειρόομαι | in seine Hände bringen<br>6mal (Job 3,8 ...) | |

χειρο-πέδη Handfessel
8mal (Job 36,8 ...)
χειρο-ποίητος von Menschenhänden gemacht
15mal (Lev 26,1 ...) NT 6mal
χειρο-τονία d.Erheben der Hand
Jes 58,9
χείρων schlechter
1Reg 17,43 Sap 15,18 17,6 3Mac 5,20 NT 11mal
χελιδών Schwalbe
Jes 38,14 Jer 8,7 Ep Jer 21
χελύνιον Teil des Opfertieres
Dt 34,7
χελώνη Schildkröte
Hos 12,12
χελωνίς Schwelle
Jdth 14,15
* χερέθ *nach* חנות Gewölbe
Jer 44,16
* χερούβ = כרוב Cherub
16mal (Ex 25,19 ...) Hb 9,5
* χερουβίμ = כרובים Cherubim
1 Sp (Gen 3,24 ...)
χερσαῖος aus festem Land
Lev 11,29 Sap 19,19
χερσόομαι verödet werden
Prov 24,31 Sap 4,19 Nah 1,10 Jer 2,31 WB
χέρσος das feste Land
7mal (Sap 10,7 ...)
* χεττιίν *nach* כתנים (?) Kleider
4Reg 23,7
χέω gießen
11mal (3Reg 7,11 ...) WB
χηλή Klaue
Lev 11,3 Dt 14,6
χήρα Witwe
1 Sp (Gen 38,11 ...) NT 27mal
χηρεία Witwenstand
Micha 1,16 Jes 47,9 54,4 WBA
* χήρευσις Witwenstand
7mal (Gen 38,14 ...)
χηρεύω leer sein
2Reg 13,20 Jdth 8,4 Jer 28,5 WBA
χθιζός gestrig
Job 8,9
χθών Erde
3Reg 14,15
χίδρον Graupengericht
Lev 2,14.16 23,14
χιλι-αρχία Amt d.Chiliarchen
Num 31,48 1Mac 5,13
χιλί-αρχος Anführer einer Tausendschaft
1/2 Sp (Ex 18,21 ...) NT 22mal
χιλιάς Anzahl von Tausend
4 1/2 Sp (Gen 24,60 ...) NT 23mal
χίλιοι tausend
1/2 Sp Textstellen (Gen 20,14 ...) NT 8mal
χιλιο-πλασίως tausendfältig
Dt 1,11
χίλιος *bei Kollektivwörtern:* tausend
3Reg 3,4 2Par 1,6 1Mac 4,1 10,79

| | | | |
|---|---|---|---|
| | χίμαιρα | Ziege | |
| | | Lev 4,28.29 5,6 | |
| | χίμαρος | Ziegenbock | |
| | | 1/2 Sp (Lev 4,23 ...) | WBA |
| * | χιονόομαι | schneeweiß werden | |
| | | Ps 67,15 | |
| | χιτών | Untergewand | |
| | | 1/2 Sp (Gen 3,12 ...) | NT 11mal |
| | χιών | Schnee | |
| | | 1/2 Sp (Ex 4,6 ...) | Mt 28,3 Apk 1,14 |
| | χλαῖνα | Mantel | |
| | | Prov 31,22 | |
| | χλαμύς | Mantel | |
| | | 2Mac 12,35 | Mt 27,28.31 |
| | χλευάζω | spotten | |
| | | Sap 11,14 2Mac 7,27 4Mac 5,22 | Act 17,32 |
| * | χλεύασμα | Spott | |
| | | Job 12,4 Jer 20,8S | |
| | χλευασμός | Verspottung | |
| | | Job 12,4A Ps 43,13A 78,4 Jer 20,8 | |
| | χλιδών | Schmuck | |
| | | 6mal (Num 31,50 ...) | |
| | χλόη | junges Gras | |
| | | 15mal (2Reg 23,4 ...) | |
| | χλοη-φόρος | junges Gras tragend | |
| | | Sap 19,7 | |
| | χλωρίζω | grünlich sein | |
| | | Lev 13,49 14,37 | |
| | χλωρός | grün | |
| | | 16mal (Gen 1,30 ...) | Mk 6,39 Apk 6,8 8,7 9,4 |
| | χλωρότης | d.Grünsein | |
| | | Ps 67,14 | |
| | χνοῦς | Erde, Staub | |
| | | 8mal (Ps 1,4 ...) | WB |
| | χοεύς | *eine Maßeinheit für Flüssigkeit* | |
| | | 3Reg 7,12A.24 | |
| | χοθωνώθ | = כתנות Kleider | |
| | | 2Es 17,70.72 | |
| | χοῖνιξ | *ein Getreidemaß* | |
| | | Ez 45,10.11.11 | Apk 6,6.6 |
| | χοιρο-γρύλλιος | Stachelschwein | |
| | | Lev 11,6 Dt 14,7 Ps 103,18 Prov 30,26 | |
| | χολέρα | Cholera | |
| | | Num 11,20 Sir 31,20 37,30 | |
| | χολή | Galle | |
| | | 20mal (Dt 29,17 ...) | Mt 27,34 Act 8,23 |
| | χόλος | Galle | |
| | | Prov 16,28S Eccl 5,16 3Mac 5,1.30 | |
| | χονδρίτης | graupenähnlich | |
| | | Gen 40,16 | |
| | χορδή | Darm | |
| | | Ps 150,4 Nah 3,8 | WB |
| | χορεία | d.Tanzen | |
| | | Jdth 15,13 | |
| | χορεύω | tanzen | |
| | | 7mal (Jud 21,21 ...) | WB |
| | χορ-ηγέω | Kosten aufbringen | |
| | | 18mal (3Reg 4,7 ...) | 2Kor 9,10 1Pt 4,11 |
| | χορ-ηγία | Kostenaufwand | |
| | | 7mal (1Es 4,55 ...) | |

χορ-ηγός Anführer
2Mac 1,25

χόριον Nachgeburt
Dt 28,57

χορός Tanz
1/2 Sp (Ex 15,20 ...) Lk 15,25

χορτάζω sättigen
14mal (Tob 12,9S ...) NT 16mal

χορτασία d.Füttern
Prov 24,15

χόρτασμα Futter
8mal (Gen 24,25 ...) Act 7,11

* χορτο-μανέω mit Gras bewachsen
Prov 24,31

χόρτος Gras
3/4 Sp (Gen 1,11 ...) NT 15mal

χορτ-ώδης grasartig
2Mac 5,27

χοῦς *ein Flüssigkeitsmaß*
Lev 19,36

χοῦς Schutt, Staub
1 Sp (Gen 2,7 ...) Mk 6,11 Apk 18,19

χόω aufschütten
Tob 8,18

χράομαι gebrauchen
1 Sp (Gen 12,16 ...) NT 11mal

χρεία Bedarf, Mangel
3/4 Sp (2Par 2,15 ...) NT 49mal

χρεμετίζω wiehern
Sir 33,6 Jer 5,8 38,7

χρεμετισμός d.Wiehern
Amos 6,7 Jer 8,6.16 13,27

χρεο-κοπέομαι um Geliehenes betrogen werden
4Mac 2,8

χρέος Bedürfnis
Dt 15,2.3 1Reg 2,20 Sap 15,8

χρε-ωφειλέτης Schuldner
Job 31,37 Prov 29,13 Lk 7,41 16,5

χρή es ist nötig
Prov 25,27 4Mac 8,26A Jak 3,10

χρῄζω bedürfen
Jud 11,7B 1Reg 17,18 NT 5mal

χρῆμα *d.Brauchbare:* Sache
1/2 Sp (Jos 22,8 ...) NT 6mal

χρηματίζω Geschäfte treiben
10mal (3Reg 18,27 ...) NT 9mal

χρηματισμός Gottesspruch
Prov 31,1 2Mac 2,4 11,17 Röm 11,4

χρηματιστήριον Orakel
1Es 3,14

χρησιμεύω brauchbar sein
Sap 4,3 Sir 13,4

χρήσιμος nützlich
15mal (Gen 37,26 ...) 2Tim 2,14

χρῆσις Gebrauch
6mal (1Reg 1,28 ...) Röm 1,26.27

χρησμο-λογέω ein Orakel sprechen
χρηστεύω s.S.318
Jer 45,4

χρηστο-ήθεια Gutherzigkeit
Sir 37,11

| | | |
|---|---|---|
| χρηστός | brauchbar<br>1/2 Sp (1Es 8,56 ...) | NT 7mal |
| χρηστότης | Güte<br>18mal (1Es 5,58 ...) | NT 10mal |
| χρηστῶς | tüchtig *(potent)*<br>Sap 8,1 | |
| χρισις | d.Salben<br>15mal (Ex 29,21 ...) | WBA |
| χρίσμα | Salbe<br>11mal (Ex 29,7 ...) | 1Jh 2,20.27.27 |
| χριστός | gesalbt<br>1 Sp (Lev 4,5 ...) | |
| χρίω | salben<br>1 Sp (Ex 28,41 ...) | NT 5mal |
| χρόα | Farbe<br>Ex 4,7 Sap 13,14 2Mac 3,16 | WB |
| χρονίζω | Zeit lassen<br>23mal (Gen 32,5 ...) | NT 5mal |
| * χρονίσκος | eine kurze Zeit<br>2Mac 11,1 | |
| χρόνος | Zeit<br>2 Sp (Gen 26,1 ...) | NT 54mal |
| * χρυσ-αυγέω | einen Goldglanz haben<br>Job 37,22 | |
| χρυσίον | Gold<br>4 1/2 Sp (Gen 2,11 ...) | NT 12mal |
| χρυσο-ειδής | goldartig<br>1 Es 8,56 | |
| χρυσό-λιθος | Chrysolith, Topas<br>Ex 28,20 36,20 Ez 28,13 | Apk 21,20 |
| χρυσός | Gold<br>1/2 Sp (Num 7,62 ...) | NT 10mal |
| * χρυσο‿υργός | Goldschmied<br>Sap 15,9 | |
| χρυσοῦς | golden<br>3 Sp (Gen 24,22 ...) | NT 18mal |
| χρυσο-φορέω | goldenen Schmuck tragen<br>1Mac 14,43 | |
| χρυσο-χάλινος | mit goldenem Zaum<br>1Es 3,6 2Mac 10,29 | |
| χρυσο-χόος | Gold schmelzend<br>6mal (Jes 40,19 ...) | WBA |
| χρυσόω | vergolden<br>10mal (Ex 25,11 ...) | Apk 17,4 18,16 |
| χρύσωμα | das aus Gold Verfertigte<br>6mal (1Es 3,6 ...) | |
| χρῶμα | Farbe<br>Ex 34,29.30 Esth 5,1[d] Sap 15,4 | WB |
| χρώς | Haut<br>16mal (Ex 28,42 ...) | Act 19,12 |
| χυδαῖος | in Menge ausgegossen<br>Ex 1,7 | |
| χυλός | Saft<br>4Mac 6,25 | |
| χύμα | d.Ausgegossene<br>3Reg 5,9 2Mac 2,24 | |
| χυτός | ausgegossen<br>2Par 4,2 Job 40,18 | |
| χύτρα | Topf<br>7mal (Num 11,8 ...) | |

* χυτρό-καυλος Topf
3Reg 7,24.24.24.29

* χωθάρ = כתרת Knauf, Säulenkapitell
4Reg 25,17.17

* χωθαρέθ = כתרות Säulenkapitelle
2Par 4,12.12.13

χωλαίνω lahmen, lähmen
2Reg 4,4 3Reg 18,21 Ps 17,46

χωλός lahm
12mal (Lev 21,18 ...) NT 14mal

χῶμα aufgeschüttete Erde
15mal (Ex 8,12 ...)

* χωμαρίμ = כמרים Götzenpriester
4Reg 23,5

χωματίζομαι mit Wällen umgeben werden
Jos 11,13

* χώνευμα Gußbild
5mal (Dt 9,12 ...) WB

χώνευσις d.Schmelzen
Ex 39,4 2Par 4,3

* χωνευτήριον Schmelzofen
5mal (3Reg 8,51 ...)

χωνευτής Schmelzer
Jud 17,4

χωνευτός gegossen
1/2 Sp (Ex 32,4 ...) WB

χωνεύω schmelzen
19mal (Ex 26,37 ...)

χώρα Land
4 Sp (Gen 10,20 ...) NT 28mal

χωρέω weichen, gehen
12mal (Gen 13,6 ...) NT 10mal

χωρίζω trennen
1/2 Sp (Lev 13,46 ...) NT 13mal

χωρίον Grundstück
6mal (1Par 27,27 ...) NT 10mal

χωρίς getrennt
1/2 Sp (Gen 26,1 ...) NT 41mal

χωρισμός Trennung
Lev 12,2 18,19 Zach 13,1v1 3Mac 3,4

χωρο-βατέω eine Gegend bewandern
Jos 18,8.8.9

ψαλίς Ring
Ex 27,10.11 30,4 37,6

ψάλλω lobsingen
3/4 Sp (Jud 5,3 ...) NT 5mal

ψαλμός Loblied
1 Sp (1Reg 16,18 ...) NT 7mal

ψαλτήριον Saiteninstrument
1/2 Sp (Gen 4,21 ...)

ψάλτης Spieler *d.Saiteninstrumentes*
1Es 5,42

* ψαλτός gespielt
Ps 118,54

* ψαλτ-ῳδέω Psalmen singen
2Par 5,13

* ψαλτ-ῳδός Psalmen singend
12mal (1Par 6,18 ...)

ψάμμος Sand
Sap 7,9

ψαμμωτός versandet
Sir 22,17

ψαρός Star
Zach 1,8 6,3.7

ψαύω berühren
4Mac 17,1

ψεκάς Körnchen
Job 24,8 Cant 5,2

ψέλιον Armband
9mal (Gen 24,22 ...)

ψελλίζω stammeln
Jes 29,24 32,4

ψευδής lügnerisch
1 1/2 Sp (Ex 20,16 ...) Act 6,13 Apk 2,2 21,8

ψευδο-θύριον falsche Tür
Dan LXX Bel 21

* ψευδο-θυρίς Geheimtür
Dan LXX Bel 15

ψευδο-λογέω lügen
1/2 Sp (Lev 11,27 ...)

ψεύδομαι lügen
1/2 Sp (Lev 5,21 ...) NT 12mal

ψευδο-μαρτυρέω Falsches bezeugen
Ex 20,16 Dt 5,20 Dan Sus Th 61 NT 5mal

ψευδο-μάρτυς falscher Zeuge
Dan LXX Sus 60 Mt 26,60 1Kor 15,15

ψευδο-προφήτης falscher Prophet
10mal (Zach 13,2 ...) NT 11mal

ψεῦδος Lüge
1/2 Sp (Jdth 5,5 ...) NT 10mal

ψεύστης Lügner
Ps 115,2 Prov 19,22 Sir 15,8 25,2 NT 10mal

ψηλαφάω berühren
15mal (Gen 27,12 ...) Lk 24,39 Act 17,27 Hb 12,18 1Jh 1,1

ψηλάφησις d.Berühren
Sap 15,15

ψηλαφητός berührt
Ex 10,21

ψήφισμα Beschluß
6mal (Esth 3,7 ...)

* ψηφο-λογέω Mosaiken herstellen
Tob 13,17

ψῆφος Abstimmung
6mal (Ex 4,25 ...) Act 26,10 Apk 2,17.17

ψιθυρίζω flüstern
2Reg 12,19 Ps 40,8 Sir 12,16B 21,28

ψιθυρισμός d.Flüstern
Eccl 10,11 2Kor 12,20

ψίθυρος flüsternd
Sir 5,14 28,13 *PS 12,1.3.4.4*

ψιλός kahl
Jos 7,21 WB

ψιλόω kahl machen
Ez 44,20

ψόα Lende
Lev 3,9 2Reg 2,23 3,27 20,10

ψογίζω tadeln
1Mac 11,5.11

ψόγος Tadel
6mal (Gen 37,2 ...)

ψοφέω lärmen
Ez 6,11

ψόφος Lärm
Micha 1,13 WB

ψύα Lende
Ps 37,7

ψυγμός d.Abkühlen
Num 11,31 Ez 26,5.14 47,10

ψυκτήρ Kühlgefäß
2Es 1,9

ψύλλος Floh
1Reg 24,15

ψυχ-αγωγία Lockung
2Mac 2,25

ψυχή Seele
13 Sp (Gen 1,20 ...) NT 103mal

ψυχικός seelisch
4Mac 1,32 NT 6mal

ψυχικῶς herzlich
2Mac 4,37 14,24

ψῦχος Kälte
8mal (Gen 8,22 ...) Jh 18,18 Act 28,2 2Kor 11,27

* ψυχο‿υλκέομαι in den letzten Zügen liegen
3Mac 5,25

ψυχρός kalt
Prov 25,25 Sir 43,20 4Mac 11,26 Mt 10,42 Apk 3,15.15.16

ψύχω erkalten
5mal (Num 11,32 ...) Mt 24,12

ψωμίζω speisen
1/2 Sp (Num 11,4 ...) Röm 12,20 1Kor 13,3

ψωμός Bissen
12mal (Jud 19,5B ...)

ψώρα Krätze
Lev 21,20 26,16 Dt 28,27

* ψωρ-αγριάω die wilde Krätze haben
Lev 22,22

ὦ oh!
1 Sp (Gen 27,20 ...) NT 17mal

ᾠά Schaffell
Ex 28,32 36,30 Ps 132,2

ὧδε hierher, hier
1 Sp (Gen 15,14 ...) NT 61mal

ᾠδή Lied
1 Sp (Ex 15,1 ...) NT 7mal

ὠδίν Geburtsschmerz
1/2 Sp (Ex 15,14 ...) Mt 24,8 Mk 13,8 Act 2,24 1Thess 5,3

ὠδίνω Schmerzen erleiden
19mal (Ps 7,15 ...) Gal 4,19.27 Apk 12,2

ᾠδός Sänger
6mal (3Reg 10,12 ...)

ὠθέω stoßen
7mal (Num 35,20 ...) WB

* ὠμία Schulter
10mal (3Reg 6,8 ...)

ὠμό-λινον von rohem Flachs gemacht
Sir 40,4

ὠμός roh
5mal (Ex 12,9 ...)

ὦμος Schulter
3/4 Sp (Gen 21,14 ...) Mt 23,4 Lk 15,5

ὠμότης — Rohheit
2Mac 12,5 3Mac 5,20 6,24 7,5

ὠμο-τοκέω — fehlgebären
Job 21,10

ὠμό-φρων — grausam
4Mac 9,15

ᾠόν — Ei
7mal (Dt 22,6 ...) — Lk 11,12

ὥρα — Stunde
1 Sp (Gen 18,10 ...) — NT 106mal

ὡραΐζομαι — schön machen
Sir 25,1

ὡραιόομαι — reifen
2Reg 1,26 Cant 1,10 7,2.7

ὡραῖος — reif
Gen 2,9 — Mt 23,27 Act 3,2.10 Röm 10,15

ὡραιότης — Reife
7mal (Jes 44,4 ...)

* ὡραϊσμός — Eleganz
Jer 4,30 Ez 7,11vl

ὥριμος — reif
Job 5,26 Jer 28,33 — WB

ὤρυμα — Gebrüll
Ez 19,7

ὠρύομαι — brüllen
11mal (Jud 14,5 ...) — 1Pt 5,8

ὡς — wie, daß, als
4 Sp Textstellen (Gen 3,22 ...) — NT 503mal

ὥς — so (οὐδ᾽ ὥς: auch so nicht)
Lev 26,44 Job 9,11 Eccl 9,2.2 Am 4,9.10.11 Ez 16,47 3Mac 1,12

ὡσανεί — gleich als wenn
Esth 1,1i

ὡσαύτως — ebenso
1/2 Sp (Ex 7,11 ...) — NT 17mal

ὡσεί — als wie
1/2 Sp Textstellen (Gen 19,28 ...) NT 21mal

ὥσπερ — gleichsam wie
1/2 Sp Textstellen (Gen 37,9 ...) NT 36mal

ὥστε — so daß
1/2 Sp Textstellen (Gen 1,15 ...) NT 83mal

ὠτίον — Ohr
16mal (Gen 15,17 ...) — Mt 26,51 Lk 22,51 Jh 18,26

ὠτό-τμητος — mit abgeschnittenem Ohr
Lev 21,18 22,23

ὠφέλεια — Nutzen
13mal (2Reg 18,22 ...) — Röm 3,1 Jud 16

ὠφελέω — nützen
1/2 Sp (Tob 2,10BA ...) — NT 15mal

ὠφέλημα — Nutzen
Jer 16,19

ὤχρα — Ocker
Dt 28,22

## Sondervokabeln der Psalmen Salomonis

| | | | |
|---|---|---|---|
| | ἀλλοτριότης | d.Fremdsein 17,13 | |
| | ἀ-μαθία | Unwissenheit 18,4 | |
| | ἀνά-λημψις | Tod, Hinscheiden 4,18 | Lk 9,51 |
| | ἀνά-μειξις | Vermischung 2,13 | |
| * | ἄν-αξις | d.Aufrichten 18,5 | |
| * | ἀνα-πτέρωσις | Verführung 4,12 | |
| | αὐτ-άρκεια | Genügsamkeit 5,16 | 2Kor 9,8 1Tim 6,6 |
| | ἐκ-λογή | Erwählung 9,4 18,5 | NT 7mal |
| * | ἐξ-αγορία | Loskauf, Beichte 9,6 | |
| | ἐξ-έγερσις | d.Erwachen 4,15 | |
| | ἐξ-υμνέω | singen 6,4 | |
| | κατα-φορά | Tiefschlaf 16,1 | |
| ** | μήνισις | Grimm 2,23 | |
| | μόνωσις | Einsamkeit 4,18 | |
| | σκορπισμός | Zerstreuung 17,18 | WB |
| | συμ-μετρία | Gleichmaß 5,16 | |
| | ὑπερ-πλεονάζω | Überfluß haben 5,16 | 1Tim 1,14 |
| * | χρηστεύω | sich gütig zeigen 9,6 | 1Kor 13,4 |